中国轻工业"十三五"规划教材

统计学
——基于R语言应用

主编 王化中

西安交通大学出版社
国家一级出版社
全国百佳图书出版单位

内容简介

本书全面阐述了统计学的基本思想、理论及实践等核心内容,结合当前大数据与人工智能的热门工具 R 软件对统计学基本方法和理论进行了低代码实现。同时注重吸收统计学理论和实践的最新成果,选用与实践贴合的案例,强调基本方法的运用和基本技能的掌握。课后的习题方便教师教学和读者自学使用。

本书适用于高等学校经济类、管理类专业,以及统计学专业的本科生和研究生。本书可作为专业基础课程教材,也可作为从事统计和经济管理教学、科研和数据分析工作者的学习和工作的参考书籍。

图书在版编目(CIP)数据

统计学:基于 R 语言应用/王化中主编. —西安:西安交通大学出版社,2021.9
ISBN 978－7－5693－1642－1

Ⅰ.①统⋯ Ⅱ.①王⋯ Ⅲ.①统计学-教材 Ⅳ.①C8

中国版本图书馆 CIP 数据核字(2021)第 074817 号

书　　名	统计学——基于 R 语言应用
主　　编	王化中
责任编辑	郭鹏飞
责任校对	李　佳
出版发行	西安交通大学出版社 (西安市兴庆南路1号　邮政编码 710048)
网　　址	http://www.xjtupress.com
电　　话	(029)82668357 82667874(发行中心) (029)82668315(总编办)
传　　真	(029)82668280
印　　刷	西安日报社印务中心
开　　本	787 mm×1092 mm　1/16　印张 19　字数 463 千字
版次印次	2021 年 9 月第 1 版　2021 年 9 月第 1 次印刷
书　　号	ISBN 978－7－5693－1642－1
定　　价	48.00 元

如发现印装质量问题,请与本社发行中心联系调换。
订购热线:(029)82665248　(029)82665249
投稿热线:(029)82669097　QQ:8377981
读者信箱:lg_book@163.com

版权所有　侵权必究

前　言

　　随着数据分析需求的日益复杂和深入,现有统计学的教学内容和教学模式已无法满足新的变化和应用需求。统计学作为专业基础课,是经管类专业学习其他分支学科课程的重要基础。为帮助学生理解统计学的基本原理,掌握统计学的基本方法,提高在定性分析基础上做好定量分析的应用能力,适应今后工作中各类问题的实证研究和科学管理决策需要,教材编写组以满足数据分析深度与广度、简化统计方法应用、降低教学难度、提升教学过程可视性和提高教师教学效率为目标编写了这本统计学教材。

　　本书内容共分八章,第一章统计学概述,介绍统计学的思想、基本方法、基本概念和统计数据搜集等;第二章描述统计方法,详细介绍类别数据、顺序数据和数值数据的描述方法,并在此基础上延伸、拓展至多变量数据和时间序列数据的描述与分析方法;第三章推断统计的数学基础,详细介绍了随机变量的概率计算、概率分布和抽样分布的理论和 R 软件的实现方法,为后续推断统计建立扎实的数理基础;第四章参数估计,完整介绍了一个总体均值、比例及方差的参数估计和两个总体均值差、比例差及方差比的参数估计;第五章假设检验,完整介绍了一个总体均值、比例及方差的假设检验和两个总体均值差、比例差及方差比的假设检验;第六章方差分析,详细介绍了方差分析的基本思想、单因素和双因素分析的完整过程及方法,并对方差分析表的计算做了优化;第七章相关与回归分析,详细介绍了相关分析、一元线性回归和多元线性回归的理论和方法应用;第八章时间序列分析预测,介绍了简单的时间序列分析内容,将重点放在了时间序列模型的建立和预测实现上,本章内容如有难度或教学课时不够时可以选择讲述。每章内容安排"导入案例""内容要点"和"习题",可以使读者了解各章节内容的现实应用意义,并带着问题去学习,激发学习兴趣,巩固所学内容,提高学习效率。

　　本书具有以下五个方面的特色:

　　(1)在体系结构上贯彻"大统计观点"。统计学是一门通用的方法论科学,它既适用于自然科学也适用于社会科学。教材从大的结构上分为描述统计和推断统计两大部分,将传统分为五章内容的统计数据搜集、数据整理、数据分布特征度量和时间序列分析合并为"大描述统计",用两章内容做介绍。将更多的精力和重点放在了推断统计,设置了六章内容进行详细介绍。

　　(2)R 软件加持。在众多统计软件的加持下,统计学已经摘去了高深莫测的光环和艰涩难懂的标签。因此,基于软件操作思维和模式优化教学内容成为本教材的基本思想和目标。本教材在全面系统讲述描述统计学和推断统计学理论及实用方法体系的基础上,增加了 R 软件在数据描述与抽样推断中的实际应用指导,使其成为学生看得懂和学得会的实用指导书,使其成为教师高效组织教学工作的实用工具。考虑到部分教师和学生对统计理论和方法的"习惯",在内容组织上每章的前面内容只做理论和方法讲解,仅在每章最后一节安排 R 软件的应用介绍。

(3)将理论教学内容和方法与软件应用技术有效结合。考虑时代发展和软件应用趋势,删除了大量过时的知识和方法,删去了大量手工操作,费时费力而结果又不能用软件实现的方法,例如,关于频数分布表众数和中位数的计算等。在内容组织和安排上考虑原理、手工计算和软件应用的共性内容选择。

(4)优化理论教学与软件应用教学的关系。理论教学和软件应用如何进行有效结合是长期困扰统计学教学的难题,SPSS、Excel 和 EViews 等软件不方便课堂讲述和课后练习的有效协同,R 软件命令行语句和函数的使用大大简化了学生记笔记的烦恼。该软件不但使学生学会高效应用 R 软件解决学习和工作中的数据分析任务,而且使学生达到自编代码解决基本问题的能力。基于教学工具包和数据集,教师可实现教学过程中手工做题过程的瞬间再现和直接应用软件黑匣子输出两种效果。

(5)提供完整的教学资源。与本教材配套的工具软件 R 为共享开源软件,可在网站上下载并免费使用。相关教学资料包括教学大纲、PPT 以及可用于 R 软件进行教学练习的 100 多个数据的数据集文件(在教材第一章最后一节中详细介绍了其下载及其在 R 软件中的调用方法,可节省教师与学生宝贵的学习时间),另外还包括本教学团队设计的超过 2800 行教学辅助程序代码的应用程序包(在 R 软件中可加载调用,以函数方式使用,这些自定义函数经历了 200 余名学生应用测试,使用效果良好)。

本书 2019 年 12 月获批中国轻工业"十三五"规划立项教材(中轻联教培[2019]76 号)。由陕西科技大学经济与管理学院多年在统计学教学一线并具有丰富科研、实践经验的教师完成编写。全书由陕西科技大学硕士生导师王化中副教授担任主编,负责全书的整体设计、总撰和统稿工作。具体分工为:第一章至第四章由王化中执笔编写,第五章由陈晓曌执笔编写,第六章至第八章和附表由强凤娇执笔编写。陕西科技大学研究生李超亦参与了本书资料的收集整理和校对工作,付出了艰辛的劳动,在此表示衷心的感谢。

在本书的编写过程中,编者参考借鉴了国内外许多统计学的专著、学术论文著作和其他资料,在此,特向所有作者表示感谢和敬意。同时一并致谢本书编写过程中给予我们帮助的所有老师和朋友们。

本书是我们在统计教学改革研究中的一个总结,也是力求完善统计学教学内容和模式的一次尝试。由于水平有限,书中种种疏漏和不当在所难免,恳请各相关院校同行和读者朋友们提出宝贵意见,以便我们下次修订时改进。

说明:书中的曲线图是 R 语言生成的原始图片,为了保持一致性,图中的字号、正斜体都保留了生成时的状态,未作调整。

编　者

2021 年 3 月

目 录

第一章 统计学概述 (1)
 第一节 统计概述 (1)
 第二节 统计学概述 (3)
 第三节 统计学的基本概念 (9)
 第四节 统计数据的搜集方法 (14)
 第五节 统计软件简介 (21)
 习 题 (28)

第二章 描述统计方法 (31)
 第一节 描述统计概述 (31)
 第二节 类别数据的描述方法 (34)
 第三节 数值数据的描述统计 (41)
 第四节 变量关系的图表描述 (64)
 第五节 时间序列数据的描述 (73)
 第六节 R软件在描述统计中的应用 (79)
 习 题 (87)

第三章 抽样推断的数学基础 (92)
 第一节 概率及概率计算 (93)
 第二节 随机变量及概率分布 (95)
 第三节 抽样分布 (106)
 第四节 R软件在概率分布计算中的应用 (117)
 习 题 (123)

第四章 参数估计 (126)
 第一节 参数估计概述 (126)
 第二节 一个总体均值的区间估计 (129)
 第三节 两个总体均值差的区间估计 (133)
 第四节 总体比例的区间估计 (139)
 第五节 总体方差的区间估计 (141)
 第六节 R软件在参数估计中的应用 (144)
 习 题 (152)

第五章 假设检验 ··· (154)
第一节 假设检验概述 ··· (154)
第二节 一个总体参数的假设检验 ·· (159)
第三节 两个总体参数的假设检验 ·· (168)
第四节 R 软件在假设检验中的应用 ·· (175)
习　题 ··· (187)

第六章 方差分析 ··· (189)
第一节 方差分析概述 ··· (190)
第二节 单因素方差分析 ··· (197)
第三节 双因素方差分析 ··· (202)
第四节 R 软件在方差分析中的应用 ·· (213)
习　题 ··· (222)

第七章 相关与回归分析 ··· (225)
第一节 相关分析 ··· (225)
第二节 回归分析概述 ··· (232)
第三节 一元线性回归分析 ··· (235)
第四节 多元线性回归分析 ··· (242)
第五节 R 软件在相关与回归分析中的应用 ···································· (248)
习　题 ··· (256)

第八章 时间序列分析与预测 ··· (259)
第一节 时间序列分析概述 ··· (259)
第二节 平稳序列模型及预测 ··· (263)
第三节 趋势序列模型及预测 ··· (268)
第四节 季节变动序列模型及预测 ··· (274)
第五节 复合时间序列模型及预测 ··· (276)
第六节 R 时间序列模型及预测应用 ·· (282)
习　题 ··· (284)

参考文献 ··· (287)

附表 1 标准正态分布表 ··· (288)
附表 2 t 分布临界值表 ··· (290)
附表 3 卡方分布临界值表 ··· (292)
附表 4 F 分布临界值表 ··· (294)

第一章　统计学概述

【导入案例】

　　由于战争原因,德国有一段时期物资特别紧缺,对面包实行配给制:政府把面粉发给指定的面包房,面包师傅烤好了面包再发给居民。有一个统计学家怀疑他所在区域的面包师傅私扣面粉,于是就天天秤自己的面包。几个月以后,他去找面包师傅,说:"政府规定配给的面包是400克,因为模具和其他因素,你做的面包可能是398克或399克,也可能是401克或402克,但是按照统计学的正态分布原理,这么多天的面包平均质量应该等于400克,可是你给我的面包平均质量是398克。我有理由怀疑是你使用较小的模具,私吞了面粉。"面包师傅承认确实私吞了面粉,并再三道歉保证马上更换正常的模具。又过了几个月,统计学家又去找这个面包师傅,说:"虽然这几个月你给我的面包都在400克以上,但是这可能是因为你没有私吞面粉,也可能是因为你从面包里特意挑大的给我。同样根据正态分布原理,这么多天不可能没有低于400克的面包,所以我认为你只是特意给了我比较大的面包,而不是更换了正常的模具。我会立刻要求政府检查你的模具。"面包师傅只好当众认错道歉,接受处罚。这个故事说明:统计学离我们的生活并没有那么遥远,很多时候可以利用统计学解决一些生活中的小问题。

　　考虑一下,用什么方法解决下面几个问题:

　　1.在同一年级中,同样统计学的课程可能由不同教师讲授。教师讲课方式不一样,考试题目也不一定相同。那么如何比较不同班级的统计学成绩呢?

　　2.大学排名是一个非常敏感的问题。不同的机构给出不同的结果,各自都说自己是科学、客观和公正的。如何理解这些不同的结果呢?

　　3.家用电器的保修期是怎样设定的呢?

【内容要点】

1.现实生活中的统计学应用有哪些?还有哪些问题可以尝试使用统计学来解决?

2.如何应用统计学的专业术语去表达要解决的问题和方法?

3.抛弃做计算题就是学习统计学的观念,尝试使用软件思维解决具体统计学问题。

第一节　统计概述

一、统计的定义

　　统计是指对某一现象有关数据的搜集、整理、计算、分析、解释、表述等活动。实际工作中,主要有两种意思:一是指对某一现象有关的数据搜集、整理、计算和分析等,例如,人口统计。二是指总括地计算,例如,把全国报来的数据统计一下。

二、统计的含义

在实际应用中,人们对统计一词的理解一般有三种含义:统计工作、统计资料和统计科学。

(1)统计工作。统计工作也称统计实践或统计活动,是指利用科学的方法搜集、整理、分析统计资料的一系列工作的总称。它是随着人类社会的发展及治理国家和管理国家的需要而产生和发展起来的,至今已有四五千年的历史。

(2)统计资料。统计资料也称统计信息,是反映一定社会经济现象总体、自然现象总体特征或规律的数字资料、文字资料、图表资料,及其他相关资料的总称。

(3)统计科学。统计科学也称统计学,是统计实践的总结和理论概括,是系统化的知识体系。指研究如何搜集、整理和分析统计资料的理论与方法。它主要包括收集数据的方法、描述数据的方法、分析数据的方法和利用概率论建立数学模型进行推断预测的方法等。

三、统计的产生和发展

作为一种社会实践活动,统计是适应社会生产的发展和国家管理的需要而逐步产生和发展起来的,有着非常悠久的历史。

1. 统计是维护阶级统治、兴邦安国的重要手段

在原始社会时期,人类简单的计数活动孕育出了统计的萌芽。人类社会发展到了奴隶社会以后,以国家为组织的人口、财富和军事统计得到了长足发展。

在中国,统计有几千年的历史。据史料记载,我国早在父系氏族公社的伏羲时代,劳动人民在长期测量土地,清点人口、牲畜,观测天象的过程中,总结出了九九乘法口诀。到夏禹时期,人们已经能够运用"准绳""规矩"等工具进行实地测量,如《后汉书》记载那时(公元前2200年)的人口数为13 553 923人。到了商代,人们就能够对社会资源和劳动成果进行一般的算术计算了。西周时期,建立了统计报告制度,称日报为"日成"、月报为"月要"、年报为"岁会"。进入封建社会以后,中国的户籍统计和田亩统计都有很大的发展,不论是统计方法、统计制度还是统计组织,都在世界上居于先进水平。

在国外,统计活动也有着悠久的历史。埃及在公元前27世纪,为了建造金字塔和大型农业灌溉系统,曾进行过全国人口和财产调查。比如3500年前,一个埃及王朝记载一次战役所俘获的战果:人员12万、牛40万头、羊142.2万只。大约公元前6世纪,罗马帝国就以国势调查作为治理国家的手段,规定每五年进行一次人口、土地、牲畜、家奴的调查,并以财产总额作为划分贫富等级以及征丁课税的依据。

2. 资本主义经济的迅速发展极大地拓宽了统计内容

资本主义以前的统计活动,多半是在赋税和征兵工作中进行的,深深地被打下了阶级的烙印。由于自然经济封建割据的束缚,统计范围、统计制度和统计方法都是比较落后的。资本主义生产方式在人类历史上确立以后,对统计工作提出了新的要求,也大大促进了统计活动的发展,为统计科学的产生奠定了物质基础。

从16世纪开始,欧洲各国经济进入了工场手工业时代,工业、商业、交通运输和通信等行业得到了迅速发展,各部门都要求提供更多的统计资料。于是,统计活动开始从一般的人口、税赋及军事领域扩展到社会经济活动的各个领域。到了 18 世纪,随着现代机器大工业的发展,生产的社会化分工日益精细,部门之间的依存度明显提高,经济统计形成了工业、农业、商业、交通、邮电、海关、银行、保险等专业分支。在经济统计不断发展和完善的同时,社会统计、科技统计、环境统计等又从经济统计中分离出来,从而形成了比较完整的统计内容体系。随着统计实践的丰富和发展,统计指标体系、统计核算体系和统计理论研究都取得了长足进步。

3. 统计机构专门化和统计活动专业化

为了适应资本主义经济发展对统计工作的客观要求,从 19 世纪初开始,各资本主义国家在政府中纷纷设立统计机构,并制定了有关统计工作的法律法规,从法律上界定了统计机构以及统计工作在政府工作中的地位。

信息技术不断发展,统计数据的数量和质量也大大提高,这为统计数据的储存、更新、检索、加工、反馈,以及进行统计分析和预测创造了条件。建立在数字通信技术和网络技术基础上的统计信息网络系统,打破了统计信息传输的时空界限,在提高统计信息的社会化和共享性方面开辟了一片新的天地。

综上所述,所有统计实践都要通过各种直接或间接的手段来收集数据,进一步整理和分析数据,最后通过分析得到结论。比如要得到某电视节目的收视率,就要收集和所有观看电视的人中间有多少人观看该节目有关的数据,然后要对数据进行分析,并根据分析结果得到令人信服的结论。什么是统计?其实很简单,为了某一研究目的而进行的数据采集、整理、分析、推断等过程就是统计,也称为统计活动。要科学地、有组织地进行统计活动,就必须学习和掌握系统的有关统计活动的理论和方法,也就是要学习和掌握统计学。

第二节　统计学概述

一、统计学的定义

统计学是处理数据的一门科学,人们给统计学下的定义很多,基本意思大同小异,主要有以下几个:

(1)统计学是关于认识客观现象总体数量特征和数量关系的科学。它是通过搜集、整理和分析统计资料认识客观现象数量规律性的方法论科学。

(2)统计学是收集、分析、表述和解释数据的科学。

(3)统计学是一组方法,用来设计实验、获得数据,然后在这些数据的基础上组织、概括、演示、分析、解释和得出结论。

简单地说,统计学是用以收集数据、分析数据和由数据得出结论的一组概念、原则和方法。数据收集也就是取得统计数据;数据处理是将数据用图表等形式展示出来;数据分析则是选择适当的统计方法研究数据,并从数据中提取有用信息进而得出结论。统计学是收集、处理、分析、解释数据并从数据中得出结论的科学。

由于统计学的定量研究具有客观、准确和可检验的特点,所以统计方法广泛适用于自然、社会、经济和科技等各个领域的分析研究。

二、统计学的产生及发展

统计学是一门很古老的科学,一般认为其学理研究始于古希腊的亚里士多德时代,迄今已有两千三百多年的历史。它起源于研究社会经济问题,在两千多年的发展过程中,统计学至少经历了萌芽时期、发展时期和现代统计学三个发展阶段。

(一)萌芽时期

1. 国势学派

统计学的萌芽最初在欧洲经济发展较快的意大利孕育,但最终首先在17世纪的德国破土成芽。国势学派又称记述学派,产生于17世纪的德国。由于该学派主要以文字记述国家的显著事项,故称记述学派。其主要代表人物是海尔曼·康令和阿亨瓦尔。康令是第一个在德国西尔姆斯特大学以"国势学"为题讲授政治活动家应具备的知识。阿亨瓦尔在哥廷根大学开设"国家学"课程,其主要著作是《近代欧洲各国国势学纲要》,书中讲述"一国或多数国家的显著事项",主要用对比分析的方法研究了解国家组织、领土、人口、资源财富和国情国力,比较各国实力的强弱,为德国的君主政体服务。该学派在进行国势比较分析中,偏重事物性质的解释,不注重数量对比和数量计算,为统计学的发展奠定了经济理论基础。

因在外文中"国势"与"统计"词义相通,后来正式命名为"统计学"。统计(statistics)一词源于意大利之 stato,它有"国家"和"情况"的含义,后来传到法国、德国、荷兰等国家。阿亨瓦尔教授创造了一个新的德文词汇"statis-tik",即"统计学专业"。1787年,英国的齐默尔曼根据语音把"statis-tik"译成英语"statistic"。19世纪,统计学传到日本,日本的学者根据意思译成了汉字"统计学"。

2. 政治算术学派

政治算术学派产生于17世纪中叶的英国,创始人是威廉·配第(1623—1687),其代表作是他于1676年完成的《政治算术》一书。这里的"政治"是指政治经济学,"算术"是指统计方法。在这部书中,他利用实际资料,运用数字、重量和尺度等统计方法对英国、法国和荷兰三国的国情国力,作了系统的数量对比分析,从而为统计学的形成和发展奠定了方法论基础。因此马克思说:"威廉·配第——政治经济学之父,在某种程度上也是统计学的创始人。"

政治算术学派的另一个代表人物是约翰·格朗特(1620—1674)。他以1604年以来伦敦教会每周一次发表的"死亡公报"为研究资料,在1662年发表了《关于死亡公报的自然和政治观察》的论著。书中分析了60年间伦敦居民死亡的原因及人口变动的关系,首次提出通过大量观察可以发现新生儿性别比例具有稳定性和不同死因的比例等人口规律;并且第一次编制了"生命表",对死亡率与人口寿命作了分析,从而引起了普遍的关注。他的研究清楚地表明了统计学作为国家管理工具的重要作用。

(二)发展时期

18世纪末至19世纪末是统计学的发展时期。在这一时期,各种学派的学术观点已经形成,并且形成了两个主要学派,即数理统计学派和社会统计学派。

1. 数理统计学派

18世纪,概率理论日益成熟,为统计学的发展奠定了基础。比利时的凯特勒(1796—

1874)曾在巴黎和伦敦学习,对概率论和政治算术耳濡目染,特别是通过大量观察和计算,对天文、气象、物理,尤其是社会现象进行了规律性的研究,把统计学的理论构建在概率基础上,使德国的国势学、英国的政治算术和法国的概率论融合统一,形成了推断统计学时期。其主要著作有《论人类》《概率论书简》《社会制度》和《社会物理学》等。他主张用研究自然科学的方法研究社会现象,正式把古典概率论引进统计学,使统计学进入一个新的发展阶段。由于历史的局限性,凯特勒在研究过程中混淆了自然现象和社会现象的本质区别,对犯罪、道德等社会问题,用研究自然现象的观点和方法做出一些机械的、庸俗化的解释。但是,他把概率论引入统计学,使统计学在"政治算术"所建立的"算术"方法的基础上,在准确化道路上大大跨进了一步,为数理统计学的形成与发展奠定了基础。

为推断统计学做出贡献的还有英国的皮尔逊和费舍尔。大名鼎鼎的回归分析案例,儿子身高和父亲身高之间的关系 $y=0.516x+33.73$(以英寸为单位),就是皮尔逊提出的。费舍尔(1890—1962)在统计学中有突出的贡献,内容涉及估计理论、假设检验和实验设计等领域,被后人誉为现代统计学之父。应该指出,英国学者对统计学做了大量奠基性的工作,但在数学论证方面还存在着很多缺陷。我国数学家许宝騄(1910—1971)曾受费舍尔工作的影响,以扎实的数学基础,将统计规律给出严密的数学证明,赢得了国际统计学界的赞誉和尊敬。

2. 社会统计学派

社会统计学派产生于19世纪后半叶,创始人是德国经济学家、统计学家克尼斯(1821—1889),其他主要代表人物主要还有恩格尔(1821—1896)、梅尔(1841—1925)等人。他们融合了国势学派与政治算术学派的观点,沿着凯特勒的"基本统计理论"向前发展,但在学科性质上认为统计学是一门社会科学,是研究社会现象变动原因和规律性的实质性科学,以此同数理统计学派通用方法相对立。社会统计学派在研究对象上认为统计学是研究总体而不是个别现象,而且认为由于社会现象的复杂性和整体性,必须对总体进行大量观察和分析,研究其内在联系,才能揭示现象内在规律。这是社会统计学派的"实质性科学"的显著特点。

社会经济的发展,要求统计学提供更多的统计方法;社会科学本身不断地向细分化和定量化发展,也要求统计学能提供更有效的调查整理、分析资料的方法。因此,社会统计学派也日益重视方法论的研究,出现了向实质性方法论转化的趋势。但是,社会统计学派仍然强调在统计研究中必须以事物的质为前提和认识事物质的重要性,这同数理统计学派的计量不计质的方法论性质是有本质区别的。

(三)现代统计学

由于计算机科学与技术的迅速发展,逐渐进入了现代统计学时期,它的特征有三个方面,即统计信息的社会化和网络化、统计方法的多样化、统计理论知识的综合化。由于计算机技术、现代通信技术、多媒体技术、遥感技术、办公自动化技术等在统计活动中的推广和应用,从而实现了统计信息的社会化、网络化和知识化。特别是现代计算机具有在短时间内处理大量数据的能力,因此,产生了"数据分析"等学科,它加速了统计中理论与应用分家的趋势,在一定程度上降低了理论的作用。现代统计中除了广泛应用序列分析、多元统计、综合评价等方法外,还引入了定性资料量化的方法,如Delphi调查法、层次分析法(AHP)等大大丰富了统计方法的内容。统计理论中逐步吸收和运用系统论、控制论、信息论、管理理论等,革新了传统统计理论,为统计信息的采集、加工、分析和应用提供了理论支持。

统计分析科学(Science of statistical analysis)课程的出现是现代统计发展阶段的开端。1908年,葛塞特(William Sleey Gosset,笔名Student)发表了关于t分布的论文。这是一篇在统计学发展史上划时代的文章,它创立了小样本代替大样本的方法,开创了统计学的新纪元。在概率论进一步发展的基础上,到19世纪初,数学家们逐渐建立了观察误差理论、正态分布理论和最小平方法则。于是,现代统计方法便有了比较坚实的理论基础。

现代统计学的代表人物首推比利时统计学家奎特莱(Adolphe Quelet),他将统计分析科学广泛应用于社会科学、自然科学和工程技术科学领域,因为他深信统计学是可以用于研究任何科学的一般研究方法。

20世纪初以来,科学技术迅猛发展,社会发生了巨大变化,统计学进入了快速发展时期。归纳起来有以下几个方面。

(1)由记述统计向推断统计发展。记述统计是对所搜集的大量数据资料进行加工整理、综合概括,通过图示、列表和数字,如编制次数分布表、绘制直方图、计算各种特征数等,对资料进行分析和描述。而推断统计,则是在搜集、整理观测的样本数据基础上,对有关总体做出推断。其特点是根据带随机性的观测样本数据以及问题的条件和假定(模型),而对未知事物做出的、以概率形式表述的推断。当今西方国家所指的科学统计方法,主要就是针对推断统计来说的。

(2)由社会、经济统计向多分支学科发展。在20世纪以前,统计学的领域主要是人口统计、生命统计、社会统计和经济统计。随着社会、经济和科学技术的发展,到今天,统计的范畴已覆盖了社会生活的各个领域,成为通用的方法论科学,并发展成为有着许多分支的学科。

(3)统计预测和决策科学的发展。传统的统计是对已经发生和正在发生的事物进行统计,提供统计资料和数据。20世纪30年代以来,特别是第二次世界大战以来,由于经济、社会、军事等方面的客观需要,统计预测和统计决策科学有了很大发展,使统计走出了传统的领域而被赋予新的意义和使命。

统计在现代化管理和社会生活中的地位日益重要。随着社会、经济和科学技术的发展,统计在现代化国家管理和企业管理中的地位,以及在社会生活中的地位越来越重要。英国统计学家哈斯利特说:"统计方法的应用是这样普遍,在我们的生活和习惯中,统计的影响是这样巨大,以至统计的重要性无论怎样强调也不过分。"

三、统计学的两大方法

统计学是关于数据资料的收集、整理、分析和推断的一门科学。它可分为描述统计学和推断统计学两大方法体系。如果在研究中可以得到整个总体,那么描述统计学就足够了。但实际工作中往往只能得到总体的小部分数据(称为样本),这就需要通过(样本)有限的、不确定的信息来推断总体的信息,也就是需要推断统计学方法。下面,对上述两种方法进行展开叙述。

1. 描述统计学

描述统计学是研究如何取得反映客观现象的数据,并通过图表形式对所搜集的数据进行加工处理和显示,进而通过综合概括与分析得出反映客观现象的规律性数量特征的具体方法体系。描述统计学内容包括统计数据的收集方法、数据的加工处理方法、数据的显示方法、数据分布特征的概括与分析方法等。

描述统计主要通过表格、图形及统计量(指标)等工具,对数据资料进行整理、分析,并对数据分布状态、数字特征和变量之间关系进行描述。第二章完整介绍了描述统计学方法及应用,具体包括:①使用频数分布表和条形图、饼图、直方图和散点图等图形直观描述研究对象的整体特征;②使用统计量(如均值、标准差和相关系数等)特征值来描述统计数据的一般水平、离散程度、分布形态和相关程度等。

【例1-1】 老师统计完春游人数后,使用描述统计的方法给出了如表1-1和图1-1所示结果。

表1-1 春游人数统计表

类别	人数	占比/%
学生	45	90
教师	5	10
合计	50	100

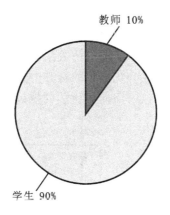

图1-1 春游人员类型统计图

2. 推断统计学

推断统计学是研究如何利用样本数据来推断总体特征的统计方法。比如,要了解一个地区的人口特征,不可能通过对每个人的特征一一进行测量来完成。再比如,要了解产品质量,也不可能通过对每个产品进行测量来完成,因为有些产品的质量检验可能具有破坏性。这就需要抽取部分个体即样本进行测量,然后根据获得的样本数据对所研究的总体特征进行推断。

推断统计学是根据样本资料,按一定的置信标准,用样本数据来判断总体数量特征的统计分析方法。统计推断法广泛用于对总体数量特征的估计和对总体数量特征某些假设的检验。

【例1-2】 在某战役中,A军在战场上缴获和击毁了一部分B军坦克,他们发现这些B军坦克是经过编号的,而且从大到小所有的编号是连续的,所有坦克的最大编号就应该是战场上B军坦克的总数。假设某个情报人员已经发现了4辆坦克,其编号分别为2、6、7、14。统计学家运用不放回抽样来估计离散型均匀分布最大值问题(推断统计)方法给出了B军坦克的估计数量。过程如下:

$$m = 14, k = 4$$
$$\hat{N} = m \times (1 + 1/k) - 1 = 16.5$$
$$p = 1 - 0.95, L = m$$
$$U = \frac{m}{p^{\frac{1}{k}}} = 29.6064$$

即,以 95% 的概率认为:B 军坦克数量在 14~30 辆。

3. 描述统计学和推断统计学的关系

描述统计学和推断统计学的划分,一方面反映了统计方法发展的前后两个阶段,另一方面也反映了应用统计方法探索客观事物数量规律性的不同过程。统计研究过程的起点是统计数据,终点是探索出客观现象内在的数量规律性。在这一过程中,如果搜集到的是总体数据(如普查数据),则经过描述统计之后就可以达到认识总体数量规律性的目的了。如果所获得的只是研究总体的一部分数据(样本数据),要找到总体的数量规律性,则必须应用概率理论根据样本信息对总体进行科学的推断。

描述统计和推断统计是统计方法的两个组成部分。描述统计是整个统计学的基础,推断统计则是整个统计学的主要内容。从描述统计学发展到推断统计学,既反映了统计学发展的巨大成就,也是统计学发展成熟的重要标志。图 1-2 详细反映了描述统计和推断统计之间的关系。由于在现实问题研究中,所获得的数据主要是样本数据,推断统计在现代统计学中的地位和作用越来越重要,已成为统计学的核心内容。当然,如果没有描述统计收集可靠的统计数据并提供有效的样本信息,即使再科学的统计推断方法也难以得出切合实际的结论。

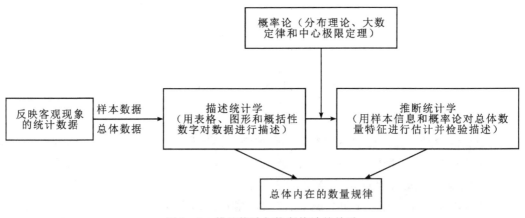

图 1-2 描述统计与推断统计的关系

四、统计学方法的特点

从认识论的角度看,统计学的研究方法有以下主要特点:

(1) 定性认识和定量认识相结合。统计属于定量认识的范畴,但统计的主要目的是研究客观现象的总体数量特征,它不是从定量认识而是从定性认识开始的。要从数量方面认识现象总体的特征,就必须首先确定总体的内涵和范围。所以,离开定性认识,定量认识就失去了可以依据的基础和方向,没有定性认识就不会有真正的定量认识。从另一方面来说,对事物仅仅停留在定性认识阶段还远远不够,也可以说,统计的定量认识是定性认识的深化和具体化。

(2)从个体认识到总体认识。统计的最终目的是要认识现象的总体特征,但它却是从认识个体特征开始的,对个体特征的调查、了解和反映是统计研究的基础,它又不停留在个体特征认识上,而是通过归纳个体特征综合概括出总体特征,最后达到对现象总体规律性的认识。

(3)从已知量的描述到未知量的推断。统计总是对已经存在的事实进行观察调查,描述现象在具体时间、地点、条件下的数量表现。但统计的目的通常是要根据已知的数据去推断所关心的未知数量或情况,例如根据已知的样本资料推断未知的总体数量特征,根据已知的资料推断未来的发展趋势,根据已知的这一方面的资料推断另一方面的相关情况等。所以,从统计描述到统计推断,是统计认识的延伸和拓展。

在运用统计研究方法时,还必须根据实际情况,按照需要与可能,分别采用不同的统计方法,多种统计方法结合运用,相互补充。

第三节 统计学的基本概念

为了更好地理解和应用统计学的各种方法,在对统计方法进行定义和描述中不可避免地要使用一些专业术语。本节内容主要介绍统计学的基本概念。

统计研究过程首先应该根据研究目的明确定义研究对象,统计学中研究对象被称为(统计)总体。其次,应该对组成总体的个体进行调查完成数据的搜集,需要明确对个体需要调查一些特征,这些个体特征被称为变量,个体特征调查值就是变量值。如果总体规模有限,我们就可以调查所有个体,对于所有个体某个特征的共性描述结果就是总体的某一特征值,这一共性特征值对应的就是参数。如果总体规模很大,不可能调查所有个体,只能调查部分个体,这部分个体集合就称为样本。对样本某个特征的共性描述结果就称为统计量。上述过程和关系如图1-3所示。推断统计学就是在统计量基础上应用概率知识对总体的参数进行估计和判断的学科。

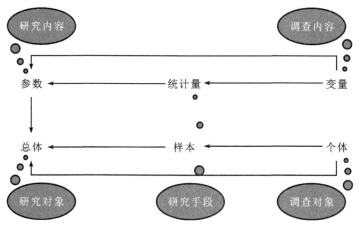

图 1-3 统计学研究过程中涉及的专业术语

根据统计研究的需要,下面对上述主要专业术语展开介绍和分析。

一、总体

总体是指由若干个体组成的事物,是根据研究目的确定的同质观察单位全体。更确切地说,它是同质的所有观察单位某种观察值的集合。构成总体的每一个个别单位称为总体单位。

在统计学中,总体具有特殊的含义,它与研究目的密切相关。符合这一研究目的的所有事物(包括过去、现在和将来)集合称为该测量的自然总体,自然总体中每个元素的测量值集合称为测量总体。由于数据分析的统计方法主要针对测量总体,所以从本章开始如果没作特别说明,均指测量总体。

总体和总体范围的确定,取决于统计研究目的和要求,总体必须具备以下三个特性。

(1)同质性。同质性是指同一总体的所有个体都必须具有某一共同性质,换句话说,就是总体中的每一个个体在某个特征上有共同或近似的取值。总体同质性是一切统计研究最重要的前提。它意味着总体中各个单位必须具有某种共同的性质而把它们结合在一起,否则对总体各个单位特征表现的综合就没有意义,甚至会混淆矛盾歪曲真相。例如,要研究全国的工业企业,则这些工业企业的经济职能都是进行工业生产活动,具有相同的性质,大量的商业企业则不应该包括在内。同质性是总体的根本特征,只有个体单位是同质的,统计才能通过对个体特征的观察研究,归纳和揭示出总体的综合特征和规律性。

(2)大量性。总体是由现实存在的许多个别单位组成,仅仅个别或少数单位没有代表性,不能形成总体。这是因为统计研究的目的是要揭示现象的规律性,这种规律性只有在大量现象的普遍联系中才能表现出来。个别单位特征表现的多样性(随机性),只有通过大量观察和综合后,才能够说明客观规律,反映现象的内在联系。总体的大量性可使个别单位因受到某些偶然因素影响表现在数量上的偏高或偏低差异相互抵消,从而显示出总体的本质和规律性。

按照一个统计总体所包含的总体单位数差别,统计总体可以分为有限总体和无限总体。有限总体是指总体中包含的单位数是有限的,可以计量并且能够穷尽,可以用确切的数值表示。例如,全国人口总数、工业企业总数等,不论它们的数量有多大,都是有限的、可计量的,并有一个确切的数字。无限总体是指总体中包含的单位数是无限的,可计量但不能穷尽。例如,工业中连续大量生产的产品,其产量虽然可以计量,但是不能穷尽。统计总体是否有限对统计调查方法的确定十分重要,对无限总体显然不能要求调查总体中的所有单位,对有限总体理论上可以调查总体中的所有单位,但从效率和现实情况出发,也只需调查一部分总体单位就可以了。总之,不管是有限总体单位数还是需要调查的样本量都必须达到一定的要求。

(3)差异性。构成统计总体的单位在某一方面的特征是相同的,但在其他方面又要求存在差异。差异性构成了统计研究的必要性。也就是说各单位由于某一个共同特征表现作为它们形成统计总体的前提,但又要求其余特征不能都相同,必须有差异,这样才有研究的必要性。例如,某工业企业的全体职工是一个总体,该总体所有职工的单位名称是共同特征,但工资水平、性别、年龄等许多方面必然存在差异。总之,有差异才有研究的必要,统计学就是要在差异中找共性、找规律。

二、样本

样本是从总体中随机抽取的一部分元素的集合。抽样的目的是根据样本提供的信息推断总体特征。例如,从一批灯泡中随机抽取 100 个,这 100 个灯泡就构成了一个样本,然后根据这 100 个灯泡的平均使用寿命去推断这批灯泡的平均使用寿命。对于无限总体和没有必要进行全面调查的有限总体来说,只能借助样本统计量去估计和推断总体的基本特征。

构成样本元素的数目称为样本容量或样本量(sample size),也就是样本的大小,通俗来说,就是从一个总体中抽取了多少个个体。此外还有样本个数(有多少种抽法,或者说理论上能抽到的最大样本个数)和抽样方法等概念。从统计研究出发,要求样本必须具有代表性,样本的个体抽取必须具有随机性。

【例 1-3】 某学校由某年级 50 名学生组成的抽样框如表 1-2 所示,从中按重复抽样方法随机抽取了 10 名学生作为样本,则该样本的样本容量为 10,样本个数有 50^{10} 个,实际样本为 50^{10} 中的某一个。在该次抽样中使用的抽样方法为无放回重复抽样。

表 1-2 某年级 4 个班 50 名学生组成的抽样框

序号	姓名	分数	评价	班级	序号	姓名	分数	评价	班级
1	陈风	77	及格	1	26	孙梦婷	75	及格	2
2	崔勇	86	及格	3	27	孙学伟	82	及格	2
3	高云	60	及格	2	28	谭英键	96	及格	1
4	黄向春	69	及格	3	29	唐健	80	及格	2
5	姜洋	74	及格	1	30	田雨	70	及格	3
6	蒋亚迪	44	不及格	1	31	王迪	75	及格	1
7	金梦迪	66	及格	3	32	王倩	78	及格	1
8	李华	73	及格	1	33	王翔	90	及格	3
9	李佳	76	及格	2	34	王浩波	63	及格	1
10	李冬茗	85	及格	3	35	王思思	72	及格	1
11	李国胜	59	不及格	1	36	王智强	75	及格	1
12	李宗洋	67	及格	2	37	隗佳	80	及格	2
13	林丽	74	及格	3	38	吴迪	92	及格	2
14	刘皓天	77	及格	1	39	徐海涛	52	不及格	3
15	刘文涛	86	及格	2	40	徐丽娜	61	及格	3
16	刘晓军	57	不及格	3	41	杨波	70	及格	1
17	卢阳	66	及格	2	42	尹韩	75	及格	1
18	马强	74	及格	1	43	于静	78	及格	3
19	马凤良	77	及格	2	44	袁方	92	及格	1
20	孟子铎	85	及格	3	45	张松	61	及格	3
21	欧阳飞	79	及格	3	46	张洋	71	及格	3
22	潘凯	92	及格	2	47	张建国	75	及格	1
23	邱迪	55	不及格	1	48	张志杰	63	及格	3
24	邵海阳	73	及格	3	49	赵颖	73	及格	1
25	宋媛	76	及格	2	50	周翔	93	及格	3

三、变量及分类

变量有时也称为属性。如果我们对10所中学的升学率感兴趣,那么升学率就是一个变量。变量的特点是从一次观察到下一次观察会呈现出的差别或变化。如商品销售额是变量,则20万元、30万元、50万元等,这些数值就是变量值。综上所述,变量是一个可以取多个可能值的用于描述个体的特征、特质或属性的名称。个体、变量及变量值的关系实例见表1-3。

表1-3 个体、变量及变量值实例

变量	变量值值域	个体
性别	男,女	人
学历	小学,中学,本科,硕士,博士	人
失业	有工作,无工作	人
孩子数	0,1,2,3,…	家庭
月消费支出	$0 \sim \infty$	家庭

变量的数值分析在统计学里非常重要。在进行数值分析之前,需要明确变量的性质,对于不同性质的变量需要使用具体的方法。统计学中的变量按性质大致可以分为分类变量和数值变量两种。分类变量又可分为有序分类变量和无序分类变量两小类,数值变量又可分为离散变量和连续变量两小类。下面系统介绍变量的分类。

1. 分类变量的细分

分类变量又可以分为无序分类变量和有序分类变量。

(1) 无序分类变量。变量值之间没有顺序及高低差别,仅代表不同类别。例如:性别、种族、肤色、血型、颜色等这些类型的变量值信息之间没有等级区分,例如在性别变量中,不能说"男"大于"女",也不能给不同学生按性别排优先顺序。所以无序分类变量,只作为分类。无序变量是没有顺序、没有等级划分,但能够被分类和计数的一种变量。

按变量值的值域,无序变量又可分为二分类变量和多分类变量。二分类变量是指将全部数据分成两个类别,如性别变量的"男、女",试题答案的"对、错"等。二分类变量是一种特殊的分类变量,在具体数值分析时可采用0和1表示和建立模型。多分类变量是指两个以上类别,如血型分为"A、B、AB、O"。

(2) 有序分类变量。可以按变量值进行等级划分,可以进行排序比较。例如,喜欢的程度可以分为"高、中、低";高中的年级可以是"高一、高二、高三";学历可以分为"小学、中学、高中、大学、研究生"等。变量值不管是数值型还是字符型,都可以进行比较等级排序。尽管这样,我们还是不能明确知道每个等级之间具体相差量是多少,这也是分类变量的一个不足。

总之,对于无序分类变量的"比较"操作是没有意义的,即使变量值使用数值表示,而对于有序分类变量和"比较"操作是有意义的。

2. 数值变量的细分

数值变量又可以分为离散型变量和连续性变量。

(1) 离散型变量。数值只能用自然数或整数单位计算,其数值是间断的,这种变量的取值一般使用计数方法取得。例如,各班的学生人数、高速公路上特定时段通行的汽车数量和包装箱内产品的件数等。离散型变量的值域通常可用枚举方式表示。

(2) 连续型变量。在一定区间内可以任意取值,其数值是连续不断的,相邻两个数值可作无限分割,即可取无限个数值,这种变量的取值一般需要使用仪器测量方法取得。例如,学生的身高、汽车行驶的速度和化学溶液中某物质的含量等。连续型变量的值域通常只能用区间表示。

3. 按计量层次的细分

从计量层次看,无序分类变量＜有序分类变量＜离散型数值变量＜连续型数值变量。适用于低层次测量数据的统计方法,也适用于较高层次的测量数据,因为后者具有前者的数学特性。适用于高层次测量数据的统计方法,则不一定能用于较低层次的测量数据,因为低层次数据不具有高层次测量数据的数学特性。因此,在对统计数据进行分析之前明确统计数据的层次和类型是非常必要的。理解这一点,对于后面选择统计描述方法是十分有用的。

统计软件中通常将变量(数值)划分为分类数据、顺序数据和数值型数据。分类数据是对事物进行分类的结果,数据表现为类别,是由分类尺度计量形成的。顺序数据也是对事物进行分类的结果,但这些类别是有序的,是由顺序尺度计量形成的。数值型数据是按数字尺度测量的观测值数值型数据,是使用自然或者度量衡单位对事物进行测量的结果,其结果表现为具体数值。这种划分与前面变量的分类不矛盾,可视为按操作中的简化和重命名:将无序分类变量重命名为分类数据,将有序分类变量及数据命名为顺序变量,将离散变量和连续变量统一重命名为数值数据。因此,性别、经济类型和血型都是分类数据,产品等级是顺序数据,产品产量、商品销售额、零件尺寸和年龄等都是数值数据。从计量层次看,分类变量＜顺序变量＜数值变量。

四、数据及类型

统计数据是对现象进行测量的结果,是某一总体所有变量及变量值的集合。在数据分析和建立模型过程中区分数据类型十分重要,不同层次和类型的数据需要采用不同的统计方法来分析和建模。

1. 观测数据和实验数据

按照统计数据的收集方法,可以将统计数据分为观测数据和实验数据。观测数据又称原始数据,是指在自然的未被控制的条件下观测到的数据,有关社会经济现象的统计数据几乎都是观测数据。实验数据是在实验中控制实验对象而收集到的数据。例如,对一种新药疗效的实验数据,对一种新的农作物品种的实验数据。自然科学领域的大多数数据都为实验数据。

2. 截面数据和时间序列数据

按照描述数据与时间的关系,可以将统计数据分为截面数据和时间序列数据。截面数据(cross-section data)是指在同一时间(时期或时点)截面上反映一个总体的一批(或全部)个体的同一特征变量的观测值,是样本数据中的常见类型之一。例如,工业普查数据、人口普查数据、家庭收入调查数据、某年度我国各地区国内生产总值数据等等都是截面数据。截面数据反映的是某一时间上的某种经济现象,体现的是个体的个性,突出个体的差异。

时间序列数据是指对同一对象在不同时间连续观察所取得的数据。它着眼于研究对象在时间顺序上的变化,寻找个体(空间)历时发展的规律。时间序列数据所描述的是现象随时间变化的情况,例如1996年至2020年国内生产总值数据就是时间序列数据。一般来说,时序数据是按时间顺序排列的,截面数据是按照个体排列的。

面板数据(panel data)是将"截面数据"和"时间序列数据"综合起来的一种数据类型。具有"截面"和"时间序列"两个维度,当这类数据按两个维度进行排列时,数据都排在一个平面上,与排在一条线上的一维数据有着明显的不同,整个表格像是一个面板,所以称为面板数据。

总之,区分数据的类型十分重要,不同的数据类型需要采用不同的统计方法来进行分析和建模。

五、参数和统计量

从研究目的的角度,我们需要对总体各项特征进行分析。从数据处理角度,我们可以对前面的各项变量值进行数学计算以得到总体特征的数值表现。如果被处理的变量值来自总体,则我们得到的结果被称为参数;如果被处理的变量值来自样本,则我们得到的结果被称为统计量。实际工作中,如果总体规模很大,无法获得所有总体数据,就只能借助样本数据,根据样本统计量来估计总体参数。例如我们不知道一个地区所有人口的平均年龄,不知道一个城市所有家庭的收入差距,不知道一批产品的合格率,等等,因此我们需要进行抽样,根据样本计算出样本统计量,进一步去估计总体参数。

参数是用来描述总体特征的概括性数字度量,是研究者想要了解的总体某种特征值。对于总体我们关心其许多个特征值,对其每一个特征值,我们都可以选择平均数、标准差、总体比例等,那么这些都被称为参数。参数的数学表达使用希腊字母,如:均值用 μ,标准差用 σ,比例用 π 等。对于总体而言,参数值是唯一的,但事先由于总体数据通常是不知道的,所以参数也是未知的。只有当我们拿到了总体的所有数据后,通过计算才能获得具体参数值。对于无限总体或大规模的有限总体,可能我们永远无法获知其参数。因此,经常被使用的一些参数值只是其理论意义的参数,如,掷硬币正面朝上的比率为 0.5。

统计量是用来描述样本特征的概括性数字度量,是根据样本数据计算出来的一个量。同理,每一个样本都有许多个特征值,对其每一个特征值,我们都可以选择样本均值、样本标准差、样本比例等。统计量的数学表达也使用希腊字母,但与参数有区别。如:样本均值用 $\bar{x}$,样本标准差用 s,样本比例用 p 表示。样本统计量是样本的函数,其数值随样本不同而不同。除了样本均值、样本比例、样本方差这类统计量外,还有一些是为了统计分析的需要而构造出来的统计量,如统计检验的 z 统计量、t 统计量、F 统计量等。

在抽样完成后,我们得到一个已知样本,就可以计算得到样本统计量。抽样推断就是根据已知样本统计量去估计未知的总体参数。例如:用样本平均数去估计总体平均数,用样本标准差去估计总体标准差,用样本比例去估计总体比例,等等。

第四节 统计数据的搜集方法

统计分析离不开数据,没有数据统计方法就成了无米之炊。数据就是我们通过观察、实验或计算得出的结果。怎样获得所需的数据呢？这就是本节要介绍的主要内容。

一、统计数据的来源渠道

统计数据主要来源于两种渠道：一是来源于直接调查和科学试验，这是统计数据的直接来源，称为第一手或直接的统计数据；二是来源于别人的调查或试验，这是统计数据的间接来源，称为第二手或间接的统计数据。

1. 数据的间接来源

对于间接的统计数据，在研究工作中，我们还需要进行重新加工和整理，使之成为统计分析可以使用的数据。从搜集的范围看，这些数据可以取自系统外部，也可以取自系统内部。取自系统外部的主要渠道有：各级政府部门公布的有关资料、统计部门定期发布的统计公报和统计年鉴、各类经济信息中心提供的市场信息和行业发展数据情报、各类专业期刊报纸图书所提供的文献资料、各种会议交流的资料，等等。取自系统内部的资料主要包括：业务资料，业务经营活动的各种单据、记录，反映经营活动过程中的各种报表和分析资料等。

二手资料的作用非常广泛，除了分析所要研究的问题外，这些资料还可以提供研究问题的背景，帮助研究者更好地定义问题和寻找研究问题的思路和途径。二手资料搜集比较容易，采集成本低，时效性高，因此，研究者会优先考虑搜集并使用二手资料。但是，二手资料也有很大的局限性。因为二手资料并不是为特定研究问题而产生的，所以在回答所研究问题方面可能有欠缺，如资料的相关性不够、口径可能不一致、数据不准确和过时等。因此，研究者在使用二手资料时要保持谨慎的态度。在使用二手资料前，对二手资料进行评估是必要的，对二手资料进行评估可以考虑如下内容：

(1) 资料是谁搜集的？这主要是考察数据搜集者的实力和社会信誉度。例如，对于全国性的宏观数据与某个专业性的调查机构相比，政府有关部门公布的数据可信度更高。

(2) 搜集的目的是什么？为了某个集团的利益而搜集的数据是值得怀疑的。

(3) 数据是怎样搜集的？搜集数据可以有多种方法，不同方法所采集到的数据，其解释力和说服力都是不同的。

(4) 什么时候搜集的？过时数据的说服力自然受到质疑。

最后，在引用二手数据时，应注明数据的来源以尊重他人的劳动成果。

2. 数据的直接来源

仅仅依靠二手资料不能满足研究需要，研究者还是需要通过调查和实验的方法直接获得一手资料。在实际工作中，我们把通过调查方法获得的数据称为调查数据，把通过实验方法得到的数据称为实验数据。

调查通常是对社会现象而言的。例如，经济学家通过搜集经济现象的数据来分析经济形势、某种经济现象的发展趋势、经济现象之间的相互联系和影响，社会学家通过搜集有关人的数据以了解人类行为，管理学家通过搜集生产、经营活动的有关数据以分析生产过程的协调性和效率。

实验大多是对自然现象而言的。例如，化学家通过实验了解不同元素结合后产生的变化，农学家通过实验了解水分、温度对农作物产量的影响，医学家通过实验验证新药的疗效，等等。实验作为搜集数据的一种科学的方法也被广泛运用到社会科学中。心理学、教育学的研究中大量地使用实验的方法获取所需要的数据，社会学、经济学、管理学中也有许多使用实验方法获得研究数据的案例。

从统计方法角度,本书只讲直接来源,也就是第一手统计数据的搜集。

二、调查及要求

调查是根据研究的目的与要求,运用科学的调查方法,有计划、有组织地搜集数据信息资料的统计工作过程。调查是数据分析的前提和基础,为确保数据分析的质量,在统计调查过程中务必做到以下要求:

(1)准确性。调查过程和结果要实事求是,要如实反映情况,调查数据必须是真实的。在具体工作中也应尽可能地消除技术误差。

(2)及时性。调查过程和调查结果上报都要按时完成,不能拖延。统计数据同样具有时间价值。

(3)完整性。一方面要做到调查对象的完整性,另一方面也要做到调查内容的完整性。务必做到不重不漏!

三、调查方案

调查方案是指导调查工作的纲领性文件。一个完整的调查方案包含以下几项重要内容。

(一)调查的目的和任务

在调查方案中,明确调查目的是首要任务,它决定调查的对象、内容、具体任务和时空范围等。因此在设计调查方案时,首先应当根据需要明确调查的具体目的和任务。

(二)调查对象与单位

调查对象即是根据调查目的所确定的统计总体,例:人口普查对象是具有中华人民共和国国籍并在中华人民共和国境内常住的人。

调查单位是调查对象中所包含的具体单位(总体单位),是调查项目的承担体和载体。例如:要调查某大学学生手机消费情况,那么某大学的全体学生就是调查对象,某大学的每一个学生就是调查单位。调查对象可以是构成总体的全部单位,也可以是总体的一部分单位,具体视调查工作要求确定。

需要注意的是,填报单位就是填写调查内容和提交调查资料的单位。不要将调查单位和填报单位混淆,在有些调查项目中两者一致,在有些调查项目中两者不一致。

(三)调查的组织方式

调查的组织方式就是确定具体调查单位的方式。调查的组织方式选择应根据调查的目的、财力、时限和精度要求等综合确定。可供借鉴的调查组织方式主要有以下种类。

1. 普查

普查是指专门组织的、全国性的、对全体调查对象普遍进行的一次性全面统计调查。普查用以搜集重要国情、国力和资源状况,为政府制定规划、方针政策提供依据。普查主要应用于大规模、系统全面的时点数据调查。目前,我国主要实施的普查项目有人口普查、农业普查和经济普查。人口普查每 10 年进行一次,末尾为"0"的年份;农业普查每 10 年进行一次,末尾为"6"的年份;经济普查每 5 年进行 1 次,末尾为"3"和"8"的年份。

2. 统计报表

统计报表是一种以全面调查为主的调查方式,它由政府主管部门根据统计法规,以统计表格形式和行政手段自上而下布置,而后由企事业单位自下而上层层汇总上报逐级提供基本统计数据的一种调查方式。目前,统计报表主要应用于规模以上企事业单位。

3. 抽样调查

抽样调查是一种非全面调查,它是从全部调查研究对象中随机抽选一部分单位进行调查,并据以对全部调查研究对象做出估计和推断的一种调查方式。抽样调查的目的在于取得反映总体情况的信息资料。应用抽样调查推断有关总体的数字特征,具有经济性好、实效性强、适应面广和准确性高等特点。具体体现为:①样本单位是按随机原则抽取的,总体中每一个单位被抽取的机会是均等的,能够保证被抽中的单位在总体中均匀分布和不致出现倾向性误差,以随机抽取的样本单位代表总体而不是用随意挑选的单位代表总体;②所抽选的调查样本数量是根据调查误差的要求,经过科学的计算确定的,在样本代表性上有可靠的保证;③抽样调查的误差在调查前就可以根据调查样本数量和总体中各单位之间的差异程度进行计算,并控制在允许范围以内,调查结果的准确程度较高。因此,抽样调查是一种科学的调查方式,已经成为调查活动中被普遍使用的主流方式。

(1) 概率抽样的组织方式。根据抽选样本的方法,抽样调查可以分为概率抽样和非概率抽样两类。概率抽样是按照概率论和数理统计的原理从调查研究的总体中,根据随机原则来抽选样本,并从数量上对总体的特征做出估计推断,对推断中可能出现的误差可以从概率意义上加以控制。习惯上将概率抽样称为抽样调查。进行概率抽样需要抽样框,抽样框通常包括所有总体单位的信息,如企业名录(抽选企业)、学生名册(抽选学生)或住户门牌号码(抽选住户)等。抽样框的作用不仅在于提供备选单位的名单以供抽选,它还是计算各个单位入样概率的依据。在具体实施过程中根据总体的基本情况和调查要求,概率抽样又可以细分为以下几种组织方式。

①简单随机抽样,就是从包括总体 N 个单位的抽样框中随机地、逐个抽取 n 个单位作为样本,每个单位的入样概率相等。随机性可以使用能产生符合要求的随机数序列计算机程序产生(详见第五节 R 语言操作示例)。简单随机抽样是一种最基本的抽样方法,是其他抽样方式的基础,突出特点是简单、直观,用样本统计量对总体参数进行估计,有概率论和数理统计理论作支撑。但是,简单随机抽样在实际应用中也有一些局限性:它要求将包含所有总体单位的名单作为抽样框,当 N 很大时,构造这样的抽样框并不容易;根据这种方法抽出的单位很分散,给实施调查增加了困难;这种方法没有利用其他辅助信息以提高估计的效率。所以,在规模较大的调查中很少直接采用简单随机抽样,一般是把这种方法和其他抽样方法结合起来使用。简单随机抽样适用于各个体之间差异较小的情况,但是需要的样本容量较多。

②系统抽样,又称等距抽样,它是先将总体所有单位按某种顺序排列,在规定的范围内随机地抽取一个单位作为初始单位,然后,每隔一定间隔抽取一个元素,直至抽完 n 个元素。系统抽样的具体操作是先从数字 $1 \sim k(k=N/n)$ 中随机抽取一个数字 r 作为初始单位,以后依次取 $r+k, r+2k, \cdots, r+(n-1)k$ 等编号对应的单位(详见第五节 R 语言操作示例)。优点是抽样样本分布均匀、操作简便、借助辅助信息有组织的排列可以有效地提高估计的精度。因此,系统抽样方法在调查实践中有着广泛的应用。系统抽样适用于个体之间有自然

顺序或便于排序的情况,需要的样本容量较简单,随机抽样少一些。

③分层抽样,又称等比例随机抽样,是将抽样单位按某种特征或某种规则划分为不同的层,然后从不同的层中独立、随机地抽取样本(详见第五节 R 语言操作示例),将各层的样本结合起来对总体的目标量进行估计。分层抽样的优点是:保证了样本中包含有每个层的抽样单位,样本结构与总体结构相近,从而可以有效地提高估计的精度;为组织实施调查提供了方便(当层是按行业或行政区划进行划分时);分层抽样既可以对总体参数进行估计,也可以对各层的目标量进行估计。这些优点使分层抽样在实践中得到了更为广泛的应用。分层抽样适用于总体中存在差异较大的层(类别),此时效果要好于简单随机抽样且需要的样本容量少一些。

④整群抽样,整群抽样是先将总体中若干个单位合并为许多个群。先对群进行随机抽取,调查入选群的所有单位。整群抽样的特点在于:抽取样本时只需要群的抽样框,而不必要求包括所有单位的抽样框,这就大大简化了编制抽样框的工作量。其次,由于群通常是由那些地理位置邻近的或隶属于同一系统的单位所构成,因此调查的地点相对集中,从而节省了调查费用,方便了调查的实施。整群抽样的主要缺点是估计的精度较差,因为同一群内的单位相似高,而不同群之间可能差异性大,在样本量相同的条件下,整群抽样的抽样误差通常比较大。

⑤多阶段抽样,采用类似整群抽样的方法,首先抽取群,但并不是调查群内的所有单位,而是再进一步抽样,从选中的群中抽取出若干个单位进行调查。因为取得这些接受调查的单位需要两个步骤,所以将这种抽样方式称为二阶段抽样。这里,群是初级抽样单位,第二阶段抽取的是最终抽样单位。将这种方法推广,使抽样的段数增多,就称为多阶段抽样。多阶段抽样是采取两个或多个连续阶段抽取样本的一种不等概率抽样。对阶段抽样的单元是分级的,每个阶段的抽样单元在结构上也不同。多阶段抽样的优点是样本分布集中,能够节省时间和经费。多阶段抽样的缺点是调查的组织复杂,总体估计值的计算复杂且可靠性不高。

(2)非概率抽样的组织方式。非概率抽样就是调查者根据主观判断抽取样本的方法。它不是严格按随机抽样原则来抽取样本,失去了概率论和数理统计的理论基础,无法确定抽样误差,无法正确地说明样本的统计值在多大程度上适合于总体,不能从数量上推断总体。但是依赖于实际工作经验,有时也能取得一定的调查效果。其具体做法有以下几种。

①按规模大小成比例的概率抽样。按规模大小成比例的概率抽样,简称为 PPS 抽样,它是一种使用辅助信息,从而使每个单位均有按其规模大小成比例地被抽中概率的一种抽样方式。

②重点抽样(重点调查)。只对总体中为数不多但影响颇大(变量值在总体中所占比重颇大)的重点单位调查,以了解总体的基本情况。其结果不可以作为总体参数估计的依据。

③典型抽样(典型调查)。它是根据调查研究的目的和要求,在对总体进行全面分析的基础上,有意识地选择其中有代表性的典型单位进行深入细致的调查,借以认识事物的本质特征、因果关系和发展变化规律。其结果不可以作为总体参数估计的依据。

在本书后面对统计方法的讨论中,若没有特殊说明,均假定数据取自概率样本。鉴于概率抽样对统计学专业知识要求较高,且本书只是统计学的入门教材,在后续统计推断方法中只讨论简单随机样本的估计与推断,对其他抽样方式感兴趣的读者,请参阅抽样技术专门的图书。

(四)调查项目和调查内容

调查项目是调查的具体内容,是调查方案的核心部分。包括调查单位的身份标志及其他需要了解的项目。调查项目是由调查的目的、任务和调查对象的性质决定的。确定调查项目应注意的几个原则:少而精;具有可操作性;内容含义要明确和肯定(必要时附以解释和填写说明);项目之间要尽可能保持一定的联系,便于有关项目之间相系进行核对和校验。

调查表是将调查项目按照一定的顺序排列起来形成的一定的表格形式,是统计工作搜集资料的基本工具。调查表的内容包括:表头(在调查表的上方,主要有调查表名称、填报单位名称等)、表体(由调查项目和填写区组成)和表脚(表外附加,包括调查人员或填表人员签名、审核人员签名、填报日期等)。

(五)统计数据的搜集方法

在明确了需要调查的个体后,就应该认真考虑调查方法(手段)。不同调查方法的适用场合和调查质量大相径庭。搜集数据的具体方法主要有访问调查、邮寄调查、电话调查、座谈会、个别深度访问、网上调查。

(1)访问调查:又称派员调查,它是调查者与被调查者通过面对面地交谈从而得到所需资料的调查方法。

(2)邮寄调查:邮寄调查是通过邮寄或其他方式将调查问卷送至被调查者,由被调查者填写,然后将问卷寄回或投放到指定收集点的一种调查方法。

(3)电话调查:电话调查是调查人员利用电话同受访者进行语言交流,从而获得信息的一种调查方式。电话调查优点是时效快、费用低;不足是调查问题的数量不能过多。

(4)座谈会:座谈会也称为集体访谈法,它是将一组受访者集中在调查现场,让他们对调查的主题发表意见,从而获取调查资料的一种方法。这种方法适用于搜集与研究课题有密切关系的少数人员的倾向和意见。

(5)个别深度访问:个别深度访问是一次只有一名受访者参加的特殊的定性研究。常用于动机研究,以发掘受访者非表面化的深层次意见。这种方法最适宜于研究较隐秘的问题,如个人隐私、较敏感的问题等。

(6)网上调查:网上调查主要有 E-mail、交互式 CATI 系统、互联网 CGI 程序三种方法。

(六)调查地点与调查时间

调查地点是指确定登记资料的地点。调查时间:涉及调查标准时间和调查期限。调查标准时间是调查资料所属的时间,是确定个体特征数值是否登记在内的时间标准,一般有时点标准和时期标准两种情况。如,要调查某工业企业2019年产品产量,就要登记从2019年1月1日到12月31日所生产的全部产品的产量。再如,第七次人口普查只登记"2020年11月1日零时"这一时点上的人口情况。调查期限是指调查工作进行的起止时间,如,第七次人口普查调查时间为30天,从2020年11月1日到2020年11月30日。

(七)统计调查的组织与实施计划

统计调查的组织与实施计划,主要解决如何进行调查。包括组织领导、宣传教育、人员培训、试点推广等。科学、周密的组织实施计划,是统计调查得以顺利实施的可靠保证。

四、调查误差及控制

1. 调查误差的含义和种类

调查误差是调查结果所得的统计数字与调查总体实际数量之间的差别。调查误差通常可分为登记性误差和代表性误差。

登记性误差是在调查过程中由于主、客观因素的影响,相关环节出现失误造成的观察结果与实际真值之间的差异。无论是抽样调查还是全面调查,都有可能产生登记性误差。登记性误差主要有以下几种类型。

(1)抽样框误差。在抽样中需要根据抽样框抽取样本,抽样框是有关总体全部单位的名录。一个好的抽样框应该是抽样框中的单位和研究总体中的单位有一一对应的关系。如果全校学生的名单中没有新生名单,这样的抽样框就是有误差的抽样框,使用这样的抽样框抽取样本就会出现错误,我们把这种误差称为抽样框误差。

(2)回答误差。回答误差是指被调查者在接受调查时给出的回答与真实情况不符。导致回答误差的原因有多种,主要有理解误差、记忆误差和有意识误差。

(3)无回答误差。无回答误差是指被调查者拒绝接受调查,调查人员得到的是一份空白答卷。无回答也包括那些调查进行时被访者不在家的情况。电话调查中,拨通后没有人接;邮寄问卷调查中,地址写错、被调查者搬家,或被调查者虽然收到问卷,却把问卷遗忘或丢失,这些都可以视为调查中的无回答。如果无回答占到样本很大的比例,调查结果的说服力将大打折扣。

(4)调查员误差。这是指由于调查员的原因而产生的调查误差。例如,调查员粗心,在记录调查结果时出现错误。调查员误差还产生于调查中的诱导,而调查员本人可能并没有意识到。例如,在调查过程中调查员有意无意地流露出对调查选项的看法或倾向,调查员的表情变化、语气变化、语速变化都可能对被调查者产生某种影响。

(5)测量误差。如果调查与测量工具有关,则很有可能产生测量误差,例如,对小学生的视力状况进行抽样调查,而视力的测定与现场的灯光、测试距离都有密切关系。调查在不同地点进行,如果各测试点的灯光、测试距离有所偏差时,就会给调查结果带来测量误差。

代表性误差是指用部分调查单位的统计资料计算出的样本统计量来估计总体参数所产生的误差,这种误差无法避免、无法消除。由于样本的随机性,根据不同的样本得到不同的观测结果,所以这种误差值称是随机的,也称为随机误差或抽样误差。抽样误差是随机的,无法避免,只能从各种因素出发控制其在一定范围内。

2. 统计调查误差的控制

如何有效地控制各种误差,提高数据的质量,是研究人员和现场调查人员面临的挑战。

登记性误差控制的重要方面是调查过程的质量控制。这包括:调查员的挑选,调查员的培训,督导员的调查专业水平,对调查过程进行控制的具体措施,对调查结果进行的检验、评估,对现场调查人员进行奖惩的制度,等等。目前在规范的专业性市场调查咨询公司,都有一些进行质量控制的规章制度和经验。

抽样误差是由抽样的随机性带来的,只要采用概率抽样,抽样误差就不可避免。令人欣慰的是,抽样误差是可以计算和控制的。在一个特定问题的研究中,研究人员对抽样误差有一个可以容忍的限度。例如,用抽检的方法检验产品的质量,对总体合格品率估计的误差不超过±1%,这个±1%就是允许的抽样误差。一旦这个误差确定下来,就可以采用相应的措施进行控制。进行控制的一个主要方法是改变样本量,要求的抽样误差越小,所需要的样本量就越大。

第五节 统计软件简介

统计软件的种类很多,有的功能齐全,有的价格便宜,有的容易操作,有的需要大量实践才能掌握,有的只处理某一类统计问题,等等。

一、常用的统计软件

(1)SPSS是一个很受欢迎的统计软件。它采用窗口、菜单和对话框操作,输出漂亮、功能齐全、价格昂贵。但有点过度臃肿,它充斥着许多大多数人永远不会使用到的统计功能,以致使用者在浏览菜单和设置参数时有种身处迷宫的感觉。

(2)Excel严格说并不是统计软件。作为数据表格软件,其具有一定的统计计算和绘图功能。对于简单分析,Excel还算方便,但随着问题的深入,Excel甚至根本没有相应的功能,就只能使用复杂函数来解决。

(3)SAS是一个功能非常齐全的软件,价格不菲,许多公司因为其功能众多和政府机构认可而使用。但需要经过专业的训练才可以使用。

(4)Stata是功能强大且齐全的软件,在科研工作中应用日益普及,但价格昂贵,需要编程。

(5)Eviews是一款主要处理回归和时间序列的软件。

(6)Matlab是一款使用普遍的数值计算软件。

(7)R是一款免费的、由志愿者管理的、发展最快的统计软件,也是目前数据处理类普及率最高的软件。目前有上万个程序包,涵盖了基础统计学、社会学、经济学、生态学、地理学、医学统计学、生物信息学等诸多方面,它能满足简单高效的要求又能克服商业软件的傻瓜化缺陷,通过简单编程即可实现对数据的深入探索和分析。基于此,本教材选用R软件。

统计软件使用不能代替统计课程。统计软件的使用者必须通晓统计学方法的原理及基础,否则只会照葫芦画瓢,不能进行深入探索和分析。另外,软件输出的结果虽然很多,但它不会告诉你选择哪一项结果来决策。

二、R软件的下载、安装及运行

(1)下载:登录 https://cran.r-project.org/bin/windows/base/old/3.6.3/,点击 Download R for windows 链接,在新窗口中点击 Download R3.6.3 for windows,即可下载安装文件 R-3.6.3-win.exe。

(2)安装:双击 R-3.6.3-win.exe 文件进行安装,同其他软件(略)。

(3)运行:安装完成后在桌面双击R图标,即可进入R运行界面,如图1-4所示。

R软件主要以命令方式运行,在安装完软件后,读者可安装并加载作者自编的专用统计学教学程序包,它包含大部分例题、习题及大量自定义函数。该程序包可降低读者使用R软件的复杂性和提高处理效率。

(4)加载自定义函数代码和教学例题及习题数据。读者可通过扫描教材封底二维码下

图 1-4　R 软件的运行界面

载作者编写的 R 统计学教学程序包 mystat.zip 文件。下载完成后可保存在"D:\统计学"文件夹中,然后在 R 软件窗口点击菜单【程序包】→【install package(s) from local files...】,系统打开文件选择对话框,选择 mystat_1.0.zip 文件,如图 1-5 所示。

图 1-5　安装统计学 mystat 程序包

安装完成后在每次启动 R 软件后可使用命令">library("mystat")"加载统计学程序包。

(5)教学程序包内置数据集的查看。可使用命令">data(package="mystat")"打开 mystat 软件包中内置的数据集(本教材预存的例题及习题变量),运行结果如图 1-6 所示。显示结果中 x 开始的变量为本书例题变量,x 后面的编号为章及序号;显示结果中 y 开始的变量为本书习题变量,y 后面的编号为章及序号。例如:$x1.3$ 表示第一章"例 1-3"的数据,$y1.3$ 表示第一章"习题 1-3"的数据,以方便后面教材代码的通用性。可先使用命令">x=x1.3"完成重新赋值。

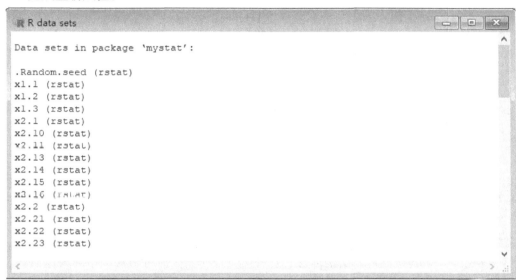

图 1-6 mystat 程序包预存的例题和习题变量

(6)教学程序包自定义函数查看。自定义函数介绍及使用说明可使用命令">help(package="mystat")"打开浏览器查看。

四、R 基础及数据创建

(一)建立向量及输入数据

R 中的数据对象包括向量、矩阵、数组、数据框和列表。在数据分析时,我们可以将调查得到的数据分别以向量、矩阵、数组、数据框和列表等形式输入到 R 中。在 R 中,一般先使用系统函数 c( ),建立数值向量、字符向量或逻辑向量。然后通过具体函数将相关向量合并成 R 的数据结构,如数据框、列表和时间序列等。也可使用本教材自定义函数 input 函数使用类 Excel 表格界面建立数值向量、字符向量或数据框。

对于【例 1-3】 数据建立的 R 代码:

(1)使用系统函数:c( )及 data.frame( )

>姓名=c("陈　风","崔　勇","高　云","黄向春","姜　洋","蒋亚迪","金梦迪","李　华","李　佳","李冬茗","李国胜","李宗洋","林　丽","刘皓天","刘文涛","刘晓军","卢　阳","马　强","马凤良","孟子铎","欧阳飞","潘　凯","邱爽","邵海阳","宋　媛","孙梦婷","孙学伟","谭英键","唐　健","田　雨","王迪","王　倩","王　翔","王浩波","王思思","王智强","隗　佳","吴　迪","徐海

涛","徐丽娜","杨 波","尹 韩","于 静","袁 方","张 松","张 洋","张建国","张志杰","赵 颖","周 祥")

> 分数 = c(77, 86, 60, 69, 74, 44, 66, 73, 76, 85, 59, 67, 74, 77, 86, 57, 66, 74, 77, 85, 79, 92, 55, 73, 76, 75, 82, 96, 80, 70, 75, 78, 90, 63, 72, 75, 80, 92, 52, 61, 70, 75, 78, 92, 61, 71, 75, 63, 73, 93)

> 及格 = c("及格","及格","及格","及格","及格","不及格","及格","及格","及格","及格","不及格","及格","及格","及格","及格","及格","及格","及格","不及格","及格","及格","及格","及格","及格","不及格","及格","及格","及格","及格","及格","及格","及格","及格","及格","及格","及格","及格","及格","不及格","及格","及格","及格","及格","及格","及格","及格","及格","及格","及格","及格")

> 班级 = c(1, 3, 2, 3, 1, 1, 3, 1, 2, 3, 1, 2, 3, 1, 2, 3, 2, 1, 2, 3, 3, 2, 1, 3, 2, 2, 2, 1, 2, 3, 1, 1, 3, 1, 1, 1, 2, 2, 3, 3, 1, 2, 3, 2, 3, 3, 1, 3, 1, 3)

> x1.3 = data.frame(姓名,分数,及格,班级)   #合并为数据框

(2)使用自定义函数 input( )

单一数值向量使用 x=input( ),单一字符向量使用 y=input(""),都可以打开类 Excel 界面实现建立各向量数据,然后再使用 data.frame( )合并为数据框。

对于数据框结构数据,也可以使用 input( )函数打开类 Excel 界面实现直接建立四个向量组成的数据框。input( )函数中第一个参数指定四个变量的类别,0 代表字符,1 代表数值。第二个参数指定四个向量的名称。打开类 Excel 界面后可依次完整录入原始数据。注意四个向量的数据个数必须相等。输入完成后关闭录入界面。回到 R 命令界面运行即可查看刚刚录入的数据。

> x1.3 = input(c(1,0,1,0),c("姓名","分数","及格","班级"))   #打开输入界面及部分数据输入如图 1-7 所示。

> head(x1.3)   #显示输入完成的数据框结果,head( )只显示前 6 行。

	姓名	分数	及格	班级
1	陈 风	77	及格	1
2	崔 勇	86	及格	3
3	高 云	60	及格	2
4	黄向春	69	及格	3
5	姜 洋	74	及格	1
6	蒋亚迪	44	不及格	1

五、随机抽样的 R 语言代码

(一)基于向量的随机抽样

在 R 中,实现随机抽样的系统函数为 sample( ),能方便地从一组向量值中随机抽取指定个数的样本,例如:从 1,2,3,4,5,6 中随机抽取 2 个数。

> sample(1:6,2)   #第 1 次运行结果
[1] 6 5

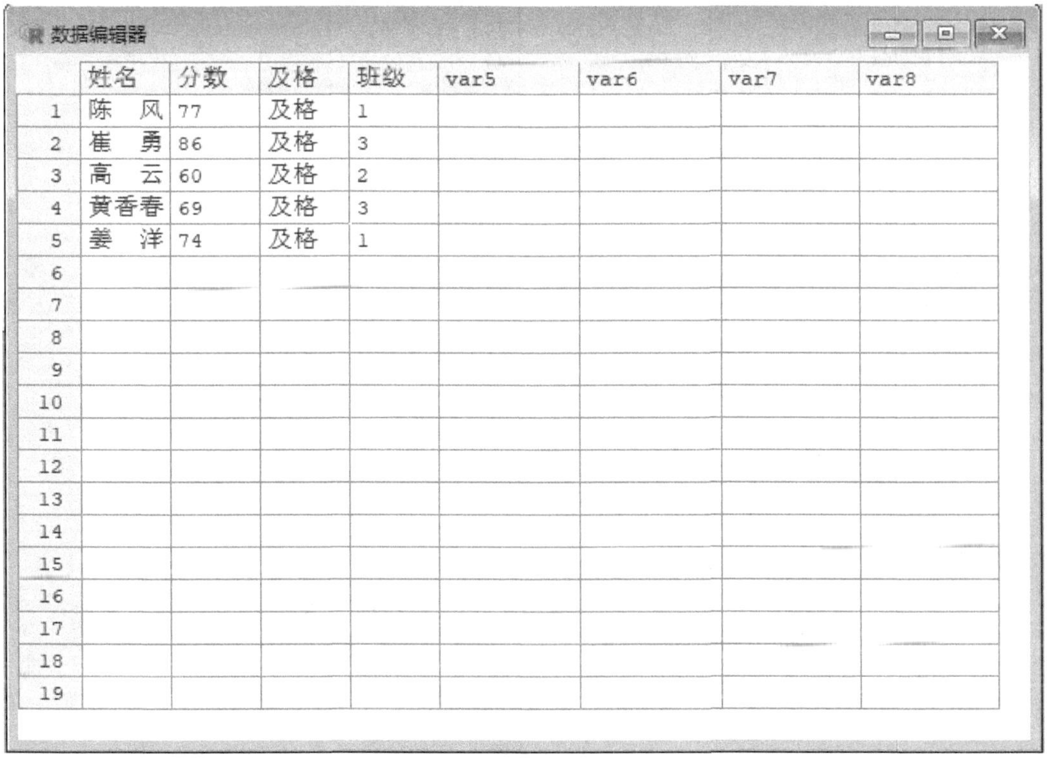

图1-7 input函数录入界面

```
> sample(1:6,2)        #第2次运行结果
[1] 1 4
> sample(1:6,2)        #第3次运行结果
[1] 2 3
```

从运行结果看出：共抽取了3次，每次的结果都不相同，实现了随机的效果。

(二)基于数据框的随机抽样

在对数据框按行随机抽取时，R系统函数的实现过程较为繁琐，下面使用自定义函数mysample()进行演示：

```
> x = x1.3              #加载预先保存的【例1-3】数据
> head(x)               #数据框，只显示前5行
   姓名    分数  及格   班级
1  陈 风   77    及格    1
2  崔 勇   86    及格    3
3  高 云   60    及格    2
4  黄向春   69    及格    3
5  姜 洋   74    及格    1
6  蒋亚迪   44    不及格  1
```

1. 简单随机抽样

```
> mysample(x,n = 5,meth = 1,rep = T)      #第1次运行结果
```

	姓名	分数	及格	班级
18	马 强	74	及格	1
36	王智强	75	及格	1
41	杨 波	70	及格	1
17	卢 阳	66	及格	2
42	尹 韩	75	及格	2

```
> mysample(x,n = 5,meth = 1,rep = T)      #第2次运行结果
```

	姓名	分数	及格	班级
35	王思思	72	及格	1
25	宋 媛	76	及格	2
1	陈 风	77	及格	1
4	黄向春	69	及格	3
40	徐丽娜	61	及格	3

2. 分层抽样

以及格变量进行分层,按 20% 的比例抽取 10 人,原数据中有 10% 的不及格数据。

```
> mysample(x,n = 10,meth = 2,lb = 3,rep = F)      #第1次运行结果
```

11	李国胜	59	不及格	1
9	李 佳	76	及格	2
31	王 迪	75	及格	1
22	潘 凯	92	及格	2
38	吴 迪	92	及格	2
49	赵 颖	73	及格	1
37	隗 佳	80	及格	2
30	田 雨	70	及格	3
48	张志杰	63	及格	3
12	李宗洋	67	及格	2

```
> mysample(x,n = 10,meth = 2,lb = 3,rep = F)      #第2次运行结果
```

	姓名	分数	及格	班级
23	邱 爽	55	不及格	1
21	欧阳飞	79	及格	3
15	刘文涛	86	及格	2
31	王 迪	75	及格	1
38	吴 迪	92	及格	2
5	姜 洋	74	及格	1
12	李宗洋	67	及格	2
27	孙学伟	82	及格	2
36	王智强	75	及格	1
13	林 丽	74	及格	3

3. 系统抽样

以行号进行系统抽样,抽取 5 人。R 语言代码如下:

```
> mysample(x,n = 5,meth = 3,lb = 3,rep = F)    #第 1 次运行结果
```

	姓名	分数	及格	班级
5	姜 洋	74	及格	1
15	刘文涛	86	及格	2
25	宋 媛	76	及格	2
35	王思思	72	及格	1
45	张 松	61	及格	3

```
> mysample(x,n = 5,meth = 3,lb = 3,rep = F)    #第 2 次运行结果
```

	姓名	分数	及格	班级
6	蒋亚迪	44	不及格	1
16	刘晓军	57	不及格	3
26	孙梦婷	75	及格	2
36	王智强	75	及格	1
46	张 洋	71	及格	3

4. 整群抽样

以按班级变量数值为群进行整群抽样,R 语言代码如下:

```
> mysample(x,meth = 4,lb = 4,rep = F)    #第 1 次运行结果
```

	姓名	分数	及格	班级
3	高 云	60	及格	2
9	李 佳	76	及格	2
12	李宗洋	67	及格	2
15	刘文涛	86	及格	2
17	卢 阳	66	及格	2
19	马凤良	77	及格	2
22	潘 凯	92	及格	2
25	宋 媛	76	及格	2
26	孙梦婷	75	及格	2
27	孙学伟	82	及格	2
29	唐 健	80	及格	2
37	隗 佳	80	及格	2
38	吴 迪	92	及格	2
42	尹 韩	75	及格	2
44	袁 方	92	及格	2

```
> mysample(x,meth = 4,lb = 4,rep = F)    #第 2 次运行结果
```

	姓名	分数	及格	班级
1	陈 风	77	及格	1
5	姜 洋	74	及格	1
6	蒋亚迪	44	不及格	1
8	李 华	73	及格	1
11	李国胜	59	不及格	1
14	刘皓天	77	及格	1
18	马 强	74	及格	1
23	邱 爽	55	不及格	1
28	谭英键	96	及格	1
31	王 迪	75	及格	1
32	王 倩	78	及格	1
34	王浩波	63	及格	1
35	王思思	72	及格	1
36	王智强	75	及格	1
41	杨 波	70	及格	1
47	张建国	75	及格	1
49	赵 颖	73	及格	1

习 题

一、单项选择题

1.下列学科哪个是研究如何收集、分析与处理数据,并且由此作出决策的一门学科?（   ）

A. 逻辑学　　　　　　　　　　　B. 数学
C. 统计学　　　　　　　　　　　D. 社会学

2.推断统计学研究（   ）。

A. 统计数据收集的方法
B. 数据加工处理的方法
C. 统计数据显示的方法
D. 如何根据样本数据去推断总体数量特征的方法

3.在统计史上被认为有统计学之名而无统计学之实的学派是（   ）。

A. 数理统计学派　　　　　　　　B. 政治算术学派
C. 社会统计学派　　　　　　　　D. 国势学派

4.一个研究者为了揭示在车祸中受伤的类型是否与系安全带有关,绘制了它们的关系图。使用的统计方法属于（   ）。

A. 推断统计　　　　　　　　　　B. 描述统计
C. 既是描述统计又是推断统计　　D. 既不是描述统计又不是推断统计

5. 为了估计全国大学生每年的平均消费,从 20 个城市选取了 50 所大学进行调查。在该项研究中,样本是( )。
   A. 50 所大学   B. 20 个城市
   C. 全国的大学生   D. 50 所大学的大学生

6. 调查 10 个企业职工的工资水平情况,则统计总体是( )。
   A. 10 个企业   B. 10 个企业职工的全部工资
   C. 10 个企业的全部职工   D. 10 个企业每个职工的工资

7. 某大型城市,有关部门想了解近两年来的人均年收入情况,考虑要节省时间、资金等因素,你认为做哪种调查更合适一些( )?
   A. 普查   B. 抽样调查
   C. 选取某一单位的职工进行调查   D. 选取某小区居民进行调查

8. 抽样调查的目的在于( )。
   A. 了解总体的基本情况   B. 用样本对总体信息进行推断
   C. 对样本进行全面调查   D. 了解样本的基本情况

9. 对某种连续生产的产品进行质量检验,要求每隔两小时抽出 10 分钟的产品进行检验,这种抽查方式是( )。
   A. 简单随机抽样   B. 分层抽样
   C. 系统抽样   D. 整群抽样

10. 典型调查与抽样调查相比,两者的不同点在于( )。
    A. 调查组织形式   B. 调查方法
    C. 选择调查单位的方法   D. 调查对象

11. 要了解某市居民家庭的收支情况,最适合的调查方式是( )。
    A. 普查   B. 重点调查
    C. 抽样调查   D. 典型调查

12. 要了解某商场电视机的库存情况,宜采用( )。
    A. 现场观察法   B. 实验采集法
    C. 问卷法   D. 访谈法

13. 检查产品寿命应采用( )。
    A. 普查   B. 抽样调查
    C. 重点调查   D. 典型调查

14. 为掌握商品销售情况,对占该市商品销售额 80% 的五个大商场进行调查,这种调查方式属于( )。
    A. 普查   B. 重点调查
    C. 抽样调查   D. 统计报表

15. 将总体中的各单位按某一标志排列,再依固定间隔抽选调查单位的抽样方式为( )。
    A. 分层抽样   B. 简单随机抽样
    C. 整群抽样   D. 等距抽样

16. 整群抽样是对被抽中的群做全面调查,所以整群抽样是( )。

A. 全面调查　　　　　　　　　B. 非全面调查

C. 一次性调查　　　　　　　　D. 经常性调查

二、多选题

1. "统计"一词通常的含义是指（　　）。

A. 统计学　　　　　　　　　　B. 统计工作

C. 统计资料　　　　　　　　　D. 统计局

E. 统计核算体系

2. 描述统计内容包括（　　）。

A. 统计数据收集方法　　　　　B. 数据加工处理方法

C. 统计数据显示方法　　　　　D. 数据分布特征的概括

E. 抽样推断方法

3. 著名的统计分析软件有（　　）。

A. SAS　　　　　　　　　　　 B. SNA

C. SPSS　　　　　　　　　　　D. STATISTICA

E. R　　　　　　　　　　　　 F. PYTHON

4. 普查是（　　）。

A. 非全面调查　　　　　　　　B. 专门调查

C. 全面调查　　　　　　　　　D. 经常性调查

E. 一次性调查

5. 哪几种抽样方式可以通过提高样本的代表性而减小抽样误差（　　）？

A. 分层抽样　　　　　　　　　B. 简单随机抽样

C. 整群抽样　　　　　　　　　D. 等距抽样

E. 普查

三、简答题

1. 某调查机构从某小区随机地抽取了50位居民作为样本进行调查,其中60%的居民对自己的居住环境表示满意,70%的居民回答他们的月收入在6000元以下,生活压力大。

回答以下问题：

(1) 这一研究的总体是什么？

(2) 月收入是分类变量、顺序变量还是数值型变量？

(3) 对居住环境的满意程度是什么变量？

2. 按分类变量、顺序变量和数值变量,分别指出下列变量的类型：(1)汽车销售量；(2)产品等级；(3)到某地出差乘坐的交通工具(汽车、轮船、飞机)；(4)年龄；(5)性别；(6)对某种社会现象的看法(赞成、中立、反对)。

3. 某机构从某大学抽取200个大学生推断该校大学生的月平均消费水平。

要求：

(1) 描述总体和样本。

(2) 指出参数和统计量。

第二章　描述统计方法

【导入案例】　辛普森悖论

"校长,不好了,有很多男生在校门口抗议,他们说今年研究生女生录取率42%,是男生21%的两倍,我们学校遴选学生有性别歧视。"

校长满脸疑惑地问秘书:"我不是特别交代,今年要尽量提升男生录取率以示公平?"

秘书赶紧回答:"确实交代下去了,我刚刚也查过,的确有注意到,今年商学院录取率男生是75%,女生只有49%;而法学院录取率男生是10%,女生为5%。两个学院都是男生录取率比较高,校长这是我作的调查报告。"调查报告表见表2-1。

表 2-1　调查报告表

	女生			男生		
	商学院	法学院	合计	商学院	法学院	合计
录取人数/人	49	1	50	15	10	25
报考人数/人	100	20	120	20	100	120
录取率/%	49	5	42	75	10	21

请试着解释著名的辛普森悖论。

【内容要点】

1. 观察数据情况,对数据进行分类,再选择进一步分析的方法。
2. 掌握各种常用的图形、表格、统计量,以及标准规范的统计描述文字。
3. 掌握专业的统计分析工具 R 在描述统计中的应用。

第一节　描述统计概述

数据分析是由浅入深、由表及里的过程,就像欣赏一幅美术作品,首先大体看作品是水墨画还是油画,画的是一座山、一束花、一个人还是一只猫,而后才是更加细致深入地欣赏这幅作品的细节、纹理、创作手法等。

当研究者得到的数据量很小时,可以通过直接观察原始数据来获得所有的信息。但是,当研究者得到的数据量很大时,就必须借助各种描述方法来完成对数据的概括性认识。描述统计是数据分析的第一步,是了解和认识数据基本特征和结构的方法,只有在完成了描述统计,充分了解和认识数据特征后,才能更好地开展后续变量间关系等复杂的数据分析。描述统计具体方法包括选择分析方法、解读分析结果、分析异常结果原因等。

一、数据预处理

数据预处理是描述统计的基础。由于各种原因，采集录入的数据会存在差错，基于差错数据得出的分析结论是有问题的。表2-2是一张实际工作录入的调查表，里面差错很多。

表2-2　某次调查完成后录入到软件中的数据

	编号	城市	年龄	类别	价格
1	1001	Beijing	23	100—A	1200
2	1002	SH	44	100—B	
3	1003	guangzhou	54	110—A	2133
4	1004	shenzhen	32	110—C	5433
5	1005	shanghai	34	210—A	
6	1006	B\nEIJING	32	130—F	4432
7	1006	BEIJING	32	130—F\n	4432

由于数据量规模很小，可以直观地看到此数据中的一系列错误之处：在数据中包括了一些空值、错误值、重复值，类别数据中既有颜色还有尺寸信息、城市名称表述不一致等问题。试想一下，这样的数据如果不做任何预处理就直接进行描述和分析，能得到什么有用的结果？

数据的预处理是在对数据进行描述统计之前必须要做的工作，内容包括数据的审核、筛选、排序等。

数据审核就是检查采集（录入）的数据中是否有错误。对于通过调查取得的原始数据，主要从完整性和准确性两个方面去审核。完整性审核主要是检查应调查的单位或个体是否有遗漏，所有的调查项目是否填写齐全等。准确性审核主要是检查数据是否有错误和异常值，对异常值要仔细进行鉴别，如果异常值属于记录时的错误，在分析之前应予以纠正。如果异常值是一个正确的值，则应予以保留。

在大多数软件中，都可通过对数据的排序快速发现错误数据，借助数据筛选锁定同类错误并完成改正。数据排序是指按一定顺序将数据排列，以便研究者通过浏览数据检查纠错，排序方法有递增和递减两种。数据筛选是根据错误排查需要找出有问题的数据供判断修改，主要包括空值、大小写问题、数据格式和重复值的处理，以及数据间相互矛盾的一些数据。如：年龄为5岁婚姻状况为已婚，企业的利润高于销售额等。数据经过预处理后，就可以放心进行描述统计了，如表2-3所示（对表2-2进行清洗后的结果）。

表2-3　清洗后的表2-2数据

编号	城市	年龄	尺寸	颜色	价格
1001	Beijing	23	100	A	1200
1002	Shanghai	44	100	B	1000

续表

编号	城市	年龄	尺寸	颜色	价格
1003	Guangzhou	54	110	A	2133
1004	Shenzhen	32	110	C	5433
1005	Shanghai	34	210	A	5124
1006	Beijing	32	130	F	4432

二、描述统计的内容

描述统计是通过图表或数学方法,在对数据资料进行预处理的基础上,对数据的分布状态、数值特征和变量之间关系进行描述的方法。因此,描述统计的主要内容包括数据的分布状态、数据的概况性度量(统计量)以及数值之间关系。

在对数据进行描述时,首先要弄清所面对的是什么类型的数据,因为不同类型的数据,所采取的处理方法和描述方法是不同的。

(一)数据的分布形态

为了考察数据的分布情况,可以将数据按一定规则划分为若干小组,落在各个小组内的数据个数就叫做频数,每一小组的频数与数据个数总数的比值叫做频率。从频数或者频率的大小可以知道每个小范围内数据出现次数的多少,就是频数分布。对数据的分布形态可使用频数分布表和频数分布图两种方法来描述。

1. 频数分布表

频率分布表是表示数据分布规律的表格,主要由类别、频数和频率构成。对于不同类型的数据,频数分布表略有差异:分类数据的频数分布表主要由类别、频数和频率三列构成;顺序数据的频数分布除了给出各类别的频数和频率外,还要知道低于或者高于某类别的频数和频率,因此顺序数据的频数分布表主要由类别、频数、频率、累积频数和累积频率构成;对于数值型数据,类别可以是一个单项数值或数值区间,数值区间的一般水平(组中值)也需要在频数分布表中体现出来。因此,数值数据的频数分布表主要由数值区间、组中值、频数、频率、累积频数和累积频率构成。

频数分布表可以简单揭示数据分布特征和分布类型。如从身高数据的频数分布表可以看出:中等身高频数最多,由中等身高到较矮或较高的频数逐渐减少。通过观察频数分布表还可以简单区分数据分布是否对称。对称分布是指多数频数集中在中央位置,两端的频数分布大致对称;不对称分布(偏态分布)是集中位置偏向一侧,若集中位置偏向数值小的一侧,称为正偏态分布;集中位置偏向数值大的一侧,称为负偏态分布。

2. 频数分布图

图形可以使复杂问题简单化和直观化,使人一目了然,便于理解和比较。对于频数分布表反映的分布特征,使用统计图形会更直观,更便于理解和比较,该类图形可称为频数分布图。对于分类数据的频数分布表可使用条形图说明各类别分布特征,使用饼形图说明各类别结构特征。对于顺序数据的频数分布表同样可使用条形图说明分布特征,使用饼形图说明各类别结构特征,还可通过折线图来体现累积特征。对于数值数据的频数分布表主要通过频数直方图反映数据分布特征。总之,频数分布图比频数分布表更加直观。

(二)数据的概括性度量

统计数据的概括性度量就是用统计量表示统计数据的分布特征。利用图表可以对数据分布的形状和特征有大致的了解。但如果需要对数据分布进行量化和推断总体,还需要借助一些反映数据分布特征的描述性统计量。描述性统计度量有两个作用:首先,它们可以为受过统计训练的人提供数据分布的初步印象。其次,由于大多数样本的描述性统计量常被用于估计相应的总体参数,所以描述性统计量是推断统计学的主要成分,是参数估计和假设检验的基础。

数据分布的特征可以从三个方面进行测度和描述:一是分布的集中趋势,反映各数据向其中心值靠拢或聚集的程度;二是分布的离散程度,反映各数据远离其中心值的趋势;三是分布的形状,反映数据分布的偏度和峰度。

对于数据的分布特征选用哪一个统计量,要根据所掌握的数据的类型和特点来确定。一般来说,分类数据使用大多数个体的水平值作为集中趋势的统计量,数序数据使用中间位置的个体水平作为集中趋势的统计量,数值型数据使用平均数作为集中趋势的统计量。分类数据使用异众比率作为分布离散程度的统计量,顺序数据使用四分位差作为分布离散程度的统计量,数值型数据主要使用方差和标准差作为分布离散程度的统计量。数据分布形状的度量统计量还可以使用偏态系数与峰态系数,偏态系数用于对数据分布对称性的测量,峰态系数用于数据分布平峰或尖峰程度的测量。

(三)变量之间关系的描述

单个变量的分布特征描述仅仅是分析的基础,对于统计学而言,真正有价值的就是复杂现象(数据)关系的描述和分析。对于包含多个变量的统计数据,变量之间的关系描述应该是描述统计的最终目的和结果。从数据中包含的变量类型来看,其内容包括:分类变量与分类变量关系的描述与分析;数值变量与分类变量关系的描述与分析;数值变量与数值变量关系的描述与分析三种类型。

变量之间关系的简单描述可采用相关表和散点图两种方法,变量之间关系的精确描述应使用相关系数等统计量。

需要再次强调的是,低层次数据的描述方法适用于高层次的测量数据;高层次数据的描述方法并不适用于低层次的测量数据。因此,本章将结合不同层次数据的案例,从易到难,从频数分布表、频数分布图到统计量做详细介绍。在本章最后还会对包含多变量的复杂数据做相关分析的图表介绍。

第二节 类别数据的描述方法

类别数据主要包括分类数据(无序类别)和顺序数据(有序类别),两者描述方法基本相同,但也存在着一些差异。在内容安排上,首先是低层次(分类数据)的描述方法,接下来是较高层次(顺序数据)的描述方法。本节内容以案例为对象,完整介绍应用频数分布表、统计图和统计量进行描述的方法与过程。

一、分类数据案例

分类数据是对事物进行分类的结果,表现为不同的类别。各类别之间是平等的,无高低差异。

【例 2-1】 某调查机构随机调查了 100 名购买牛奶的消费者,得到调查表(见表 2-4),请对调查表中的数据进行描述,你能发现什么信息?

表 2-4 100 名购买牛奶的消费者调查数据表

编号	性别	牛奶品牌	编号	性别	牛奶品牌	编号	性别	牛奶品牌	编号	性别	牛奶品牌
1	男	伊利	26	男	蒙牛	51	男	蒙牛	76	女	光明
2	女	三元	27	女	金典	52	男	伊利	77	女	金典
3	女	光明	28	女	伊利	53	女	光明	78	男	蒙牛
4	男	伊利	29	女	金典	54	男	三元	79	女	金典
5	男	蒙牛	30	男	三元	55	女	伊利	80	男	蒙牛
6	男	伊利	31	女	伊利	56	男	蒙牛	81	女	金典
7	女	光明	32	女	蒙牛	57	男	光明	82	女	伊利
8	男	三元	33	女	光明	58	女	伊利	83	女	金典
9	女	伊利	34	女	金典	59	男	蒙牛	84	男	三元
10	男	蒙牛	35	男	蒙牛	60	男	蒙牛	85	女	伊利
11	男	光明	36	女	光明	61	女	伊利	86	男	蒙牛
12	女	伊利	37	女	三元	62	男	伊利	87	男	伊利
13	男	蒙牛	38	女	伊利	63	女	蒙牛	88	女	伊利
14	男	伊利	39	男	蒙牛	64	男	三元	89	女	蒙牛
15	女	金典	40	男	三元	65	女	蒙牛	90	女	光明
16	男	三元	41	女	三元	66	女	伊利	91	男	三元
17	女	光明	42	男	伊利	67	女	三元	92	女	蒙牛
18	男	三元	43	男	三元	68	男	光明	93	男	蒙牛
19	女	蒙牛	44	女	伊利	69	男	伊利	94	男	三元
20	女	伊利	45	女	蒙牛	70	女	金典	95	女	三元
21	女	三元	46	男	金典	71	男	三元	96	男	伊利
22	男	光明	47	男	伊利	72	女	光明	97	男	三元
23	女	伊利	48	女	三元	73	女	伊利	98	女	伊利
24	女	光明	49	女	光明	74	女	光明	99	女	蒙牛
25	女	金典	50	男	伊利	75	女	蒙牛	100	男	金典

从数据看,上表中主要有两个变量:性别和牛奶品牌,这两个变量都是分类变量。调查者想知道性别变量和牛奶品牌变量的分布特征,进一步想知道这两个变量之间的关系(不同

性别对牛奶品牌是否存在偏好?若存在偏好,则可以说明两个变量之间有关系,否则没有关系)。下面,我们可以分别对这两个变量使用频数分布表、统计图和概括性统计量去描述。

二、分类数据的频数分布表

分类变量的频数分布表是最简单的,主要由类别、频数和频率构成。编制频数分布表主要有以下四个步骤:

第一步:列出类别。对于性别变量,按基本常识,其数值只有两个取值:男、女,因此类别就是男和女。对于牛奶品牌变量,通过观察数据(排序)可知其有 5 个值,因此类别就是 5 个,具体有光明、金典、蒙牛、三元和伊利。

第二步:计算各类别的频数。手工方式主要采用画正字法,从第一个数据开始,依次按对应的类别画正字的一笔,最后按正字统计频数。

第三步:计算各类别的频率。频率=各类别频数/频数合计数。

第四步:根据上述信息编制频数分布表。

编制完成的性别变量频数分布表和牛奶品牌变量频数分布表分别如表 2-5 和表 2-6 所示。

表 2-5 性别变量频数分布表

类别	频数	频率%
男	44	44
女	56	56
合计	100	100

表 2-6 牛奶品牌变量频数分布表

类别	频数	频率%
光明	16	16
金典	12	12
蒙牛	22	22
三元	20	20
伊利	30	30
合计	100	100

从表 2-5 和表 2-6 可以看出:性别变量女性比男性多;牛奶品牌变量中伊利是选择最多的品牌,占比为 30%。

三、类别数据的频数分布图

用图形来显示频数分布特征会更形象和直观。分类数据的图形是对频数分布表的直观再现,是在频数分布表基础上使用条形图和饼图对比各类别的频数差异和反映总体频数结构特征。图形制作可由 R 软件完成,本章第六节详细给出了绘制图形的语句代码。

1. 条形图

条形图是一种专门用于分类变量、顺序变量和离散型数值变量数据的频数分布图形,它是用矩形的高(而不是面积)来表示频数、频率,并且各矩形之间留有间隔以表示测量尺度的不明确性或不连续性。条形图是统计图资料分析中最常用的图形。条形统计图的优点是易于比较各类别的频数之间谁多谁少、谁最多以及是否对称。条形图可以横置或纵置。对于单一类别变量,条形图使用简单条形图,对于两个类别变量的频数分布,使用复式条形图。

基于上面频数分布表(表 2-5 和表 2-6),采用 R 软件分类绘制的条形图如图 2-1 和图 2-2 所示。

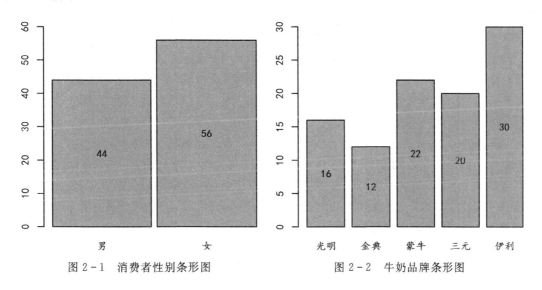

图 2-1　消费者性别条形图　　　　　图 2-2　牛奶品牌条形图

2. 饼图

饼图(pie chart)是以一个圆的面积表示事物的总体,以扇形面积表示占总体的百分数的统计图,也叫扇形统计图。可以比较清楚地反映出部分与部分、部分与整体之间的数量关系,对于研究结构性问题十分有用。上例中消费者性别和牛奶品牌变量的饼图如图 2-3 和 2-4 所示。

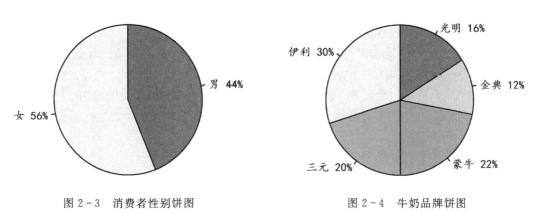

图 2-3　消费者性别饼图　　　　　图 2-4　牛奶品牌饼图

四、分类数据的描述统计量

1. 众数

分类数据的集中趋势统计量使用众数（mode）。众数是一组数据中出现次数最多的变量值，用 M_o 表示。众数可以作为分类变量的代表值，因为该数值代表了大多数总体单位的水平。

众数是一个位置代表值，它不受数据中极端值的影响。从分布的角度看，一组数据分布的最高峰点所对应的数值即为众数。当然，如果数据的分布没有明显的集中趋势或最高峰点，众数也可能不存在；如果有两个或多个最高峰点，也可以有两个或多个众数。众数主要用于测度分类数据的集中趋势，当然也适用于作为顺序数据和数值型数据集中趋势的测度值。

按照众数的定义，一组数据中出现次数最多的变量值就是众数。通过观察频数分布表，就可得知其众数。从表 2-5 中可以明确得出性别变量的众数 $M_o=$ "女"。从表 2-6 中可以明确得出牛奶品牌变量的众数 $M_o=$ "伊利"。也就说，"女"可以作为性别变量的代表值，"伊利"可以作为牛奶品牌变量的代表值。

2. 异众比率

离散程度统计量使用异众比率（variation ratio）。异众比率是指非众数组的频数占总频数的比例，主要用于衡量众数对一组数据的代表程度。异众比率越大，说明非众数组的频数占总频数的比重越大，众数的代表性越差；异众比率越小，说明非众数组的频数占总频数的比重越小，众数的代表性越好。

计算公式

$$异众比率 = 1 - \frac{众数频数}{频数合计}$$

从【例 2-1】频数分布表可知，购买其他品牌牛奶的人数占 70%，异众比率比较大。因此，用"伊利"来代表消费者购买饮料类型的状况，其代表性不是很好。

五、顺序数据案例

类别数据是对事物进行分类的结果，表现为不同的类别。分类数据各类别之间是平等的，无高低差异。顺序数据各类别之间有高低差异。分类数据是低层次的数据，顺序数据是高层次的数据。分类数据的描述方法可用于顺序数据，但顺序数据的描述方法与分类数据的描述方法还是存在一些区别的。

【例 2-2】 现有 80 名职工的受教育程度数据："低 低 低 低 低 低 低 低 低 中 中 高 低 中 中 中 高 中 中 中 中 中 中 中 中 低 高 中 高 高 中 高 高 低 高 中 低 高 高 高 高 高 高 高 低 低 低 低 低 低 低 中 中 中 中 中 中 中 高 中 中 中 中 中 低 中 中 中 高 中 中 中"，试描述受教育程度这个顺序变量的基本特征。

六、顺序数据的频数分布表

由于各变量值可以排序，在频数分布表中还要体现出累积信息，因此顺序变量的频数分布表主要由类别、频数、频率以及累积频数、累积频率构成。编制步骤主要有以下四步。

第一步：列出类别。在列示各类别时，必须按其顺序列示。对于使用汉字表示的类别不要一味依赖软件，因为软件默认给出的是汉语拼音顺序，而不是真正意义的类别高低顺序。

如表2-7中受教育程度的类别真实顺序为:低、中、高,而计算机会默认成:低、高、中。

第二步:计算各类别的频数。同类别变量。手工方式主要采用画正字法,最后按正字统计频数。

第三步:计算各类别的频率。频率=各类别频数/频数的合计数。

第四步:计算累积频数和累积频率。累积频数是将各有序类别的频数逐级累加起来得到的频数,频数的累积方法有两种:一是从类别顺序的从低到高累加频数,称为向上累积;二是从类别顺序的从高到低累加频数,称为向下累积。通过累积频数,可以很容易看出某一类别以下或某一类别以上的频数之和。默认采用向上累积。累积频率是对频率进行向上累积或向下累积,方法和累积频数相同。

按上述步骤,例2-2编制完成的频数分布表见表2-7。

表2-7 频数分布表

类别	频数	频率/%	累积频数	累积频率/%
低	23	28.75	23	28.75
中	37	46.25	60	75.00
高	20	25.00	80	100.00
合计	80	100.00	—	—

从上表可以看出:受教育程度为"中"的频数最多,占比为46.25%。但是认为受教育程度变量的一般水平就是"中"还为时过早。

七、顺序数据的频数分布图

用图形来显示频数分布会更形象和直观。顺序数据的图形是对频数分布表的直观再现,是在频数分布表基础上使用条形图、饼图和累积折线图等反映各类别的频数差异、总体频数结构,以及数据按顺序的累积特征等。图形制作可由R软件完成,本章第六节详细给出了绘制图形的语句代码。

条形图和饼图的绘制方法和含义与分类数据相同,在此不赘述。直接给出【例2-2】受教育程度变量的条形图(见图2-5)和饼图(见图2-6)。

对于顺序数据,还可以绘制显示累积频数的累积图。累积图主要用于反映数据按照某一顺序的累积快慢特征。横坐标为类别,纵坐标为累积频数,将这些点连接即可。【例2-2】受教育程度变量的累积分布图如图2-7所示。

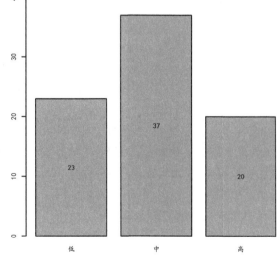

图2-5 职工受教育程度条形图

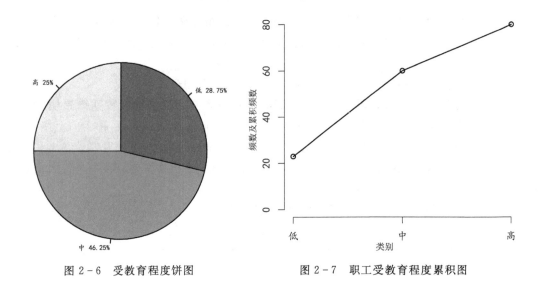

图 2-6 受教育程度饼图　　　　图 2-7 职工受教育程度累积图

八、顺序数据的描述统计量

众数是一组数据中出现次数最多的变量值,可以作为类别变量的代表值。但对于有顺序特征的顺序变量,中位数更能代表其一般水平和集中趋势。因此,中位数主要用于测度顺序数据的集中趋势。

1. 中位数

中位数(median)是一组数据排序后处于中间位置上的变量值,用 M_e 表示。显然,中位数将全部数据等分成两部分,每部分包含 50% 的数据,一部分数据比中位数大,另一部分则比中位数小。因此,在理论意义上可以作为一组数据的代表值。

对于原始数据,计算中位数时,要先对数据进行排序,然后确定中位数的位置,最后确定中位数的具体数值。

【例 2-2】中,对原 80 名职工的受教育程度数据先排序,再确定中位数。

排序结果如下:

低 中 高 高 高 高 高 高 高 高 高 高 高 高 高 高 高 高 高 高 高 高

确定中位数位置:总频数/2＝80/2＝40

从排序后的结果看第 40 个数值为"中"。因此,M_e＝"中"

如果没有原始数据只有其频数分布表,主要看频数分布表中累积频数或累积频率的数值,按总频数/2 去查找其在累积频数的位置,该位置对应的类别即为中位数。

【例 2-2】中,基于 80 名职工受教育程度的频数分布表(见表 2-7),确定中位数。

确定中位数位置:总频数/2＝80/2＝40;从累积频数这列看,40 比 23 大、比 60 小,因此可以确定第 40 个数值应在累积频数为 60 这个类别内,因此,M_e＝"中"。这就是说,对于 80 名职工而言,可以用"中"作为对受教育程度评价的一个代表值。当然,其代表性如何还需借助四分位差进一步分析。

中位数是一个位置代表值,其特点是不受极端值的影响。对于顺序变量而言,中位数的代表性要比众数好很多。

2. 四分位数

中位数是从中间点将全部数据等分为两部分。如果再刻画得更细致一些,与中位数类似的还有四分位数、十分位数和百分位数等。它们分别是用 3 个点、9 个点和 99 个点将数据 4 等分、10 等分和 100 等分后各分位点上的值。这里只介绍四分位数的计算。

四分位数(quartile)也称四分位点,它是一组数据排序后处于 25% 和 75% 位置上的值。四分位数是通过 3 个点将全部数据等分为 4 部分,每部分包含 25% 的数据。很显然,中间的四分位数就是中位数,因此通常所说的四分位数是指处在 25% 位置上的数值(称为下四分位数)和处在 75% 位置上的数值(称为上四分位数)。根据四分位数的计算结果可以粗略地说:有 25% 的数据将小于或等于下四分位数;有 50% 的数据在下四分位数和上四分位数之间;有 75% 的数据将大于或等于下四分位数。

顺序数据四分位数的计算原理与中位数基本相同。根据定义,未分组数据计算四分位数时,首先对数据进行排序,然后确定四分位数所在的位置($n/4,3n/4$),该位置上的数值就是四分位数。分组数据计算四分位数时,主要看频数分布表中累积频数或累积频率的数值,按具体位置($n/4,3n/4$)去查找其在累积频数列的位置,该位置对应的类别即为四分位数。需要注意的是四分位数的算法有好多种,每种方法得到的结果都有一定差异,但差异不大。

【例 2-2】中,基于 80 名职工受教育程度的频数分布中,四分位数的位置分别为:20 和 60,第 20 个数值在第一组,第 60 个数值在第 2 组。因此,下四分位数 Q_L="低",上四分位数 Q_U="中"。可以说四分位数到上四分数涵盖了一半的数值。

3. 四分位差

中位数作为顺序数据的集中趋势的代表值,反映了顺序数据的一般水平。那么,顺序数据的离散程度如何来评估呢?一般选择四分位差作为中位数代表性大小和顺序数据离散程度的评价统计量。此外,由于中位数处于数据的中间位置,因此,四分位差的大小在一定程度上也说明了中位数对一组数据的代表程度。

四分位差也称为内距或四分间距,它是上四分位数与下四分位数之差,用 Q_d 表示。

计算公式为:$Q_d = Q_U - Q_L$

【例 2-2】中,基于 80 名职工受教育程度的四分位差在"低"到"中"范围内,可理解为相差一个等级。

综上所述,四分位差反映了中间 50% 数据的离散程度,其数值越小,说明中间的数据越集中;其数值越大,说明中间的数据越分散。四分位差不受极值的影响。四分位差主要用于测度顺序数据的离散程度。对于数值型数据也可以计算四分位差,但它不适合分类数据。

第三节 数值数据的描述统计

数值数据是对事物特征进行测量的结果,各数值之间的差异可以精确计量。数值数据的分布特征描述统计包括:频数分布表、频数分布图和数值特征统计量。第二节介绍的分类数据和顺序数据的频数分布表、频数分布图和概括性度量(统计量)方法,原则上也适用于数值型数据。但数值型数据还有更好的频数分布表、频数分布图和描述统计量,它们并不适用于分类数据和顺序数据。下面依次介绍更适合于数值数据的频数分布表、统计图和概括性统计量方法。

一、统计分组

数值数据因数值个数太多,故不能采用分类数据和顺序数据的描述方法,必须先对数据进行分组,才能编制频数分布表和绘制频数分布图。数值数据分组不能按一个一个的数值作为类别,这样无法观察数据的分布特征。应该根据具体数据,采用统计分组方法来确定具体类别。

数据分组是根据统计研究的需要,依据数值差异将原始数据按照某种标准划分成不同的组别。分组后同一组内数据间的差距较小,而不同组间的数据差异明显,从而使大量混沌的数据变为层次分明能显示总体分布特征的数据。统计分组必须遵循两个原则:穷尽原则和互斥原则。所谓穷尽原则,就是使总体中的每一个数值都有组可归,或者说,各分组的空间足以容纳总体所有的数值。所谓互斥原则,就是在特定的分组标准下,总体中的任何一个数值只能归属在某一组,而不能同时归属于几个组。

(一)按照已有统计标准分组

在实际工作中,人们基于对很多现象从大量实践中已经总结出了很好的分组标准。对于这些数据(现象)就无需另外指定分组标准,直接采用固定分组标准即可。

【例 2-3】 为了反映人口中劳动年龄部分的比重及其负担,联合国教科文组织将人口分为 0~14 岁(15 周岁以下)、15~64 岁(女性为 60 周岁)、65 岁(女性为 60 岁)及以上三个组,即少年儿童组、成年组和老年组。年龄超过 65 岁者即是老年人,而老年人又可进一步分为四个组别:65~74 岁,青年老年人(young old);75~84 岁,中年老年人(middle old);85~99 岁,高龄老年人(old old);100 岁以上,高寿(长寿)老年人(oldest old)。

【例 2-4】 各学校考试成绩的分组(类别)标准:(0,60)分不及格,[60,70)分为及格,[70,80)分为中等,[80,90)分为良好,[90,100]分为优秀。

这些标准来自实践,需要以专门的实质性学科理论作为依据,不属于统计学方法研究的范畴。

(二)没有标准的探索性分组

对于大量无固定分组标准的数值数据,需要从具体数据出发,从统计方法上研究和总结对数值数据的有效分组方法。根据数据差异情况,数值数据的分组方法有单变量值分组和组距分组两种。

1. 单变量值分组

单变量值分组是把每一个变量值作为一组,这种分组通常只适合离散变量,在变量值变动不大且个数较少的情况下使用。如对居民家庭按家庭人口数进行分组,可按家庭人口数分为:1 人,2 人,3 人,4 人,5 人及以上五个组。

【例 2-5】 某车间 20 名工人当日加工零件数如下:23 23 20 22 26 21 25 22 23 23 22 25 21 23 22 21 23 22 23 22,试对其进行分组。

从数值看,20 名工人日产量的数据只有 6 个值,分别为:20 21 22 23 25 26。因此可以采用单变量值分组,分为 6 个组,频数分布表的编制步骤同类别变量。例 2-5 整理好的频数分布表如表 2-8 所示。

表 2-8 工人日产零件数的频数分布表

零件数	频数	频率/%	累积频数	累积频率/%
20	1	5.00	1	10.00
21	3	15.00	4	20.00
22	6	30.00	10	50.00
23	7	35.00	17	85.00
25	2	10.00	19	95.00
26	1	5.00	20	100.00
合计	20	100.00	—	—

可以看出,单变量值分组的频数分布表和顺序变量的频数分布表编制方法相同。因此,单变量值的频数分布图和顺序变量相同,可以采用饼图、条形图、累积折线图等。

2. 组距式分组

在连续变量或变量值较多的情况下通常采用组距分组。它是将全部变量值划分为若干个区间,并将位于一个区间的变量值作为一组。在组距分组中,一个组的最小值称为区间下限,一个组的最大值称为区间上限,上限与下限之间的距离称为组距。在组距分组时,如果各组的组距相等,则称为等距分组;如果各组的组距不相等,则称为不等距分组。不等距分组因通常涉及实质性科学,在此不作为研究内容。下面重点介绍数值数据等距分组的方法和步骤。

第一步:确定组数。一组数据分多少组合适呢? 组数太少,组间差异过大。组数太多,组间差异过小。这些都不利于实际工作中数据分组结果的应用和分析。组数的确定应以能够显示数据的分布特征和规律为目的。一般情况下,一组数据所分的组数不应少于 5 组且不多于 15 组,即 $5 \leqslant K \leqslant 15$。下面介绍一种机械方法,可根据数据的多少来确定组数,仅供参考。

$$K = 1 + \log_2 n \approx 1 + 3.222 \lg n \tag{2-1}$$

式中:n 为数值个数;K 为分组组数,结果保留整数,作为初步的分组组数。

也可以使用更为简单的 2 的指数法判断:2 的指数序列依次为 2、4、8、16、32、64、128 和 256 等,若数值个数 $16 < n < 32$,则分为 5 个组。其他情况依次类推。

第二步:确定各组的组距。组距是一个组上限与下限的差。对于等距分组各组的组距应相等。因此,组距可根据全部数据最大值和最小值之差和分组数来确定,即:

$$组距 = (最大值 - 最小值) \div 组数$$

由于计算结果可能有小数,为了便于后续计算和应用,组距可在此基础上向 5 或 10 的倍数方向调整,调整后组数 K 可能出现 ±1 的变动也是正常的,以变动的组数结果为准。

第三步:确定各组的组限。原则上第一组的下限应低于最小变量值,最后一组的上限应高于最大变量值。对于等距分组而言,确定了第一组下限,则各组组限就会依次确定。第一组的下限应低于最小变量值,一般将最小值向下调整为 5 或 10 的倍数。在组距分组中,如果全部数据中的最大值和最小值与其他数据相差悬殊就会出现空白组(即没有变量值的组),对此,可将第一组和最后一组采取"××以下"及"××以上"这样的开口组来避免空白组的出现。在后续计算中,开口组的组距可参考相邻组的组距。

采用组距分组时,需要遵循不重不漏的原则。不重是指一项数据只能分在其中的某一组,不能在其他组中重复出现。不漏是指组别能够穷尽,即在所分的全部组别中每项数据都能分在其中的某一组,不能遗漏。为解决不重的问题,统计分组时习惯上规定"上组限不在内"原则,即当相邻两组的上下限重叠时,恰好等于某一组上限的变量值不算在本组内,而计算在下一组内。因此,组限用数学语言来表示就是左闭右开区间,如 $60 \leqslant X < 70$。

【例 2-6】 某电脑公司 2002 年前四个月(120 天)的销售量数据(单位:台)如下:
272 181 225 199 188 240 191 204 192 212 194 241 197 236 198 196 199 200 172 234
161 254 171 203 225 172 252 187 216 243 246 207 243 167 203 224 183 195 196 239 196 198
208 199 252 200 238 200 200 222 201 224 202 193 203 261 203 218 235 208 217 253 206 248
181 207 172 207 216 205 209 210 205 212 218 217 214 206 212 265 215 215 233 216 205 217
237 217 218 203 219 207 222 218 226 223 191 224 204 224 188 225 222 209 226 228 229 230
186 238 216 234 199 235 220 238 196 233 206 243

具体分组步骤如下:

组数: $K = 1 + \log_2(n) = 1 + \log_2(120) \approx 7$

组距: $d =$ (最大值 − 最小值) ÷ 组数 $= (272 - 161)/7 = 15.85714 \approx 20$

组限:最小值 = 161,故第一组下限为 160。具体分割点依次 160 180 200 220 240 260 280,最后 1 组的上限包含了最大值 272。因此各组的区间分别为:160~180,180~200,200~220,220~240,240~260,260~280。

需要说明的是,上述结果不是唯一的答案,只是参考答案。

二、数值数据等距分组的频数分布表

单变量值的分组及频数分布表的编制和顺序数据相同,在此不做重复介绍。下面主要介绍等距式分组频数分布表的编制。等距式分组的频数分布表构成如下:

(1)组名。上述确定的各组区间作为各组的名称。

(2)组中值。组名掩盖了各组内的数据分布状况,为反映各组数据的一般水平,通常用组中值作为该组数据的代表值。组中值是每一组中下限值与上限值中间的值,即:组中值 = (下限 + 上限) ÷ 2。使用组中值代表一组数据时有一个必要的假定条件,即各组数据在本组内呈均匀分布或在组中值两侧呈对称分布。如果实际数据的分布不符合这一假定,用组中值作为一组数据的代表值会有一定的误差。

(3)频数。可对所有数据依次按照组区间 $(a \leqslant X < b)$,采用画正字法统计出各组的频数。

(4)频率。频率 = 各组频数 ÷ 总频数,用百分比表示。

(5)累积频数。为了统计分析的需要,有时需要观察某一数值以下或某一数值以上的频数或频率之和,这时可以计算出累积频数或累积频率。将各组频数从变量值小的一方向变量值大的一方累加,可以很容易看出某一数值(该组上限)以下的频数之和。

(6)累积频率。将各组的频率从变量值小的一方向变量值大的一方累加,可以很容易看出某一数值(该组上限)以下的频率之和。

【例 2-6】中,数据在等距统计分组方案基础上编制完成的频数分布表如表 2-9 所示。

表 2-9 频数分布表

销售量	组中值	频数	频率/%	累积频数	累积频率/%
160~180	170	6	5.00	6	5
180~200	190	24	20.00	30	25
200~220	210	47	39.17	77	64.17
220~240	230	29	24.17	106	88.34
240~260	250	11	9.16	117	97.50
260~280	270	3	2.50	120	100.00
合计	—	120	100.00	—	—

三、数值数据的频数分布图

用图形来展示数据的分布特征会更形象和直观。对于数值型数据来说,同样可以基于频数分布表来完成分布特征图形的绘制。

(一)单变量值分组的图形

单变量值数据分布特征的频数分布特征描述与顺序数据相同,其频数分布图形也与顺序数据的描述图形相同,可采用条形图、饼图及累积分布图等,方法在此不做赘述,直接给出相关的频数分布图形。

【例 2-5】中,工人日加工零件数的单变量值频数分布图,如图 2-8、图 2-9 和图 2-10 所示。

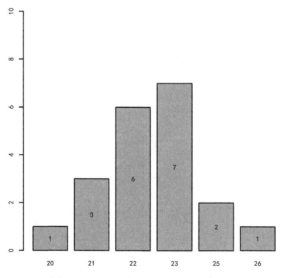

图 2-8 工人当日加工零件数条形图

(二)组距式分组的频数分布图形

对于组距式分组数据,基于频数分布表描述分布特征的统计图形主要有直方图、折线图、茎叶图、箱线图等,下面分别展开叙述。

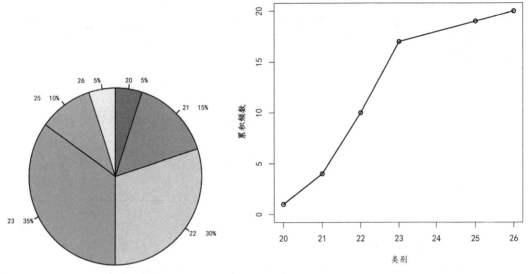

图 2-9　工人当日加工零件数饼图

图 2-10　工人当日加工零件数折线图

1. 直方图

直方图(histogram)是用于展示分组数据分布的一种图形,它是用矩形的宽度和高度(即面积)来表示频数分布特征的。绘制该图时,用横轴表示数据分组,纵轴表示频数或频率,各组区间与相应的频数就形成一个矩形,即直方图。直方图本质上是用矩形的面积来表示频数分布特征的,用直方图可以很直观地看出分布的规律性。直方图一般用于连续测量变量数据,而不用于离散变量数据。

在频数分布表基础上,直方图的绘制方法如下:按数据值比例画出横坐标。按频数值比例画纵坐标。在横坐标上画出每个矩形的宽度(组距),向上沿着纵坐标画出每个矩形的高度(频数),整个矩形代表落在该组的所有数据。

【例 2-6】中,基于 120 天销售量数据的频数分布表(表 2-9)绘制的直方图如图 2-11 所示。

直方图与条形图不同。首先,条形图是用条形的高度表示各类别频数的多少,宽度(表示类别)固定无含义;直方图是用面积表示各组分布,矩形高度表示每一组数据的频数或频率,宽度则表示各组的组距,因此其高度与宽度均有意义。其次,由于分组数据具有连续性,直方图的各矩形通常是连续排列的,而条形图则是间隔排列的。最后,条形图主要用于展示分类数据的分布特征,而直方图则主要用于展示连续性数值数据的

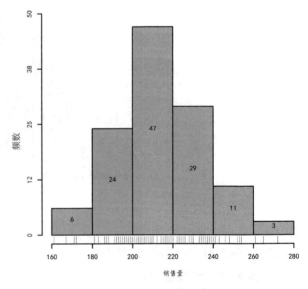

图 2-11　120 天销售量直方图

分布特征。

2. 频数折线图

频数折线图是一系列点折线连成的表示频数分布的线型图。对于连续型数据的每一组数据,用组中值代表每一个点的横坐标,用频数(频率)代表每一组数据的纵坐标,一组数据则被描成了一个点,然后将这些点用直线相连。习惯上我们常沿 X 轴延长折线两端,并把折线的左端与最小类的前一个类的中点相连,把折线的右端与最大类的后一个类的中点相连。就产生了一个由折线构成的封闭的平面图,即折线图。

【例 2-6】中,基于 120 天销售量数据的频数分布表(表 2-9)绘制的折线图如图 2-12 所示。

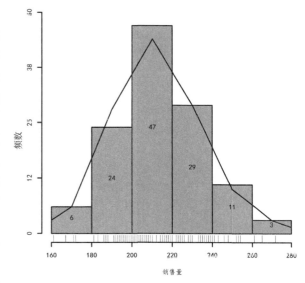

图 2-12　120 天销售数据的折线图

3. 频数曲线图

在数据量很大的频数分布表中,分组的组数越多,则组距就会减小,当组数接近无穷大时,频数折线图会变成平滑曲线,被称为频数曲线(或平滑曲线频数折线图)。从图 2-13 中很明显可以看出频数曲线图比直方图更能精确表现数据的分布特征。在后续研究中这种平滑曲线可以用数学理论曲线近似拟合,其拟合的数学函数也成为推断统计学中概率决策的基本工具。

【例 2-6】中,基于 120 天销售量数据的频数分布表(表 2-9)绘制的频数曲线图如图 2-13 所示。

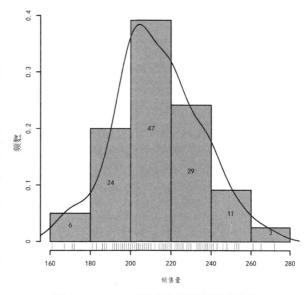

图 2-13　120 天销售数据的频数曲线图

4. 茎叶图

茎叶图是根据原始数据直接绘制的图形,用于反映原始数据分布。它由茎和叶两部分构成,其图形是由数字组成的。制作茎叶图时,首先把一个数字分成两部分,通常是以该组数据的高位数值作为树茎,而且叶上只保留该数值的最后一个数字。例如,125 分成 12|5,12 分成 1|2,1.25 分成 12|5(单位:0.01),等等,前部分是树茎,后部分是树叶。树茎一经确定,树叶就自然地长在相应的树茎上了。这样就可以清楚地看到每个树茎有几个数,每个数具体是多少。通过茎叶图,可以看出数据的分布形状及数据的离散状况,比如,分布是否对

称,数据是否集中,是否有离群点,等等。

【例 2-6】中,基于 120 天销售量数据的,茎叶图的绘制以百位数和十位数作为树茎,以个位数作为树叶,就可方便地绘制出该茎叶图,如图 2-14 所示。

```
The decimal point is 1 digit(s) to the right of the |
16 | 17
17 | 1222
18 | 1136788
19 | 112345666678899999
20 | 000012333334455566677778899
21 | 00224556666777788889
22 | 0222344445556689
23 | 0334455678889
24 | 0133368
25 | 2234
26 | 15
27 | 2
```

图 2-14 120 天销售量数据茎叶图

茎叶图是一个与直方图类似的特殊工具,将茎叶图茎和叶逆时针方向旋转 90°,实际上就是一个直方图。与直方图相比,茎叶图既能给出数据的分布状况,又保留了原始数据的信息。

用茎叶图表示数据有两个优点:一是从统计图上没有原始数据信息的损失,所有数据信息都可以从茎叶图中得到;二是茎叶图中的数据可以随时记录,随时添加,方便记录与表示。缺点是茎叶图只便于表示两位有效数字的数据,组数太多、数据位数不同会使得图形不那么直观、清晰,失去意义。在实际应用中,茎叶图适用于小批量数据,而不适用于大批量数据。

5. 箱线图

箱线图(boxplot)是由一组数据的最大值、最小值、中位数和两个四分位数这五个特征值绘制而成的图形,同样可用于表达数据的分布特征。通过箱线图的形状可以看出数据分布的特征及异常的信息。对于多组数据,可以将各组数据的箱线图并列起来,从而进行分布特征的比较。

箱线图绘制的简单方法是:计算五个特征值最小值、下四分位数、中位数、上四分位数、最大值;然后连接两个四分位数画出箱子;再将最大值和最小值与箱子相连接,中位数在箱子中间。绘制的箱线图概念形式如图 2-15 所示。

最小值　　下四分位数　　中位数　　上四分位数　　最大值

图 2-15 简单箱线图

箱线图绘制的另一种方法是:先计算 5 个特征值最小值、下四分位数、中位数、上四分位数、最大值;画出下四分位数、中位数和上四分位数 3 个数位置的线条;连接两个四分位数上下端线画出箱子,画出上内围栏(下四分位数－1.5×四分位差)、下内围栏(下四分位数－1.5×四分位差),再用线条将最接近上下内围栏的两个数值(上、下相邻值)与箱子相连接;最后标注极端值:将所有实际超出上下围栏的数据按位置用圆圈表示,即为极端值。绘制的概念图如图 2-16 所示。

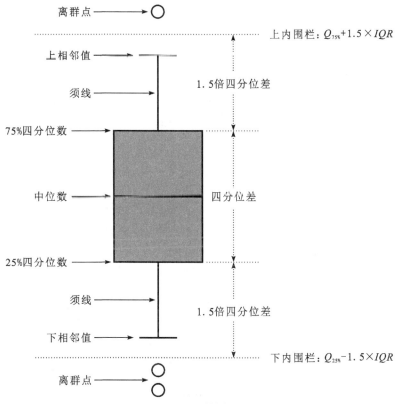

图 2-16　复杂箱线图及要素标注

箱线图信息解读:中位数是一组数据的代表水平,箱体是变量上下四分位数之间的数据,这个范围代表了数据中间 50% 的数据。观察中位数在箱体的位置偏左还是偏右可说明所有数据的分布是左偏还是右偏。上下围栏内正常范围的数据,其能够提供中位数左右 95% 的置信区间的数据。超出 95% 置信区间范围的数据,即异常值。

以【例 2-6】120 天销售数据为例,可以绘制出具体的箱线图,如图 2-17 所示。

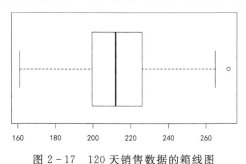

图 2-17　120 天销售数据的箱线图

从图中可以看出，120 天的销售数据轻微右偏，且有一个极端值。

（三）数值型数据分布特征

通过观察直方图、曲线图、箱线图等都可以看出数值数据分布的基本特征。连续性数值数据的分布按特征可分为：钟形分布（正态分布、偏态分布）、J 形分布和 U 形分布，如图 2-18 所示。

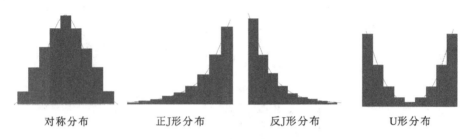

图 2-18　连续性数值数据的分布特征图

实际中大部分的分布都呈现为正态分布，U 形分布的例子不多，下面列举几个 U 形分布的例子：人在路灯下的影子；农民上地干活：上午和下午人多，中午人少；在商品设计生产销售三个环节中，其利润和成本比值是 U 形分布的，生产最低其余二者较高。

正态分布按偏态特征又可分为：左偏、对称和右偏，如图 2-19 所示。

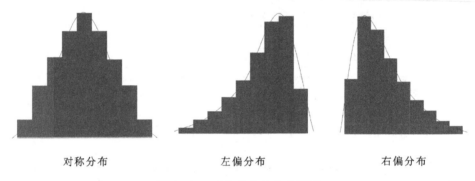

图 2-19　正态分布的偏态特征

不管使用哪种图形，作用都异曲同工。如图 2-20 所示，同时使用了直方图、曲线图和箱线图。

四、数值数据分布特征的概括性统计量

数值型数据分布特征的频数分布表和直方图等描述方法虽然结果较为直观，但精确程度不高，无法满足进一步推断统计的需求，因此需要进一步使用统计量对数值数据分布特征进行描述。数值数据分布特征统计量的描述包括：数据水平、数值差异、分布形态和异常值四个方面。前面对于类别数据和顺序数据概括性度量的统计量可用于数值数据，但由于其代表性和数学性质等问题，在数值数据的概括性度量中一般不再使用，如：反映数据水平的众数和四分位数，反映数值差异的异众比率和四分位差。对于数值数据一般使用均值和标准差取而代之。

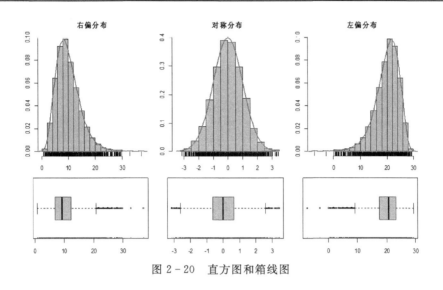

图 2-20 直方图和箱线图

(一)数据水平的描述统计量

数值数据水平的描述统计量可以使用众数、中位数和均值。比较来说,平均数的代表意义更好,除非数据分布呈现严重偏态,则应使用中位数代替。下面对于众数和中位数只做算法意义的简单介绍,重点介绍均值的计算、分析和应用。

1. 众数和中位数

众数是一组数据中数值出现字数最多的数值,对离散型数值数据可以计算和应用而对于连续性数值数据则没有多大应用价值。

【例 2-5】中,某车间 20 名工人当日加工零件数排序后为:20 21 21 21 22 22 22 22 22 22 23 23 23 23 23 23 23 25 25 26。可以观察出:23 出现的次数最多,因此众数 $M_0=23$。

中位数是一组数据排序后中间位置的水平值,有一半数据比它小,一般数据比它大,具有代表该组数据一般水平的意义。对于数值数据其计算方法:排序→寻找中间位置→计算中间位置的水平。计算公式如下:

$$中位数位置 = \frac{n+1}{2}$$

$$M_e = \begin{cases} x_{(\frac{n+1}{2})} & n \text{ 为奇数} \\ \frac{1}{2}\{x_{(\frac{n}{2})} + x_{(\frac{n}{2}+1)}\} & n \text{ 为偶数} \end{cases} \quad (2-2)$$

【例 2-5】中,某车间 20 名工人当日加工零件数排序后为:20 21 21 21 22 22 22 22 22 22 23 23 23 23 23 23 23 25 25 26,其中位数 M_e 为:

$$M_e = \frac{1}{2}(x_{(\frac{n}{2})} + x_{(\frac{n}{2}+1)}) = \frac{1}{2}(22+23) = 22.5$$

对于数值数据的一般水平,由于中位数的数学性质较差不便于进一步应用,因此通常不作为数值数据的代表值。除非数据分布呈现严重偏态,则中位数的代表意义要好于均值。

2. 均值

均值也称为平均数,是一组数据相加后除以数据的个数得到的结果。从统计思想上看,平均数是一组数据的重心所在,是数据误差相互抵消后的必然结果。比如,对同一事物进行多次测量,所得结果可能不一致,这是测量误差所致,也可能是其他因素的偶然影响,利用平均数作为其代表值,则可以使误差相互抵消,反映出事物必然性的数量特征。平均数由于其优良的数学性质,是数值数据一般水平的最主要测度值,在统计学中具有重要地位,它是进行统计分析和统计推断的基础。

根据所掌握数据的不同,具体分为总体均值和样本均值。总体均值用 μ 表示,样本均值用 $\bar{x}$ 表示,具体计算公式如下:

(1) 对于未分组的原始数据

$$\text{总体均值公式：} \mu = \frac{\sum_{i=1}^{n} X_i}{n} \tag{2-3}$$

$$\text{样本均值公式：} \bar{x} = \frac{\sum_{i=1}^{n} x_i}{n} \tag{2-4}$$

(2) 对于分组后的频数分布表(数据)

$$\text{总体均值公式：} \mu = \frac{\sum_{i=1}^{n} m_i f_i}{\sum f_i} \text{ 或 } \mu = \sum_{i=1}^{n} \left(m_i \frac{f_i}{\sum f_i} \right) \tag{2-5}$$

$$\text{样本均值公式：} \bar{x} = \frac{\sum_{i=1}^{n} m_i f_i}{\sum f_i} \text{ 或 } \bar{x} = \sum_{i=1}^{n} \left(m_i \frac{f_i}{\sum f_i} \right) \tag{2-6}$$

上述公式中,根据分组数据计算的平均数称为加权平均数。各组的水平值分别用 m_i 表示,各组变量值出现的频数分别用 f_i 表示。在单变量值频数分布表中,各组水平值 m_i 就是各组名称数值;在组距式分组频数分布表中,各组组水平 m_i 用各组的组中值代表,使用这一代表值是假定各组数据在组内是均匀分布的,如果实际数据与这一假定相吻合,计算的结果还是比较准确的,否则误差会较大。因此,分组数据的加权平均数可视为数据真实均值的近似水平值。

【例 2-5】中,20 名工人的日产零件数均值计算:

(1) 按原始数据计算

$$\bar{x} = \frac{\sum_{i=1}^{n} x_i}{n}$$

$$= \frac{20+21+21+21+22+22+22+22+22+22+23+23+23+23+23+23+23+25+25+26}{20}$$

$$= \frac{452}{20} = 22.6 \text{ 件}$$

(2) 根据频数分布表(表 2-8)计算均值的过程(见表 2-10)及公式如下:

$$\bar{x} = \frac{\sum_{i=1}^{n} m_i f_i}{\sum f_i} = \frac{452}{20} = 22.6 \text{ 件} \quad \text{或} \quad \bar{x} = \sum_{i=1}^{n} \left(m_i \frac{f_i}{\sum f_i} \right) = 22.6 \text{ 件}$$

表 2-10 日产量的均值计算表

日产量 m_i	频数 f_i	$m_i \times f_i$	$\dfrac{f_i}{\sum f_i}$	$m_i \times \dfrac{f_i}{\sum f_i}$
20	1	20	0.05	1.00
21	3	63	0.15	3.15
22	6	132	0.30	6.60
23	7	161	0.35	8.05
25	2	50	0.10	2.50
26	1	26	0.05	1.30
合计	20	452	1.00	22.6

【例 2-6】中,120 天销售数据的均值计算方法及过程:

(1) 按原始数据,使用式(2-3)。

$$\bar{x} = \frac{\sum_{i=1}^{n} x_i}{n} = \frac{272 + 181 + 225 + 199 + 188 + \cdots + 243}{120} = \frac{25632}{120} = 213.6 \text{ 件}$$

(2) 按频数分布表(表 2-9),使用式(2-5)。编制的计算表见表 2-11。

表 2-11 120 天销售数据的均值计算表

销售量	组中值 m_i	频数 f_i	$m_i \times f_i$	$\dfrac{f_i}{\sum f_i}$	$m_i \times \dfrac{f_i}{\sum f_i}$
160~180	170	6	1020	0.050	8.500
180~200	190	24	4560	0.200	38.000
200~220	210	47	9870	0.392	82.250
220~240	230	29	6670	0.242	55.583
240~260	250	11	2750	0.091	22.917
260~280	270	3	810	0.025	6.750
合计	—	120	25680	1.000	214

$$\bar{x} = \frac{\sum_{i=1}^{n} m_i f_i}{\sum f_i} = \frac{25680}{120} = 214 \text{ 件} \quad \text{或} \quad \bar{x} = \sum_{i=1}^{n} \left(m_i \frac{f_i}{\sum f_i} \right) = 214 \text{ 件}$$

该例题为组距式频数分布表,必须用组中值来代替组水平计算均值,计算结果只能为原始数据计算结果的近似值。在实际工作中,如果有原始数据,则一定要采用根据原始数据计算的均值结果。除非没有原始数据,只有频数分布表数据,才会使用加权平均计算结果。

【例 2-7】 某小组共有 10 名学生,其统计学考试成绩如下:60 71 80 65 30 95 92 70 87 50,其成绩的均值为:

$$\mu = \frac{\sum_{i=1}^{n} X_i}{n} = \frac{60 + 71 + 80 + 65 + 30 + 95 + 92 + 70 + 87 + 50}{10} = \frac{700}{10} = 70 \text{ 分}$$

【例 2-8】 从某班 60 名学生中随机抽取了 10 名,其统计学考试成绩如下:60 71 80 65 30 95 92 70 87 50,其成绩的样本均值为:

$$\bar{x} = \frac{\sum_{i=1}^{n} x_i}{n} = \frac{60+71+80+65+30+95+92+70+87+50}{10} = \frac{700}{10} = 70 \text{ 分}$$

(3)特殊情况均值的计算

常规情况下,计算均值的各原始数值都具备可加性,但有时采集的二手数据,各数值并不具有不可加性。例如:各不同时间的增长率数据,从数学方法上对于不同时间的增长率均值可采用几何平均法。

【例 2-9】 某人在最近 5 年中一开始存入 10000 元,然后每年年末取出本息再存入。近 5 年的 1 年期利率分别为 5%、8%、3%、4%、4.5%,试问 5 年的年平均利率为多少?

$$\bar{x} = \sqrt[5]{(1+0.05)(1+0.08)(1+0.03)(1+0.04)(1+0.045)} - 1$$
$$= 0.04643984 = 4.644\%$$

所以,5 年的平均利率为 4.644%。而不是下式计算的 4.9%

$$\bar{x} = \frac{0.05+0.08+0.03+0.04+0.045}{5} = 0.049 = 4.9\%$$

总之:对于原始数据为比率(平均数)的均值计算,则应将比率(平均数)展开为可相加的 a÷可相加的 b,然后用分子的总和除以分母的总和,具体公式如下:

$$c_i = \frac{a_i}{b_i} \Rightarrow \bar{c} = \sum_{i=1}^{n} a_i \bigg/ \sum_{i=1}^{n} b_i \tag{2-7}$$

【例 2-10】 计算采购水果的平均价格,所搜集的数据如表 2-12 所示。

表 2-12 水果价格及购买额数据

	苹果	梨	香蕉
价格	5	8	10
购买额	30	80	90

各水果的价格不能直接相加,因此对平均价格采用简单平均的方法就是错误的。价格可分解为购买额÷购买量,因此,平均价格 = $\sum$ 购买额 ÷ $\sum$ 购买量,计算过程如表 2-13 所示。

表 2-13 水果价格均值计算表

	苹果	梨	香蕉	合计
价格	5	8	10	—
购买额	30	80	90	200
购买量	6	10	10	26

计算公式:$\bar{c} = \sum_{i=1}^{n} a_i \bigg/ \sum_{i=1}^{n} b_i = \frac{200}{26} = 7.69$ 元,而不是 $\bar{c} = \frac{5+8+10}{3} = 7.67$ 元。

（二）数值差异的描述统计量

用均值作为数据一般水平的代表值并不意味着所有数值都是这个数值，所以仅有数据一般水平的统计量还不够。还需要进一步反映各数值之间的差异程度，也称离散程度。离散程度是数据分布的另一个重要特征，它反映的是各变量值远离其中心值（均值）的程度。数据的离散程度越大，均值对该组数据一般水平的代表性就越差；离散程度越小，均值对该组数据一般水平的代表性就越好。基于描述数值数据一般水平的测度量采用均值，数值数据离散程度则主要反映各变量值偏离均值的程度。可以采用的测度量主要有极差、平均差、方差和标准差，以及测度相对离散程度的离散系数等。

1. 极差

极差是一组数据的最大值与最小值之差，也称全距，用 R 表示。极差越大，说明均值对总体数据一般水平的代表性越小，数据的离散程度越大。极差越小，说明均值对总体数据一般水平的代表性越大，数据的离散程度越小。极差的计算公式为：

$$R = \max(x_i) - \min(x_i) \tag{2-8}$$

【例 2-7】中，10 名学生统计学成绩的极差应为：$R = \max(x_i) - \min(x_i) = 95 - 30 = 65$ 分。10 名学生统计学的成绩变动范围是 $0 \sim 65$ 分，成绩之间差异很大。

极差是描述数据离散程度的最简单的测度值，计算简单，易于理解，但它容易受极端值的影响。由于极差只是利用了一组数据两端的信息，不能反映出中间数据的分散状况，因而不能准确描述出数据的分散程度。因此，在描述数据离散程度的统计量中极差不被作为代表统计量，仅供参考使用。

2. 平均差

平均差也称平均绝对离差，是各变量值与其平均数离差绝对值的平均数，用 A.D. 表示。平均差以平均数为中心，反映了每个数据与平均数的平均差异程度，它能全面准确地反映一组数据的离散状况。平均差越大说明均值对总体数据一般水平的代表性越小，说明数据的离散程度越大；反之，则说明均值对总体数据一般水平的代表性越小，说明数据的离散程度越小。为了避免离差之和等于零而无法计算平均差这一问题，平均差在算法上对离差取了绝对值，以离差的绝对值表示离差。其计算公式如下：

未分组数据：
$$\text{A.D.} = \frac{\sum_{i=1}^{n} |x_i - \bar{x}|}{n} \tag{2-9}$$

【例 2-7】中，10 名学生统计学考试成绩计算得知其平均数为 70 分。其平均差列表计算，如表 2-14 所示。

表 2-14 学生考试成绩计算表

编号	成绩	成绩与平均数的绝对离差
1	60	10
2	71	1
3	80	10
4	65	5
5	30	40

续表

编号	成绩	成绩与平均数的绝对离差
6	95	25
7	92	22
8	70	0
9	87	17
10	50	20
合计	700	150

$$A.D. = \frac{\sum_{i=1}^{n} |x_i - \bar{x}|}{n} = \frac{150}{10} = 15 \text{ 分}$$ 可以看出,10 名学生平均每人相差 15 分。

分组数据:
$$A.D. = \frac{\sum_{i=1}^{n} |m_i - \bar{x}| f_i}{\sum_{i=1}^{n} f_i} \tag{2-10}$$

【例 2-6】中,120 天销售数据的均值计算结果为 214,其平均差计算的过程如表 2-15 所示。

表 2-15 120 天销售数据平均差的计算表

销售量	组中值 m_i	频数 f_i	$m_i \times f_i$	$\|m_i - \bar{x}\|$	$\|m_i - \bar{x}\| \times f_i$
160~180	170	6	1020	44	264
180~200	190	24	4560	24	576
200~220	210	47	9870	4	188
220~240	230	29	6670	16	464
240~260	250	11	2750	36	396
260~280	270	3	810	56	168
合计	—	120	25600	—	2056

$$A.D. = \frac{\sum_{i=1}^{n} |m_i - \bar{x}| f_i}{\sum_{i=1}^{n} f_i} = \frac{2056}{120} = 17.13 \text{ 件}$$,可以看出,每天销售量的数据差异平均为 17.13 件。

平均差的实际意义非常清晰,容易理解。但由于计算公式中包含有绝对值,就给公式的后续数学证明和推导带来了不便,因而在实际中应用较少。

3. 方差和标准差

方差是各变量值与其平均数离差平方的平均数。它在数学处理上是通过平方的办法消去离差的正负号,然后再进行平均。方差能较好地反映出数据的离散程度,数学意义良好,是数学性质推导中应用最广的离散程度测度值,但存在放大差异水平和计量单位无法解释的缺陷。标准差是方差的平方根,与方差不同的是,标准差是具有量纲的,它与变量值的计量单位相同,其实际意义要比方差清楚。因此,在对实际问题进行分析时更多地使用标准差。

根据所掌握数据的不同,具体分为总体方差(标准差)和样本方差(标准差),总体方差(标准差)用 $\sigma^2(\sigma)$ 表示,样本方差(标准差)用 $s^2(s)$ 表示,具体计算公式如下:

(1)总体方差的计算公式

未分组的原始数据: $\sigma^2 = \dfrac{\sum\limits_{i=1}^{n}(X_i - \mu)^2}{n}$ \hfill (2-11)

分组的频数分布表数据: $\sigma^2 = \dfrac{\sum\limits_{i=1}^{n}(m_i - \mu)^2 \times f_i}{\sum f_i}$ 或 $\sigma^2 = \sum\limits_{i=1}^{n}(m_i - \mu)^2 \times \dfrac{f_i}{\sum f_i}$ \hfill (2-12)

(2)总体标准差的计算公式

未分组的原始数据: $\sigma = \sqrt{\dfrac{\sum\limits_{i=1}^{n}(X_i - \mu)^2}{n}}$ \hfill (2-13)

分组的频数分布表数据: $\sigma = \sqrt{\dfrac{\sum\limits_{i=1}^{n}(m_i - \mu)^2 \times f_i}{\sum f_i}}$ 或

$$\sigma = \sqrt{\sum\limits_{i=1}^{n}(m_i - \mu)^2 \times \dfrac{f_i}{\sum f_i}} \hfill (2-14)$$

【例2-7】中,某小组10名学生统计学生考试成绩均值为70分,方差和标准差的列表计算(见表2-16)及公式如下:

表 2-16 学生考试成绩方差和标准差计算表

编号	成绩 x_i	$(x_i - \mu)^2$
1	60	100
2	71	1
3	80	100
4	65	25
5	30	1600
6	95	625
7	92	484
8	70	0
9	87	289
10	50	400
合计	700	3624

$$\sigma^2 = \dfrac{\sum\limits_{i=1}^{n}(X_i - \mu)^2}{n} = \dfrac{3624}{10} = 362.4$$

$$\sigma = \sqrt{\frac{\sum_{i=1}^{n}(X_i - \mu)^2}{n}} = \sqrt{\frac{3624}{10}} = 19.04 \text{分}, 可以看出,10 名学生平均每人相差 19.04 分。$$

(3)样本方差的计算公式

样本方差是用样本数据个数减 1 后去除离差平方和,其中样本数据个数减 1,$(n-1)$ 称为自由度。方差开方后即得到标准差。根据未分组数据和分组数据计算样本方差(标准差)的公式分别为:

未分组的原始数据:$s^2 = \dfrac{\sum_{i=1}^{n}(x_i - \overline{x})^2}{n-1}$ (2-15)

分组的频数分布表数据:$s^2 = \dfrac{\sum_{i=1}^{n}(m_i - \overline{x})^2 \times f_i}{\sum f_i - 1}$ 或 $s^2 = \sum_{i=1}^{n}(m_i - \overline{x})^2 \times \dfrac{f_i}{\sum f_i - 1}$ (2-16)

(4)样本标准差的计算公式

未分组的原始数据:$s = \sqrt{\dfrac{\sum_{i=1}^{n}(x_i - \overline{x})^2}{n-1}}$ (2-17)

分组的频数分布表数据:$s = \sqrt{\dfrac{\sum_{i=1}^{n}(m_i - \overline{x})^2 \times f_i}{\sum f_i - 1}}$ 或 $s = \sqrt{\sum_{i=1}^{n}(m_i - \overline{x})^2 \times \dfrac{f_i}{\sum f_i - 1}}$ (2-18)

【例 2-8】中,从某班 60 名学生中随机抽取 10 名学生的成绩均值为 70 分,样本数据的方差和标准差列表(见表 2-17),计算及公式如下:

表 2-17 学生考试成绩方差和标准差计算表

编号	成绩 x_i	$(x_i - \overline{x})^2$
1	60	100
2	71	1
3	80	100
4	65	25
5	30	1600
6	95	625
7	92	484
8	70	0
9	87	289
10	50	400
合计	700	3624

$$s^2 = \frac{\sum_{i=1}^{n}(X_i - \mu)^2}{n-1} = \frac{3624}{10-1} = 402.67$$

$$s = \sqrt{\frac{\sum_{i=1}^{n}(x_i - \bar{x})^2}{n}} = \sqrt{\frac{3624}{10-1}} = 20.07 \text{ 分}$$

可以看出,10 名学生平均每人相差 20.07 分。

【例 2-6】 120 天销售数据的均值为 213.6 件,计算其方差和标准差。

(1)按原始数据,使用式(2-15)。

$$s^2 = \frac{\sum_{i=1}^{n}(x_i - \bar{x})^2}{n-1}$$

$$= \frac{(272-213.6)^2 + (181-213.6)^2 + (225-213.6)^2 + \cdots + (243-213.6)^2}{120-1}$$

$$= \frac{54820.8}{119} = 460.68$$

$$s = \sqrt{\frac{\sum_{i=1}^{n}(x_i - \bar{x})^2}{n-1}}$$

$$= \sqrt{\frac{(272-213.6)^2 + (181-213.6)^2 + (225-213.6)^2 + \cdots + (243-213.6)^2}{120-1}}$$

$$= \sqrt{\frac{54820.8}{119}} = 21.46 \text{ 件}$$

(2)按频数分布表(表 2-9),使用式(2-16)。编制的计算表见表 2-18。

表 2-18 企业随机抽取的 120 天销售数据计算表

销售量	组中值 m_i	频数 f_i	$m_i \times f_i$	$(m_i - \bar{x})^2$	$(m_i - \bar{x})^2 \times f_i$
160~180	170	6	1020	1936	11616
180~200	190	24	4560	576	13824
200~220	210	47	9870	16	752
220~240	230	29	6670	256	7452
240~260	250	11	2750	1296	14256
260~280	270	3	810	3136	9408
合计	—	120	25600	—	52780

$$s^2 = \frac{\sum_{i=1}^{n}(m_i - \bar{x})^2 \times f_i}{\sum f_i - 1} = \frac{52780}{120-1} = 443.53$$

$$s = \sqrt{\frac{\sum_{i=1}^{n}(m_i - \bar{x})^2 \times f_i}{\sum f_i - 1}} = \sqrt{\frac{52780}{120-1}} = 21.06 \text{ 件}$$

4. 标准差系数

方差和标准差的数值大小一方面受变量均值水平高低的影响,变量均值水平越高,方差和标准差的数值自然就越大,变量均值水平越低,方差和标准差的数值自然就越小。另一方面,同一组数据采用不同计量单位,其方差和标准差数值也不相同,计量单位大的方差就大,计量单位小的方差就小。因此,对于均值或计量单位不同的总体离散程度,使用标准差无法直接比较。为消除变量值水平高低和计量单位不同对离散程度测度值的影响,需要计算离散系数。离散系数也称为变异系数,它是一组数据的标准差与其相应的平均数的比值(消除了平均水平不同或计量单位不同的影响)。离散系数是测度数据离散程度的相对统计量,主要是用于比较不同样本数据的离散程度。离散系数大,说明数据的离散程度也大;离散系数小,说明数据的离散程度也小。

计算公式为:$v = \dfrac{s}{\bar{x}}$ (2-19)

【例 2-11】 2018 年西安市和深圳市相同面积不同区域的房价(见表 2-19),试比较两个城市均值的高低及代表性大小。

表 2-19 西安市和深圳市的房价表 单位:元/平方米

西安市	深圳市
12 207	53 205
12 241	53 716
12 338	53 768
12 423	54 199
12 408	54 233
12 248	53 850
11 981	53 350
11 355	52 850
10 317	52 685
9 507	52 240
9 212	52 077
8 988	51 732

使用前面的计算方法和公式,可分别计算出 2018 年两个城市房价的均值及标准差(计算过程略):

西安市:$\bar{x}_1 = 11419.67$ $s_1 = 1586.92$ $v_1 = \dfrac{s_1}{\bar{x}_1} = \dfrac{1586.92}{11419.67} = 0.1389$

深圳市:$\bar{x}_2 = 53158.75$ $s_2 = 842.30$ $v_2 = \dfrac{s_2}{\bar{x}_2} = \dfrac{842.30}{53158.75} = 0.0158$

从均值计算结果可以看出,西安市虽然 2018 年平均房价低于深圳。从离散系数计算结果可以看出,西安市房价的差异幅度远高于深圳。因此,使用离散系数在比较时要比标准差更具有说服力。

5. 标准分数

标准分数也称标准化值,是变量值与其平均数的离差除以标准差后的值。标准分数给出了一组数据中各数值的相对位置。比如,如果某个数值的标准分数为 1.5,就知道该数值高于平均数 1.5 倍的标准差;如果某个数值的标准分数为 2,就知道该数值高于平均数 2 倍的标准差。标准分数是一个无量纲(分子与分母的计量单位相同,约掉了),使得无论任何总体的任何数据之间都可以比较其相对位置。计算公式如下:

$$z_i = \frac{x_i - \bar{x}}{s} \tag{2-20}$$

实际上,标准分数只是将原始数据进行了线性变换,它并没有改变一个数值在该组数据中的位置,也没有改变该组数据分布的形状,而只是将该组数据的分布转换为均值为 0、标准差为 1 的正态分布。也可以说标准分数服从均值为 0、标准差为 1 的标准正态分布。在对多组数据进行综合评价时,常常需要对各变量进行标准化处理,如图 2-21 所示。

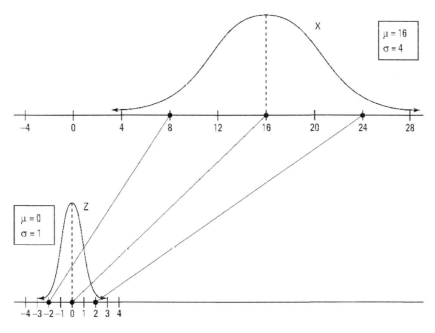

图 2-21 标准正态分布图

【例 2-7】中,10 名学生统计学考试成绩的标准化值计算表(见表 2-20)与分析如下。

表 2-20 考试成绩的标准化值计算表

学生编号	成绩	标准化值 z
1	60	-0.4983
2	71	0.0499
3	80	0.4983
4	65	-0.2492
5	30	-1.9934

续表

学生编号	成绩	标准化值 z
6	95	1.2459
7	92	1.0964
8	70	0.0000
9	87	0.8472
10	50	−0.9967

从标准化值可以看出数据比较集中,没有超出±2以外的极端值。

【例 2 - 12】 某学生参加了某单位招聘的笔试和面试,其笔试成绩为 120 分,所有人笔试成绩的平均数为 90 分,标准差为 20 分;其面试成绩为 60 分,所有人面试成绩的平均数为 50 分,标准差为 5 分,问该学生笔试和面试哪项考得更好?

使用标准分数进行比较。

笔试标准分数:$z = \dfrac{x - \bar{x}}{s} = \dfrac{120 - 90}{20} = 1.5$,面试标准分数:$z = \dfrac{x - \bar{x}}{s} = \dfrac{60 - 50}{5} = 2$

面试的标准分数为 2,笔试的标准分数为 1.5,面试的标准分数大于笔试的标准分数,所以该学生面试成绩相对较好。

(三)数据分布形状的描述统计量

集中趋势和离散程度是数据分布的两个重要特征,但要全面了解数据分布的特点,还需要知道数据分布的偏斜程度和扁平程度。偏态和峰态就是数据分布的另两个特征。偏态和峰态的特征如图 2 - 22 所示。

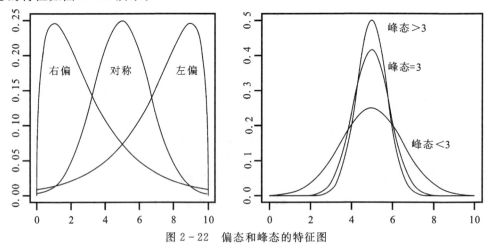

图 2 - 22 偏态和峰态的特征图

1. 偏态及其测度

偏态(skewness)一词是由统计学家皮尔逊(K. Pearson)于 1895 年首次提出的,它是对数据分布对称性的测度。测度偏态的统计量是偏态系数,记作 SK。

如果一组数据的分布是对称的,则偏态系数等于 0;如果偏态系数大于 0,表明分布是右偏;如果偏态系数小于 0,表明分布是左偏。若偏态系数大于 1 或小于负 1,称为高度偏态分布;若偏态系数在0.5~1或-1~-0.5,被认为是中等偏态分布;偏态系数越接近0,偏斜程度就越低。

未分组数据的偏态系数:$\text{SK} = \dfrac{n}{(n-1)(n-2)} \sum \left(\dfrac{x-\bar{x}}{s}\right)^3$ （2-21）

分组数据的偏态系数:$\text{SK} = \dfrac{\sum (M_i - \bar{x})^3 f_i}{ns^3}$ （2-22）

2. 峰态及其测度

峰态(kurtosis)一词也是由统计学家皮尔逊于1905年首次提出的。它是对数据分布平峰或尖峰程度的测度。测度峰态的统计量是峰态系数,记作KU。

未分组数据的峰态系数:

$$\text{KU} = \dfrac{n(n+1)}{(n-1)(n-2)(n-3)} \sum \left(\dfrac{x-\bar{x}}{s}\right)^4 - \dfrac{3(n-1)^2}{(n-2)(n-3)} \quad (2-23)$$

分组数据的峰态系数:$\text{KU} = \dfrac{\sum (M_i - \bar{x})^4 f_i}{ns^4} - 3$ （2-24）

峰态通常是与标准正态分布相比较而言的。如果一组数据服从标准正态分布,则峰态系数的值等于0;若峰态系数的值明显不等于0,则表明分布比正态分布更平或更尖,通常称为平峰分布或尖峰分布。当KU>0时为尖峰分布,数据的分布更集中;当KU<0时为扁平分布,数据的分布更分散。

【例2-6】中,120天销售数据的偏态系数和峰态系数计算表,如表2-21所示。

表2-21 120天销售数据的偏态及峰态系数计算表

销售量	组中值 M_i	频数 f_i	$m_i \times f_i$	$(m_i - \bar{x})^3 \times f_i$	$(m_i - \bar{x})^4 \times f_i$
160~180	170	6	1020	-511 104	22 488 576
180~200	190	24	4560	-331 776	7 962 624
200~220	210	47	9870	-3 008	12 032
220~240	230	29	6670	118 784	1 900 544
240~260	250	11	2750	513 216	18 475 776
260~280	270	3	810	526 848	29 503 488
合计	—	120	25 600	312 960	80 343 040

偏态系数:$\text{SK} = \dfrac{\sum (M_i - \bar{x})^3 f_i}{ns^3} = \dfrac{312\,960}{120 \times 21.06^3} = 0.279\,2$

峰态系数:$\text{KU} = \dfrac{\sum (M_i - \bar{x})^4 f_i}{ns^4} - 3 = \dfrac{80\,343\,040}{120 \times 21.06^4} - 3 = 0.403\,5$

偏态系数略大于0,说明电脑销售量为轻微右偏分布,即销售量较少的天数占据多数,而销售量较多的天数则占少数。峰态系数略大于0,销售量为轻微尖翘分布。

(四) 离群点的判断

标准差和偏态系数反映了一组数据中整体差异程度和偏斜程度,但还是无法直观反映一组数据中有无离群点(极端值)。极端值的存在对于均值和标准差的代表性影响很大,所以在数据描述与分析时必须搞清楚有无极端值的存在。极端值判断的具体方法是经验法则和切比雪夫不等式。

(1) 经验法则。当一组数据对称分布时,经验法则表明：
① 约有 68% 的数据在平均数 ±1 个标准差的范围之内。
② 约有 95% 的数据在平均数 ±2 个标准差的范围之内。
③ 约有 99% 的数据在平均数 ±3 个标准差的范围之内。

可以想象,一组数据中低于或高于平均数 3 个标准差的数据很少,也就是说,在平均数 ±3 个标准差的范围内几乎包含了全部数据,而在 ±3 个标准差之外的数据,在统计上称为离群点(outlier)。

(2) 切比雪夫不等式。经验法则适合对称分布的数据。如果一组数据不是对称分布,经验法则就不再适用,这时可使用切比雪夫不等式,它对任何分布形状的数据都适用。切比雪夫不等式提供的是"下界",也就是"所占比例至少是多少",对于任意分布形态的数据,根据切比雪夫不等式,至少有 $(1-1/K)$ 的数据落在 ±K 个标准差之内。其中 K 是大于 1 的任意值,但不一定是整数。对于 $K=2,3,4$,该不等式的含义是：
① 至少有 75% 的数据在平均数 ±2 个标准差的范围之内。
② 至少有 89% 的数据在平均数 ±3 个标准差的范围之内。
③ 至少有 94% 的数据在平均数 ±4 个标准差的范围之内。

对于上述极端值(或离群点)的判断,可根据标准分数值使用经验法则或车比雪夫不等式来判别。

第四节　变量关系的图表描述

数据相关性是指数据之间存在某种关系。数据相关性描述是指通过表格(频数分布表)、图形和比较统计量的差异简单揭示变量间的关系。实际工作中,研究者按照研究目的搜集的数据往往包括多个变量。所要分析的两个(多个)变量类型不同,他们之间关系描述所采用的图表和方法也会不同,具体可分为：① 类别变量与类别变量之间的关系；② 类别变量与数值变量之间的关系；③ 数值变量与数值变量之间的关系。

一、类别变量与类别变量关系的描述

两个类别变量之间的关系描述可以使用列联表、条形图及相关系数来观察和描述。

1. 列联表

两个类别变量各自有其自己的频数分布,两个类别变量的不同类别交叉会形成交叉类别。如性别变量有两个类别值,是否吸烟也有两个变量值,交叉起来就会形成四个类别：男 & 吸烟、男 & 不吸烟、女 & 吸烟和女 & 不吸烟。对这四个类别的频数和频率进行描述就可以得到能体现其关系的频数分布。列联表(contingency table)就是观测数据按两个或更多属性(定性变量)分类时所列出的由两个以上的变量进行交叉分类的频数分布表。交互分类的目的是将两变量分组,然后比较各组的分布状况,以寻找变量间的关系。

习惯上,将其中一个变量做行变量,另一变量做列变量,行变量和列变量可以互换,交叉分类频数做表格内容。其频数的行合计值为行变量的频数,列合计值为列变量的频数,中间

内容体现的是交叉分类频数。列联表也是一种以表格的形式同时描述两个或多个变量的联合分布及其结果的统计分析方法。

【例 2-1】中,某超市对 100 名消费者某日的消费者性别与牛奶品牌抽样数据按照列联表的规范,编制完成的列联表,如表 2-22 所示。

表 2-22 牛奶品牌与性别列联表

性别	光明	金典	蒙牛	三元	伊利	合计
男	4	2	14	12	12	44
女	12	10	8	8	18	56
合计	16	12	22	20	30	100

从表 2-22 中可以看出:各牛奶品牌类别对应的性别频数结构(频率)之间存在着比较大的差异。换个角度,各性别类别对应的牛奶品牌频数结构(频率)之间也存在着比较大的差异。再换个角度,由性别和牛奶品牌两个变量组成的 10 个交义类别之间也存在明显差异,这些差异都说明性别变量与牛奶品牌变量之间关系显著。差异越大越说明类别变量之间关系越密切。

列联表描述的相关关系和相关程度不容易阅读也不够直观,可进一步借助于图形和统计量进行描述。

2. 叠加条形图

单个类别变量的频数分布特征,条形图和饼图在展现分布特征方面要比频数分布表更为直观。同样对两个类别变量的联合分布可通过条形图来实现。基本思路是将两个变量的条形图做到一张图上,也称叠加条形图。通过观察叠加条形图可实现更为直观的变量关系分析。实际应用中,条形图的叠加方法通常有以下两种:

(1)将各类别的图形左右叠加,同一变量的类别使用不同的图标(颜色),如图 2-23 所示。

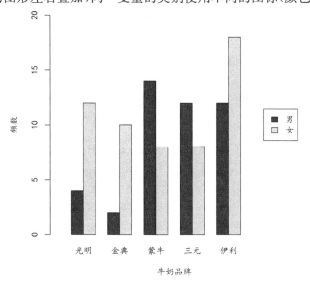

图 2-23 叠加条形图

(2) 将各类别的图形上下叠加,同一变量的类别使用不同的图标(颜色),如图 2-24 所示。

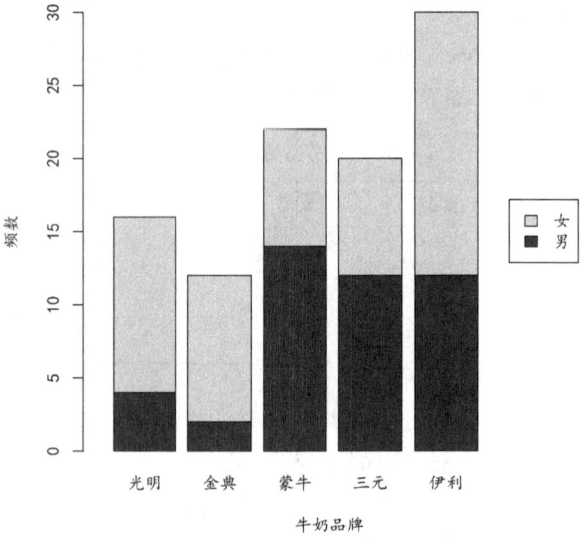

图 2-24 层叠条形图

通过以上两种条形图都可以直观地观察到类别之间的结构差异,比列联表要直观很多,但同样不能对变量关系做精确度量。

3. 相关系数

两个类别变量的关系程度的精确度量统计量通常称为相关系数,相关系数是一个介于 0 和 1 之间的数值,数值越接近于 0 说明现象无关联关系,越接近于 1 说明现象之间关联关系程度很高。其具体量化方法参见 χ^2 检验。

二、类别变量与数值变量关系的描述

描述变量关系的两个变量一个为类别变量,一个为数值变量。通常数值变量为研究对象,类别变量为影响因素,那么,它们之间的关系就体现为类别变量的变化是否对数值变量有影响的描述。该关系的描述可以采用表格、图形和统计量三种方法。下面以案例数据介绍数值变量与类别变量的关系描述方法。

【例 2-13】 某高校 60 名大学生的月生活费支出与性别及家庭所在地抽样数据,如表 2-23 所示。

表 2-23 某高校 60 名大学生的月生活费支出与性别及家庭所在地抽样数据

编号	性别	家庭所在地	月生活费支出	编号	性别	家庭所在地	月生活费支出
1	女	中小城市	1500	6	女	大型城市	2100
2	男	大型城市	2000	7	男	大型城市	1100
3	男	大型城市	1800	8	男	大型城市	1780
4	女	中小城市	1600	9	女	中小城市	1550
5	女	中小城市	2000	10	女	乡镇地区	1300

续表

编号	性别	家庭所在地	月生活费支出	编号	性别	家庭所在地	月生活费支出
11	男	大型城市	2000	36	男	乡镇地区	1950
12	男	大型城市	1700	37	女	中小城市	1900
13	女	中小城市	1400	38	男	中小城市	2000
14	女	大型城市	1500	39	女	乡镇地区	1870
15	男	大型城市	1400	40	女	中小城市	1900
16	男	大型城市	1480	41	女	大型城市	2400
17	女	中小城市	2350	42	女	大型城市	2000
18	女	中小城市	1450	43	女	中小城市	2360
19	男	大型城市	1500	44	女	中小城市	2050
20	男	大型城市	1760	45	女	大型城市	2200
21	男	中小城市	1300	46	男	大型城市	2000
22	男	中小城市	1600	47	女	中小城市	1750
23	女	中小城市	1680	48	女	中小城市	2250
24	男	中小城市	1850	49	女	大型城市	2800
25	男	乡镇地区	1500	50	女	大型城市	1900
26	女	中小城市	1600	51	男	大型城市	2000
27	男	大型城市	1300	52	男	乡镇地区	1900
28	女	大型城市	1800	53	女	中小城市	2200
29	女	大型城市	1550	54	女	乡镇地区	1800
30	男	中小城市	1350	55	女	乡镇地区	1900
31	女	乡镇地区	1850	56	男	乡镇地区	1500
32	女	乡镇地区	2000	57	男	大型城市	2000
33	女	中小城市	1700	58	男	大型城市	1900
34	女	大型城市	1800	59	女	大型城市	2300
35	男	中小城市	1860	60	女	中小城市	1900

从表中无法阅读出月生活费支出与性别之间关系的信息，也无法阅读月生活费支出与家庭所在地之间的关系信息。

1. 相关表

相关表是能够反映两个或两个以上变量之间的相互关系的统计表式。为了研究变量间的关系，可将调查得到的样本数据按类别变量（因素变量）排序，观察排序后类别变量间的数值变量间差异是否显著。如果有多个类别变量，可对类别变量区分主要和次要，先按主要类别变量，再按次要类别变量排序。

对于多类别且数据量巨大的数据，很难通过相关表直观看出变量间相关关系是否明显。如例 2-13 中性别变量、家庭所在地与月生活费支出的关系，在数据较多的情况下效果不

2. 箱线图

将不同类别对应的数值变量箱线图绘制在一张图上,即可通过直观观察箱线图之间的差异来体现是否存在关联关系。若箱线图之间差异大,则说明数值变量与类别变量存在关联关系,若箱线图之间差异不显著,则说明数值变量与类别变量之间关联关系不显著。

【例 2-13】中,某高校 60 名大学生的月生活费支出与性别及家庭所在地样本数据中,性别与月生活费支出、家庭所在地与月生活费支出、性别和家庭所在地与月生活费支出箱线图分别如图 2-25、图 2-26 和图 2-27 所示。

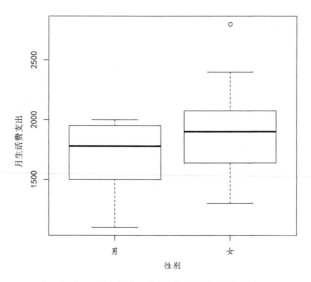

图 2-25 性别与月生活费支出比较箱线图

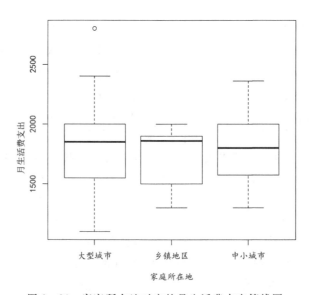

图 2-26 家庭所在地对应的月生活费支出箱线图

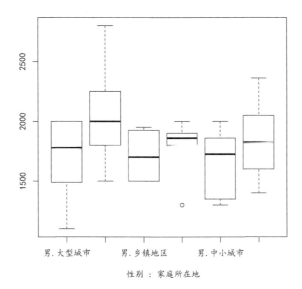

图 2-27 不同性别与家庭所在地交叉类别的月生活费支出箱线图

从图 2-25 所示中,可以看出不同性别的学生月生活费支出存在这一定差异,女生的月生活费支出整体要高于男生的月生活费支出。也就是说月生活费支出与性别有一定关联关系。

从图 2-26 所示中,可以看出来自不同家庭的学生月生活费支出存在着一定差异,一般水平上差异不算大,但数据差异方面,家庭所在地为大型城市的学生月生活费支出内部差异远大于中小城市和乡镇地区。总体上也可以说,月生活费支出与家庭所在地有一定关联关系。

从图 2-28 所示中,可以看出 6 个交叉类别的学生月生活费支出存在着差异,既有一般水平的差异,也有数值差异程度的差异,因此,可以说月生活费支出与性别及家庭所在地有一定关联关系。

3. 比较统计量

数值变量的描述统计量主要有均值、方差、标准差、离散系数,等等,将不同类别对应的数值变量描述统计量进行比较,通过比较差异说明不同类别的数值变量之间是否存在显著差异,统计量之间差异大则说明数值变量与类别变量存在关联关系,若统计量之间差异不显著则说明数值变量与类别变量之间关联关系不显著。

分类别数值特征的比较统计量较多,主要应关注以下几个统计量:①均值比较,不同类别水平高低;②标准差比较,不同类别数值之间差异性的大小;③离散系数比较,不同类别数据离散程度的大小。

【例 2-13】中,不同类别的月生活费统计量比较,如表 2-24、表 2-25 和表 2-26 所示。

从表 2-24 可以看出,月生活费支出的均值排序从高到低依次为大型城市、中小城市和乡镇地区;月生活费支出的离散系数排序从高到低依次为大型城市、中小城市和乡镇地区。可以说明,三类家庭所在地的月生活费支出统计量存在着差异,也就是说月生活费支出与家庭所在地有一定关联关系。

表 2-24　不同家庭所在地的月生活费支出统计量

变量	大型城市	乡镇地区	中小城市
最小值	1100.000	1300.000	1300.000
最大值	2800.000	2000.000	2360.000
极差	1700.000	700.000	1060.000
均值	1848.846	1757.000	1795.833
标准差	364.135	236.034	308.657
离散系数	0.197	0.134	0.172
标准误差	71.413	74.641	63.004
众数	2000.000	1500.000	1600.000
中位数	1850.000	1860.000	1800.000
四分位差	412.500	325.000	412.500
偏度	0.321	−1.053	0.269
峰度	0.877	−0.240	−0.774

表 2-25　不同性别的月生活费支出统计量

变量	男	女
最小值	1100.000	1300.000
最大值	2000.000	2800.000
极差	900.000	1500.000
均值	1701.200	1891.714
标准差	275.489	331.152
离散系数	0.162	0.175
标准误差	55.098	55.975
众数	2000.000	1900.000
中位数	1780.000	1900.000
四分位差	450.000	435.000
偏度	−0.549	0.503
峰度	−0.912	0.267

表 2-26　不同性别与家庭所在地交叉类别的月生活费支出统计量

变量	大型城市.男	乡镇地区.男	中小城市.男	大型城市.女	乡镇地区.女	中小城市.女
最小值	1100.000	1500.000	1300.000	1500.000	1300.000	1400.000
最大值	2000.000	1950.000	2000.000	2800.000	2000.000	2360.000
极差	900.000	450.000	700.000	1300.000	700.000	960.000
均值	1714.667	1712.500	1660.000	2031.818	1786.667	1841.111
标准差	293.400	246.221	290.172	383.584	247.521	308.943
离散系数	0.171	0.144	0.175	0.189	0.139	0.168

续表

变量	大型城市.男	乡镇地区.男	中小城市.男	大型城市.女	乡镇地区.女	中小城市.女
标准误差	75.756	123.111	118.462	115.655	101.050	72.819
众数	2000.000	1500.000	1300.000	1800.000	1300.000	1900.000
中位数	1780.000	1700.000	1725.000	2000.000	1860.000	1825.000
四分位差	510.000	412.500	445.000	450.000	80.000	437.500
偏度	−0.764	0.036	−0.276	0.516	−2.043	0.346
峰度	−0.482	−5.795	−2.072	0.174	4.640	−1.068

从表2-25可以看出,月生活费支出的均值女生高于男生;月生活费支出的离散系数也是女生高于男生。可以说明,不同性别的学生月生活费支出统计量存在着一定差异,也就是说,月生活费支出与性别有一定关联关系。

从表2-26可以看出,不同性别与家庭所在地交叉类别的学生月生活费支出统计量存在着一定差异,也就是说,月生活费支出与性别及家庭所在地有一定关联关系。

4. 相关系数

通过以上的不同类别数值变量统计量的差异观察现象之间的关联关系还是不够直观和精确。统计学提供了类别变量与数值变量之间的关系程度的精确度量统计量,也称为相关系数,相关系数是一个介于0和1之间的数值,数值越接近于0说明现象无关联关系,越接近于1说明现象之间关联关系程度很高。其具体量化方法在第六章方差分析中再做详述。

三、数值变量与数值变量关系的描述与分析

数值变量之间关系的描述统计可采用相关表、散点图和相关系数三种方法。下面以案例数据介绍数值变量与类别变量的关系描述方法。

【例2-14】 表2-27列出了20家公司销售收入、销售网点、销售人员数量、广告费用样本数据。该案例研究的对象是销售收入变量,网点数、销售人员数和广告费用变量是影响因素变量。研究目的是观察销售收入变量与网点数、销售人员数和广告费用变量之间的相关关系。

表2-27 销售收入与费用统计表

编号	销售收入	网点数	销售人员数	广告费用
1	4373	186	552	651
2	281	15	226	42
3	473	23	237	65
4	1909	87	405	276
5	321	19	239	49
6	2145	104	398	313
7	341	18	245	53
8	550	26	253	76

续表

编号	销售收入	网点数	销售人员数	广告费用
9	5561	256	655	817
10	410	20	262	64
11	649	31	271	90
12	526	20	285	84
13	1072	49	329	153
14	950	38	340	155
15	1086	44	353	178
16	1642	75	384	237
17	1913	88	411	315
18	2858	144	456	471
19	3308	141	478	571
20	5021	230	618	747

1. 相关表

相关表是能够反映两个或两个以上变量之间的相互关系的统计表式。对于两个或多个数值变量关系的相关表，将每个变量做一列，必要时按因素变量排序即可快速观察两个（多个）变量之间的变动方向有无规律，若大致同向变动或反向变动则可认为其存在正相关。若大致反向变动则可认为其存在负相关。若没有明显规律则可认为两个变量间没有相关关系。一般只能观察两个变量间的相关关系，且数据量较大时效果也不明显。

2. 散点图

散点图是研究数值变量之间相关关系最直观的工具。它是以直角坐标系的横轴代表变量 X，纵轴代表变量 Y，将两个变量间相对应的变量值用坐标点的形式描绘出来，用来反映两变量之间相关关系的图形。散点图是研究数值变量间相关关系最常见的工具。借助于 R 软件，可以将多个变量之间的两两数值变量散点图整合为一张图，也叫相关图。

【例 2-14】中，绘制的 20 家公司销售数据相关图，如图 2-28 所示。

从图 2-28 可以看出：四个变量相关系数都显著，且均呈现出线性规律（模式）。从研究目的角度出发，可以认为网点数、销售人员数和广告费用变量都对销售收入变量有很强的影响关系。同样，图形呈现出的现象之间相关关系比较直观，但不能精确量化。

3. 相关系数

反映数值变量之间相关程度高低的统计量，数学家帮忙设计了一个统计量叫相关系数，数学符号用 r 表示，来描述两个变量的线性关系是否亲密。从数学性质看，相关系数取值在 $-1 \sim +1$，取值越接近于 ± 1 则说明线性关系程度越高，反之则越弱。相关系数接近于 0 则只能说明现象之间无明显的线性关系，还不能说明现象之间无相关关系。详细的计算和分析见第七章相关与回归分析。

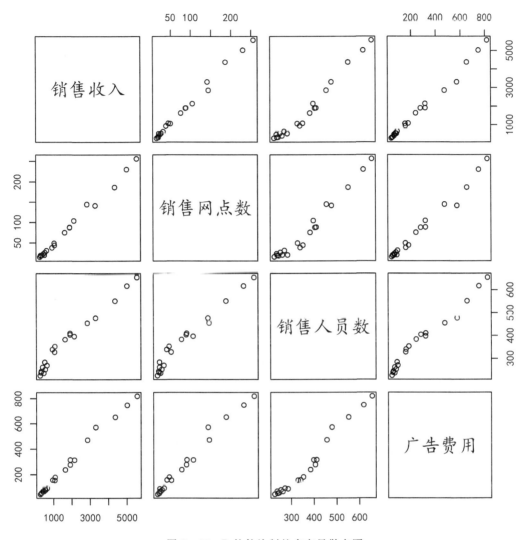

图 2-28　R 软件绘制的多变量散点图

第五节　时间序列数据的描述

一、时间序列及其分类

时间序列(time series)是指一段时间内记录的一组数据——逐周、逐月、逐季或者逐年记录,等等。任何一个时间序列的构成都包括两个变量:一是时间变量;二是数值变量。

时间变量可以是一个时点(期初、期末),也可以是一段时期(年、季、月、日等)。数值变量可以是一个总量(绝对数)、比率(相对数)和平均数,其中总量数据可以是某一时点的存量(对应是时间变量值为时点),也可以是某一段时期的流量(对应是时间变量值为时期)。因此,总量时间序列按照时间变量的类别可分为时期序列和时点序列。

1. 时期序列

时间变量为一段时期的总量时间序列。各不同时期的数据可加总,数值大小与时间长度成正比。如各年的产值、销售额、毕业生人数等都是时期序列。下面两个案例均是时期序列。

【例 2-15】 1979—1988 年某国的国内生产总值时间序列如表 2-28 所示。

表 2-28 1979—1988 年的国内生产总值

年份	国内生产总值/亿元	年份	国内生产总值/亿元
1979	4038.2	1989	16909.2
1980	4517.8	1990	18547.9
1981	4862.4	1991	21617.8
1982	5294.7	1992	26638.1
1983	5934.5	1993	34634.4
1984	7171.0	1994	46759.4
1985	8964.4	1995	58478.1
1986	10202.2	1996	67884.6
1987	11962.5	1997	74462.6
1988	14928.3	1998	79395.7

【例 2-16】 某企业 2000—2005 年的销售时间序列,如表 2-29 所示。

表 2-29 某企业 2000—2005 年各季度的销售数据

年份	Q1	Q2	Q3	Q4
2000	25	32	37	26
2001	32	38	42	30
2002	29	39	50	35
2003	30	39	51	37
2004	29	42	55	38
2005	31	43	54	41

2. 时点序列

时间变量为一个时点的总量时间序列。各不同时期的数据不可加总,数值大小与时点间隔长度没有关系。如各年年末的库存量、人口数、银行储蓄存款余额等。如表 2-30 就是一个时点序列。

表 2-30 某工厂成品仓库中某产品在 2001 年各月末库存量

月份	1	3	7	8	10	12
库存量	38	42	24	11	60	0

二、时间序列的描述

时间序列数据的发展特征描述主要通过时间序列图和统计量两种方法。

(一)时间序列图

线图主要用于反映现象随时间变化的特征。绘制线图时,时间一般绘在横轴,观测值绘在纵轴。线图可清晰直观地呈现出现象随时间推移的数量发展特征与规律,如果时间是年度变量则线图呈现的是发展方向和趋势(曲线或直线),如图 2-29 所示。可以直观地看出,随时间推移 GDP 呈指数曲线式增长(每年的增长率大致相同)。

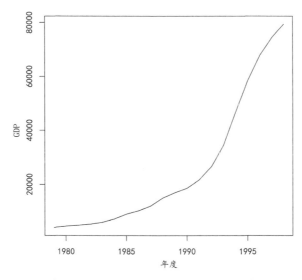

图 2-29 【例 2-15】1979—1988 年某国的国内生产总值趋势图

如果时间是小于年度的季度变量、月度变量等,则线图不仅呈现发展方向和趋势(曲线或直线)还会呈现出现象在 1 个年度内的季节性发展变化规律,如图 2-30 所示。

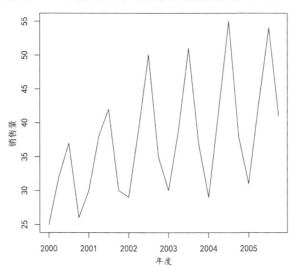

图 2-30 【例 2-16】某企业 2000—2005 年各季度的销售数据序列图

(二)时间序列发展特征的统计量

分析时间序列发展变化特征的统计量主要有各时间的水平、增长量、增长率等以及整个时期综合的平均水平、平均增长率和平均增长率等。

1. 平均水平

平均水平是现象在不同时间(时期或时点)的平均水平。按时间序列类别不同,计算上可分为时期序列平均水平的计算、时点序列平均水平的计算和相对数(平均数)平均水平的计算。

(1)时期序列。由于各不同时期的数值具有可加性,其平均水平的计算公式如下:

$$\bar{x} = \frac{\sum_{t=1}^{n} x_t}{n} \qquad (2-25)$$

【例 2-16】中,根据 2000—2005 年各季度的销售量可以简单计算出各年的季度平均值以及所有季度的总均值 37.71,各季度的均值:1 季度 29.33、2 季度 38.83、3 季度 48.17、4 季度 34.50,如表 2-31 所示。可以看出:各年季度均值是递增的;2 季度和 3 季度是旺季,1 季度和 4 季度是淡季。

表 2-31 某企业 2000—2005 年销售数据按年和季度平均数

年份	Q1	Q2	Q3	Q4	平均
2000	25	32	37	26	30.00
2001	30	38	42	30	35.50
2002	29	39	50	35	38.25
2003	30	39	51	37	39.25
2004	29	42	55	38	41.00
2005	31	43	54	41	42.25
平均	29.00	38.33	48.17	34.50	37.71

(2)时点序列。由于不同时间的数值不具有可加性,在计算时需要设置一些假定:最短间隔期为每日,每日的任一时点数据皆可视为该日的平均水平;现象在已知的两个相邻时点间线性发展,这两个时点构成的该段时期平均数为(期初时点水平+期末时点水平)/2;整个时期的序列平均数可为各时期平均数的加权平均数。基于上述假设,时点序列序时平均数的计算公式分别如下:

连续时点序列:
$$\bar{x} = \frac{\sum_{t=1}^{n} x_t}{n} \qquad (2-26)$$

间隔相等时点序列:
$$\bar{x} = \frac{\sum_{t=0}^{n} \frac{(x_t + x_{t+1})}{2} \times f_i}{\sum_{t=0}^{n} f_i} = \frac{\frac{x_0}{2} + x_1 + x_2 + \cdots + x_{n-1} + \frac{x_n}{2}}{n-1} \qquad (2-27)$$

间隔不等时点序列：
$$\bar{x} = \frac{\sum_{t=0}^{n} \frac{(x_t + x_{t+1})}{2} \times f_i}{\sum_{t=0}^{n} f_i} \qquad (2-28)$$

【例 2-17】 某班级连续 5 天出勤人数（见表 2-32）的序时平均数计算。

表 2-32 某班连续 5 天的出勤人数

时间	6月1日	6月2日	6月3日	6月4日	6月5日
出勤人数	16	17	19	18	21

连续时点序列（出勤人数）的序时平均数为：

$$\bar{x} = \frac{\sum_{t=1}^{n} x_t}{n} = \frac{16 + 17 + 18 + 19 + 21}{5} = 18.2 \text{ 人}$$

【例 2-18】 某班级不连续且间隔期相等的 5 天出勤人数（见表 2-33）的序时平均数计算。

表 2-33 某班级不连续且间隔期相等的 5 天出勤人数

时间	上年末	3月末	6月末	9月末	12月末
出勤人数	16	17	19	18	21

间隔相等时点序列（出勤人数）的序时平均数为：

$$\bar{x} = \frac{\frac{x_0}{2} + x_1 + x_2 + \cdots + x_{n-1} + \frac{x_n}{2}}{n-1} = \frac{\frac{16}{2} + 17 + 19 + 18 + \frac{21}{2}}{4} = 14.5 \text{ 人}$$

【例 2-19】 某班级不连续且间隔期不等的天出勤人数（见表 2-34）的序时平均数计算。

表 2-34 某班级不连续且间隔期不等的 5 天出勤人数

时间	上年末	3月末	9月末	10月末	12月末
出勤人数	16	17	19	18	21

该间隔不等时点序列（出勤人数）的序时平均数为：

$$\bar{x} = \frac{\sum_{t=0}^{n} \frac{(x_t + x_{t+1})}{2} \times f_i}{\sum_{t=0}^{n} f_i} = \frac{\frac{16+17}{2} \times 3 + \frac{17+19}{2} \times 6 + \frac{19+18}{2} \times 1 + \frac{18+21}{2} \times 2}{3+6+1+2}$$

$$= 17.92 \text{ 人}$$

(3) 相对数或平均数序列。因为相对数或平均数不同数值之间的不可加性，因此不能使用各时间数据直接平均，可采取将要平均的相对数或平均数进行分解，分解成其分子变量序列和分母变量序列（分子序列和分母序列此时一般均为总量序列），然后再分别计算其序列平均数，最后再用分子序列平均数除以分母序列平均数。

$$\bar{x} = \frac{\bar{a}}{\bar{b}} \qquad (2-29)$$

【例 2-20】 某企业有关资料如表 2-35 所示,计算该企业 2020 年一季度平均销售额、一季度平均职工数和一季度人均销售额。

表 2-35 企业 2020 年一季度各月销售额和月初职工数据

月份	一	二	三	四
销售额/万元	100	150	120	140
月初职工数/人	100	120	110	116

该企业一季度平均销售额：$\bar{a} = \dfrac{\sum\limits_{t=1}^{n} a_t}{n} = \dfrac{100 + 150 + 140}{3} = 330$

该企业一季度平均人数：$\bar{b} = \dfrac{\dfrac{b_0}{2} + b_1 + b_2 + \dfrac{b_3}{2}}{4-1} = \dfrac{\dfrac{100}{2} + 120 + 110 + \dfrac{116}{2}}{3} = 17.20$ 人

该企业一季度平均的人均销售额：$\bar{x} = \dfrac{\bar{a}}{\bar{b}} = \dfrac{330}{17} = 22$ 万元

2. 增长量和增长率

增长量是每期水平与前一期比较增长的水平：$x_t - x_{t-1}$

增长率是每期水平与前一期比较增长的程度（快慢）：$\dfrac{x_t}{x_{t-1}} - 1$

平均增长量是一段时期内平均每期增加或者减少的绝对数量：$\dfrac{\sum\limits_{t=1}^{n} x_t - x_{t-1}}{n} = \dfrac{x_n - x_0}{n}$

平均增长率是较长时期内每期递增的平均程度。在数学性质上,假设每期的平均增长率为 x,则计算表如表 2-36 所示。

表 2-36 平均增长率计算的数学假定表

时期	0	1	2	…	n
实际水平	x_0	x_1	x_2	…	x_n
假设水平	$x_0(1+x)^0$	$x_0(1+x)^1$	$x_1(1+x)^1 = x_0(1+x)^2$	…	$x_0(1+x)^n$

几何平均法：按最后一期实际值等于假设值建立方程式。数学推导公式为：

$$x_n = x_0(1+x)^n \Rightarrow x = \sqrt[n]{x_n/x_0} - 1 \qquad (2-30)$$

方程式法：按所有变量值实际值之和等于假设值之和建立方程式。数学公式为：

$$\sum_{t=0}^{n} x_t = x_0(1+x)^0 + x_0(1+x)^1 + x_0(1+x)^2 + \cdots + x_0(1+x)^n \qquad (2-31)$$

方程式法的求解方法比较复杂,需要借助软件,故手工计算一般采用几何平均法。

【例 2-15】中,某国 1979—1998 年 GDP 的发展情况的描述统计量。

按照上述公式可分别计算各年的增长量和各年的增长率,计算过程略,计算结果见表 2-37。

表 2-37　各年的增长量和各年的增长率计算表(部分)

年度	1979	1980	1981	1982	1983	…
国内增加值	4038.2	4517.8	4862.4	5294.7	5934.5	…
(环比)增长量	—	479.6	344.6	432.3	639.8	…
(环比)增长率/%	—	12	8	9	12	…

年平均增长量: $\dfrac{\sum_{t=1}^{n} x_t - x_{t-1}}{n} = \dfrac{x_n - x_0}{n} = \dfrac{79395.7 - 4038.2}{1998 - 1979} = 26160.19$

年平均增长率: $x = \sqrt[n]{x_n/x_0} - 1 = \sqrt[1998-1979]{79395.7/4038.2} - 1 = 1.1697 - 1 = 16.97\%$

从增长量数据看,某国国内生产总值 1979—1998 年持续在增长,年平均增长率为 16.97%。

第六节　R 软件在描述统计中的应用

一、R 数据预处理

在 R 软件中数据描述前需要进行预处理,其内容包括:向量数据的输入或已存在数据的加载、数据类型的转换及特殊数据结构的建立等。

(1)向量变量建立及数据输入。R 最简单的变量是向量,向量数据的输入可使用 c( )函数,也可以使用自定义函数 input( )。

(2)加载预先保存的变量。在 R 中使用菜单命令加载工作空间加载事先保存的 R 数据文件,对于已加载数据使用赋值语句定义给通用的 x 变量,方便后续使用。如,$x = x2.11$ 是把以前保存的待描述变量赋值给 x 变量。

(3)R 许多函数的参数使用特定的变量类型,因此在使用函数前必须对输入数据的类型进行转换。可使用以下函数或语句,具体包括:

转换为分类变量语句:x = factor(x)

转换为顺序变量语句:x = factor(x,levels = c( ),ordered = TRUE),其中 data 是数据,levels 是因子水平向量,labels 是因子的标签向量,ordered 是是否排序。

转换为时间序列变量语句:x = ts(x,start = 1979,fre = 1)　#年度数据
　　　　　　　　　　　　x = ts(x,frequency = 4, start = c(2000,1))
　　　　　　　　　　　　#季度数据,从 2000 年 1 季度开始

转换为数据框变量语句:x = data.frame(q0,q1,p0,p1)。

二、R 数据描述函数

R 内置了大量数据描述函数可满足数据分析需要。由于部分系统函数功能单一和输出

结果不规范。因此本章编写了大量自定义函数作为补充。系统函数与自定义函数结合运用可提高代码效率及输出结果的规范的美观性。下面对本章 R 数据描述中需要的系统函数及自定义函数做具体说明:

(1) 频数分布表函数。频数分布表的生成可使用系统函数 table(),还可以使用自定义函数 mytable(),自定义函数 mytable()丰富了输出内容,改善了输出效果。

(2) 统计图形函数。R 提供了大量系统函数用于数据分布特征的描述,如:条形图 bar()函数、饼图 pie()函数、直方图 hist()函数、箱线图 boxplot()函数、散点图 plot()函数等。为了简化这些函数具体的使用步骤(使用向量数据作为参数)和美化输出结果,本章提供了大量自定义函数可供替代。如:条形图 mybar()函数、饼图 mypie()函数、直方图 myhist()函数、时间序列图 mylines()函数等。

(3) 统计量函数。对于数值向量数据,R 提供了大量系统函数用于数据分布特征的描述。如:均值 mean()函数、标准差 sd()函数、中位数 median()函数、方差 var()函数、最小值 min()函数、最大值 max()函数、数据个数 length()函数、值域 range()函数、分位数 quantile()函数、求和 sum()函数、连乘积 prod()函数等。R 还提供了输出聚合统计量信息的系统函数,如 summary()函数。

本章在此基础上编制了大量自定义函数作为补充。如数:众数 mymode()函数、中位数 mymedian()函数、偏度 sk()函数、峰度 ku()函数、聚合描述 mysummary()函数、分类数据综合描述 summary.fenlei()函数、顺序数据综合描述 summary.shunxu()函数、数值数据综合描述 summary.shuzhi()函数等。这些自定义函数可按理论分析要求提供各类数据的统计量输出,可替代大量需要安装和加载复杂统计包的函数。

(4) 时间序列描述函数。针对时间序列数据增加了许多自定义函数。如 summary.time()函数和 ts.specdl()函数,这些都是聚合函数,可输出众多相关信息。

R 中的系统函数很多,本章编写的自定义函数改进之处也较多,在此不能一一赘述。请读者认真将这些代码结合案例数据手动输入认真学习与体会。

三、R 数据描述实例应用

(一)分类数据统计描述

单变量描述

【例 2-1】中,以牛奶品牌变量描述为例的 R 语言代码:

```
> x = x2.1$牛奶品牌      #加载预先保存的例题 2.1 牛奶品牌数据
> mytable(x)            #输出频数分布表
> mybar(x)              #输出牛奶品牌变量的条形图,运行结果如图 2-2 所示
> mypie(x)              #输出牛奶品牌变量的饼图,运行结果如图 2-4 所示
> mymode(x)             #输出牛奶品牌变量的众数及异众比率
   众数  异众比率
1  伊利    70
> summary.fenlei(x)     #输出牛奶品牌变量的聚合描述函数,结果包括表 2-6、图
                        2-2、图 2-4 和统计量描述表(因篇幅关系,此处略),详细
                        信息参见 R 软件运行结果
```

(2) 两个分类变量关系描述
```
> x = x2.1          # 加载预先保存的例题 2.1 数据
> table(x)          # 输出列联表的系统,结果见表 2-23
> combar(牛奶品牌~性别,x2.1,beside = F)   # 输出叠加条形图,结果见图 2-23
                                            所示。
> combar(牛奶品牌~性别,x2.1,beside = T)   # 输出层叠条形图,结果见图 2-24
                                            所示。
```

(二) 顺序数据统计描述

【例 2-2】中,80 名职工受教育程度数据的描述统计 R 语言代码:
```
> x = x2.2 $ edu                      # 加载预先保存的例题 2.2 数据
> x = factor(x,order = T,levels = c("低","中","高"))   # 转换为有序因子,顺
                                                         序变量
[1] 低 低 低 低 低 低 低 低 低 中 中 中 高 低 中 中 中 高 中 中 中 中
[25] 中 中 中 中 低 高 中 高 高 中 高 高 低 高 高 中 低 高 高 高 高 高 高
[49] 高 高 低 低 低 低 低 低 低 中 中 中 中 中 中 中 中 高 中 中 中 中 中 低
[73] 中 中 中 中 高 中 中 中
Levels:低 < 中 < 高
> mytable(x)        # 输出频数分布表
> mybar(x)          # 输出条形图,运行结果见图 2-5 所示
> mypie(x)          # 输出饼图,运行结果见图 2-6 所示
> myline(x)         # 输出折线图,运行结果见图 2-7 所示
> mymedian(x)       # 输出四分位数及四分位差
    下四分位数   中位数   上四分位数   四分位差
1      低         中         中         低—中
> summary.shunxu(x)   # 输出顺序数据的聚合描述,结果包括表 2-7、图 2-5、图
                       2-6、图 2-7 和统计量描述表(略),详细信息参见 R 软件运
                       行结果
```

(三) 数值数据统计描述

1. 单项式变量数值数据的描述

【例 2-5】中,描述统计 R 命令代码:
```
> x = x2.5          # 载入已存储的【例题 2-5】数据
> mytable(x)        # 输出频数分布表
> mybar(x)          # 输出条形图,如图 2-8 所示
> mypie(x)          # 输出饼图,如图 2-9 所示
> myline(x)         # 输出累积折线图,如图 2-10 所示
> summary(x)        # 输出最小值、下四分位数、中位数、均值、上四分位数和最大
                     值的计算结果
   Min.   1st Qu.   Median   Mean   3rd Qu.   Max.
   20.0    22.0      22.5    22.6    23.0     26.0
```

```
> mean(x)                #输出均值的计算结果
[1] 22.6
> var(x)                 #输出方差的计算结果
[1] 2.147368
> sd(x)                  #输出标准差的计算结果
[1] 1.46539
> mysummary(x)           #输出描述统计量的聚合信息
              x
数值个数    20.00000000
最小值      20.00000000
最大值      26.00000000
极差         6.00000000
均值        22.60000000
标准差       1.46539019
离散系数     0.06484027
标准误差     0.32767121
众数        23.00000000
中位数      22.50000000
四分位差     1.00000000
偏度         0.67349168
峰度         0.63273175
> summary.shuzhi(x)      #输出数值数据的聚合描述结果,包括表2-8、图2-8、图
                          2-9、图2-10和统计量描述表(略),详细信息参见R软件
                          运行结果
```

2. 连续数值变量的描述统计

【例2-6】中,描述统计R代码如下:

```
> x = x2.6              #加载预先保存的例题2.6数据
> range(x)              #输出值域
[1] 161 272
> mytable(x,zj = 20)    #输出组距为20的频数分布表,运行结果如表2-9所示
> myhist(x,zj = 20,xlab = "销售量")    #输出组距为20的直方图,运行结果如图
                                        2-11所示
> lines(c(160,170,190,210,230,250,270,280),c(3,6,28,44,29,10,3,1.5),type
= "l")   #添加折线图(见图2-12)
> myhist(x,zj = 20,xlab = "销售量",freq = F)    #输出按频率绘制的直方图,运行
                                                结果如图2-13所示
> lines(density(x))   #添加的核密度曲线,运行结果如图2-13所示
> stem(x)             #输出茎叶图,结果如图2-14所示
  The decimal point is 1 digit(s) to the right of the |
```

```
16 | 17
17 | 1222
18 | 1136788
19 | 11234566667889999
20 | 00001233334455566677778899
21 | 00224556666777788889
22 | 0222344445556689
23 | 0334455678889
24 | 0133368
25 | 2234
26 | 15
27 | 2
```

> boxplot(x,horizontal = T)　　　#输出箱线图,运行结果见图 2-17
> summary(x)　　#输出最小值、下四分位数、中位数、均值、上四分位数和最大值的计算结果

```
   Min.  1st Qu.  Median   Mean  3rd Qu.   Max.
  161.0   199.8   212.0   213.6   226.0   272.0
```

> mean(x)　　　　#输出均值的计算结果

[1] 213.6

> sd(x)　　　　　#输出标准差的计算结果

[1] 21.46343

> sk(x)　　　　　#输出偏态系数计算结果

[1] 0.167951

> ku(x)　　　　　#输出峰态系数计算结果

[1] 0.01568128

> mysummary(x)　　#输出数值数据的聚合描述统计量

```
              x
数值个数   120.00000000
最小值     161.00000000
最大值     272.00000000
极差       111.00000000
均值       213.60000000
标准差      21.46343383
离散系数     0.10048424
标准误差     1.95933448
众数       203.00000000
中位数     212.00000000
四分位差    26.25000000
偏度         0.16795098
```

峰度   0.01568128
> summary.shuzhi(x)   #数值数据的聚合描述结果,包括表2-9、图2-11、图2-12、图2-13、图2-17和统计量描述表(略),详细信息参见R软件运行结果

3. 连续数值变量总体均值与方差的理论公式计算

【例2-7】中,某小组共有10名学生,其统计学考试成绩如下:
        60 71 80 65 30 95 92 70 87 50
> x = c(60,71,80,65,30,95,92,70,87,50)   #使用系统函数赋值
> mean(x)   #输出均值的计算结果
[1] 70
> sum((x-mean(x))^2)/length(x)   #总体方差运算表达式及结果。
[1] 362.4
> sqrt(sum((x-mean(x))^2)/length(x))   #总体标准差运算表达式及结果。
[1] 19.03681

4. 连续数值变量样本数据的描述统计

【例2-8】中,从某班60名学生中随机抽取了10名,其考试成绩如下:
        60 71 80 65 30 95 92 70 87 50
> x = c(60,71,80,65,30,95,92,70,87,50)   #使用系统函数赋值
> mean(x)   #输出均值的计算结果
[1] 70
> var(x)   #输出方差的计算结果
[1] 402.6667
> sd(x)   #输出标准差的计算结果
[1] 20.06656
> scale(x)   #输出标准化值的计算结果
            [,1]
 [1,] -0.49834162
 [2,] 0.04983416
 [3,] 0.49834162
 [4,] -0.24917081
 [5,] -1.99336648
 [6,] 1.24585405
 [7,] 1.09635157
 [8,] 0.00000000
 [9,] 0.84718076
[10,] -0.99668324
attr(,"scaled:center")
[1] 70
attr(,"scaled:scale")

[1] 20.06656
> mysummary(x)　　　　#输出描述统计量的聚合结果(略)
> summary.shuzhi(x)　　#输出数值数据的聚合描述结果(略)

(四)数据特征比较及关系描述

【例2-11】中,2018年西安市和深圳市房价的描述统计量比较R运行代码：

x = c(12207, 12241, 12338, 14234, 12408, 12248, 11981, 11355, 10317, 9507, 9212, 8988)　#西安市

> mean(x);sd(x);sd(x)/mean(x)　　#均值、标准差系统函数,标准差系数使用表达式
[1] 11419.67
[1] 1586.92
[1] 0.1389638
> y = c(53205, 53716, 53768, 54199, 54233, 53850, 53350, 52850, 52685, 52240, 52077, 51732)　#深圳市
> mean(y);sd(y);sd(y)/mean(y)　　#均值、标准差系统函数,标准差系数使用表达式
[1] 53158.75
[1] 842.2942
[1] 0.01584488

【例2-13】中,60名大学生性别、家庭所在地及月生活费支出关系的数据。
> x = x2.13　　　　　　　#加载预先保存的例题2.13数据
> boxplot(月生活费支出~性别,x)　　#不同性别月生活费支出比较箱线图,结果如图2-26所示
> boxplot(月生活费支出~家庭所在地,x)　　#家庭所在地月生活费支出比较箱线图,结果如图2-27所示
> boxplot(月生活费支出~性别+家庭所在地,x)　　#性别、家庭所在地生活费支出比较箱线图(见图2-28)
> mysummary(mx=月生活费支出~性别,x)　　#性别月生活费支出统计量比较,结果如表2-25所示
> mysummary(mx=月生活费支出~家庭所在地,x)　　#不同家庭所在地月生活费支出统计量比较,结果如表2-26所示
> mysummary(mx=月生活费支出~家庭所在地+性别,x)　　#不同性别、家庭所在地月生活费支出统计量比较,结果如表2-26所示

【例2-14】中,20家公司销售数据关系描述R运行代码。
> x = x2.14　　#加载预先保存的例2-14数据
> plot(x)　　#两两变量间散点图组成的相关图,运行结果如图2-28所示

(五)时间序列数据描述统计

【例2-15】中,某国1979—1998年GDP发展情况描述R运行代码：

```
> x = c(4038.2, 4517.8, 4862.4, 5294.7, 5934.5, 7171, 8964.4, 10202.2,
11962.5, 14928.3, 16909.2, 18547.9, 21617.8, 26638.1, 34634.4, 46759.4, 58478.1,
67884.6, 74462.6, 79395.7)    #详细数据见第五节(见表 2-29)
> x = ts(x, start = 1979, fre = 1)    #建立 GDP 的时间序列数据
> x    #显示数据
Time Series:
Start = 1979
End = 1998
Frequency = 1
 [1]  4038.2  4517.8  4862.4  5294.7  5934.5  7171.0  8964.4  10202.2
11962.5  14928.3
[11] 16909.2 18547.9 21617.8 26638.1 34634.4 46759.4 58478.1 67884.6 74462.6
79395.7
> plot(x)    #时间序列数据的线图,运行结果如图 2-29 所示
> summary.time(x, year = 1979)    #统计量描述
$序时平均数
[1] 26160.19
$平均增长量
[1] 3966.184
$平均增长速度
[1] 0.1697275
```

【例 2-16】中,某企业 2000—2005 年各季度销售数据按时间描述的 R 运行代码:

```
> x = ts(c(25,32,37,26,30,38,42,30,29,39,50,35,30,39,51,37,29,42,55,38,31,
43,54,41), frequency = 4, start = c(2000,1))    #建立数据时间序列数据
> x                                              #R 语言的时间序列数据结构
     Qtr1  Qtr2  Qtr3  Qtr4
2000  25    32    37    26
2001  30    38    42    30
2002  29    39    50    35
2003  30    39    51    37
2004  29    42    55    38
2005  31    43    54    41
> plot(x)    #时间序列数据线图,运行结果如图 2-31 所示
> summary.time1(x)    #时间序列数据按年度和季度的统计量,运行结果如表 2-32
                      所示
$年度均值
 2000   2001   2002   2003   2004   2005
30.00  35.00  38.25  39.25  41.00  42.25
$季度均值
```

```
  1季度    2季度    3季度    4季度
29.00000  38.83333  48.16667  34.50000
$季节比率
  1季度   2季度  3季度  4季度
  0.77   1.03   1.28   0.92
```

习 题

一、单选题

1. 条形图中代表分类变量每一类别观测数的是（　　）。
   A. 矩形的高度　　　　　　　　B. 矩形的宽度
   C. 矩形的高度或宽度　　　　　D. 矩形的面积
2. 分类变量常用的图形表示法有（　　）。
   A. 直方图　　　　　　　　　　B. 条形图
   C. 散点图　　　　　　　　　　D. 折线图
3. 盒形图是由一组数据的几个统计量绘制而成的？（　　）
   A. 5　　　　　　　　　　　　 B. 4
   C. 3　　　　　　　　　　　　 D. 2
4. 盒形图中，盒子中包含了多少观测值？（　　）
   A. 整个样本　　　　　　　　　B. 样本的1/2
   C. 样本的1/4　　　　　　　　 D. 样本的3/4
5. 直方图中代表观测数目的是矩形的（　　）。
   A. 高度　　　　　　　　　　　B. 宽度
   C. 面积　　　　　　　　　　　D. 无法确定
6. 标准差反映了数据到（　　）的一种平均距离。
   A. 众数　　　　　　　　　　　B. 中位数
   C. 均值　　　　　　　　　　　D. 频数
7. 在统计中，样本的方差可以近似地反映出总体的（　　）。
   A. 平均状态　　　　　　　　　B. 极值
   C. 分布规律　　　　　　　　　D. 波动大小
8. 若观察数据中有一个值改变，则一定也会相应改变的是（　　）。
   A. 组数　　　　　　　　　　　B. 众数
   C. 中位数　　　　　　　　　　D. 均值
9. 当一组数据中有一个特别大的数值时，适宜用哪一种统计量来代表这组数据的集中趋势（　　）。
   A. 众数　　　　　　　　　　　B. 中位数
   C. 均值　　　　　　　　　　　D. 频数
10. 使用下面哪个统计量，能够使得一个变量的任何值都可以和其他变量的任意值相比

较?( )

A. 标准得分　　　　　　　　　　B. 标准误差
C. 均值　　　　　　　　　　　　D. 方差

11. 数据 161 166 162 165 163 164 163 165 165 161 的中位数是( )。
A. 163　　　　　　　　　　　　B. 163.5
C. 164　　　　　　　　　　　　D. 165

12. 数据 161 166 162 165 163 164 163 165 165 161 的众数是( )。
A. 163　　　　　　　　　　　　B. 163.5
C. 164　　　　　　　　　　　　D. 165

13. 数据 161 166 162 165 163 164 163 165 165 161 的均值是( )。
A. 163　　　　　　　　　　　　B. 163.5
C. 164　　　　　　　　　　　　D. 165

14. 以下四个数据集中,哪个数据集的标准差最大?( )
A. 6,6,6,6,6,6,6　　　　　　　B. 5,5,6,6,6,7,7
C. 3,3,4,6,8,9,9　　　　　　　D. 3,3,3,6,9,9,9

15. 如果某同学在英语竞赛中的标准得分为 2,并且知道 1% 为一等奖,5% 为二等奖,10% 为三等奖,则他可获( )。
A. 一等奖　　　　　　　　　　　B. 二等奖
C. 三等奖　　　　　　　　　　　D. 无缘奖项

16. 已知一个样本:1,3,5,x,2,它的平均数为 3,则这个样本的方差是( )。
A. 3　　　　　　　　　　　　　B. 2.5
C. 2　　　　　　　　　　　　　D. 1.58

17. 时间序列中,数值大小与时间长短有直接关系的是( )。
A. 平均数时间序列　　　　　　　B. 时期序列
C. 时点序列　　　　　　　　　　D. 相对数时间序列

18. 某地区某年 9 月末的人口数为 150 万人,10 月末的人口数为 150.2 万人,该地区 10 月的人口平均数为( )
A. 150 万人　　　　　　　　　　B. 150.2 万人
C. 150.1 万人　　　　　　　　　D. 无法确定

19. 用几何平均法计算的平均增长速度( )。
A. 只受 a_0 的影响　　　　　　　B. 只受 a_n 的影响
C. 同时受 a_0 和 a_n 的影响　　　D. 同时受 $a_0,a_1,\cdots,a_{(n-1)},a_n$ 的影响

20. 在指数体系中,总量指数与各因素指数之间的数量关系是( )。
A. 总量指数等于各因素指数之和　　B. 总量指数等于各因素指数之差
C. 总量指数等于各因素指数之积　　D. 总量指数等于各因素指数之商

21. 偏态系数测度了数据分布的非对称性程度。如果一组数据的分布是对称的,则偏态系数( )。
A. 等于 0　　　　　　　　　　　B. 等于 1
C. 大于 0　　　　　　　　　　　D. 大于 1

22.一组数据的离散系数为0.4,平均数为20,则标准差为( )。
A.80
B.0.02
C.4
D.8

23.某班学生的平均成绩是80分,标准差是10分。如果已知该班学生的考试分数为对称分布,可以判断成绩在70~90分的学生约占( )。
A.95%
B.89%
C.68%
D.99%

24.将某企业职工的月收入依次分为2000元以下、2000~3000元、3000~4000元、4000~5000元、5000元以上几个组。最后一组的组中值近似为( )。
A.5000
B.7500
C.5500
D.6500

25.增长率是时间序列中( )。
A.报告期观察值与基期观察值之比
B.报告期观察值与基期观察值之比减1
C.报告期观察值与基期观察值之比加1
D.基期观察值与报告期观察值之比减1

二、计算题

1.已知40名消费者购买5种不同品牌的手机,分别是:A.苹果 B.华为 C.OPPO D.小米 E.vivo。他们购买的情况如下表所示:

A	B	D	B	E	B	C	D
B	A	B	E	D	A	A	E
C	E	E	D	B	E	B	A
D	A	C	A	A	D	E	B
E	C	A	C	C	B	A	C

要求:
(1)指出上面的数据属于什么类型?
(2)制作一张频数分布表。
(3)绘制条形图和饼图,反映各类别的频数分布情况。
(4)试回答消费者购买手机的一般水平和差异大小。

2.60个家庭的售后服务质量调查 A:好,B:较好,C:一般,D:较差,E:差。

B	D	A	B	C	D	B	B	A	C
E	A	D	A	B	A	E	A	D	B
C	C	B	C	C	C	C	C	B	C
C	B	C	D	E	B	C	D	C	E
A	C	C	E	D	C	A	E	C	D
D	D	A	A	B	D	D	A	A	B

(1)数据属于什么类型?
(2)编制频数分布表。
(3)绘制条形图,累积折线图。
(4)试回答售后质量的一般水平和差异大小。

3.已知40份用于购买汽车的个人贷款数据

930	514	456	1903	1240	1280	2550	585	1640	1217
2235	957	2111	445	783	872	638	3005	346	1590
1100	554	974	660	720	1377	861	328	1423	747
256	1190	340	1620	1525	1200	1780	935	592	655

要求:
(1)进行统计分组,编制频数分布表。
(2)绘制直方图,曲线图。
(3)基于频数分布表计算均值、标准差和离散系数。

4.某银行为缩短顾客到银行办理业务的等待时间,准备采用两种排队方式进行试验:一种是所有顾客都进入一个等待队列三个窗口依次按排号顺序办理业务,另一种是顾客在三个业务窗口处列队3列等待。为比较哪种排队方式使顾客等待的时间更短,两种排队方式各随机抽取9名顾客,得到第一种排队方式的平均等待时间为7.2分钟,标准差为1.97分钟,第二种排队方式的等待时间(单位:分钟)为:5.5 6.6 6.7 6.8 7.1 7.3 7.4 7.8 7.8。要求:
(1)计算第二种排队方式等待时间的平均数和标准差。
(2)比较两种排队方式等待时间的离散程度。
(3)如果让你选择一种排队方式,你会选择哪一种?试说明理由。

5.某企业3—6月份的销售数据如下:

日期	3月	4月	5月	6月
销售额/万元		1600	1650	1850
月末职工人数/人	600	615	630	660

要求计算:
(1)第二季度平均每月销售额;
(2)第二季度平均每月职工人数;
(3)第二季度各月人均销售额(保留4位小数);
(4)第二季度平均每月人均销售额(保留4位小数);
(5)第二季度人均销售额(保留4位小数)。

6.某市1990—1993年居民消费水平如下:

年份	1990	1991	1992	1993
居民消费水平/元	803	896	1070	1331

要求计算：

(1) 1993 年与 1990 年相比的年平均增长速度；

(2) 若按此平均速度发展，1995 年的居民消费水平。

第三章　抽样推断的数学基础

【导入案例】

考虑一下,用什么方法解决下面几个问题:

(1)假如你刚毕业,已经拿到3家公司的录用通知,一家传统企业的职位,一家创业公司的职位,一家上市互联网公司的职位。只能在有限的资源和时间下做一个最佳选择,这个选择代表你去哪家公司工作。

(2)我告诉你腾讯股票明天上涨的可能性很大,阿里巴巴股票明天上涨的可能性也很大。但是你的钱有限,只能选择其中1个来购买,你也没办法判断出买哪支股票是最好的选择。假如我告诉你腾讯股票上涨的可能性是70%,阿里巴巴上涨的可能性是90%,你就知道该怎么选择了。

(3)你面前有两个按钮,一个红按钮,一个绿按钮。按下红按钮,你会有100%的概率获得100万美金;按下绿按钮,你有50%的可能性获得400万美金,50%概率的什么也拿不到。你的选择是什么?很多人愿意选择确定的100万美金,因为他们无法忍受50%概率的什么也拿不到;少数人愿意冒险选择50%的400万美金,但仍有50%的概率就是什么也没有。

(4)当你买了一台电视机时,被告知三年内可以免费保修。你想过厂家制定的免费保修为什么是三年吗?这个保修期是怎样设定的呢?

【内容要点】

描述统计为我们介绍了搜集、整理和描述统计数据的基本方法。通过对统计数据的描述统计可以使我们对客观事物有一个大概的了解。然而,这与我们从统计数据中挖掘规律性的东西还相去甚远。统计数据中隐含着非常丰富的重要信息,要充分挖掘并利用这些信息,就需要运用推断统计的方法。概率、概率分布与抽样分布则是推断统计学的数学理论基础。

(1)掌握使用概率思维分析和解决现实世界中的问题。

(2)理解和掌握现实世界的经验概率分布计算与分析。

(3)理解为什么要构造抽样分布理论体系。

(4)使用R软件将抽象的理论分布和计算可视化。

第一节 概率及概率计算

一、概率的定义

概率就是用数值来表示随机事件发生的可能性。当你知道了概率这个数值,就代表你可以预测未来,因为你能通过概率来判断出哪种情况发生的可能性最大。

概率永远是0~1范围内的可能性。如果某件事不可能发生,则其概率为0,如果某件事肯定会发生,则其概率为1。大多数时候,你所面临的都是介于0和1之间的概率事件。实际应用中经常会遇到的两类问题:①小概率:可能性接近于0,表示事件很少发生;②大概率:可能性接近于1,表示事件经常发生。例如,统计学考试得100分是一个小概率事件,而统计学考试有人不及格就是一个大概率事件。

在概率论中,概率的严格定义为:设E是随机试验,S是它的样本空间。对于E的每一事件A赋予一个实数,记为$P(A)$,称为事件A的概率。定义中的基本名词解释如下:

随机实验:满足如下三个条件就可以称之为随机实验:①在同一条件下可无限次重复;②实验结果有多个,且不确定;③事前不知实验结果。

基本事件:一次随机实验的可能结果,称为基本事件或者基本随机事件。若随机实验是"抛两次硬币",其基本事件就是"正反""正正""反反""反正"。

随机事件:在一定条件下,可能发生或可能不发生的事件叫做随机事件。例如,从一批有正品和次品的商品中,随意抽取一件,"抽得的是正品"就是一个随机事件。"抽得的是次品"也是一个随机事件。随机事件也是由基本事件所组成的集合。例如,上例中事件"两次出现相同面",就有两个基本事件组成:"正正""反反"。

样本空间:所有基本事件所组成的集合,称为样本空间或基本空间。

二、概率的计算

1. 古典定义

如果一个试验满足两条:①试验只有有限个基本结果;②试验的每个基本结果出现的可能性是一样的。这样的试验便是古典试验。对于古典试验中的事件A,它的概率定义为:

$$P(A) = \frac{m}{n} \tag{3-1}$$

其中,n表示该试验中所有可能出现的基本结果的总数目。m表示事件A包含的试验基本结果数。这种定义概率的方法称为概率的古典定义。

【例3-1】 你在玩抛硬币游戏,正面朝上的可能性是多少?

解 由于硬币只有两面,也就是落地后有两种结果,要不正面朝上,要不就是反面朝上。所以实验中所有可能出现的基本结果的总数目$n=2$。

$A=$"正面朝上",事件A包含的试验基本结果数$m=1$。

$$P(A) = \frac{m}{n} = \frac{1}{2} = 0.5$$

抛硬币正面朝上的可能性用数值来表示,概率就是50%。

【例3-2】 你在玩掷骰子游戏,正面朝上的点数大于3的可能性是多少呢?

解 由于骰子只有六个面,每一面上有1~6个不同的点数,也就是落地后有6种结果,所以实验中所有可能出现的基本结果的总数目 $n=6$。

$A=$ "点数大于3",事件 A 包含的试验基本结果数 $m=3$

$$P(A) = \frac{m}{n} = \frac{3}{6} = 0.5$$

掷骰子点数大于等于3的可能性用数值来表示,概率就是50%。

上述两个游戏是绝对公平的,没有作弊行为,即每个基本事件的概率绝对相等。

思考一下:以下问题的概率中,随机实验的哪个前提假设不满足:

(1)一场赛马比赛,有6匹马,求某匹马胜出的概率。

(2)生男孩和女孩的概率。

2. 统计定义

随着人们遇到问题的复杂程度增加,各随机事件的结果并非都是有限且等可能的。即使是等可能性事件,也逐渐暴露出它的弱点,特别是对同一事件,可以从不同的等可能性角度算出不同的概率,从而产生了种种悖论。因此,人们通常也采用频率的定义。在做大量重复试验时,随着试验次数的增加,一个事件出现的频率,总在一个固定数附近摆动,显示一定的稳定性。这个固定数可以定义为该事件的概率,这就是概率的统计定义。

概率的统计定义:在一定条件下,重复做 n 次试验,n_A 为 n 次试验中事件 A 发生的次数,如果随着 n 逐渐增大,频率 n_A/n 逐渐稳定在某一数值 p 附近,则数值 p 称为事件 A 在该条件下发生的概率,记做 $P(A)=p$。计算公式为:

$$P(A) \approx \frac{n_A}{n} \tag{3-2}$$

【例3-3】 对某超市100名消费者某日购买牛奶品牌的抽样数据整理如表3-1所示。

表3-1 牛奶品牌与性别变量列联表

性别	光明	金典	蒙牛	三元	伊利	合计
男	4	2	14	12	12	44
女	12	10	8	8	18	56
合计	16	12	22	20	30	100

现从所有消费者中随机抽取一名,试问:

(1)该消费者为男性的概率是多少?

(2)该消费者购买三元牛奶的概率是多少?

(3)该消费者是男性且购买三元牛奶的概率是多少?

解 因某日所有消费者的基本空间未知,因此无法按古典概率定义计算事件发生的概率。只能使用统计概率定义进行近似计算:

(1)用 A 表示"抽中的消费者为男性"这一事件。

$$P(A) \approx \frac{n_A}{n} = \frac{44}{100} = 0.44$$

(2)用 B 表示"抽中的消费者购买三元牛奶"这一事件。

$$P(B) \approx \frac{n_B}{n} = \frac{20}{100} = 0.20$$

(3)用 C 表示"抽中的消费者为男性且购买三元牛奶"这一事件。

$$P(C) \approx \frac{n_C}{n} = \frac{n_{AB}}{n} = \frac{12}{100} = 0.12$$

3. 主观概率

实际工作和生活中,有些实验无法重复试验。如:明天是否下雨?新产品销路如何?明年 GDP 增长率如何?能否考上博士生等。还有些试验费用过于昂贵、代价过大,如:导弹命中率如何?上述基于统计定义的概率也无能为力,就需要使用主观概率。主观概率是指建立在过去的经验与判断的基础上,根据对未来事态发展预测和历史统计资料研究确定的概率。主观概率反映的只是一种主观可能性,只能反映未来事件发生的近似可能性。

贝叶斯定理就是一种计算主观概率的方法。长久以来,人们对一件事情发生或不发生的概率,只有固定的 0 和 1,即要么发生,要么不发生,从来不会去考虑某件事情发生的概率有多大,不发生的概率又是多大。比如,一个朋友创业,你明明知道创业的结果就两种,即要么成功要么失败,但你依然会忍不住去估计他创业成功的概率有多大。你如果对他为人比较了解,而且有方法、思路清晰、有毅力,且能团结周围的人,你会不由自主地估计他创业成功的概率可能在 80% 以上。这种不同于最开始的"非黑即白、非 0 即 1"的思考方式,便是贝叶斯式的思考方式。

贝叶斯及贝叶斯派提出了一个思考问题的固定模式:先验分布+样本信息=后验分布。好比是人类刚开始时对大自然只有少得可怜的先验知识,但随着不断观察、实验获得更多的样本、结果,使得人们对自然界的规律摸得越来越透彻。所以,贝叶斯方法既符合人们日常生活的思考方式,也符合人们认识自然的规律,经过不断的发展,最终占据统计学领域的半壁江山,与经典统计学分庭抗礼。目前,贝叶斯方法已经成为 AI 基础算法。

综上所述,虽然概率不会确凿地告诉我们将会发生什么,但我们通过计算概率能够知道很有可能发生什么、不太可能发生什么。聪明的人会使用这类数据为自己的事业和生活指明方向。

第二节 随机变量及概率分布

一、随机变量

简单地说,随机变量是指随机事件的数量表现。例如,一年内人口死亡的数量、某地若干名职工的工资收入值等。此外,另有一些变量的取值并不直接表现为数量(例如人口的性别和对某项改革的态度等),但我们可以规定其变量值中数值等于某个值的变量值为 1,不等于某个值的变量值为 0,如性别变量中男性为 1,女性为 0。随机变量也可以体现为实验结果的函数。例如,在掷两颗骰子时,我们关心的是两颗骰子的点数,而并不真正关心其实际结果,就是说,我们关心的也许是其点数为 7,而并不关心其实际结果是否是(1,6)或(2,5)或(3,4)或(4,3)或(5,2)或(6,1)。因此,两颗骰子的点数就是随机变量。这些例子中所提到的量,尽管它们的具体内容是各式各样的,但每个变量都可以随机地取得不同的数值,而在进行试验或测量之前,我们要预言这个变量将取得某个确定的数值是不可能的。

按照随机变量可能取得的值,可以把它们分为两种基本类型:离散型随机变量和连续型随机变量。如果随机变量 X 只可能取有限个可列枚举的值,则称 X 为离散型随机变量。例如某地区某年人口的出生数和某药治疗某病的有效数等。连续型随机变量是指如果随机变量 X 的所有可能取值不可以逐个列举出来,而是取数轴上某一区间内的任一点。例如,一批电子元件的寿命、实际中常遇到的测量误差等都是连续型随机变量。

二、概率分布

随机事件的概率表示了一次试验中某一个结果发生的可能性大小。若要全面了解随机事件取值规律,则必须知道试验的全部可能结果及各种可能结果发生的概率,即随机试验的概率分布。因此,概率分布是指用于表述随机变量取值的概率规律。如果随机试验结果用随机变量 X 来表示,则概率分布就是随机变量 X 的概率分布,可以用 $f(X)$ 表示。当 X 是连续型变量时概率分布指的是概率密度函数,当 X 是离散型时概率分布指的是分布律。

三、离散型变量的概率分布

离散型随机变量的概率分布可以通过概率分布表、概率分布图和概率分布律来表现,具体如下:

(1)概率分布表。设有一离散型随机变量 X,可能取值 $X_1, X_2, X_3, \cdots, X_n$,其相应的概率为 $p_1, p_2, p_3, \cdots, p_n$。变量与概率对应关系可用表格表示,第一行为随机变量 X 的取值,第二行为对应的概率,这个表格把所有可能出现的情况全部列出来了,因此也称该表格形式为离散型随机变量 X 的概率分布,见表 3-2。

(2)概率分布图。对于离散型随机变量的概率分布,可以使用条形图直观表现。一般可用横坐标表示随机变量的取值,纵坐标表示其对应的概率。这个图形把所有可能出现的情况全部描述出来了,因此也称该图为离散型随机变量 X 的概率分布,如图 3-1 所示。

(3)概率分布律。对于有一定规律的概率分布,可用函数 $f(X)$ 把所有可能出现的情况全部描述出来,因此也称函数形式为离散型随机变量 X 的概率分布。

【例 3-4】 掷骰子游戏的概率分布,可用 $x=\{1,2,3,4,5,6\}$ 表示正面朝上的点数,$P(x)$ 表示概率分布,其三种表示方式分别如下:

(1)概率分布表(见表 3-2)

表 3-2 概率分布表

X	1	2	3	4	5	6
$P(X)$	1/6	1/6	1/6	1/6	1/6	1/6

(2)概率分布图(见图 3-1)

(3)概率分布函数

$$f(x) = \begin{cases} \dfrac{1}{6} & x = 1,2,3,4,5,6 \\ 0 & x \neq 1,2,3,4,5,6 \end{cases}$$

离散型随机变量的概率分布的基本性质:

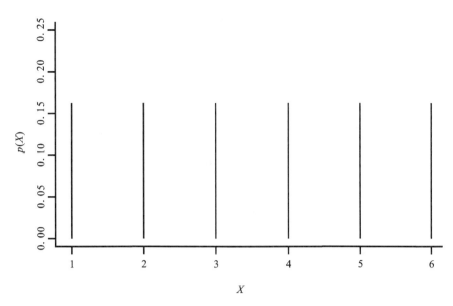

图 3-1 正面朝上的点数概率分布图

(1) $p_i \geqslant 0, n=1,2,\cdots$

(2) $\sum_{i=1}^{n} p_i = 1$

离散型随机变量通常依据概率函数主要分为：伯努利随机变量、二项随机变量、几何随机变量和泊松随机变量。

1. 伯努利分布

伯努利试验的特点是：

(1)每次试验中事件只有两种结果，事件发生或者不发生，如硬币正面或反面，患病或没患病；

(2)每次试验中事件发生的概率是相同的，注意不一定是 0.5；

(3)n 次试验的事件相互之间独立。

举个实例，最简单的抛硬币试验就是伯努利试验，在一次试验中硬币要么正面朝上，要么反面朝上，每次正面朝上的概率都一样 $p=0.5$，且每次抛硬币的事件相互独立，即每次正面朝上的概率不受其他试验的影响。伯努利分布是一种基于伯努利试验的概率分布，每次实验有两种可能的结果：1 表示成功，出现的概率为 p（其中 $0<p<1$）；0 表示失败，出现的概率为 $1-p$。其概率分布律如下：

$$f(x) = \begin{cases} 1-p & x=0 \\ p & x=1 \end{cases}$$

伯努利分布的均值为 $\mu = p$，方差为 $\sigma^2 = p \times (1-p)$

2. 二项分布

二项分布是 n 个独立伯努利试验中成功次数的离散概率分布，其中每次试验的成功概率为 p。当 $n=1$ 时，二项分布就是伯努利分布。如果独立重复抛 $n=10$ 次硬币，正面朝上的次数 k 可能为 0,1,2,3,4,5,6,7,8,9,10 中的任何一个，那么 k 是一个随机变量，这里就

称随机变量 k 服从二项分布。其数学表述为：$X \sim B(n,p)$

二项分布的概率分布律为：$P(X=k) = C_n^k p^k (1-p)^{n-k}$ (3-3)

其中：n 为试验次数，p 为每次实验成功的概率。

二项分布的期望：$\mu = np$ 二项分布的方差：$\sigma^2 = np(1-p)$

【例 3-5】 某人投篮的命中率是 0.3，总共投篮 10 次，问投中 2 次的概率。

解 设投篮命中次数为随机变量 X，$X \sim B(10,0.3)$

$$P(X=2) = C_n^k p^k (1-p)^{n-k} = C_{10}^2 \, 0.3^2 (1-0.3)^8 = 0.2335$$

【例 3-6】 某种疫苗注射后过敏反应的概率是 0.08，问某社区卫生院在接种该疫苗 100 人后，少于 3 人有过敏反应的概率是多少？

解 设过敏反应的人数为随机变量 X，$X \sim B(100,0.08)$。

少于 3 人有过敏反应，即求：

$P(X<3) = P(X=0) + P(X=1) + P(X=2)$

$P(X<3) = C_{100}^0 \, 0.08^0 (1-0.08)^{100} + C_{100}^1 \, 0.08^1 (1-0.08)^{99} + C_{100}^2 \, 0.08^2 (1-0.08)^{98}$

$\qquad = 0.01127$

【例 3-7】 某种疫苗注射后过敏反应的概率是 0.08，问某社区卫生院在接种该疫苗 100 人后，3 人及以上有过敏反应的概率是多少？

解 设过敏反应的人数为随机变量 X，$X \sim B(100,0.08)$。

3 人及以上有过敏反应，即求：

$P(X \geqslant 3) = 1 - P(X=0) - P(X=1) - P(X=2)$

$P(X \geqslant 3) = 1 - C_{100}^0 \, 0.08^0 (1-0.08)^{100} - C_{100}^1 \, 0.08^1 (1-0.08)^{99} - C_{100}^2 \, 0.08^2 (1-0.08)^{98}$

$P(X \geqslant 3) = 1 - 0.01127 = 0.98873$

二项分布的概率分布规律与 p 值的大小有关，图 3-2 显示了不同 p 值对应的概率分布规律：

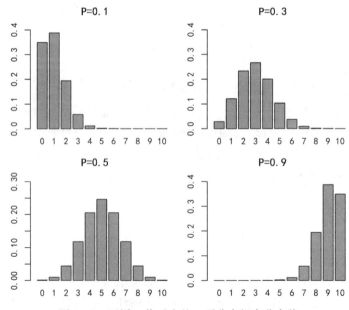

图 3-2 不同 p 值对应的二项分布概率分布律

从图形中可以看到:在频率附近,事件的发生概率最高,然后向两边对称下降,即变得越大和越小都不太可能。当 p 值为 0.5 时,分布呈对称状态。

3. 泊松分布

在实际事例中,当一个随机事件,以固定的平均瞬时速率 λ(或称密度)随机且独立地出现时,那么这个事件在单位时间(面积或体积)内出现的次数(个数)就近似地服从泊松分布。例如,某电话交换台收到的呼叫次数、来到某公共汽车站的乘客人数、某放射性物质发射出的粒子数、显微镜下某区域中的白细胞数,等等,这些离散型随机变量都可认为服从泊松分布。

泊松分布的概率分布律为:$P(X=k) = \dfrac{\lambda^k}{k!}e^{-\lambda}, k=0,1,\cdots$ (3-4)

其中,参数 λ 是单位时间(或单位面积)内随机事件的平均发生次数,$\lambda = n \times p$。

泊松分布的期望和方差均为 λ,其数学表述为:$X \sim P(\lambda)$。

【例 3-8】 假如我平均每天去超市三次,那我明天会去超市 0 次、2 次和 5 次的概率分别为多少?

解 设明天去超市的次数为随机变量 X,$\lambda = 3$,$X \sim P(3)$

$$P(X=k) = \frac{\lambda^k}{k!}e^{-\lambda}, k=0,1,\cdots$$

$$P(X=0) = \frac{3^0}{0!}e^{-3} = 0.04978707$$

$$P(X=2) = \frac{3^2}{2!}e^{-3} = 0.22404181$$

$$P(X=5) = \frac{3^5}{5!}e^{-3} = 0.16803136$$

【例 3-9】 有家手机店,老板统计了周一到周五每日销售的手机数,分别为:3,7,4,6,5。试求老板每天销售 8 个手机的概率。

解 设每天销售的手机数 X 为随机变量,则 X 服从泊松分布。

$$\lambda = \mu = \frac{\sum_{i=1}^{n} X_i}{n} = \frac{3+7+4+6+5}{5} = 5 \quad X \sim P(5)$$

每天销售 8 个手机的概率为:$P(X=8) = \dfrac{\lambda^k}{k!}e^{-\lambda} = \dfrac{5^8}{8!}e^{-5} = 0.06527804$

泊松分布是通过对二项分布求极限得到的。当二项分布的 n 很大而 p 很小时,泊松分布可作为二项分布的近似。通常当 $n \geqslant 20$,$p \leqslant 0.05$($\lambda = n \times p$ 不大)时,可将较难计算的二项分布转化为泊松分布去计算。

【例 3-10】 某汽车站每天有大量汽车通过,设每辆汽车在一天的某段时间内出事故的概率为 0.0001,在每天的该段时间内有 1000 辆汽车通过该汽车站,问出事故的次数不小于 2 的概率是多少。

解 1 设出事故的次数为随机变量 X,$X \sim B(1000, 0.0001)$,出事故的次数不小于 2 的概率为:

$$P(X \geqslant 2) = 1 - P(X=0) - P(X=1)$$

$$P(X \geqslant 2) = 1 - C_{1000}^{0} 0.3^0 (1-0.3)^{1000} - C_{1000}^{1} 0.3^1 (1-0.3)^{999}$$

$P(X \geqslant 2) = 0.004674768$

解 2 设出事故的次数为随机变量 X, $\lambda = np = 1000 \times 0.0001 = 0.1$, $X \sim P(0.1)$ 出事故的次数不小于 2 的概率为：

$P(X \geqslant 2) = 1 - P(X = 0) - P(X = 1)$

$P(X \geqslant 2) = 1 - \frac{0.1^0}{0!} e^{-0.1} - \frac{0.1^1}{1!} e^{-0.1}$

$P(X \geqslant 2) = 0.00467884$

由此可见，λ 不大时，两者计算的结果非常接近。

泊松分布的概率分布规律与 p 的大小有关，图 3-3 显示了不同 λ 值对应的概率分布规律。

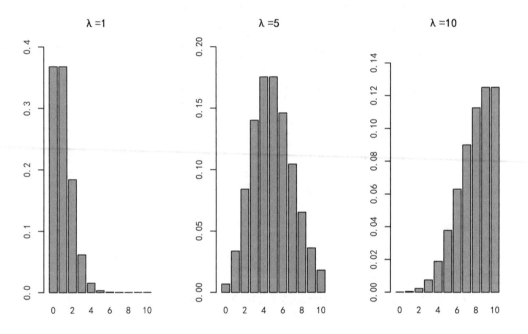

图 3-3 不同 λ 值对应的泊松概率分布规律

从图 3-3 可见：X 等于 λ 时概率最大，然后向两边对称下降，即变得越大和越小都不太可能。

四、连续型变量的概率分布

连续型随机变量的概率分布一般用函数形式来表达，具体有概率密度函数和概率分布函数两种。

概率密度函数是描述随机变量为某个确定值的概率，如：$f(x) = \lambda e^{-\lambda x}$。一般来说，连续型的随机变量取值在任意一点的概率都不大，接近于 0。因此，在表现连续性变量概率分布规律时，使用概率密度函数来表现。密度函数 $f(x)$ 具有下列性质：

(1) $f(x) \geqslant 0$

(2) $\int_{-\infty}^{\infty} f(x) \mathrm{d}x = 1$

(3) $P(a < x \leqslant b) = \int_a^b f(x) \mathrm{d}x$

连续性概率密度函数的图形也可以体现概率分布,如图 3-4 所示。

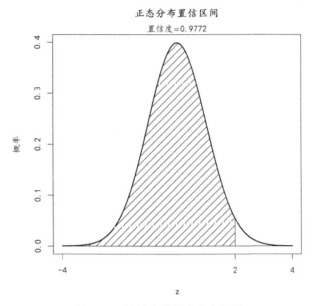

图 3-4 连续变量概率分布图形

概率分布函数是随机变量取值落在某个区域之内的概率。它是某个区域之内所有概率函数取值的累加结果,数学上则为概率密度函数在这个区域上的积分。因此,当概率密度函数存在的时候,概率分布函数是概率密度函数的积分。如:$F(x) = P(X \leqslant x) = \int_{-\infty}^{x} f(x)$。如果将 x 看成是数轴上随机点的坐标,那么,概率分布函数 $F(x)$ 在 x 处的函数值就表示 X 落在区间 $(-\infty, x)$ 上的概率。因此,若已知 X 的分布函数,就可以知道 x 落在任一区间上的概率,在这个意义上说,分布函数完整地描述了随机变量的统计规律性。其实用性远远优于概率密度函数。

定积分在数学中是用来求面积的,而在这里,可把概率分布函数 $F(x)$ 表示的概率理解为密度函数的区域面积。面积越大,概率越大。如图 3-4 所示。

用图 3-4 中的阴影面积来表示概率,看起来是特别直观!所以,我们在表示连续型随机变量的概率时,用 $F(x)$ 分布函数来表示概率分布,非常直观和实用。在实际工作中,连续性变量概率计算大部分是区间概率的计算,使用的都是概率分布函数 $F(x)$。

连续型随机变量的概率分布主要有均匀分布、正态分布和指数分布。

1. 均匀分布

均匀分布,是对称概率分布,在相同长度间隔的分布概率是等可能的。从图 3-5(概率密度函数图)可以看出:在指定的区间 (a, b) 内所有变量值的概率相等,任意相等区间的分布函数也相等。

均匀分布的数学定义:均匀分布由两个参数 a 和 b 定义,它们是数轴上的最小值和最大值,其数学形式为 $X \sim U(a, b)$。其密度函数和分布函数具体如下:

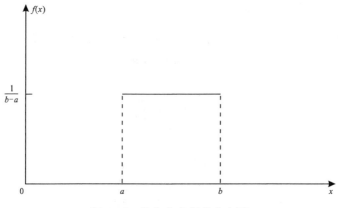

图 3-5 均匀分布概率分布图

密度函数：$f(x) = \begin{cases} \dfrac{1}{b-a} & a < x < b \\ 0 & \text{其他} \end{cases}$

分布函数：$F(x) = P(X \leqslant x) = \begin{cases} 0 & x < a \\ \dfrac{x-a}{b-a} & a \leqslant x < b \\ 1 & x \geqslant b \end{cases}$

【例 3-11】 设电阻值 R 是一个随机变量，均匀分布在 900~1100 Ω。求 R 概率密度及 R 落在 950~1050 Ω 的概率。

解 阻值 R 为连续型随机变量 X，$X \sim U(900, 1100)$。

$$P(950 \leqslant X \leqslant 1050) = \frac{x-a}{b-a} = \frac{1050-950}{1100-900} = 0.5$$

2. 正态分布

正态分布（Normal distribution）又名高斯分布，对统计学有重大的影响。在高斯的一切科学贡献中，其对人类文明影响最大的就是正态分布。生产与科学实验中很多随机变量的概率分布都可以近似地用正态分布来描述。

一般来说，如果一个量是由许多微小独立随机因素影响的结果，那么就可以认为这个量服从正态分布（见中心极限定理）。从概率密度函数图形（见图 3-6）可以看出，理论上的正态分布曲线是一条中间高，两端逐渐下降且完全对称的钟形曲线。随机变量的概率在均值附近最大，向两端概率逐渐下降。

正态分布的数学定义：$X \sim N(\mu, \sigma^2)$，其中：μ 为遵从正态分布随机变量的均值，σ^2 为此随机变量的方差。正态分布的概率规律为取 μ 邻近值的概率大，而取离 μ 越远值的概率越小；σ 越小，分布越集中在 μ 附近，曲线越瘦高。σ 越大，分布越分散，曲线越扁平。其密度函数和分布函数具体如下：

密度函数：$f[x] = \dfrac{1}{\sqrt{2\pi}\sigma} e^{\left[-\frac{(x-\mu)^2}{2\sigma^2}\right]}$

分布函数：$F(x) = P(X \leqslant x) = \dfrac{1}{\sqrt{2\pi}\sigma} \int_{-\infty}^{x} e^{\left[-\frac{(x-\mu)^2}{2\sigma^2}\right]}$

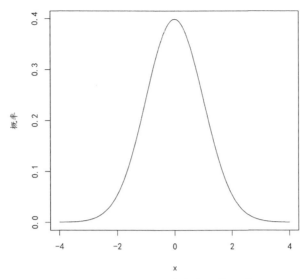

图 3-6 正态分布概率密度函数图形

当 $\mu=0, \sigma^2=1$ 时,称为标准正态分布,记为 $N(0,1)$。密度函数和分布函数为:

密度函数:$f(z) = \dfrac{1}{\sqrt{2\pi}} e^{\frac{-z^2}{2}}$

分布函数:$F(z) = P(Z \leqslant z) = \dfrac{1}{\sqrt{2\pi}\sigma} \int_{-\infty}^{z} e^{\frac{-z^2}{2}}$

实际工作中,正态分布的概率计算只涉及随机变量位于某一区间的概率,也就是分布函数概率(下文简称为正态分布的概率)计算。由于分布函数定义公式中涉及数学上的积分计算,手工计算基本不可能做到。为此,数学家事先编制了标准正态分布概率查对表(见附表1)。如果随机变量服从于标准正态分布,其概率计算查对该表即可。如果随机变量只服从一般正态分布,而不服从标准正态分布,数学家通过对正态分布变量 X 作变量变换,转化为服从标准正态分布的 Z,然后通过查对表计算其分布概率。

$$z_i = \dfrac{x_i - \bar{x}}{\sigma} \quad z \sim N(0,1)$$

因此,正态分布概率计算的基本公式为:

$$F(x) = P(X \leqslant x_i) = P\left(\dfrac{X-\mu}{\sigma} \leqslant \dfrac{x_i - \mu}{\sigma}\right) = P(Z \leqslant z_i) = \Phi\left(\dfrac{x_i - \mu}{\sigma}\right) \quad (3-5)$$

在正态分布概率计算时,还可使用以下推导的数学关系,简化计算步骤:

$$P(X \leqslant a) = P\left(\dfrac{X-\mu}{\sigma} \leqslant \dfrac{a-\mu}{\sigma}\right) = \Phi\left(\dfrac{a-\mu}{\sigma}\right)$$

$$P(X > a) = 1 - P(X \leqslant a) = 1 - \Phi\left(\dfrac{a-\mu}{\sigma}\right)$$

$$P(X \leqslant -a) = P(X > a) = 1 - \Phi\left(\dfrac{a-\mu}{\sigma}\right)$$

$$P(a \leqslant X \leqslant b) = P(X \leqslant b) - P(X \leqslant a) = \Phi\left(\dfrac{b-\mu}{\sigma}\right) - \Phi\left(\dfrac{a-\mu}{\sigma}\right)$$

$$P(-a \leqslant X \leqslant a) = P(X \leqslant a) - P(X \leqslant -a) = \Phi\left(\frac{a-\mu}{\sigma}\right) - \left[1 - \Phi\left(\frac{a-\mu}{\sigma}\right)\right] = 2\Phi\left(\frac{a-\mu}{\sigma}\right) - 1$$

【例 3-12】 设 $X \sim N(0,1)$，求①$P\{X \leqslant 1.89\}$，②$P\{X > -2.13\}$，③$P\{-0.97 < X \leqslant 2.35\}$。

解 ① $P\{X \leqslant 1.89\} = \Phi(1.89) = 0.9706$

② $P\{X > -2.13\} = 1 - \Phi(-2.13) = \Phi(2.13) = 0.9834$

③ $P\{-0.97 < X \leqslant 2.35\} = \Phi(2.35) - \Phi(-0.97) = \Phi(2.35) - [1 - \Phi(0.97)]$
$= 0.9906 - 1 + 0.8340 = 0.8246$

【例 3-13】 某县农民年平均收入服从 $\mu = 500$ 元，$\sigma = 200$ 元的正态分布。求：
(1) 求此县农民年平均收入在 500～520 元间人数的百分比；
(2) 如果要使此县农民年平均收入在 $(\mu-A, \mu+A)$ 内的概率不少于 0.95，则 A 至少有多大？

解 设 x 表示农民平均收入，则 $x \sim N(500, 200^2)$

$$P(500 < x \leqslant x) = \Phi\left(\frac{520-500}{\sqrt{200}}\right) - \Phi\left(\frac{500-500}{\sqrt{200}}\right) = \Phi(0.1) - \Phi(0) = 0.0398$$

$$P(\mu - A < x \leqslant \mu - A) = 2\Phi\left(\frac{A}{\sqrt{200}}\right) - 1 \geqslant 0.95$$

所以 $\Phi\left(\frac{A}{200}\right) \geqslant 0.975$

查表得：$\frac{A}{200} \geqslant 1.96$，所以 $A \geqslant 392$。

另外，对于 n 比较大的二项分布区间概率计算，也可以用正态分布近似来简化计算，两种方法的误差非常小，可以忽略不计。由拉普拉斯定理可知：当 n 很大，而 p 很小时二项分布近似服从正态分布。二项分布变量 X 近似服从正态分布 $N(np, np(1-p))$，该正态分布的均值为 np，方差为 $np(1-p)$。对其按式（3-5）进行标准化处理，可得：$z_i = \frac{X - np}{\sqrt{np(1-p)}}$，近似服从标准正态分布 $N(0,1)$。

【例 3-14】 100 台车床彼此独立地工作，每台车床的实际工作时间占全部工作时间的 80%，试求：
(1) 任一时刻有 70～86 台车床在工作的概率。
(2) 任一时刻有 80 台以上车床在工作的概率。

解 采用二项分布的正态分布近似计算
$\mu = np = 100 \times 0.8 = 80$
$\sigma^2 = np(1-p) = 100 \times 0.8 \times 0.2 = 16$
$X \sim N(80, 16)$

$$P(70 \leqslant X \leqslant 86) = \Phi\left(\frac{86-80}{\sqrt{16}}\right) - \Phi\left(\frac{70-80}{\sqrt{16}}\right) = \Phi(1.5) - \Phi(-2.5) = 0.927$$

$$P(X \geqslant 80) = \Phi\left(\frac{80-80}{\sqrt{16}}\right) = \Phi(0) = 0.5$$

3. 指数分布

指数分布也是连续型随机变量概率分布的一种,常用来描述"寿命"类随机变量的分布。例如家电使用寿命、动植物寿命、电话通话时间,等等。它主要应用在两次随机事件发生时间间隔的概率问题。泊松分布是描述某一区间内发生随机事件次数的概率分布,而指数分布是描述两次随机事件发生时间间隔的概率分布。例如:某产品的两个随机事件分别能正常使用和不能正常使用(报废),指数分布则描述了该产品随时间推移还能正常使用的概率,也称寿命的概率,因此指数分布也称寿命分布。通常产品的无故障工作时间服从指数分布,其参数 λ 就是失效率,$1/\lambda$ 则是平均无故障工作时间。

从反映指数分布特征的概率密度函数图形(见图 3-7)可以看出,产品的寿命随时间推移呈现负指数式的下降。

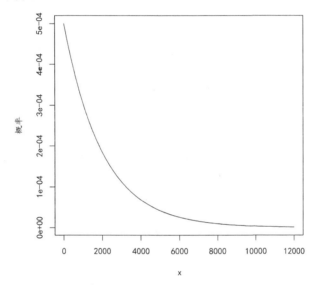

图 3-7 指数分布的概率分布图

指数分布的密度函数和分布函数具体如下:

密度函数:$f(x) = \begin{cases} \lambda e^{-\lambda x} & x \geqslant 0 \\ 0 & x < 0 \end{cases}$

分布函数:$F(x) = P(X \leqslant x) = \begin{cases} 1 - e^{-\lambda x} & x \geqslant 0 \\ 0 & x < 0 \end{cases}$ \hfill (3-6)

其中 λ 是分布的一个参数,常被称为率参数,表示每单位时间内发生某事件的次数。指数分布的区间是 $[0, \infty)$。如果一个随机变量 X 呈指数分布,其数学形式为 $X \sim E(\lambda)$。

服从指数分布的随机变量 X 的统计量如下:

均值:$\mu = \dfrac{1}{\lambda}$ 方差:$\sigma^2 = \dfrac{1}{\lambda^2}$ $1/\lambda$ 含义为平均无故障工作时间。

【例 3-15】 设某品牌彩电无故障工作时间服从 $\lambda = 1/2000$ 的指数分布。求该种彩电无故障工作时间不少于 1000 小时的概率。

解 设 X 为该彩电的无故障工作时间,则 $X \sim E(1/2000)$

$$P(X \geqslant 1000) = 1 - P(X \leqslant 1000) = 1 - (1 - e^{-\lambda x}) = 1 - (1 - e^{-1/2000 \times 1000}) = 0.6065$$

答：该种彩电无故障工作时间不少于 1000 小时的概率为 0.6065。

综上所述，本节主要介绍了离散型随机变量和连续型随机变量的概率分布及计算，是推断统计的理论基础。实际计算时可借助于软件，详见第四节。

第三节 抽样分布

一、总体分布、样本分布与抽样分布

1. 总体分布

总体分布是总体中各元素的观察值所形成的分布，其概率分布可能是离散型或连续型概率分布，分布通常是未知的。

2. 样本分布

样本分布是样本中各观察值 ($x_1, x_2, x_3, \cdots, x_n$) 的分布，也称经验分布，可观察，可计算，分布通常是已知的。理论上，当样本容量 n 逐渐增大时，样本分布逐渐趋近总体分布。由于样本的可能有很多个，则存在很多个不同的样本分布。

3. 抽样分布

抽样分布是指样本统计量的分布。从总体的 N 个个体中随机抽取 n 个个体，可得到 m 个样本，对于每一个样本，都可以根据观察值计算其对应的样本统计量。如可以得到 m 个样本均值、m 个样本比例和 m 个样本方差等，这些样本均值、样本比例或样本方差的分布分别就是样本均值的抽样分布、样本比例的抽样分布和样本方差的抽样分布，统称为抽样分布。如表 3-3 所示，可以直观观察到样本均值、方差和比例三种分布。对于总体而言，其样本个数 m 可能趋近于无穷大，抽样分布无法实际验证。因此，抽样分布就是一种理论概率分布。

表 3-3 抽样分布的统计量

样本编号	样本	样本统计量		
		均值 $\bar{x}_i$	方差 s_i^2	比例 p_i
1	$x_1, x_2, x_3, \cdots, x_n$	$\bar{x}_1$	s_1^2	p_1
2	$x_1, x_2, x_3, \cdots, x_n$	$\bar{x}_2$	s_2^2	p_2
3	$x_1, x_2, x_3, \cdots, x_n$	$\bar{x}_3$	s_3^2	p_3
⋯	⋯	⋯	⋯	⋯
m	$x_1, x_2, x_3, \cdots, x_n$	$\bar{x}_m$	s_m^2	p_m
统计量的均值和方差		$\bar{\bar{x}}_i \quad \sigma_{\bar{x}_i}^2$	—	$\bar{p}_i \quad \sigma_{p_i}^2$

【例 3-16】 设一个总体，含有 4 个元素（个体），其 x 变量的取值分别为 $x_1=1$、$x_2=2$、$x_3=3$、$x_4=4$。其概率分布如图 3-8 所示。从总体中随机抽取 2 个元素（个体），观察其抽样分布。

解 （1）总体分布的描述

$$\text{均值：} \mu = \frac{\sum_{i=1}^{N} X_i}{N} = \frac{1+2+3+4}{4} = 2.5$$

方差：$\sigma^2 = \dfrac{\sum_{i=1}^{N}(x_i - \mu)^2}{N} = 1.25$

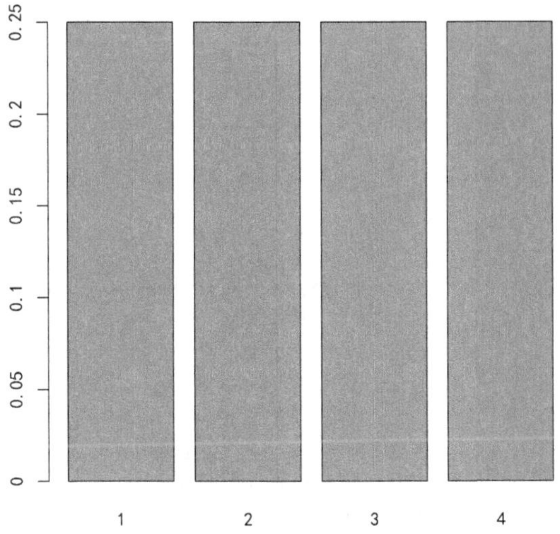

图 3-8　总体概率分布图

(2) 现从总体中抽取 $n=2$ 的简单随机样本，在重复抽样条件下，共有 $4^2=16$ 个样本，如表 3-4 所示。

表 3-4　16 个样本构成

第一个观测值	第二个观测值			
	1	2	3	4
1	1,1	2,1	3,1	4,1
2	1,2	2,2	3,2	4,2
3	1,3	2,3	3,3	4,3
4	1,4	2,4	3,4	4,4

分别计算这 16 个样本的均值，如表 3-5 所示。

表 3-5　16 个样本均值

第一个观测值	第二个观测值			
	1	2	3	4
1	1	1.5	2	2.5
2	1.5	2	2.5	3
3	2	2.5	3	3.5
4	2.5	3	3.5	4

(3) 以样本均值为统计量，对 16 个样本均值进行描述，概率分布如图 3-9 所示。

$$\mu_{\bar{x}} = \frac{\sum_{i=1}^{m} \bar{x}_i}{m}$$

$$= \frac{1+1.5+2+2.5+1.5+2+2.5+3+2+2.5+3+3.5+2.5+3+3.5+4}{16}$$

$$= 2.5$$

$$\sigma_{\bar{x}}^2 = \frac{\sum_{i=1}^{m}(\bar{x}_i - \mu_{\bar{x}})^2}{m} = 0.625$$

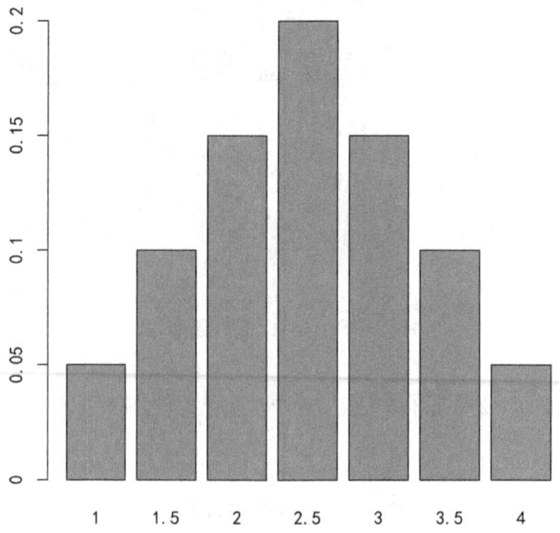

图 3-9 16个样本均值的概率分布

（4）总体分布与抽样分布比较。通过比较总体分布与抽样分布的图形（见图3-10）和统计量可知样本均值的分布与总体分布存在一定关系：

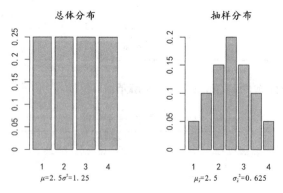

图 3-10 总体分布与样本均值分布的关系

①样本均值的均值等于总体均值：$\mu_{\bar{x}} = \mu$

②样本均值的方差等于总体方差的 $1/n$：$\sigma_{\bar{x}}^2 = \frac{\sigma^2}{n}$

二、样本均值的抽样分布

样本均值的抽样分布是抽自同一总体的所有样本均值形成的分布。但现实中不可能将所有的样本都抽取出来,因此,样本均值的概率分布实际上是一种理论分布。

1. 单样本均值的抽样分布

样本均值抽样分布的形式与总体分布和样本容量 n 的大小有关。如果总体是正态分布,那么,无论样本容量 n 的大小,样本均值的抽样分布都服从正态分布。另外,随着样本容量 n 的增大(通常要求 $n \geq 30$),不论总体是否服从正态分布,样本均值的抽样分布都将趋于正态分布,即统计上著名的中心极限定理。其分布的数学期望为总体均值 μ,方差为总体方差 σ^2 的 $1/n$。

实际应用中,具体细分为以下几种情况:

(1)总体方差已知。当总体服从正态分布且方差已知时,样本均值服从于均值为总体均值 μ、方差为 σ^2/n 的正态分布,其数学形式为 $\bar{x} \sim N\left(\mu, \dfrac{\sigma^2}{n}\right)$。样本均值的标准化值服从标准正态分布,即:

$$z_i = \frac{\bar{x}_i - \mu}{\sqrt{\sigma^2/n}} \sim N(0,1) \tag{3-7}$$

【例 3-17】 设从一个均值为 10、标准差为 0.6 的总体中随机选取容量为 $n=36$ 的样本。要求:

(1)计算样本均值小于 9.9 的近似概率。
(2)计算样本均值超过 9.9 的近似概率。
(3)计算样本均值在总体均值附近 0.1 范围内的近似概率。

解 根据中心极限定理,样本均值服从正态分布:

$$\bar{x} \sim N\left(\mu, \frac{\sigma^2}{n}\right) \quad \bar{x} \sim N\left(10, \frac{0.6^2}{36}\right) \quad \bar{x} \sim N(10, 0.1^2)$$

$$P(\bar{x} \leq 9.9) = \Phi\left(\frac{9.9-10}{0.1}\right) = \Phi(-1) = 0.1587$$

$$P(\bar{x} \geq 9.9) = 1 - P(\bar{x} \leq 9.9) = 1 - \Phi\left(\frac{9.9-10}{0.1}\right) = 1 - \Phi(-1) = 0.8413$$

$$P(9.9 \leq \bar{x} \leq 10.1) = \Phi\left(\frac{10.1-10}{0.1}\right) - \Phi\left(\frac{9.9-10}{0.1}\right) = 2\Phi(1) - 1 = 0.6826$$

【例 3-18】 某种灯泡的寿命 $X \sim N(\mu, 10^2)$,随机抽取 100 只灯泡,以 $\bar{x}$ 记样本均值,求 $\bar{x}$ 与 μ 偏差小于 1 的概率。

解 已知:$n=100, \sigma^2=100$

根据中心极限定理,样本均值服从正态分布:$\bar{x} \sim N\left(\mu, \dfrac{\sigma^2}{n}\right) \quad \bar{x} \sim N(\mu, 1^2)$

$$P(-1 \leq \bar{x} - \mu \leq 1) = P\left(\frac{-1}{\sqrt{\sigma^2/n}} \leq \frac{\bar{x} - \mu}{\sqrt{\sigma^2/n}} \leq \frac{1}{\sqrt{\sigma^2/n}}\right)$$
$$= P(-1 \leq z \leq 1) = 2\Phi(1) - 1 = 0.6826$$

(2)总体方差未知,大样本。当总体方差未知时,随着样本容量 n 的增大(通常要求 $n \geq$

30),不论原来的总体是否服从正态分布,样本均值的抽样分布都将趋于正态分布,如图 3-11所示。

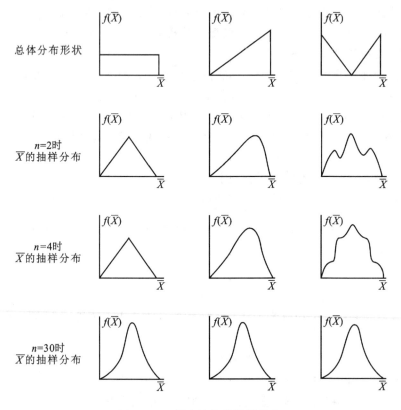

图 3-11 样本均值的抽样分布

其数学形式为:$\bar{x} \sim N(\mu, \frac{\sigma^2}{n})$,未知的总体方差可用已知样本的方差近似替代。因此,其具体分布为$\bar{x} \sim N(\mu, \frac{s^2}{n})$。样本均值的标准化值则服从标准正态分布,即:

$$z_i = \frac{\bar{x}_i - \mu}{\sqrt{s^2/n}} \sim N(0,1) \tag{3-8}$$

【例3-19】 某种灯泡的寿命$X \sim N(2000, \sigma^2)$,随机抽取100只灯泡,检测的样本标准差$s=100$,以$\bar{x}$记样本均值,求$\bar{x}$位于1980~2020的概率。

解 总体方差未知,大样本,依据中心极限定理:

$$\bar{x} \sim N(\mu, \frac{s^2}{n}) \quad \bar{x} \sim N(2000, \frac{100^2}{100}) \quad \bar{x} \sim N(2000, 10^2)$$

$$P(1980 \leqslant \bar{x} \leqslant 2020) = \Phi\left(\frac{2020-2000}{10}\right) - \Phi\left(\frac{1980-2000}{10}\right) = 2\Phi(2) - 1 = 0.9545$$

(3)总体方差未知,小样本。当总体方差未知且样本容量不大(通常$n<30$)时,样本均值的抽样分布趋于正态分布:$\bar{x} \sim N(\mu, \frac{\sigma^2}{n})$。未知的总体方差可用已知样本的方差近似替代,即$\bar{x} \sim N(\mu, \frac{s^2}{n})$。因为样本容量太小,样本均值的标准化值更趋近于自由度为$(n-1)$的

t 分布。即:

$$t_i = \frac{\bar{x}_i - \mu}{\sqrt{s^2/n}} \sim t(n-1) \tag{3-9}$$

t 分布是类似正态分布的一种对称分布,它通常要比正态分布平坦和分散。一个特定的 t 分布依赖于称之为自由度的参数。随着自由度的增大,分布逐渐趋于正态分布,如图 3-12 所示。

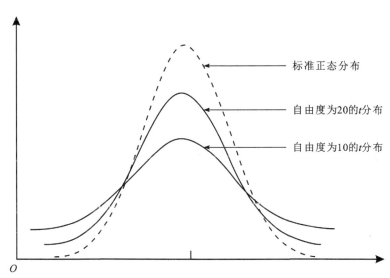

图 3-12 不同自由度的 t 分布图

t 分布的分布函数依赖于其自由度,自由度不同,依照其分布函数计算的概率值也不同。因此,在实际计算中,无法事先编制所有自由度对应的概率查对表,t 分布概率查对表(见附表 2)只提供了部分自由度的右侧分位数查对表,即 $P(t > t_i) = \alpha$,结合具体的自由度$(n-1)$和右侧概率 α 在表中查对其 t 值。

【例 3-20】 已知 $t \sim t(10)$,求 A,B 使得 $P(t \geqslant A) = 0.05, P(|t| \leqslant B) = 0.95$。

解 $P(t \geqslant A) = 0.05$ 自由度 $n-1 = 10$,查 t 分布表,可得 $A = 1.8125$

$P(|t| \leqslant B) = 1 - P(|t| \geqslant B) = 1 - 0.95 = 0.05 \quad P(t \geqslant B) = 0.025$

查 t 分布表,可得 $B = 2.2281$

【例 3-21】 某种水果的重量 $X \sim N(20, \sigma^2)$,随机抽取 16 个水果,检测的样本标准差 $s = 4$,以 $\bar{x}$ 记样本均值,求 $\bar{x}$ 位于 18—22 的概率。

解 样本均值服从自由度 $n-1 = 15$ 的 t 分布:$t \sim t(15)$

$$P(18 \leqslant \bar{x} \leqslant 22) = P\left(\frac{18-20}{\sqrt{s^2/n}} \leqslant \frac{\bar{x}-\mu}{\sqrt{s^2/n}} \leqslant \frac{22-20}{\sqrt{s^2/n}}\right)$$
$$= P(-2 \leqslant t \leqslant 2) = 1 - 2P(t \leqslant 2)$$

查 t 分布表,可得 $1 - 2P(t \leqslant 2) = 0.936$

答:$\bar{x}$ 位于 18~22 的概率为 0.936。

2. 两个样本均值之差的抽样分布

两个总体均值的比较问题可用两个总体均值之差表示:$\mu_1 - \mu_2$。一般需要通过来自这两个总体中的对应样本均值差 $\bar{x}_1 - \bar{x}_2$ 来推断。因此,两个样本均值差的抽样分布就很重要。

设 $\bar{x}_1$ 是独立地抽自总体 $\bar{x}_1 \sim N(\mu_1, \sigma_1^2)$ 的一个容量为 n_1 的样本的均值,$\bar{x}_2$ 是独立地抽自总体 $\bar{x}_2 \sim N(\mu_2, \sigma_2^2)$ 的一个容量为 n_2 的样本的均值,则有 $\bar{x}_1 - \bar{x}_2 \sim N\left(\mu_1 - \mu_2, \dfrac{\sigma_1^2}{n_1} + \dfrac{\sigma_2^2}{n_2}\right)$。

实际应用中,具体细分为以下几种情况:

(1) 独立样本,两个总体方差已知。独立样本是指如果两个样本是从两个总体中独立抽取的,即一个样本中的元素与另一个样本中的元素相互独立的样本。两个样本均值差服从正态分布:

$$\bar{x}_1 - \bar{x}_2 \sim N\left(\mu_1 - \mu_2, \dfrac{\sigma_1^2}{n_1} + \dfrac{\sigma_2^2}{n_2}\right)$$

样本均值差的标准化值服从标准正态分布:

$$\dfrac{(\bar{x}_1 - \bar{x}_2) - (\mu_1 - \mu_2)}{\sqrt{\sigma_1^2/n_1 + \sigma_2^2/n_2}} \sim N(0,1) \qquad (3-10)$$

【例 3-22】 从均值为 102、方差为 16 的总体 1 中随机抽取 25 个个体组成样本 A,从均值为 100、方差为 9 的总体 2 中随机抽取 36 个个体组成样本 B,求样本 A 与样本 B 均值差为 3 以上的概率?

解 依题意,独立样本且两个总体方差已知,两个样本均值差服从正态分布:
$\bar{x}_1 - \bar{x}_2 \sim N\left(\mu_1 - \mu_2, \dfrac{\sigma_1^2}{n_1} + \dfrac{\sigma_2^2}{n_2}\right)$,即 $\bar{x}_1 - \bar{x}_2 \sim N(2, 0.89)$

$$P(\bar{x}_1 - \bar{x}_2 \geqslant 3) = 1 - P(\bar{x}_1 - \bar{x}_2 \leqslant 3) = 1 - \Phi\left(\dfrac{3-2}{\sqrt{0.89}}\right) = 0.1446$$

(2) 独立样本,两个总体方差未知,大样本。两个总体方差未知,两个样本均为大样本时,需要使用两个样本方差代替两个总体方差。

两个样本均值差服从正态分布:

$$\bar{x}_1 - \bar{x}_2 \sim N\left(\mu_1 - \mu_2, \dfrac{s_1^2}{n_1} + \dfrac{s_2^2}{n_2}\right)$$

样本均值差的标准化值服从标准正态分布:

$$\dfrac{(\bar{x}_1 - \bar{x}_2) - (\mu_1 - \mu_2)}{\sqrt{s_1^2/n_1 + s_2^2/n_2}} \sim N(0,1) \qquad (3-11)$$

【例 3-23】 从均值为 102 的总体 1 中随机抽取样本容量为 49 的样本 A,测得样本方差为 16;从均值为 100 的总体 2 中随机抽取样本容量为 36 的样本 B,测得样本方差为 9。求样本 A 与样本 B 均值差为 3 以上的概率。

解 依题意,独立样本且两个总体方差未知,两个样本均值差服从正态分布:
$\bar{x}_1 - \bar{x}_2 \sim N\left(\mu_1 - \mu_2, \dfrac{s_1^2}{n_1} + \dfrac{s_2^2}{n_2}\right)$,即 $\bar{x}_1 - \bar{x}_2 \sim N(2, 0.5765)$

$$P(\bar{x}_1 - \bar{x}_2 \geqslant 3) = 1 - P(\bar{x}_1 - \bar{x}_2 \leqslant 3) = 1 - \Phi\left(\dfrac{3-2}{\sqrt{0.5765}}\right) = 0.0939$$

(3) 独立样本,两个总体方差未知,小样本。两个总体方差未知,两个样本均为小样本时,需要使用两个样本方差代替两个总体方差,两个样本均值差服从正态分布,样本均值差的标准化值更趋近于 t 分布。

两个总体方差未知但相等时：
$$t_i = \frac{(\bar{x}_1 - \bar{x}_2) - (\mu_1 - \mu_2)}{s_p\sqrt{\frac{1}{n_1} + \frac{1}{n_2}}} \sim t(n_1 + n_2 - 2)$$

其中：
$$s_p^2 = \frac{(n_1-1)s_1^2 + (n_2-1)s_2^2}{n_1 + n_2 - 2} \tag{3-12}$$

两个总体方差未知且不相等时：
$$t_i = \frac{(\bar{x}_1 - \bar{x}_2) - (\mu_1 - \mu_2)}{\sqrt{s_1^2/n_1 + s_2^2/n_2}} \sim t(v)$$

其中：
$$\text{自由度 } v = \frac{(s_1^2/n_1 + s_2^2/n_2)^2}{\frac{(s_1^2/n_1)^2}{n_1-1} + \frac{(s_2^2/n_2)^2}{n_2-1}} \tag{3-13}$$

【例 3-24】 从均值为 102 的总体 1 中随机抽取样本容量为 25 的样本 A，测得样本方差为 16；从均值为 100 的总体 2 中随机抽取样本容量为 16 的样本 B，测得样本方差为 9。求样本 A 与样本 B 均值差为 3 以上的概率。

解 依题意，独立样本且两个总体方差未知，两个样本均值差服从正态分布：
$$\bar{x}_1 - \bar{x}_2 \sim N\left(\mu_1 - \mu_2, \frac{s_1^2}{n_1} + \frac{s_2^2}{n_2}\right)，即：\bar{x}_1 - \bar{x}_2 \sim N(2, 1.2025)$$

(1) 两个总体方差未知但相等时：

合并方差：$s_p^2 = \frac{(n_1-1)s_1^2 + (n_2-1)s_2^2}{n_1 + n_2 - 2} = 13.3$

$$t_i = \frac{(\bar{x}_1 - \bar{x}_2) - (\mu_1 - \mu_2)}{s_p\sqrt{\frac{1}{n_1} + \frac{1}{n_2}}} \sim t(n_1 + n_2 - 2)$$

$$P(\bar{x}_1 - \bar{x}_2 \geq 3) = P\left(\frac{(\bar{x}_1 - \bar{x}_2) - (\mu_1 - \mu_2)}{s_p\sqrt{1/n_1 + 1/n_2}} \geq \frac{3-2}{\sqrt{13.3 \times (0.1025)}}\right)$$
$$= P(t \geq 0.8564)$$

由自由度为 39，查 t 分布表得：$P(t \geq 0.8564) = 0.1985$

(2) 两个总体方差未知且不相等时：

自由度：$v = \frac{(s_1^2/n_1 + s_2^2/n_2)^2}{\frac{(s_1^2/n_1)^2}{n_1-1} + \frac{(s_2^2/n_2)^2}{n_2-1}} = 37.89$ $t_i = \frac{(\bar{x}_1 - \bar{x}_2) - (\mu_1 - \mu_2)}{\sqrt{s_1^2/n_1 + s_2^2/n_2}} \sim t(v)$

$$P(\bar{x}_1 - \bar{x}_2 \geq 3) = P\left(\frac{(\bar{x}_1 - \bar{x}_2) - (\mu_1 - \mu_2)}{\sqrt{s_1^2/n_1 + s_2^2/n_2}} \geq \frac{3-2}{\sqrt{1.2025}}\right) = P(t \geq 0.9119)$$

由自由度为 37.89，查 t 分布表得：$P(t \geq 0.9119) = 0.1838$

(4) 匹配样本。使用独立样本来估计两个总体均值差存在着潜在的弊端。比如，在比较两种方法组装时间差异时，可能会将指派技术比较差的 12 个工人使用第一种方法，指派技术较好的 12 个工人使用第二种方法，这种不公平的指派会人为造成两种方法组装时间确实存在差异的假象。为解决这一问题，可以使用匹配样本，即一个样本中的数据与另一个样本中的数据相对应。比如,先指定 12 个工人使用第一种方法组装产品,然后再让这 12 个工人使用第二种方法组装产品,这样得到的两种方法组装产品数据就是匹配数据。匹配样本可以消除由于样本指定不公平造成的样本统计量差异。

可根据匹配样本均值差 $d_i = \bar{x}_{1i} - \bar{x}_{2i}$ 的样本数据,计算其均值和方差,公式如下:

均值:$\bar{d} = \dfrac{\sum\limits_{i=1}^{n} d_i}{n}$ 方差:$s_d^2 = \dfrac{\sum\limits_{i=1}^{n}(d_i - \bar{d})^2}{n-1}$

在大样本条件下,匹配样本均值差 $d_i = \bar{x}_{1i} - \bar{x}_{2i}$ 服从正态分布。

标准化后服从标准正态分布:$\dfrac{d}{\sqrt{s_d^2/n}} \sim N(0,1)$ (3-14)

在小样本条件下,匹配样本均值差 $d_i = \bar{x}_{1i} - \bar{x}_{2i}$ 服从正态分布。

标准化后服从 t 分布:$\dfrac{d}{\sqrt{s_d^2/n}} \sim t(n-1)$ (3-15)

【例 3-25】 由 10 名学生组成一个随机样本,让他们分别采用 A 和 B 两套试卷进行测试,结果如表 3-6 所示。

表 3-6 匹配样本数据

学生编号	试卷 A 得分	试卷 B 得分	差值 d
1	78	71	7
2	63	44	19
3	72	61	11
4	89	84	5
5	91	74	17
6	49	51	−2
7	68	55	13
8	76	60	16
9	85	77	8
10	55	39	16

试求:A、B 两套试卷得分均值差在 10 分以内的概率。

解 根据上表数据计算得

$$\bar{d} = \dfrac{\sum\limits_{i=1}^{n} d_i}{n} = 110/10 = 11 \quad s_d^2 = \dfrac{\sum\limits_{i=1}^{n}(d_i - \bar{d})^2}{n-1} = 42.64$$

$$P(-10 \leqslant d \leqslant 10) = P\left(\dfrac{-10}{\sqrt{s_d^2/n}} \leqslant \dfrac{d}{\sqrt{s_d^2/n}} \leqslant \dfrac{10}{\sqrt{s_d^2/n}}\right) = P(-4.65 \leqslant t \leqslant 4.65)$$

由 $df = 10 - 1 = 9$,查 t 分布表得:$P(-4.65 \leqslant t \leqslant 4.65) = 0.999$

三、样本比例的抽样分布

总体比例是指总体中某变量取某一相同数值(或区间)的单位数占全部总体单位数的比

重。一般,设 N 为总体单位数,N_1 为总体中某变量取某一相同数值(或区间)的总体单位数,占全部总体单位数的比重即为总体比例,用 π 表示。也就是离散变量分布中伯努利分布成功的概率,其描述统计量如下:

总体比例的均值:$\pi = \dfrac{N_1}{N}$ 总体比例的方差:$\sigma^2 = \pi(1-\pi)$

样本比例是样本中某变量取某一相同数值(或区间)的单位数占全部样本单位数的比重。一般,设 n 为总体单位数,n_1 为样本中某变量取某一相同数值(或区间)的总体单位数,占全部样本单位数的比重即为样本比例,用 p 表示。也就是离散变量分布中伯努利分布成功的概率,其描述统计量如下:

样本比例的均值:$p = n_1/n$ 样本比例的方差:$s^2 = p(1-p)$

1. 单样本比例的抽样分布

样本比例的分布属于二项分布问题,当样本容量 n 足够大时,即当 $n \times p$ 与 $n \times (1-p)$ 都不小于 5 时,样本比例的抽样分布近似为正态分布。样本比例 p 的分布可用正态分布去逼近。此时,样本比例 p 服从均值为 π、方差为 $\pi(1-\pi)$ 的正态分布,即:$p \sim N\left(\pi, \dfrac{\pi(1-\pi)}{n}\right)$

标准化后服从标准正态分布:$\dfrac{p_i - \pi}{\sqrt{\pi(1-\pi)/n}} \sim N(0,1)$ (3-16)

【例 3-26】 假定某统计人员在其填写的报表中有 10% 至少会有一处错误,如果我们检查一个由 900 份报表组成的随机样本,其中至少有一处错误的报表所占比例在 8%～12% 的概率有多大?

解 依题意:$\pi = 0.1$ $n = 900$ 样本比例的抽样分布近似为正态分布:

$$p \sim N\left(\pi, \dfrac{\pi(1-\pi)}{n}\right) \quad p \sim N(0.1, 0.0001)$$

$$P(0.08 \leqslant p \leqslant 0.12) = \Phi\left(\dfrac{0.12 - 0.1}{\sqrt{0.0001}}\right) - \Phi\left(\dfrac{0.08 - 0.1}{\sqrt{0.0001}}\right) = 0.9545$$

2. 两个样本比例差的抽样分布

设分别从具有参数为 π_1 和参数为 π_2 的二项总体中抽取包含 n_1 个观测值 n_2 个观测值的独立样本,当 n_1 和 n_2 很大时,两个样本比例差的抽样分布为正态分布:$p_1 - p_2 \sim N\left(\pi_1 - \pi_2, \dfrac{\pi_1(1-\pi_1)}{n_1} + \dfrac{\pi_2(1-\pi_2)}{n_2}\right)$

标准化后服从标准正态分布:$\dfrac{p_1 - p_2 - \pi_1 - \pi_2}{\sqrt{\dfrac{\pi_1(1-\pi_1)}{n_1} + \dfrac{\pi_2(1-\pi_2)}{n_2}}} \sim N(0,1)$ (3-17)

【例 3-27】 一项抽样调查表明甲城市的消费者中有 15% 的人喝过商标为"圣洁"牌的矿泉水,而乙城市的消费者中只有 8% 的人喝过该种矿泉水。那么当我们分别从甲城市抽取 120 人,乙城市抽取 140 人组成两个独立随机样本时,样本比例差不低于 0.08 的概率有多大?

解 依题意:$\pi_1 = 0.15$ $\pi_2 = 0.08$ $n_1 = 120$ $n_2 = 140$,样本比例差的抽样分布近似为正态分布:

$$p_1 - p_2 \sim N\left(\pi_1 - \pi_2, \frac{\pi_1(1-\pi_1)}{n_1} + \frac{\pi_2(1-\pi_2)}{n_2}\right)$$

即：$p_1 - p_2 \sim N(0.07, 0.00159)$

$$P(p_1 - p_2 \geqslant 0.08) = 1 - \Phi\left(\frac{0.08 - 0.07}{\sqrt{0.00159}}\right) = 0.4009$$

四、样本方差的抽样分布

1. 单样本方差的抽样分布

样本方差的分布比较复杂，它与总体的分布有关。这里只介绍当总体为正态分布时样本方差的分布。设 $x_1, \cdots, x_n$ 为来自正态分布 $N(\mu, \sigma^2)$ 总体的样本，则样本方差 s 的抽样分布为自由度 $df = n-1$ 的卡方分布：

$$\frac{(n-1)s^2}{\sigma^2} \sim \chi^2(n-1) \tag{3-18}$$

从卡方分布其密度函数曲线图(见图 3-13)可以看出：卡方分布是非负性的，随自由度变化的多族分布，自由度越大其分布越趋于对称。其概率计算可根据不同自由度和右侧小概率查找对应的卡方值(见附表 3)。

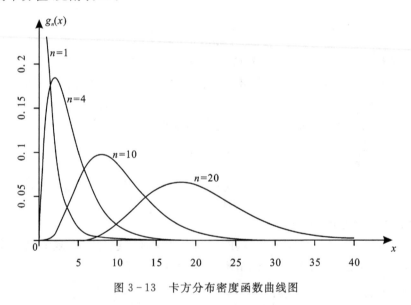

图 3-13 卡方分布密度函数曲线图

【例 3-28】 设从一个均值为 10、方差为 9 的总体中随机选取容量为 $n=16$ 的样本。要求计算样本方差小于 6 的近似概率。

解 依题意，总体方差已知，样本方差的抽样分布为卡方分布：

$$\chi^2 = \frac{(n-1)s^2}{\sigma^2} \sim \chi^2(n-1)$$

$$P(s^2 \leqslant 6) = 1 - P(s^2 \geqslant 6) = 1 - P\left(\frac{(n-1)s^2}{\sigma^2} \geqslant \frac{(n-1)6}{\sigma^2}\right) = 1 - P(\chi^2 \geqslant 10)$$

由 $df = 16 - 1 = 15$，查卡方分布表得：$1 - P(\chi^2 \geqslant 10) = 0.8197$

2. 两个样本方差比的分布

两个样本方差比的分布比较复杂,它与两个总体的分布有关。这里只介绍当两个总体分布为正态分布时,两个样本方差比的分布。

设 $x_1,\cdots,x_n$ 为来自正态分布 $N(\mu_1,\sigma_1^2)$ 总体 1 的样本,$y_1,\cdots,y_n$ 为来自正态分布 $N(\mu_2,\sigma_2^2)$ 总体 2 的样本,则两个对应样本方差比值 s_1^2/s_2^2 的抽样分布为自由度 $df=(n_1-1,n_2-1)$ 的 F 分布:

$$\frac{s_1^2/\sigma_1^2}{s_2^2/\sigma_2^2} \sim F(n_1-1,n_2-1) \tag{3-19}$$

从 F 分布的密度函数曲线图(见图 3-14)可以看出:分布是非负性的,随两个自由度变化的多族分布,两个自由度越大其分布越趋于对称。其概率计算可根据两个不同自由度和右侧小概率查找对应的 F 值(见附表 4)。

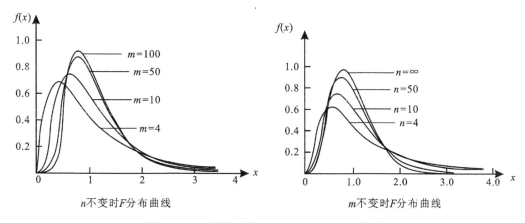

图 3-14 不同自由度的 F 分布密度函数曲线

【例 3-29】 假设男女学生生活费支出服从于正态分布,且方差不存在差异,在某大学各随机抽取 25 名男学生和 25 名女学生。试求:男女学生生活费支出的方差比大于 2 的概率。

解 依题意:两个样本方差比的抽样分布为 F 分布:

$$F = \frac{s_1^2/\sigma_1^2}{s_2^2/\sigma_2^2} \sim F(n_1-1,n_2-1)$$

$$P\left(\frac{s_1^2}{s_2^2} \geqslant 2\right) = P\left(\frac{s_1^2/\sigma_1^2}{s_2^2/\sigma_2^2} \geqslant 2\right) = P(F \geqslant 2)$$

由 $df_1 = 25-1 = 24, df_2 = 25-1 = 24$,查卡方分布表得:$P(F \geqslant 2) = 0.048$

第四节 R 软件在概率分布计算中的应用

一、R 概率分布函数

在 R 内置的系统函数中,提供了离散变量的二项分布、泊松分布、几何分布和连续变量的均匀分布、指数分布、正态分布等概率计算函数。此外,R 还提供了一大堆理论统计量(如:t 分布、卡方分布、F 分布等)的概率计算函数,如表 3-7 所示。

表 3-7　R 中的主要分布命名、功能和参数

分布名称	R 中的名称	参数
二项分布	binom	size, prob
泊松分布	pois	lambda
几何分布	geom	shape, scale
超几何分布	hyper	m, n, k
均匀分布	unif	min, max
指数分布	exp	k, rate
正态分布	norm	mean, sd
F 分布	f	df1, df2, ncp
T 分布	t	df, ncp
卡方分布	chisq	df, ncp
伽马分布	gamma	shape, scale
柯西分布	cauchy	location, scale
Logistic 分布	logis	Location, scale
贝塔分布	beta	shape1, shape2, ncp

R 提供了上述分布四种类别的概率计算函数。具体如下：

(1) 密度计算函数。即 $f(x)$ 值的计算。具体函数名为各自分布名称前面加"d"，如：正态分布的概率密度函数为 dnorm()，t 分布的概率密度函数为 dt()，等等。函数详细参数见表 3-7。

(2) 分布概率计算函数。即 $F(x)$ 值或 $f(x \leqslant a)$ 值。具体函数名为各自分布名称前面加"p"，如：正态分布的概率密度函数为 pnorm()，t 分布的概率密度函数为 pt()，等等。函数详细参数见上表。比手工计算查对表强大的是，应用 R 提供的参数可分别计算左侧和右侧概率，无需换算后再计算转换。因此，教材附录中的查对表在实际工作中毫无价值，仅供理论学习理解用。

(3) 临界值计算函数。临界值计算函数是分布概率计算函数的逆函数，也就是已知概率求临界值。具体函数名为各自分布名称前面加"q"，如：正态分布的概率密度函数为 qnorm()，t 分布的概率密度函数为 qt()，等等。函数详细参数见上表。

(4) 模拟分布随机数函数。实际应用中通常需要各种分布的模拟数值，也可以使用 R 函数来完成。具体函数名为各自分布名称前面加"r"，如：正态分布的随机数为 rnorm()，t 分布的随机数函数为 rt()，等等。这些模拟随机数函数为模拟仿真提供了非常实用的工具。由于算法关系，这些 rnorm(n) 函数产生的随机数样本并不服从标准正态分布，因此建议使用本教材自定义函数 myrnorm() 代替 rnorm() 函数。

二、R 概率分布图形函数

R 软件提供了用于绘制密度函数和分布函数的图形函数。对于离散型变量通常使用 barplot() 函数，对于连续性变量通常使用 curve() 函数。

barplot()函数使用形式为:barplot(密度计算函数,ylim = c(0,0.3), xlim = c(0, 1000)),第一个参数用于指定具体离散变量的分布函数(包括具体参数),第二和第三个参数用于指定横坐标和纵坐标的绘图区间。

【例 3-5】 二项分布的绘图代码:

> barplot(dbinom(0:10,10,0.3),ylim = c(0,0.3),xlim = c(0,10))

♯二项分布概率分布图,如图 3-15 所示。

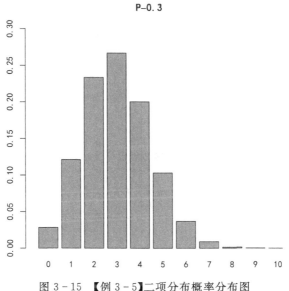

图 3-15 【例 3-5】二项分布概率分布图

在 R 中绘制连续变量概率分布(密度函数和分布函数)的系统函数为 curve()函数,基本使用方式为:curve(函数名(x,参数),from = ,to =)。from 和 to 指定绘图区域中的横坐标范围。

函数名可包括各种数学函数及本节介绍的概率分布函数,对于概率分布函数及密度函数的图形使用下列具体函数:

curve(dnorm(x,参数),from = ,to =)　　　　♯正态分布
curve(dt(x,参数),from = ,to =)　　　　　　♯t 分布
curve(dchisq(x,参数),from = ,to =)　　　　♯卡方分布
curve(df(x,参数),from = ,to =)　　　　　　♯F 分布

> curve(dnorm(x),-2,2)　　♯-2～2 的标准正态分布曲线,如图 3-16 所示

此外,为了清楚描述随机变量位于某个区间的概率图形,本教材编制的系列自定义函数如下:

正态分布概率分布图:z.plot()函数
t 分布概率分布图:t.plot()函数
卡方分布概率分布图:c.plot()函数
F 分布概率分布图:f.plot()函数

例 标准正态分布阴影区域概率为 0.9 的图形代码:

> z.plot(p = 0.9,di = " = ")　　♯标准正态分布概率为 0.9 的图形,如图 3-17 所示

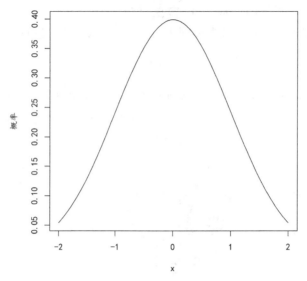

图 3-16 连续变量概率分布曲线

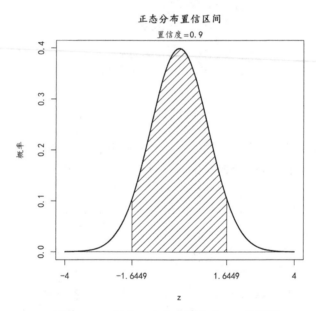

图 3-17 标准正态分布概率为 0.9 的图形

在使用中可根据需要灵活设置相应参数,得到具体图形。这些图形可广泛应用于后续各章的抽样推断应用中,如:参数估计、假设检验和方差分析。

三、概率计算的 R 应用代码

1. 二项分布概率计算的 R 应用代码

R 系统函数:dbinom(x, size, prob),pbinom(x, size, prob)。

【例 3-5】 R 应用代码:

> choose(10,2) * 0.3^2 * (1 - 0.3)^8   #数学公式代码

[1] 0.2334744
> dbinom(2,10,0.3)　　　　＃R系统函数
[1] 0.2334744

【例3-6】 R应用代码：
> pbinom(2,100,0.08)＃R系统函数
[1] 0.0112728

【例3-7】 R应用代码：
> 1-pbinom(2,100,0.08)　　＃R系统函数
[1] 0.9887272

2. 泊松分布概率计算的R应用代码

R系统函数：dpois(x, lambda)和ppois(x, lambda)

【例3-8】 R应用代码：
>dpois(0,3)　　＃R系统函数,运行结果为：0.04978707
>dpois(2,3)　　＃R系统函数,运行结果为：0.2240418
>dpois(5,3)　　＃R系统函数,运行结果为：0.1008188

【例3-9】 R应用代码：
>dpois(8,5)　　＃R系统函数,运行结果为：0.06527804

【例3-10】 R应用代码：
> 1-pbinom(1,1000,0.0001)　　＃R系统函数,运行结果为：0.004674768
> 1-ppois(1,1000*0.0001)　　＃R系统函数,运行结果为：0.00467884

通过比较发现,λ＝1000*0.0001＝0.1时,两种方法的计算结果相差不大。
> barplot(dpois(0:1000,0.1),ylim=c(0,1),xlim=c(0,1000))　　＃泊松分布概率

分布图（略）

3. 均匀分布概率计算的R应用代码

R系统函数：punif(q, min=0, max=1)

【例3-11】 R应用代码：
> punif(1050,900,1100)　　＃R系统函数,运行结果为：0.75
> punif(950,900,1100)　　＃R系统函数,运行结果为：0.25
> punif(1050,900,1100)-punif(950,900,1100)　　＃R系统函数,运行结果为：0.5

4. 正态分布概率计算的R应用代码

R系统函数：pnorm(q, mean=0, sd=1)和qnorm(p, mean=0, sd=1)

【例3-12】 R应用代码：
> pnorm(1.89)　　　　　　＃R系统函数,运行结果为：0.970621
> 1-pnorm(-2.13)　　　　＃R系统函数,运行结果为：0.9834142
> pnorm(2.35)-pnorm(-0.97)　　＃R系统函数,运行结果为：0.82459

【例3-13】 R应用代码：
> pnorm(520,500,200)-pnorm(500,500,200)　　＃R系统函数,运行结果为：
　　　　　　　　　　　　　　　　　　　　　　　　0.03982784
> qnorm(0.975,500,200)-500　　　　＃R系统函数,运行结果为：391.9928

【例 3-14】 R 应用代码：
> sum(dbinom(70:86,100,0.8))   # 按二项分布计算的概率结果：0.9470284
> pnorm(1.5) - pnorm(-2.5)   # 按正态分布计算的近似概率结果：0.9269831
> sum(dbinom(80:100,100,0.8))   # 按二项分布计算的概率结果：0.5594616
> pnorm(0)   # R 系统函数，运行结果为：0.5

【例 3-17】 R 应用代码：
> pnorm(9.9,10,0.6/sqrt(36))   # R 系统函数，运行结果为：0.1586553
> 1 - pnorm(9.9,10,0.6/sqrt(36))   # R 系统函数，运行结果为：0.8413447
> pnorm(10.1,10,0.6/sqrt(36)) - pnorm(9.9,10,0.6/sqrt(36))   # R 系统函数，运行结果为：0.6826895

【例 3-19】 R 应用代码：
> pnorm(2020,2000,10) - pnorm(1980,2000,10)   # R 系统函数，运行结果为：0.9544997

【例 3-22】 R 应用代码：
> 1 - pnorm(3,2,sqrt(16/25 + 9/36))   # R 系统函数，运行结果为：0.1445728

【例 3-23】 R 应用代码：
> 1 - pnorm(3,2,sqrt(16/49 + 9/36))   # R 系统函数，运行结果为：0.09391191

【例 3-26】 R 应用代码：
> pnorm(0.12,0.1,0.01) - pnorm(0.08,0.1,0.01)   # R 系统函数，运行结果为：0.9544997

5. 指数分布概率计算的 R 应用代码

R 系统函数：pexp(q, rate = 1)。

【例 3-15】 R 应用代码：
> 1 - pexp(1000,1/2000)   # R 系统函数，运行结果为：0.6065307

6. t 分布概率计算的 R 应用代码

R 系统函数：pt(q, df, ncp, lower = TRUE)和 qt(p, df, ncp, lower = TRUE)。

【例 3-20】 R 应用代码：
> qt(0.05,10,lower = F)   # qt(p, df, ncp, lower = TRUE)   #按左尾概率计算临界值，此例为右尾概率
[1] 1.812461
> qt(0.95,10)   #按对应的左尾概率计算临界值，结果同上
[1] 1.812461
> qt(0.025,10,lower = F)   # R 系统函数，运行结果为：2.228139

【例 3-21】 R 应用代码：
> pt(2,15) - pt(-2,15)   #默认为左尾概率，pt(q, df, ncp, lower = TRUE)
[1] 0.936055

【例 3-24】 R 应用代码：
> pt(0.8564,39,lower = F)   #假设两个总体方差相等
[1] 0.1985041

> pt(0.9119,37.89,lower = F)   #假设两个总体方差不等
[1] 0.1837935

7. 卡方分布概率计算的 R 应用代码

R 系统函数：pchisq(q, df, ncp = 0, lower.tail = TRUE)和qchisq(p, df, lower.tail = TRUE)

【例 3 - 28】 R 应用代码：
> pchisq(10,15,lower = F)   #右尾概率，pchisq(q, df, ncp = 0, lower.tail = TRUE, log.p = FALSE)
[1] 0.8197399

8. F 分布概率计算的 R 应用代码

R 系统函数：pf(q, df1, df2, ncp, lower.tail = TRUE)和qf(p, df1, df2, ncp, lower.tail = TRUE)

【例 3 - 29】 R 应用代码：
> pf(2,24,24,lower = F)   #右尾概率，pf(q, df1, df2, ncp, lower.tail = TRUE)
[1] 0.04804995

习　题

一、单项选择题

1. 抽样分布是指（　　）。
   A. 一个样本各观测值的分布　　　　B. 总体中各观测值的分布
   C. 样本统计量的分布　　　　　　　D. 样本数量的分布

2. 当样本容量充分大时，样本均值的抽样分布服从正态分布，其分布的均值为（　　）。
   A. μ　　　　　　　　　　　　　B. $\bar{X}$
   C. σ^2　　　　　　　　　　　D. σ^2/n

3. 从服从正态分布的无限总体中抽取容量为 n 的样本，随着样本容量的增大，样本均值的标准差（　　）。
   A. 保持不变　　　　　　　　　　　B. 增加
   C. 减小　　　　　　　　　　　　　D. 无法确定

4. 样本方差的抽样分布服从（　　）。
   A. 正态分布　　　　　　　　　　　B. 卡方分布
   C. t 分布　　　　　　　　　　　　D. 未知

5. 某地人群中高血压的患病率为 π，由该地区随机抽查 n 人，则（　　）。
   A. 样本患病率二项分布
   B. 患高血压的人数服从二项分布
   C. 患病人数与样本患病率均不服从二项分布
   D. 患病人数与样本患病率均不服从二项分布

6. 以下分布中，其均数和方差总相等的是（　　）。

A. 正态分布 　　　　　　　　　　　　B. 对称分布
C. 泊松分布 　　　　　　　　　　　　D. 二项分布

7. 某高校学生近视眼的患病率为 50%，随机挑选 3 名学生，其中 2 人患近视眼的概率为（　　）。
　　A. 0.125 　　　　　　　　　　　　B. 0.375
　　C. 0.25 　　　　　　　　　　　　　D. 0.5

8. 假设总体服从均匀分布，从此总体中抽取容量为 36 的样本，则样本均值的抽样分布（　　）。
　　A. 服从非正态分布 　　　　　　　　B. 近似正态分布
　　C. 服从均匀分布 　　　　　　　　　D. 服从卡方分布

9. 对于非正态总体，在大样本条件下，估计总体均值使用的分布是（　　）。
　　A. 正态分布 　　　　　　　　　　　B. t 分布
　　C. 卡方分布 　　　　　　　　　　　D. F 分布

10. 估计两个总体方差比的置信区间比时，使用的分布是（　　）。
　　A. 正态分布 　　　　　　　　　　　B. t 分布
　　C. 卡方分布 　　　　　　　　　　　D. F 分布

二、简答题

1. 从均值为 200 标准差为 50 的总体中，抽取 $n=100$ 的简单随机样本。试问：
　(1) 样本均值的数学期望是多少？
　(2) 样本均值的标准差是多少？
　(3) 样本均值的抽样分布是什么？
　(4) 样本方差的抽样分布是什么？

2. 假定总体共有 1000 个单位，均值为 32，标准差为 5。从中抽取一个样本量为 25 的简单随机样本用于获得总体信息。
　(1) 样本均值的数学期望是多少？
　(2) 样本均值的标准差是多少？

3. 设总体均值为 17，标准差为 10。从该总体中抽取一个样本量为 25 的随机样本，其均值为 $\bar{x}_{25}$；同样，抽取一个样本量为 100 的随机样本，样本均值为 $\bar{x}_{100}$。
　(1) 描述 $\bar{x}_{25}$ 的抽样分布。(2) 描述 $\bar{x}_{100}$ 的抽样分布。

4. 从 $\pi=0.4$ 的总体中，抽取一个样本量为 100 的简单随机样本。试问：
　(1) 样本比例 p 的数学期望是多少？
　(2) 样本比例 p 的标准差是多少？
　(3) 样本比例 p 的分布是什么？

三、计算题

1. 已知 100 件产品中有 5 件次品，现从中任取 1 件，有放回地取 3 次，求在所取的 3 件中恰有 2 件次品的概率。

2. 假定某企业职工在周一请事假的人数 X 近似服从泊松分布，且设周一请事假的平均数为 2.5 人。要求计算：

(1) X 的均值与标准差。

(2) 在给定的某周一正好请事假是 5 人的概率。

3. 一张考卷上有 5 道单选题目，同时每道题列出 4 个备选答案。问某学生凭猜测能答对至少 4 道题的概率是多少？

4. 一本书排版后一校时出现错误数 X 服从正态分布 $N(200,400)$，试求：

(1) 出现错误数不超过 230 的概率。

(2) 出现错误数在 190~210 的概率。

5. 假定顾客在超市一次性购物的平均消费是 85 元，标准差是 9 元。从中随机抽取 36 个顾客，顾客消费平均金额大于 87 元的概率是多少？

6. 2006 年某高校大学生每月的平均支出是 448 元，标准差是 21 元。随机抽取 49 名学生，样本均值在 441~446 的概率是多少？

第四章　参数估计

【导入案例】

　　妈妈回到家,看到下面情形:小明的暑假作业一个字都没写,伸手一摸,电脑主机箱热气腾腾,转头一看,墙角的小明正瑟瑟发抖。那么根据以上描述,你如果是小明的妈妈,你会不会一边撸袖子,一边去厨房找笤帚呢? 没错,我们总是喜欢将看到的事实当作推理的基本条件,根据以往的经验,去寻找一个最有可能的解释。参数估计其实是我们日常生活中常用的一种思考模式。通俗地说,就是我们会根据看到的事情去推测没看到的事情。

　　如果能够掌握全部数据,那么只需作一些简单的统计描述,就可以得到所关心的总体特征,比如:总体均值、方差、比例等。但如果现实情况比较复杂,不可能或没有必要对总体中的每个单位都进行测定,这就需要从总体中抽取一部分个体进行调查,进而利用样本提供的信息来推断总体的特征。

　　统计推断主要包括参数估计和假设检验,实质就是通过样本的均值、标准差、方差等去估计总体的均值、标准差、方差,或者判断总体的分布形式和分布参数。本章主要介绍推断统计的第一大问题——参数估计,下章介绍推断统计的第二大问题——假设检验。

【内容要点】

(1)理解不同类型参数估计的数理依据和公式推导。

(2)正确处理参数估计两种方法点估计和区间估计的应用场合和注意问题。

(3)掌握使用 R 软件进行参数估计的方法,能看懂统计软件的输出结果并理解其含义,根据统计软件输出结果合理解释问题和结论。

第一节　参数估计概述

一、参数估计的概念

　　人们常常需要根据手中的数据去分析或推断现象的本质和规律,即根据样本数据对总体分布特征作出合理的推断。统计推断是统计研究的核心问题,是统计学的一个重要分支。参数估计是统计推断的一种,是根据从总体中抽取的随机样本来估计总体分布中未知参数的过程。

　　参数有两种理解。狭义的参数是指描述某一随机变量理论分布概率函数中的一个或若干个数值特征,例如正态分布有两个参数 μ 和 σ^2,μ 表示正态分布随机变量所有可能值的中心位置,σ^2 表示该随机变量取值的离散程度。广义的参数是指描述总体特征的一个或若干个数值特征,例如总体的均值、总体的比例和总体的方差等,两个或两个以上总体间的相关系数和回归系数等。本章主要研究狭义的参数估计问题。参数估计需要重点解决好以下三个问题:一是估计量的选择,二是根据估计量估计总体未知参数的方法,三是估计的置信程度。除此之外,还要能合理解释估计结论及应用。

二、估计量的选择

估计量是指用来估计总体未知参数的统计量,估计量是随机样本的函数,它是一个随机变量,并且不包含任何未知参数。常用的估计量有:①估计总体均值的样本均值;②估计总体方差的样本方差;③估计总体比例的样本比例等。

对于同一个总体特征,可以有多个不同的估计量。例如,要估计一种新型高效节能灯泡的平均使用寿命,可以随机抽取 5 个灯泡作为样本,进行测试后得到下列数据(单位:小时): 4900,4950,5100,5260,5340。这一样本的样本均值为 5110 小时,样本中位数 5100 小时。对于总体均值而言,这里可作为估计量的信息有:样本均值 5110 小时和样本中位数 5100 小时,究竟应该选择哪一个作为灯泡总体平均使用寿命的估计量呢? 这就需要评价优良估计量的标准。一个好的估计量应具备三个标准:

(1)无偏性。无偏性指估计量是一随机变量,对于样本的每一次抽样,由样本计算出的估计值有时可能偏高,有时可能偏低,但这些估计值平均起来等于总体参数的真值。在平均意义下,无偏性表示没有系统误差。无偏性是指估计量的数学期望等于总体参数的真值。中心极限定理已经证明了在重复抽样条件下,样本均值是总体均值的无偏估计量,样本方差是总体方差的无偏估计量,样本比例是总体比例的无偏估计量。注意,样本标准差不是总体标准差的无偏估计量。

(2)有效性。有效性是指估计量与总体参数的离散程度,如果两个估计量都是无偏的,那么离散程度较小的估计量相对而言是较为有效的。离散程度是用方差度量的,因此在无偏估计量中,方差愈小愈有效。例如,对于正态总体,从中抽取一个容量为 n 的简单随机样本,可以证明样本均值和样本中位数都是总体均值 μ 的无偏估计量。但因为 $D(\overline{X}) = \dfrac{\sigma^2}{n}$, $D(M_e) = \dfrac{1.57\sigma^2}{n}$,所以作为总体均值的无偏估计量,样本均值 $\overline{X}$ 比样本中位数 M_e 更加有效,样本均值 $\overline{X}$ 是总体均值参数估计的有效统计量。

(3)一致性。一致性是指随着样本容量的增大,估计量愈来愈接近总体参数的真值。当样本容量趋于∞时,样本估计量依概率收敛于总体参数,则称估计量为参数的一致估计量。如果一个估计量是一致估计量,那么可以通过增加样本容量来提高估计的精度和可靠性。

第三章抽样推断的数理基础已经证明,样本均值是总体均值的优良估计量,样本比例是总体比例的优良估计量,样本方差是总体方差的优良估计量。

三、参数估计的两种方法

参数估计有点估计和区间估计两种方法。

(一)点估计

点估计是以抽样得到的样本统计量实际值直接作为总体未知参数估计值的一种推断方

法。例如,要估计某城镇居民的平均可支配收入,可以抽取100户城镇居民组成一个样本,样本的平均可支配收入为1000元,那么该城镇居民的平均可支配收入就可以认为是1000元。又如,要估计一批产品的次品率,假设抽取100件产品,经检验有5件次品,样本的次品率为5%,那么就可以认为总体的次品率是5%。

点估计的优点是简便易行和结果直观简洁,因此在实际工作中被普遍应用。例如:"麦肯锡近日发布的一项调查显示,2008年中国富裕家庭(年收入超过25万元人民币)数量已达160万户,这一数字还在以每年16%的速度增长,预计到2015年将达到400多万户。届时,中国将成为仅次于美国、日本和英国的全球富裕家庭数量第四多的国家"。上述新闻报道就是使用容易被大家接受的点估计方法。

点估计的缺点是可靠性差,无法给出估计值接近总体参数程度的信息。由于样本是随机的,一个具体样本估计值等同于总体真值的可能性很小,特别是在连续分布时,该概率几乎为0。由于随机性,点估计值与总体参数的真值存在误差,如果误差比较小,那么这个点估计值就是一个好估计值,如果误差比较大,那么这个点估计值就没有任何实际意义。由于总体参数的真值是未知的,我们无法得知误差的大小,这就是点估计的不足之处。

(二)区间估计

由于点估计可靠性较低,因此在实际工作中更多使用的是区间估计。通俗的解释是,你女朋友买了件衣服,让你猜价格,你猜中准确价格很难,但是你猜一个范围还是准确度比较高的。在实际工作,区间估计的思想一直被广泛使用。例如:厂商做广告,喷洒消毒剂,洗衣服使用洗衣粉,等等。区间估计是在点估计的基础上,给出总体参数值一个区间范围,该区间通常由点估计值(样本统计量)加减估计误差构成。与点估计不同,区间估计可以根据样本统计量的抽样分布,对样本统计量与总体参数的接近程度给出一个概率度量。它能解决的问题包括:一是在点估计的基础上给出总体参数估计的一个区间范围。二是它不具体指出总体参数等于什么,但能指出总体的未知参数落入这个区间的概率有多大。

因此,区间估计是依据抽取的样本,根据一定置信度或精确度要求构造出来的一个区间,作为总体未知参数所在范围的估计,概念示意图如图4-1所示。例如人们常说的有百分之多少的把握保证某值在某个范围内,即是区间估计最简单的应用。

图4-1 区间估计的概念示意图

区间估计具体包括以下两个概念:以样本估计量为中心的置信区间(Confidence Intervals)和人为给定的置信度(可靠性)。

(1)置信区间实质上是由样本统计量所构造的总体参数估计区间,在某种程度上确信这个区间包含真正的总体参数,由于统计学家在某种程度上确信这个区间会包含真正的总体参数,所以给它取名为置信区间。区间的下限称为置信下限,上限称为置信上限。置信区间表明了区间估计的精确性,区间越小越精确,区间越大越不精确。

(2) 置信度是将构造置信区间的步骤重复很多次,置信区间包含总体参数真值的次数所占的比例称为置信水平($1-\alpha$),也称为置信水平。α可以理解为总体参数不在区间内的比例,区间估计不可靠的概率等。如$\alpha=0.05$,表明结论犯错误的概率为0.05。常用的置信水平$1-\alpha$值有99%,95%,90%等。

需要注意的是,置信度并不是总体参数落在这个区间的概率。若独立地反复多次抽取容量相同的简单随机样本,根据每一个样本都确定一个估计区间,在这些区间中,包含总体参数真值的约占$(1-\alpha)\times100\%$,或者说有$(1-\alpha)\times100\%$个随机区间会包含总体参数的真值。例如,若$\alpha=0.05$,独立地反复抽取容量相同的简单随机样本1000次,在得到的1000个随机区间中,不包含总体参数真值的大约有50个。因此说"总体参数有$(1-\alpha)\times100\%$的概率落入某一区间"是不严格的。

计算总体参数置信区间的数理方法是基于抽样分布,下面分节详细介绍各种总体参数的区间估计原理、结论及应用问题。

第二节 一个总体均值的区间估计

在实际工作中,有时需要对总体均值进行研究。当总体很大而无法得到总体详细数据时,就需要从总体中随机抽取样本,基于样本的均值去估计总体的均值。我们可以根据第三章样本均值的抽样分布推导得到总体均值的置信区间。

一、区间估计公式的推导

区间估计首先要做的是对总体均值μ的区间公式的理论推导。根据第三章介绍的抽样分布。样本均值的分布分以下三种情况:

(1) 总体方差已知;
(2) 总体方差未知,样本为小样本;
(3) 总体方差未知,样本为大样本。

1. 总体方差已知,总体均值置信区间推导

总体方差σ^2已知,来自总体的容量为n的简单随机样本均值的抽样分布为:$\bar{x}\sim N\left(\mu,\dfrac{\sigma^2}{n}\right)$,标准化后,$z=\dfrac{\bar{x}-\mu}{\sqrt{\sigma^2/n}}\sim N(0,1)$。

总体均值μ的置信区间推导如下:

对于预先给定的置信水平$1-\alpha$,有$P(z_{\alpha/2}<z_i<z_{1-\alpha/2})=1-\alpha$

$$P\left(z_{\alpha/2}<\frac{\bar{x}-\mu}{\sigma/\sqrt{n}}<z_{1-\alpha/2}\right)=1-\alpha$$

$$P(z_{\alpha/2}\sigma/\sqrt{n}<\bar{x}-\mu<z_{1-\alpha/2}\sigma/\sqrt{n})=1-\alpha$$

$$P(\bar{x}+z_{\alpha/2}\sigma/\sqrt{n}<\mu<\bar{x}+z_{1-\alpha/2}\sigma/\sqrt{n})=1-\alpha$$

因此,总体均值μ的置信度为$1-\alpha$的置信区间为:

$$\left(\bar{x}+z_{\alpha/2}\frac{\sigma}{\sqrt{n}},\bar{x}+z_{1-\alpha/2}\frac{\sigma}{\sqrt{n}}\right)$$

其中,$z_{\alpha/2}$和$z_{1-\alpha/2}$是标准正态分布α水平的双侧分位数,附表1中可查得$z_{1-\alpha/2}$。因此,总体

均值 μ 的置信区间公式为：

$$\bar{x} \pm z_{1-\alpha/2} \frac{\sigma}{\sqrt{n}} \qquad (4-1)$$

2. 方差未知且样本为大样本，总体均值置信区间推导

当总体方差未知时，只要样本容量充分大（一般习惯上要求 $n \geq 30$），样本均值的抽样分布近似服从正态分布，需要将公式中的总体标准差用样本标准差代替。这时样本均值的抽样分布为：

$$Z = \frac{(\bar{x}-\mu)}{s/\sqrt{n}} \sim N(0,1)$$

总体均值 μ 的置信区间推导如下：

对于预先给定的置信水平 $1-\alpha$，有 $P\left(z_{\alpha/2} < \frac{\bar{x}-\mu}{s/\sqrt{n}} < z_{1-\alpha/2}\right) = 1-\alpha$

$P(z_{\alpha/2} s/\sqrt{n} < \bar{x}-\mu < z_{1-\alpha/2} s/\sqrt{n}) = 1-\alpha$

$P(\bar{x} + z_{\alpha/2} s/\sqrt{n} < \mu < \bar{x} + z_{1-\alpha/2} s/\sqrt{n}) = 1-\alpha$

因此，总体均值 μ 的置信度为 $1-\alpha$ 的置信区间为：

$$\left(\bar{x} + z_{\alpha/2} \frac{s}{\sqrt{n}}, \bar{x} + z_{1-\alpha/2} \frac{s}{\sqrt{n}}\right)$$

其中，$z_{\alpha/2}$ 和 $z_{1-\alpha/2}$ 是标准正态分布 α 水平的双侧分位数，附表 1 中可查得 $z_{1-\alpha/2}$。因此，总体均值 μ 的置信区间公式为：

$$\bar{x} \pm z_{1-\alpha/2} \frac{s}{\sqrt{n}} \qquad (4-2)$$

3. 总体方差未知且样本为小样本，总体均值置信区间推导

当总体方差 σ^2 未知且样本为小样本，需要用样本方差 s^2 代替未知的总体方差 σ^2，样本均值服从自由度为 $n-1$ 的 t 分布，这时建立置信区间所需要的统计量为：$t = \frac{(\bar{x}-\mu)}{s/\sqrt{n}} \sim t(n-1)$

总体均值 μ 的置信区间推导如下：

对于预先给定的置信水平 $1-\alpha$，有 $P(t_{\alpha/2}(n-1) < t_i < t_{1-\alpha/2}(n-1)) = 1-\alpha$

$P\left(t_{\alpha/2}(n-1) < \frac{\bar{x}-\mu}{s/\sqrt{n}} < t_{1-\alpha/2}(n-1)\right) = 1-\alpha$

$P(t_{\alpha/2}(n-1) s/\sqrt{n} < \bar{x}-\mu < t_{1-\alpha/2}(n-1) s/\sqrt{n}) = 1-\alpha$

$P(\bar{x} + t_{\alpha/2}(n-1) s/\sqrt{n} < \mu < \bar{x} + t_{1-\alpha/2}(n-1) s/\sqrt{n}) = 1-\alpha$

因此，总体均值 μ 的置信度为 $1-\alpha$ 的置信区间为：

$$\left(\bar{x} + t_{\alpha/2}(n-1) \frac{s}{\sqrt{n}}, \bar{x} + t_{1-\alpha/2}(n-1) \frac{s}{\sqrt{n}}\right)$$

其中，$t_{\alpha/2}(n-1)$ 是自由度为 $n-1$ 的 t 分布双侧分位数。可通过附表 2 查得，因此，总体均值 μ 的置信区间公式为：

$$\bar{x} \pm t_{\alpha/2}(n-1) \frac{s}{\sqrt{n}} \qquad (4-3)$$

综上所述，一个总体均值 μ 的区间估计的置信区间推导结论可归纳为表 4-1。

表 4-1 总体均值 μ 的区间估计

总体分布	样本容量	置信区间
σ^2 已知	小样本 $n<30$	$\bar{x} \pm z_{1-\alpha/2} \dfrac{\sigma}{\sqrt{n}}$
	大样本 $n \geqslant 30$	$\bar{x} \pm z_{1-\alpha/2} \dfrac{\sigma}{\sqrt{n}}$
σ^2 未知	小样本 $n<30$	$\bar{x} \pm t_{\alpha/2}(n-1) \dfrac{s}{\sqrt{n}}$
	大样本 $n \geqslant 30$	$\bar{x} \pm z_{1-\alpha/2} \dfrac{s}{\sqrt{n}}$

二、区间估计的步骤及应用

1. 区间估计的步骤

(1) 抽样得到样本数据，计算样本均值和标准差（总体方差未知时）。

(2) 根据给定的 $1-\alpha$，查表得出对应临界值。

总体方差已知或总体方差未知时样本是大样本，查阅标准正态分布表 $1-\alpha$ 对应的临界值：$z_{1-\alpha/2}$。总体方差未知且为样本是小样本时，查阅 t 分布表 $1-\alpha$ 对应的临界值：$t_{\alpha/2}(n-1)$。为了方便手工做题，现将 $1-\alpha$ 对应的临界值列表如表 4-2 和表 4-3。

表 4-2 标准正态分布 $1-\alpha$ 常用临界值表

置信水平 $1-\alpha$	临界值 $Z_{1-\alpha/2}$
0.6827	1.00
0.9000	1.65
0.9500	1.96
0.9545	2.00
0.9800	2.33
0.9900	2.58
0.9973	3.00

表 4-3 t 分布 $1-\alpha$ 常用临界值表

自由度 $n-1$	$1-\alpha=99\%$	$1-\alpha=95\%$	$1-\alpha=90\%$
5	4.032	2.571	2.015
10	3.169	2.228	1.812
15	2.947	2.131	1.753
20	2.845	2.086	1.725
25	2.787	2.060	1.708
35	2.724	2.030	1.690

(3) 代入具体公式计算置信区间：详见表 4-1。

(4) 解释置信区间结果。

2. 区间估计的应用

【例 4-1】 在某天生产的 500 袋食品中，随机抽取 64 袋进行检查，测得每袋平均重量为 996 克。已知该种袋装食品的重量服从正态分布，且标准差为 20 克。在置信水平 95% 条件下，估计该种食品平均重量的置信区间。

解 已知：$n=64, \bar{x}=996, \sigma=20, 1-\alpha=0.95$

分析：总体方差已知，选择统计量 $z = \dfrac{\bar{x}-\mu}{\sqrt{\sigma^2/n}}$

由 $1-\alpha = 0.95$，查正态分布表得：$z_{1-\alpha/2} = z_{0.975} = 1.96$

选择置信区间公式：$\bar{x} \pm z_{1-\alpha/2} \dfrac{\sigma}{\sqrt{n}}$ 代入已知数据得置信区间为：$996 \pm 1.96 \times \dfrac{20}{\sqrt{64}}$

即总体均值置信区间为：$[991.1, 1000.9]$

于是，我们有 95% 的把握认为该种食品平均重量的置信区间为 999.1～1000.9 g。

【例 4-2】 一家食品生产企业以生产袋装食品为主，为对产量质量进行监测，企业质检部门经常要进行抽检，以分析每袋重量是否符合要求。现从某天生产的一批食品中随机抽取了 25 袋，测得每袋重量为：

112.5 101.0 103.0 102.0 100.5 102.6 107.5 95.0 108.8 115.6 100.0 123.5 102.0
101.6 102.2 116.6 95.4 97.8 108.6 105.0 136.8 102.8 101.5 98.4 93.3

已知产品重量的分布服从正态分布，且总体标准差为 10 g。试估计该批产品平均重量的置信区间，置信水平为 95%。

解 已知：$n = 25, \bar{x} = 105.36, \sigma = 10, 1-\alpha = 0.95$

分析：总体方差已知，选择统计量 $z = \dfrac{\bar{x}-\mu}{\sqrt{\sigma^2/n}}$

由 $1-\alpha = 0.95$，查正态分布表得：$z_{1-\alpha/2} = z_{0.975} = 1.96$

选择置信区间公式：$\bar{x} \pm z_{1-\alpha/2} \dfrac{\sigma}{\sqrt{n}}$ 代入已知数据得置信区间为：$105.36 \pm 1.96 \times \dfrac{10}{\sqrt{25}}$

即总体均值置信区间为：$[101.44, 100.28]$

于是，我们有 95% 的把握认为，该食品平均重量的置信区间为 101.44～109.28 g。

【例 4-3】 从某艺术学校随机地抽取 100 名女学生，测得平均身高为 170 厘米，标准差为 7.5 厘米，试求该艺校女学生平均身高 95% 的置信区间。

解 已知：$n = 100, \bar{x} = 170, s = 7.5, 1-\alpha = 0.95$

分析：总体方差未知，大样本，选择统计量 $z = \dfrac{\bar{x}-\mu}{\sqrt{s^2/n}}$

由 $1-\alpha = 0.95$，查正态分布表得：$z_{1-\alpha/2} = z_{0.975} = 1.96$

选择置信区间公式：$\bar{x} \pm z_{1-\alpha/2} \dfrac{s}{\sqrt{n}}$ 代入已知数据得置信区间为：$170 \pm 1.96 \times \dfrac{7.5}{\sqrt{100}}$

即总体均值置信区间为：$[168.534, 171.47]$

于是，我们有 95% 的把握认为该艺校女生平均身高的置信区间为 168.53～171.47 厘米。

【例 4-4】 一家保险公司收集到由 36 名投保个人组成的随机样本，得到每名投保人的年龄（周岁）数据为：

23 35 39 27 36 44 36 42 46 43 31 33 42 53 45 54 47 24
34 28 39 36 44 40 39 49 38 34 48 50 34 39 45 48 45 32

试建立投保人年龄置信区间。

解 已知：$n = 36, \bar{x} = 39.5, s = 7.7735, 1-\alpha = 0.9$

分析：总体方差未知，大样本，选择统计量 $z = \dfrac{\bar{x}-\mu}{\sqrt{s^2/n}}$

由 $1-\alpha = 0.9$，查正态分布表得：$z_{1-\alpha/2} = z_{0.95} = 1.6449$

选择置信区间公式：$\bar{x} \pm z_{1-\alpha/2} \frac{s}{\sqrt{n}}$ 代入已知数据得置信区间为：$39.5 \pm 1.6449 \times \frac{7.7735}{\sqrt{36}}$

即总体均值置信区间为：[37.37, 41.63]

于是，我们有 90% 的把握认为投保人平均年龄的置信区间为 37.37～41.63 岁。

【例 4-5】 为提高银行的服务质量，管理部门需要考查在柜台上办理每笔业务所需要的服务时间。假设每笔业务所需时间服从正态分布，现从中抽取 16 笔业务组成一个简单随机样本，其平均服务时间为 13 分钟，样本标准差为 5.6 分钟，试建立每笔业务平均服务时间的 95% 的置信区间。

解 已知：$n = 16, \bar{x} = 13, s = 5.6, 1-\alpha = 0.95$

分析：总体方差未知，小样本，选择统计量 $t = \frac{\bar{x} - \mu}{\sqrt{s^2/n}}$

由 $1-\alpha = 0.95$，查 t 分布表得：$t_{\alpha/2}(n-1) = t_{0.025}(15) = 2.1314$

选择置信区间公式：$\bar{x} \pm t_{\alpha/2}(n-1) \frac{s}{\sqrt{n}}$ 代入已知数据得置信区间为：$13 \pm 2.1314 \times \frac{5.6}{\sqrt{16}}$

即总体均值置信区间为：[10.02, 15.98]

于是，我们有 95% 的把握认为，柜台上每笔业务的平均服务时间为 10.02～15.98 分钟。

【例 4-6】 已知某种灯泡的寿命服从正态分布，现从一批灯泡中随机抽取 16 只，测得其使用寿命（小时）如下。建立该批灯泡平均使用寿命 95% 的置信区间

1510 1520 1480 1500 1450 1480 1510 1520 1480 1490 1530 1510 1460 1460 1470 1470

解 已知：$n = 16, \bar{x} = 1490, s = 24.7656, 1-\alpha = 0.95$

分析：总体方差未知，小样本，选择统计量 $t = \frac{\bar{x} - \mu}{\sqrt{s^2/n}}$

由 $1-\alpha = 0.95$，查正态分布表得：$t_{\alpha/2}(n-1) = t_{0.025}(15) = 2.1314$

选择置信区间公式：$\bar{x} \pm t_{\alpha/2}(n-1) \frac{s}{\sqrt{n}}$ 代入已知数据得置信区间为：$1490 \pm 2.1314 \times \frac{24.7656}{\sqrt{16}}$

即总体均值置信区间为：[1476.8, 1503.2]

于是，我们有 95% 的把握认为，灯泡平均使用寿命的置信区间为 1476.8～1503.2 小时。

第三节 两个总体均值差的区间估计

在实际工作中，有时需要对两个总体均值进行比较，研究两个总体均值差。当两个总体都很大而无法得到两个总体详细数据时，就需要从两个总体中分别随机抽取样本，基于样本的均值差去估计两个总体的均值差。和一个总体均值的区间估计思路一样，我们可以根据第三章两个样本均差的抽样分布推导得到两个总体均值差的区间，即根据已知的样本均值

差对总体均值差进行区间估计。

一、区间估计公式的推导

探讨两个总体均值差的区间估计方法,可根据第三章的两个样本均值差的分布公式对两个总体均值差区间公式的理论推导。两个样本均值差的分布分以下几种情况:①两个总体方差已知;②独立大样本,两个总体方差未知;③独立小样本,两个总体方差未知;④配对样本。

1. 独立样本、两个总体方差已知的均值差置信区间推导

设 $X_1 \sim N(\mu_1, \sigma_1^2)$,$X_2 \sim N(\mu_2, \sigma_2^2)$,$\sigma_1^2, \sigma_2^2$ 已知,从中分别抽取容量为 n_1 和 n_2 的两个简单随机样本,且这两个样本相互独立,则由抽样分布可知,两个样本均值之差的抽样分布为:

$$\bar{x}_1 - \bar{x}_2 \sim N\left(\mu_1 - \mu_2, \frac{\sigma_1^2}{n_1} + \frac{\sigma_2^2}{n_2}\right), 经标准化变换得: z = \frac{(\bar{x}_1 - \bar{x}_2) - (\mu_1 - \mu_2)}{\sqrt{\sigma_1^2/n_1 + \sigma_2^2/n_2}} \sim N(0,1)$$

总体均值差 $\mu_1 - \mu_2$ 的置信区间推导如下:

对于预先给定的置信水平 $1-\alpha$,有: $P(z_{\alpha/2} < z_i < z_{1-\alpha/2}) = 1 - \alpha$

$$P\left(z_{\alpha/2} < \frac{(\bar{x}_1 - \bar{x}_2) - (\mu_1 - \mu_2)}{\sqrt{\sigma_1^2/n_1 + \sigma_2^2/n_2}} < z_{1-\alpha/2}\right) = 1 - \alpha$$

$$P(z_{\alpha/2} \sqrt{\sigma_1^2/n_1 + \sigma_2^2/n_2} < (\bar{x}_1 - \bar{x}_2) - (\mu_1 - \mu_2) < z_{1-\alpha/2} \sqrt{\sigma_1^2/n_1 + \sigma_2^2/n_2}) = 1 - \alpha$$

$$P((\bar{x}_1 - \bar{x}_2) + z_{\alpha/2} \sqrt{\sigma_1^2/n_1 + \sigma_2^2/n_2} < \mu_1 - \mu_2 < (\bar{x}_1 - \bar{x}_2) + z_{1-\alpha/2} \sqrt{\sigma_1^2/n_1 + \sigma_2^2/n_2}) = 1 - \alpha$$

因此,置信度为 $1-\alpha$ 时,两个总体均值差的置信区间为:

$$\left((\bar{x}_1 - \bar{x}_2) + z_{\alpha/2} \sqrt{\frac{\sigma_1^2}{n_1} + \frac{\sigma_2^2}{n_2}}, (\bar{x}_1 - \bar{x}_2) + z_{1-\alpha/2} \sqrt{\frac{\sigma_1^2}{n_1} + \frac{\sigma_2^2}{n_2}}\right)$$

其中,$z_{\alpha/2}$ 和 $z_{1-\alpha/2}$ 是标准正态分布 α 水平的双侧分位数,附表1中可查得 $z_{1-\alpha/2}$。因此,两个总体均值差的置信区间公式为: $(\bar{x}_1 - \bar{x}_2) \pm z_{1-\alpha/2} \sqrt{\frac{\sigma_1^2}{n_1} + \frac{\sigma_2^2}{n_2}}$ (4-4)

2. 独立大样本、两个总体方差未知的均值差区间推导

两个总体方差未知,需要使用两个样本方差代替两个总体方差,两个样本均为大样本($n_1 > 30, n_2 > 30$)时,则由第三章可知,两个样本均值之差的抽样分布为:

$$\bar{x}_1 - \bar{x}_2 \sim N\left(\mu_1 - \mu_2, \frac{s_1^2}{n_1} + \frac{s_2^2}{n_2}\right) 标准化后, z = \frac{(\bar{x}_1 - \bar{x}_2) - (\mu_1 - \mu_2)}{\sqrt{s_1^2/n_1 + s_2^2/n_2}} \sim N(0,1)$$

总体均值差 $\mu_1 - \mu_2$ 的置信区间推导如下:

对于预先给定的置信水平 $1-\alpha$,有: $P(z_{\alpha/2} < z_i < z_{1-\alpha/2}) = 1 - \alpha$

$P(z_{\alpha/2} < z_i < z_{1-\alpha/2}) = 1 - \alpha$

$$P\left(z_{\alpha/2} < \frac{(\bar{x}_1 - \bar{x}_2) - (\mu_1 - \mu_2)}{\sqrt{s_1^2/n_1 + s_2^2/n_2}} < z_{1-\alpha/2}\right) = 1 - \alpha$$

$$P(z_{\alpha/2} \sqrt{s_1^2/n_1 + s_2^2/n_2} < (\bar{x}_1 - \bar{x}_2) - (\mu_1 - \mu_2) < z_{1-\alpha/2} \sqrt{s_1^2/n_1 + s_2^2/n_2}) = 1 - \alpha$$

$$P((\bar{x}_1 - \bar{x}_2) + z_{\alpha/2} \sqrt{s_1^2/n_1 + s_2^2/n_2} < \mu_1 - \mu_2 < (\bar{x}_1 - \bar{x}_2) + z_{1-\alpha/2} \sqrt{s_1^2/n_1 + s_2^2/n_2}) = 1 - \alpha$$

因此,置信度为 $1-\alpha$ 时,两个总体均值差的置信区间为:

$$((\bar{x}_1 - \bar{x}_2) + z_{\alpha/2} \sqrt{s_1^2/n_1 + s_2^2/n_2}, (\bar{x}_1 - \bar{x}_2) + z_{1-\alpha/2} \sqrt{s_1^2/n_1 + s_2^2/n_2})$$

其中，$z_{\alpha/2}$ 和 $z_{1-\alpha/2}$ 是标准正态分布 α 水平的双侧分位数，附表 1 中可查得 $z_{1-\alpha/2}$。因此，两个总体均值差的置信区间公式为：

$$(\bar{x}_1 - \bar{x}_2) \pm z_{1-\alpha/2} \sqrt{s_1^2/n_1 + s_2^2/n_2} \tag{4-5}$$

3. 独立小样本、两总体方差未知的均值差置信区间推导

两个总体方差未知，需要使用两个样本方差代替两个总体方差，两个样本均为小样本时，两个样本均值差也服从正态分布，样本均值差标准化后服从 t 分布。

(1) 两个总体方差未知但相等时，$t_i = \dfrac{(\bar{x}_1 - \bar{x}_2) - (\mu_1 - \mu_2)}{s_p \sqrt{1/n_1 + 1/n_2}} \sim t(n_1 + n_2 - 2)$

其中：$s_p^2 = \dfrac{(n_1-1)s_1^2 + (n_2-1)s_2^2}{n_1 + n_2 - 2}$

可根据预先给定的置信水平 $1-\alpha$，推导两个总体均值差的区间公式，推导过程与前面公式相似（略）。两个总体均值差的置信区间为：

$$(\bar{x}_1 - \bar{x}_2) \pm t_{\alpha/2}(n_1 + n_2 - 2) s_p \sqrt{1/n_1 + 1/n_2} \tag{4-6}$$

(2) 两个总体方差未知且不相等时，$t = \dfrac{(\bar{x}_1 - \bar{x}_2) - (\mu_1 - \mu_2)}{\sqrt{s_1^2/n_1 + s_2^2/n_2}} \sim t(v)$

其中：自由度 $v = \dfrac{(s_1^2/n_1 + s_2^2/n_2)^2}{\dfrac{(s_1^2/n_1)^2}{n_1-1} + \dfrac{(s_2^2/n_2)^2}{n_2-1}}$

可根据预先给定的置信水平 $1-\alpha$，推导两个总体均值差的区间公式，推导过程与前面公式相似（略）。两个总体均值差的置信区间为：

$$(\bar{x}_1 - \bar{x}_2) \pm t_{\alpha/2}(v) \sqrt{s^2_{\ 1}/n_1 + s^2_{\ 2}/n_2} \tag{4-7}$$

4. 配对样本、两个总体均值差的区间推导

配对样本的样本均值差抽样分布见第三章式(3-16)（大样本）和式(3-17)（小样本），可根据预先给定的置信水平 $1-\alpha$，推导两个总体均值差的区间公式，推导过程与前面相似（略）。因此，两个总体均值差的置信区间分别为：

配对样本均为大样本：$\bar{d} \pm z_{1-\alpha/2} \dfrac{s_d}{\sqrt{n}}$ (4-8)

配对样本均为小样本：$\bar{d} \pm t_{\alpha/2}(n-1) \dfrac{s_d}{\sqrt{n}}$ (4-9)

综上所述，两个总体均值差的区间估计可归纳为表 4-4。

表 4-4 两个总体均值差的区间估计

总体方差	样本大小	区间估计公式
两个总体方差已知		$(\bar{x}_1 - \bar{x}_2) \pm z_{1-\alpha/2} \sqrt{\sigma_1^2/n_1 + \sigma_2^2/n_2}$
两个总体方差未知	大样本	$(\bar{x}_1 - \bar{x}_2) \pm z_{1-\alpha/2} \sqrt{s_1^2/n_1 + s_2^2/n_2}$
两个总体方差未知，但相等	独立小样本	$(\bar{x}_1 - \bar{x}_2) \pm t_{\alpha/2}(n_1 + n_2 - 2) s_p \sqrt{1/n_1 + 1/n_2}$
两个总体方差未知，不相等	独立小样本	$(\bar{x}_1 - \bar{x}_2) \pm t_{\alpha/2}(v) \sqrt{s_1^2/n_1 + s_2^2/n_2}$

总体方差	样本大小	区间估计公式
两个总体方差已知	配对样本	$\bar{d} \pm z_{1-\alpha/2} \dfrac{\sigma_d}{\sqrt{n}}$
两个总体方差未知	配对样本均为小样本	$\bar{d} \pm t_{\alpha/2}(n-1) \dfrac{s_d}{\sqrt{n}}$

二、区间估计的步骤及应用

(一)区间估计的步骤

(1)分别从两个总体中各抽取1个样本,计算两个样本的样本均值和标准差(两个总体方差未知);

(2)计算两个样本均值的差;

(3)根据具体公式中的统计量及给定$1-\alpha$查表得出对应临界值(常用值见表4-2和表4-3);

(4)代入具体公式(见表4-4),计算置信区间;

(5)解释均值差的置信区间结果。

(二)应用

1. 两个总体方差已知

【例4-7】 某银行对所属两个储蓄所的储户存款情况进行调查,为此从每一家储蓄所抽取25个储户组成简单随机样本。甲储蓄所的储户平均存款余额为7500元,乙储蓄所的储户平均存款余额为9000元。假设两个总体均服从正态分布,标准差分别为700元和750元。试建立两储蓄所储户平均存款余额之差的95%的置信区间。

解 已知:$\bar{x}_1 = 7500$元,$\sigma_1 = 700$元,$\bar{x}_2 = 9000$元,$\sigma_2 = 750$元,$n_1 = n_2 = 25$,$1-\alpha = 0.95$。

分析:两个总体方差已知,选择z统计量。

由$1-\alpha = 0.95$,查标准正态分布表得$Z_{1-\alpha/2} = z_{0.975} = 1.96$。

由式(4-4),得$\mu_1 - \mu_2$置信度为95%的置信区间为:

$$(\bar{x}_1 - \bar{x}_2) \pm z_{1-\alpha/2} \sqrt{\sigma^2_1/n_1 + \sigma^2_2/n_2}$$

代入已知数据得:

$$(\bar{x}_1 - \bar{x}_2) \pm z_{1-\alpha/2} \sqrt{\sigma^2_1/n_1 + \sigma^2_2/n_2} = (7500 - 9000) \pm 1.96 \times \sqrt{\dfrac{700^2}{25} + \dfrac{750^2}{25}}$$

$$= -1500 \pm 1.96 \times 205.18$$

即两个总体均值差置信区间为:[1098,1902]

于是,我们有95%的把握认为,甲储蓄所储户平均存款余额比乙储蓄所储户平均存款余额大约少1098~1902元。

2. 独立大样本,两个总体方差未知

【例4-8】 某连锁店准备在两个不同地点选择一个地方开一家新店,为此需调查这两个地点居民收入的差别。在甲地点调查了 100 户居民,年平均收入为 19000 元,标准差为 70 元,在乙地点调查了 80 户居民,年平均收入为 17000 元,标准差为 75 元。试建立两个地点居民年平均收入差别的 99% 的置信区间。

解 已知:$\bar{x}_1 = 19000$ 元,$\bar{x}_2 = 17000$ 元,$s_1 = 70$ 元,$s_2 = 75$ 元,$n_1 = 100$,$n_2 = 80$,$1-\alpha = 0.99$

分析:两个总体方差未知,两个样本均为大样本,选择 z 统计量。

由 $1-\alpha=0.99$,查标准正态分布表得 $Z_{1-\alpha/2} = z_{0.995} = 2.58$。

由式(4-5)得,两总体均值差置信区间为:$(\bar{x}_1 - \bar{x}_2) \pm z_{1-\alpha/2} \sqrt{s_1^2/n_1 + s_2^2/n_2}$

代入已知数据得:

$$(\bar{x}_1 - \bar{x}_2) \pm z_{1-\alpha/2} \sqrt{s_1^2/n_1 + s_2^2/n_2} = (19000-17000) \pm 2.58 \times \sqrt{\frac{70^2}{100} + \frac{75^2}{80}}$$

$$= 2000 \pm 28.17$$

即两个总体均值差置信区间为:$[1971.83, 2028.17]$

于是,我们有 99% 的把握认为,甲地居民年平均收入比乙地居民年平均收入大约高 $1971.83 \sim 2028.17$ 元。

3. 独立小样本,两个总体方差未知

【例 4-9】 某公司为了解男女推销员的推销能力是否有差别,随机抽取 16 名男推销员和 25 名女推销员进行测试。男推销员的平均销售额为 30250 元,标准差为 18400 元,女推销员的平均销售额为 33750 元,标准差为 13500 元。假设男女推销员的销售额服从正态分布,且方差相等。试建立男女推销员销售额之差的 95% 的置信区间。

解 随机变量 X_1, X_2 分别表示男女推销员的销售额,则由已知条件有 $\bar{x}_1 = 30250$ 元,$s_1 = 18400$ 元,$\bar{x}_2 = 33750$ 元,$s_2 = 13500$ 元,$n_1 = 16$,$n_2 = 25$。

因两总体方差相等,可以估计出它们的共同方差:

$$S_p^2 = \frac{(n_1-1)s_1^2 + (n_2-1)s_2^2}{n_1+n_2-2} = \frac{(16-1) \times 18400^2 + (25-1) \times 13500^2}{16+25-2} = 15568^2$$

由 $1-\alpha=0.95$,查 t 分布表,得到 $t_{\alpha/2}(n-1) = t_{0.025}(16+25-2) = 2.02$。

由式(4-6)得,男女推销员销售额之差的置信区间为:

$$(\bar{x}_1 - \bar{x}_2) \pm t_{\alpha/2}(n_1+n_2-2) s_p \sqrt{1/n_1 + 1/n_2}$$

代入已知数据得:

$$(\bar{x}_1 - \bar{x}_2) \pm t_{\alpha/2}(n_1+n_2-2) s_p \sqrt{1/n_1 + 1/n_2}$$

$$= (30250-33750) \pm 2.02 \times 15568 \sqrt{\frac{1}{16} + \frac{1}{25}} = -3500 \pm 10068$$

即两个总体均值差置信区间为:$[-13568, 6598]$

于是,我们有 95% 的把握认为,男推销员的销售额有可能比女推销员多 6598 元,也有可能比女推销员少 13568 元,所以男女推销员的推销能力没有显著差别。

【例 4-10】 假设例 4-9 中两个总体的方差不等,试建立男女推销员销售额之差 95% 的置信区间。

解 根据式(4-7)计算自由度 v,

$$v = \frac{(s_1^2/n_1 + s_2^2/n_2)^2}{\frac{(s_1^2/n_1)^2}{n_1} + \frac{(s_2^2/n_2)^2}{n_2}} = \frac{(18400^2/16 + 13500^2/25)^2}{\frac{(18400^2/16)^2}{16} + \frac{(13500^2/25)^2}{25}} = 27$$

查 t 分布表,得到 $t_{\alpha/2}(v) = t_{0.025}(27) = 2.05$,由式(4-8)得,男女推销员销售额之差的置信区间为:$(\bar{x}_1 - \bar{x}_2) \pm t_{\alpha/2}(v) \sqrt{s^2_1/n_1 + s^2_2/n_2}$

代入已知数据得:

$$(\bar{x}_1 - \bar{x}_2) \pm t_{\alpha/2}(v)\sqrt{s_1^2/n_1 + s_2^2/n_2} = (30250 - 33750) \pm 2.05\sqrt{\frac{18400^2}{16} + \frac{13500^2}{25}}$$
$$= -3500 \pm 10934.4$$

即两个总体均值差置信区间为:$[-114434, 7434]$

于是,我们有95%的把握认为,男推销员的销售额既有可能比女推销员多7434元,也有可能比女推销员少14434元,所以男女推销员的推销能力没有显著差别。

4. 配对样本

【例4-11】 由10名学生组成一个随机样本,让他们分别采用A和B两套试卷进行测试,结果如表4-5所示。

表4-5 配对样本数据

学生编号	试卷A得分	试卷B得分	差值 d
1	78	71	7
2	63	44	19
3	72	61	11
4	89	84	5
5	91	74	17
6	49	51	−2
7	68	55	13
8	76	60	16
9	85	77	8
10	55	39	16

试求:A、B两套试卷得分均值差的95%置信程度的置信区间。

解 根据上表数据计算得:

$$\bar{d} = \frac{\sum d}{n} = \frac{110}{10} = 11, s_d = \sqrt{\frac{\sum(d-\bar{d})^2}{n-1}} = \sqrt{\frac{384}{10}} = 6.53$$

样本均值差 d 服从于自由度为 $n-1=9$ 的 t 分布,由 $1-\alpha=95\%$,查 t 分布表得:$t_{0.05/2}(9) = 2.2622$

代入公式:$\bar{d} \pm t_{\alpha/2}(n-1)\frac{s_d}{\sqrt{n}} = 11 \pm 2.2622 \times \frac{6.53}{\sqrt{10}} = 11 \pm 4.67$

即A、B两套试卷得分均值差的置信区间为:$[-114434, 7434]$

于是,我们有95%的把握认为,两套试卷平均分数之差为6.3~15.7分。

第四节 总体比例的区间估计

在许多实际应用中,经常会遇到总体比例的估计问题。例如:企业的管理人员想了解一批产品中次品的比例;某高校学生参加英语四级考试的通过率;某地区绿化荒山新栽树木的成活率等。另外,可能还需要对两个不同班级参加英语四级考试的通过率差异进行比较,对两种工艺流程产品合格率进行比较获知差异情况,等等。在无法进行大量实验或观察时,同样还需要通过样本信息(样本比例 p)进行总体比例 π 的参数估计。首先根据第三章样本比例(比例差)的抽样分布推导出总体比例(比例差)的置信区间并进行应用。

一、一个总体比例区间估计公式的推导

探讨区间估计的具体方法,首先要做的是对总体比例 π 的区间公式进行理论推导。本章只研究根据大样本对总体比例的置信区间推导。大样本的条件除了要求 $n > 30$ 以外,还要求 $np \geqslant 5$ 和 $n(1-p) \geqslant 5$。根据第三章的样本比例 p 抽样分布理论,此时,样本比例的抽样分布近似服从正态分布:

$$p \sim N\left(\pi, \frac{\pi(1-\pi)}{n}\right),\text{标准化后为}: z = \frac{p-\pi}{\sqrt{\pi(1-\pi)/n}} \sim N(0,1)$$

一个总体比例的置信区间推导如下:

对于预先给定的置信水平 $1-\alpha$ 有: $P(z_{\alpha/2} < z_i < z_{1-\alpha/2}) = 1-\alpha$

$$P\left(z_{\alpha/2} < \frac{p-\pi}{\sqrt{\pi(1-\pi)/n}} < z_{1-\alpha/2}\right) = 1-\alpha$$

$$P(z_{\alpha/2}\sqrt{\pi(1-\pi)/n} < p-\pi < z_{1-\alpha/2}\sqrt{\pi(1-\pi)/n}) = 1-\alpha$$

$$P(p \pm z_{\alpha/2}\sqrt{\pi(1-\pi)/n} < \pi < p + z_{1-\alpha/2}\sqrt{\pi(1-\pi)/n}) = 1-\alpha$$

置信水平为 $1-\alpha$ 时,总体比例的置信区间为:

$$p \pm z_{1-\alpha/2}\sqrt{\frac{\pi(1-\pi)}{n}}$$

在对总体比例进行置信区间估计时由于总体比例 π 是未知参数,需要用样本比例 p 来代替。因此,总体比例 π 的置信区间为:

$$p \pm z_{1-\alpha/2}\sqrt{\frac{p(1-p)}{n}} \qquad (4-10)$$

二、两个总体比例差的区间估计公式的推导

探讨两个总体比例差的区间估计,首先要做的是对两个总体比例差的区间公式进行理论推导。本章只研究根据大样本对总体比例的置信区间推导。符合大样本的条件,除了要求 $n_1, n_2 > 30$ 以外,还要求 $n_1 p_1 \geqslant 5, n_2 p_2 \geqslant 5$ 和 $n_1(1-p_1) \geqslant 5, n_2(1-p_2) \geqslant 5$,这时近似效果较好。由第三章可知,在大样本条件下,两个样本比例之差的抽样分布近似服从正态分布,两个样本比例差的抽样分布公式如下:

$$p_1 - p_2 \sim N\left(\pi_1 - \pi_2, \frac{\pi_1(1-\pi_1)}{n_1} + \frac{\pi_2(1-\pi_2)}{n_2}\right)$$

标准化后为：$z = \dfrac{p_1 - p_2 - \pi_1 - \pi_2}{\sqrt{\dfrac{\pi_1(1-\pi_1)}{n_1} + \dfrac{\pi_2(1-\pi_2)}{n_2}}} \sim N(0,1)$

对于预先给定的置信水平 $1-\alpha$，在已知分布的情况下，两个总体比例差的置信区间推导与一个总体比例置信区间类似，此处不再推导。同样在计算两个总体比例方差时，由于两个总体比率未知，使用两个样本比例代替。最终得到的两个总体比例的置信区间如下：

$$(p_1 - p_2) \pm z_{1-\alpha/2} \sqrt{\dfrac{p_1(1-p_1)}{n_1} + \dfrac{p_2(1-p_2)}{n_2}} \qquad (4-11)$$

三、总体比例区间估计的步骤及应用

1. 区间估计的步骤

(1) 根据样本数据计算样本比例(或样本比例的差值)；
(2) 根据具体公式中的统计量及给定 $1-\alpha$ 查表得出对应临界值(常用值见表 4-2)；
(3) 代入具体公式计算总体比例(比例差)的置信区间；
(4) 解释总体比例(比例差)的置信区间结果。

2. 应用

【例 4-12】 在对某地区 1000 名下岗工人的调查中发现，女工所占的比例为 65%。试建立在下岗工人中，女工所占比例的 95% 的置信区间。

解 假设用 p 表示下岗工人中女工所占的比例，则由已知条件可知，样本比例 $p=0.65$。因为 $n=1000, np=1000 \times 0.65 = 650 > 5, n(1-p) = 1000 \times (1-0.65) = 350 > 5$，所以抽样分布近似服从正态分布。

分析：大样本，选择 z 统计量

由 $1-\alpha=0.95$，查正态分布表得：$z_{1-\alpha/2} = z_{0.975} = 1.96$

选择式(4-10)，总体比例得置信区间为：$p \pm z_{1-\alpha/2} \sqrt{\dfrac{p(1-p)}{n}}$

代入已知数据得：$p \pm z_{1-\alpha/2} \sqrt{\dfrac{p(1-p)}{n}} = 0.65 \pm 1.96 \times \sqrt{\dfrac{0.65 \times (1-0.65)}{1000}}$

$$= 0.65 \pm 0.015$$

即总体比率得置信区间为：$[0.635, 0.665]$。

于是，我们有 95% 的把握认为下岗工人中女工所占比例在 63.5%～66.5%。

【例 4-13】 对某个电视广告的收视率进行调查。在甲地区调查了 200 人，有 128 人收看过该广告，在乙地区调查了 225 人，有 90 人收看过该广告。试以 90% 的可靠性对该广告在两地收视率的差别做出区间估计。

解 假设用 p_1, p_2 分别表示某电视广告在甲、乙两地区的收视率，则由已知条件可知 $p_1 = \dfrac{128}{200} = 0.64, p_2 = \dfrac{90}{225} = 0.40, \alpha = 0.10$

分析：大样本，选择 z 统计量

由 $1-\alpha=0.9$，查正态分布表得：$z_{1-\alpha/2} = z_{0.95} = 1.645$

由式(4-14)得到，总体比率差的置信区间为：

$$(p_1 - p_2) \pm z_{1-\alpha/2} \sqrt{\frac{p_1(1-p_1)}{n_1} + \frac{p_2(1-p_2)}{n_2}}$$

代入已知数据得:

$$(p_1 - p_2) \pm z_{1-\alpha/2} \sqrt{\frac{p_1(1-p_1)}{n_1} + \frac{p_2(1-p_2)}{n_2}}$$

$$= (0.64 - 0.40) \pm 1.645 \times \sqrt{\frac{0.64 \times (1-0.64)}{200} + \frac{0.40 \times (1-0.40)}{225}}$$

$$= (0.1625, 0.3175)$$

计算结果表明,该广告在甲地区的收视率高于在乙地区的收视率,其 90% 的置信区间为 16.25%~31.75%。

第五节 总体方差的区间估计

在实际工作中,有时需要对(两个)总体方差进行研究。例如:产品质量的可靠性问题,投资风险问题,以及两个总体产品质量的可靠性比较,两个投资方案的风险比较问题,等等。当(两个)总体都很大而无法得到(两个)总体详细数据时,就需要从(两个)总体中随机抽取样本,基于(两个)样本的方差(比)去估计(两个)总体的方差。我们可以根据第三章(两个)样本方差的抽样分布推导得到(两个)总体方差(比)的置信区间。

一、一个总体方差区间估计公式的推导

探讨总体方差区间估计的具体方法,首先要做的是对总体方差 σ^2 的区间公式的理论推导。根据第三章样本方差分布理论,样本方差 s^2 服从自由度为 $n-1$ 的 χ^2 分布:

$$\frac{(n-1)s^2}{\sigma^2} \sim \chi^2(n-1)$$

一个总体方差的置信区间推导如下:

对于预先给定的置信水平 $1-\alpha$,有: $P(\chi^2_{\alpha/2}(n-1) \leqslant \chi^2 \leqslant \chi^2_{1-\alpha/2}(n-1)) = 1-\alpha$

$$P\left(\chi^2_{\alpha/2}(n-1) \leqslant \frac{(n-1)s^2}{\sigma^2} \leqslant \chi^2_{1-\alpha/2}(n-1)\right) = 1-\alpha$$

从而有: $\frac{(n-1)s^2}{\chi^2_{\alpha/2}(n-1)} \leqslant \sigma^2 \leqslant \frac{(n-1)s^2}{\chi^2_{1-\alpha/2}(n-1)}$

其中 $\chi^2_{\alpha/2}(n-1)$ 和 $\chi^2_{1-\alpha/2}(n-1)$ 分别是自由度为 $n-1$ 的 χ^2 分布在 $\alpha/2$ 和 $1-\alpha/2$ 水平的上侧分位数。

因此,总体方差 σ^2 的置信水平为 $1-\alpha$ 的置信区间为:

$$\left(\frac{(n-1)s^2}{\chi^2_{1-\alpha/2}(n-1)}, \frac{(n-1)s^2}{\chi^2_{\alpha/2}(n-1)}\right) \tag{4-12}$$

二、两个总体方差比置信区间的公式推导

对于两个总体方差的比较,通常采用比值方式。探讨两个总体方差比区间估计的具体方法,首先要做的是对两个总体方差比的区间公式进行理论推导。根据第三章的两个样本方差比的抽样分布理论,两个样本方差比服从自由度为 n_1-1 和 n_2-1 的 F 分布: $F=$

$$\frac{s_1^2/\sigma_1^2}{s_2^2/\sigma_2^2} \sim F(n_1-1, n_2-1)$$

两个总体方差比的置信区间推导如下：

对于预先给定的置信水平 $1-\alpha$ 有：

$$P(F_{1-\alpha/2}(n_1-1, n_2-1) \leqslant F \leqslant F_{\alpha/2}(n_1-1, n_2-1)) = 1-\alpha$$

$$P\left(F_{1-\alpha/2}(n_1-1, n_2-1) \leqslant \frac{s_1^2}{s_2^2} \times \frac{\sigma_2^2}{\sigma_1^2} \leqslant F_{\alpha/2}(n_1-1, n_2-1)\right) = 1-\alpha$$

$$P\left(\frac{s_1^2/s_2^2}{F_{\alpha/2}(n_1-1, n_2-1)} \leqslant \frac{\sigma_1^2}{\sigma_2^2} \leqslant \frac{s_1^2/s_2^2}{F_{1-\alpha/2}(n_1-1, n_2-1)}\right) = 1-\alpha$$

其中 $F_{\alpha/2}(n_1-1, n_2-1)$ 和 $F_{1-\alpha/2}(n_1-1, n_2-1)$ 分别是第一自由度为 n_1-1 和第二自由度为 n_2-1 的 χ^2 分布在 $\alpha/2$ 和 $1-\alpha/2$ 水平的上侧分位数。

因此，两个总体方差比在置信水平为 $1-\alpha$ 的置信区间为：

$$\left(\frac{s_1^2/s_2^2}{F_{\alpha/2}(n_1-1, n_2-1)}, \frac{s_1^2/s_2^2}{F_{1-\alpha/2}(n_1-1, n_2-1)}\right) \tag{4-13}$$

三、总体方差区间估计的步骤及应用

1. 区间估计的步骤

(1) 根据样本数据计算样本方差（或样本方差的比值）；

(2) 根据样本统计量的理论分布类型及给定的 $1-\alpha$：计算总体的方差估计选择 χ^2 统计量，查对 χ^2 分布表得出临界值，χ^2 常用值见表 4-6；计算两个总体的方差比的估计选择 F 统计量，结合给定的 $1-\alpha$ 和两个自由度查 F 分布表得出临界值，F 分布的临界值查对表详见附表 4；

表 4-6 卡方检验统计量临界值查对表

自由度	显著性水平	左侧临界值	右侧临界值	双侧临界值左	双侧临界值右
5	0.01	0.5543	15.0863	0.4117	16.7496
	0.05	1.1455	11.0705	0.8312	12.8325
	0.10	1.6103	9.2364	1.1455	11.0705
10	0.01	2.5582	23.2093	2.1559	25.1882
	0.05	3.9403	18.3070	3.2470	20.4832
	0.10	4.8652	15.9872	3.9403	18.3070
15	0.01	5.2293	30.5779	4.6009	32.8013
	0.05	7.2609	24.9958	6.2621	27.4884
	0.10	8.5468	22.3071	7.2609	24.9958
20	0.01	8.2604	37.5662	7.4338	39.9968
	0.05	10.8508	31.4104	9.5908	34.1696
	0.10	12.4426	28.4120	10.8508	31.4104
25	0.01	11.5240	44.3141	10.5197	46.9279
	0.05	14.6114	37.6525	13.1197	40.6465
	0.10	16.4734	34.3816	14.6114	37.6525

(3) 代入具体公式计算总体方差(或两个总体方差比值)的置信区间;

(4) 解释总体方差(或两个总体方差比值)的置信区间结果。

2. 应用

【例4-14】 一家食品生产企业以生产袋装食品为主,现从某天生产的一批食品中随机抽取了25袋,测得每袋重量如下所示。已知产品重量的分布服从正态分布。以95%的置信水平建立该种食品重量方差的置信区间。

112.5　101.0　103.0　102.0　100.5　102.6　107.5　95.0　108.8　115.6　100.0
123.5　102.0　101.6　102.2　116.6　95.4　97.8　108.6　105.0　136.8　102.8
101.5　98.4　93.3

解 已知 $n=25, 1-\alpha=95\%$,根据样本数据计算得:$s^2=93.21$

由 $1-\alpha=0.95$,查卡方分布表得:

$\chi^2_{1-\alpha/2}(n-1)=\chi^2_{0.975}(24)=39.369, \chi^2_{\alpha/2}(n-1)=\chi^2_{0.025}(24)=12.4$

由式(4-12)得,总体方差置信区间公式为:$\left(\dfrac{(n-1)s^2}{\chi^2_{1-\alpha/2}(n-1)}, \dfrac{(n-1)s^2}{\chi^2_{\alpha/2}(n-1)}\right)$

代入已知数据计算得:

置信区间下限:$\dfrac{(n-1)s^2}{\chi^2_{1-\alpha/2}(n-1)}=\dfrac{(25-1)\times 9.655^2}{\chi^2_{0.975}(25-1)}=56.83$

置信区间上限:$\dfrac{(n-1)s^2}{\chi^2_{\alpha/2}(n-1)}=\dfrac{(25-1)\times 9.655^2}{\chi^2_{0.025}(25-1)}=180.39$

于是,我们可以以95%的置信水平认为该种食品重量方差的置信区间为:56.83~180.39。

【例4-15】 某银行对所属两个储蓄所储户的存款余额情况进行调查,为此从每家储蓄所各抽取25个储户组成简单随机样本,样本标准差分别为700元和750元。假设两个总体均服从正态分布,试建立两储蓄所储户存款余额方差比95%的置信区间。

解 设随机变量 X_1, X_2 分别表示两储蓄所储户的存款余额,则根据已知条件有

$X_1 \sim N(\mu_1, \sigma_1^2), n_1=25, s_1=700$ 元

$X_2 \sim N(\mu_2, \sigma_2^2), n_2=25, s_2=750$ 元

与置信度95%相对应的 $\alpha=0.05$,查 F 分布表,得到

$F_{\alpha/2}(n_1-1, n_2-1)=F_{0.025}(24,24)=2.27$

$F_{1-\alpha/2}(n_1-1, n_2-1)=\dfrac{1}{F_{\alpha/2}(n_1-1, n_2-1)}=\dfrac{1}{F_{0.025}(24,24)}=0.4405$

由式(4-13)得,两个正态总体方差比 $1-\alpha$ 的置信区间为:

$$\left(\dfrac{s_1^2/s_2^2}{F_{\alpha/2}(n_1-1, n_2-1)}, \dfrac{s_1^2/s_2^2}{F_{1-\alpha/2}(n_1-1, n_2-1)}\right)$$

代入已知数据得:

$$\left(\dfrac{s_1^2/s_2^2}{F_{\alpha/2}(n_1-1, n_2-1)}, \dfrac{s_1^2/s_2^2}{F_{1-\alpha/2}(n_1-1, n_2-1)}\right)=\left(\dfrac{700^2/750^2}{2.27}, \dfrac{700^2/750^2}{1/2.27}\right)$$
$$=(0.3837, 1.9774)$$

于是,我们可以以95%的置信水平认为两储蓄所储户存款余额方差比为 0.3837~1.9774。

第六节 R 软件在参数估计中的应用

一、R 参数估计方案

R 没有提供专门用于参数估计的系统函数,但 R 提供用于假设检验的系统函数均包含了总体参数估计信息。因此,可借助均值假设检验函数 t.test( )和总体比例假设检验函数 prop.test( )等来完成参数估计。除此之外,为了教学和实践应用需要,本章提供了参数估计的方案和一些自定义函数。

(一)基于样本数据使用系统函数

如果案例中提供了详细的样本数据,则可使用 R 提供的系统函数进行对总体参数的区间估计。这些系统函数可满足一个样本或两个样本的参数估计需要,具体包括:

(1)总体均值参数估计在理论上应该使用 z 统计量进行总体均值参数估计时使用系统函数:z.test( )

严格说 z.test( )是一个弥补 t.test( )函数的自定义函数,具体形式如下:

z.test(x,y,alternative,mu,sigma.x,sigma.y,conf.level)

其中:x 为样本数据;y 为样本数据(可缺省);alternative 为备择假设的方向("two.side" 双侧,"less" 左侧,"greater" 右侧);sigma.x x 为总体已知方差;sigma.y y 为总体已知方差;conf.level 为置信度 $1-\alpha$。

(2)总体均值参数估计在理论上应该使用 t 统计量进行总体均值参数估计时使用系统函数:t.test( )

函数形式为:t.test(x,y,paired = F,var.equal = F,conf.level = 0.95),详细函数说明见系统帮助文件及实例。

(3)总体比率参数估计可使用系统函数:binom.test(x,n,conf = 0.95)和 prop.test(x,n,conf = 0.95)。prop.test( )函数还可以用于两个总体比例差的参数估计,具体形式为:prop.test(c(x1,x2),c(n1,n2),conf = 0.95,correct = F)。

(4)总体方差参数估计。对于一个总体方差参数估计使用系统函数:sigma.test(x,conf = 0.95);对于两个总体方差比参数估计使用系统函数:var.test(x,y,conf = 0.95)。

上述函数应用时添加 \$con 可只返回参数估计的结果,例如:z.test( ) \$con。详细应用见下面各例题代码及结果。

(二)提供模拟样本数据使用系统函数

如果案例中没有提供详细的样本数据,只提供了样本统计量,则可使用第三章提到的模拟正态分布数据自定义函数:myrnorm()来模拟生成复合样本统计量的样本数据,然后再使用 R 提供的系统函数进行对总体参数的区间估计。myrnorm()函数详细说明如下:

myrnorm(n = 10,mean = 0,sd = 1)　　♯返回一服从指定参数正态分布的数值向量

其中:n 为样本容量;mean 为样本均值;sd 为样本标准差

模拟生成的数值向量使用 mean()及 sd()计算结果与样本统计量完成相同。myrnorm()函数的详细应用见下面各例题代码及结果。

(三)使用自定义函数

由于 R 并没有提供参数估计相关的系统函数,R 的作用相当于高级计算器(概率计算不需要查表)。为满足教学和实际应用,将这类问题的计算和分析步骤编制为自定义函数,读者通过使用自定义函数快速得到参数估计结果。本章的自定义函数包括以下几类。

1. 置信区间图形函数

在本章教学过程中,需要大量基于各种分布的置信区间图形示范,这些自定义函数可方便读者使用 R 绘制置信区间图形。具体自定义函数为:

> z.plot(p = 0.95,di = " = ")　　　　　#生成正态分布区间图(见图 4-2)
> c.plot(p = 0.95,di = " = ",df = 30)　　#生成卡方分布区间图(见图 4-3)

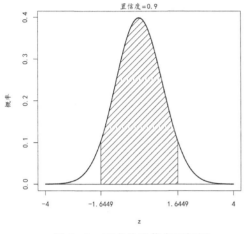

图 4-2　正态分置信布区间图

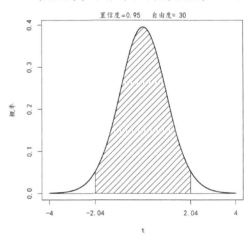

图 4-3　t 分布置信区间图

> cqujiantu(p = 0.95,df = 30,alter = 0)　　　　　#卡方分布区间图(见图 4-4)
> f.plot(p = 0.95,di = " = ",df1 = 30,df2 = 30,k = 3)　　#生成 F 分布区间图(见图 4-5)

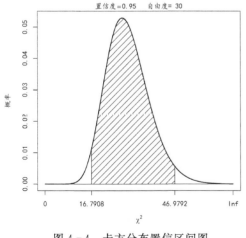

图 4-4　卡方分布置信区间图

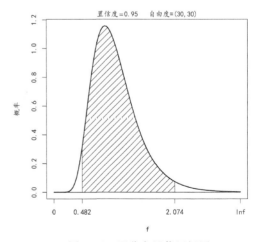

图 4-5　F 分布置信区间图

满足各种图形绘制要求的自定义函数详细使用说明,请参看函数帮助信息。

2. 参数估计

由于 R 系统函数提供的信息过于简略且可读性不好,为满足教学和实际应用,本章编制了能满足各种情况(不管案例提供的是样本统计量还是样本数据,大样本还是小样本)的参数估计自定义函数,读者通过使用自定义函数快速得到参数估计结果。具体自定义函数有以下几个:

```
meanqujian(x, n, meanx, p = 0.95, sigma, s)      #均值区间估计函数
ratequjian(n = 100, n1 = 65, p = 0.95)           #比例区间估计函数
varqujian(x, p = 0.95)                           #方差区间估计函数
```

详细应用见下面各例题代码及结果。

3. 手工计算过程展示函数

使用自定义函数还可获得手工做题的步骤及结果,目的是让读者通过这些标准步骤理解参数估计的原理及应用。这些自定义函数输出结果与手工计算步骤和结果完全相同,可以作为教师课堂使用来提高教学效率,也可以方便学生对手工计算结果进行检查。这些函数的输出结果可为图片或 PDF 文档。具体包括:

```
meanqujianzy(x, n, meanx, p = 0.95, sigma, s)    #一个总体均值区间估计作业函数
ratequjianzy(n = 100, n1 = 65, p = 0.95)         #一个总体比例区间估计作业函数
varqujianzy(x, p = 0.95)                         #一个总体方差区间估计作业函数
```

目前主要实现的是一个总体参数区间估计的自定义函数。在后续的代码完善中,可进一步实现两个总体参数估计的手工做题步骤自动化的相关自定义函数。因篇幅关系,下面只给出【例 4 - 1】的代码及结果。

【例 4 - 1】中,手工做题的步骤及结果的自定义函数应用:

```
> meanqujianzy(n = 64, meanx = 996, sigma = 20, p = 0.95)    #结果为例 4 - 1 计算过程,见图 4 - 6
```

已知: $n=64, \bar{x}=996, \sigma=20, \alpha=0.05$

分析: 总体方差已知,由 $1-\alpha=0.95$,查表得: $z_{\alpha/2}=1.96$

选择公式: $\bar{x} \pm z_{\alpha/2} \dfrac{\sigma}{\sqrt{n}}$,代入已知数据得: $996 \pm 1.96 \times \dfrac{20}{\sqrt{64}}$

即: [991.1, 1000.9]

答: 总体均值置信区间: [991.1, 1000.9]

图 4 - 6 【例 4 - 1】计算过程

二、R 参数估计例题应用

(一)总体均值参数估计

1. 一个总体均值的参数估计

【例 4 - 1】中,R 软件总体均值参数估计代码:

(1)应用 meanqujian( )自定义函数

```
> meanqujian(n = 64, meanx = 996, sigma = 20, p = 0.95)    #自定义函数,置信区间
```
图如图 4 - 7 所示

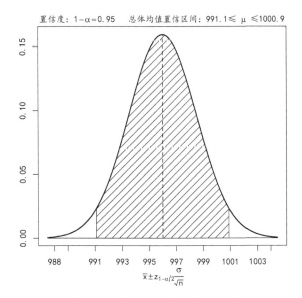

图 4-7 【例 4-1】的置信区间图

```
$总体信息
总体标准差
    20
$样本信息
样本容量   样本均值   样本标准差
    64       996       NA
$置信水平
置信水平   左侧临界值   右侧临界值
  0.95      -1.96        1.96
$总体均值置信区间
下限      上限
991.1    1000.9
$结论
"可以以95%的概率认为:总体均值在991.1~1000.9。"
```

(2) 使用 z.test( ) 自定义函数

> z.test(rep(996,64),sigma.x = 20,conf = 0.95)$con   #无原始数据,使用模
　　　　　　　　　　　　　　　　　　　　　　　　　　　　拟数据替代

[1] 991.1001 1000.8999
attr(,"conf.level")
[1] 0.95

【例 4-2】中,R 软件总体均值参数估计代码:
#建立样本数据
>x = c(112.5,101,103,102,100.5,102.6,107.5,95,108.8,115.6,100,123.5,102,

101.6,102.2,116.6,95.4,97.8,108.6,105,136.8,102.8,101.5,98.4,93.3)

(1)应用 meanqujian( )自定义函数

> meanqujian(x,p = 0.95,sigma = 10)   #自定义函数

$ 结论

"可以以 95% 的概率认为:总体均值在 101.44~109.28。"

(2)使用 z.test( )自定义函数

> z.test(x,sigma.x = 10,conf = 0.95) $ con   #有样本数据

[1] 101.4401 109.2799

attr(,"conf.level")

[1] 0.95

【例 4 - 3】中,R 软件总体均值参数估计代码:

(1)应用 meanqujian( )自定义函数

>meanqujian(n = 100,meanx = 170,s = 7.5,p = 0.95)   #置信区间图形(略)

$ 结论

"可以以 95% 的概率认为:总体均值在 168.53~171.47。"

(2)使用 z.test( )自定义函数

#建立模拟样本数据

> x = myrnorm(100,170,7.5)   #详细命令 myrnorm(n = 100,mean = 170,sd = 7.5),产生样本数据

> z.test(x,conf = 0.95) $ con

[1] 168.53 171.47

attr(,"conf.level")

[1] 0.95

【例 4 - 4】中,R 软件总体均值参数估计代码:

>x = c(23, 36, 42, 34, 39, 34, 35, 42, 53, 28, 49, 39,39, 46, 45, 39, 38, 45, 27, 43, 54,36,34,48,36,31, 47, 44, 48, 45, 44,33,24,40,50,32)

(1)应用 meanqujian( )自定义函数

> meanqujian(x,p = 0.9)   #置信区间图形(略)

$ 结论

"可以以 90% 的概率认为:总体均值在 37.37~41.63。"

(2)使用 t.test( )系统函数

>t.test(x,conf = 0.9) $ con   #系统函数,单样本假设检验函数

[1] 37.311 41.689

attr(,"conf.level")

[1] 0.9

(3)使用 z.test( )自定义函数

> z.test(x,conf = 0.9) $ con

[1] 37.36893 41.63107

attr(,"conf.level")

[1] 0.9

请认真比较三种方式的运行结果。

【例 4-5】中,R 软件总体均值参数估计代码:

(1)应用 meanqujian( )自定义函数

> meanqujian(n = 16,meanx = 13,s = 5.6,p = 0.95)　　＃置信区间图形(略)

$ 结论

"可以以 95% 的概率认为:总体均值在 10.02--15.98。"

(2)使用 t.test( )系统函数

> x = myrnorm(16,13,5.6)　　＃详细命令 myrnorm(n = 16,mean = 13,sd = 5.6),产生样本数据

>t.test(x,conf = 0.95) $ con　　　　＃系统函数

[1] 10.01597 15.98403

attr(,"conf.level")

[1] 0.95

【例 4-6】中,R 软件总体均值参数估计代码:

>x = c(1510, 1450, 1480, 1460, 1520, 1480, 1490, 1460, 1480, 1510, 1530, 1470, 1500, 1520, 1510, 1470)

(1)应用 meanqujian( )自定义函数

>meanqujian(x,p = 0.95)　　　　　　　　　　　　＃置信区间图形(略)

$ 结论

"可以以 95% 的概率认为:总体均值在 1476.8~1503.2。"

(2)使用 t.test( )系统函数

>t.test(x,conf = 0.95) $ conf　　　　＃系统函数,单样本假设检验函数

[1] 1476.803 1503.197

attr(,"conf.level")

[1] 0.95

2. 两个总体均值差的参数估计

【例 4-7】中,R 软件总体均值参数估计代码:

> x = myrnorm(n = 25,mean = 7500,sd = 700)

> y = myrnorm(n = 25,mean = 9000,sd = 750)

> z.test(x,y,conf = 0.95) $ con　　＃两个总体方差已知

[1] -1902.151 -1097.849

attr(,"conf.level")

[1] 0.95

【例 4-8】中,R 软件总体均值参数估计代码:

> x = myrnorm(n = 100,mean = 19000,sd = 70)

> y = myrnorm(n = 80,mean = 17000,sd = 75)

> z.test(x,y,conf = 0.95) $ con　　＃两个样本均为大样本

[1] 1978.591 2021.409

attr(,"conf.level")
[1] 0.95

【例 4-9】中,R 软件总体均值参数估计代码:
> x = myrnorm(n = 16, mean = 30250, sd = 18400)
> y = myrnorm(n = 25, mean = 33750, sd = 13500)
> t.test(x,y,var = T,conf = 0.95)$con   #独立小样本,假设两个总体方差相等
[1] -13581.617 6581.617
attr(,"conf.level")
[1] 0.95

【例 4-10】中,R 软件总体均值参数估计代码:
> x = myrnorm(n = 16, mean = 30250, sd = 18400)
> y = myrnorm(n = 25, mean = 33750, sd = 13500)
> t.test(x,y,var = F,conf = 0.95)$con   #独立小样本,假设两个总体方差不相等
[1] -14479.912 7479.912
attr(,"conf.level")
[1] 0.95

【例 4-11】中,R 软件总体均值参数估计代码:
> x = c(78, 63, 72, 89, 91, 49, 68, 76, 85, 55)
> y = c(71, 44, 61, 84, 74, 51, 55, 60, 77, 39)
> t.test(x,y,paired = T,conf = 0.95)$conf   #使用系统函数
[1] 6.327308 15.672692
attr(,"conf.level")
[1] 0.95

(二)总体比例参数估计

【例 4-12】中,R 软件总体均值参数估计代码:
> ratequjian(n = 1000, n1 = 650, p = 0.95)   #自定义函数,置信区间图略
$样本信息
样本容量   样本比例   标准误差
  1000   0.65   0.0004769696
$置信水平
置信水平   左侧临界值   右侧临界值
  0.95   -1.96   1.96
$总体比例置信区间
下限   上限
0.6204   0.6796
$结论
"可以以 95% 的概率认为:总体比例在 62.04%～67.96%。"
> binom.test(216,995,conf = 0.9)$conf   #系统函数

[1] 0.6195298 0.6795839
attr(,"conf.level")
[1] 0.95

【例 4-13】中，R 软件总体均值参数估计代码：
> prop.test(c(128,90),c(200,225),conf = 0.9,correct = F) $ con
[1] 0.1625229 0.3174771
attr(,"conf.level")
[1] 0.9

(三)总体方差参数估计

【例 4-14】中，R 软件总体方差参数估计代码：
> x = c(112.5, 101, 103, 102, 100.5, 102.6, 107.5, 95, 108.8, 115.6, 100, 123.5, 102, 101.6, 102.2, 116.6, 95.4, 97.8, 108.6, 105, 136.8, 102.8, 101.5, 98.4, 93.3)
> sigma.test(x,conf = 0.95) $ con   # 系统函数
[1] 56.82897 180.38811
attr(,"conf.level")
[1] 0.95
> varqujian(x,p = 0.95)   # 自定义函数
$ 样本信息
样本容量   样本方差
    25   93.20917
$ 置信水平
置信水平   左侧临界值   右侧临界值
  0.95   12.4012   39.3641
$ 总体方差置信区间
下限   上限
56.829   180.3881
$ 结论
"可以以 95% 的概率认为：总体方差在 56.829~180.3881。"

【例 4-15】中，R 软件总体方差参数估计代码：
> x = myrnorm(n = 25,mean = 300,sd = 700)
> y = myrnorm(n = 25,mean = 300,sd = 750)
> var.test(x,y,conf = 0.95) $ con
[1] 0.3838716 1.9767927
attr(,"conf.level")
[1] 0.95

习 题

一、单项选择题

1. 抽样推断的基本内容是（ ）。
   A. 参数估计　　　　　　　　　　B. 假设检验
   C. 参数估计和假设检验两方面　　D. 数据的收集

2. 根据10%抽样调查资料,甲企业工人生产定额完成百分比方差为25,乙企业为49。乙企业工人数量是甲企业的4倍,工人总体生产定额平均完成率的区间（ ）。
   A. 甲企业较大　　　　　　　　　B. 乙企业较大
   C. 两企业一样　　　　　　　　　D. 无法预期两者的差别

3. 在抽样调查某企业工人生产定额完成情况时,在工人按姓氏笔画多少的顺序名单中每五人进行抽样。在抽中的36人中,生产定额平均完成百分比为123%,方差8%,试以0.9545概率确定该企业全体工人生产定额平均完成百分比的置信区间（ ）。
   A. 123%±4%　　　　　　　　　　B. 123%±1.3%
   C. 123%±2.7%　　　　　　　　　D. 123%±9%

4. 在参数估计中要求通过样本的统计量来估计总体参数,评价统计量的标准之一是使它与总体参数的离差越小越好。这种评价标准称为（ ）。
   A. 无偏性　　　　　　　　　　　B. 有效性
   C. 一致性　　　　　　　　　　　D. 充分性

5. 根据一个具体的样本求出的总体均值的95%的置信区间即（ ）。
   A. 以95%的概率包含总体均值　　B. 有55%的可能性包含总体均值
   C. 一定包含总体均值　　　　　　D. 要么包含总体均值,要么不包含总体均值

6. 一个95%的置信区间是指（ ）。
   A. 总体参数有95%的概率落在这一区间内
   B. 总体参数有5%的概率未落在这一区间内
   C. 在用同样方法构造的总体参数的多个区间中,有95%的区间包含该总体参数
   D. 在用同样方法构造的总体参数的多个区间中,有95%的区间不包含该总体参数

二、计算题

1. 某学校采用不重复随机抽样方法选取100名高中学生,测得学生平均体重为50千克,标准差为48.36千克。要求在可靠程度为95%（$z=1.96$）的条件下,推断该校全部高中学生平均体重的范围是多少。

2. 某地区对小麦的单位面积产量进行抽样调查,随机抽选25公顷,计算得平均每公顷产量9000千克,标准差为1200千克。试估计每公顷产量在8520~9480千克的概率是多少。

3. 从一个正态总体中随机抽取数量为8的样本,各样本值分别为:10 8 12 15 6 13 5 11。求在可靠程度为95%总体均值的置信区间。

4. 在一项家电市场调查中,随机抽取了 200 户居民,调查他们是否拥有某一品牌的电视机。其中拥有该品牌电视机的家庭占 23.94%。求置信水平为 95% 下,总体比率的置信区间。

5. 某单位按重复抽样方式随机抽取 36 名职工,对其业务考试成绩进行检查,资料如下:
68 89 88 84 86 87 75 73 72 68 75 82 99 58 81 54 19 76 95 76 71 76 72 76 85 89 92 64 57 83 81 78 77 72 61 70

试以 95.45% 的概率保证程度推断全体职工业务考试成绩的区间范围。

6. 某学校进行一次英语测验,为了解学生的考试情况,随机抽选部分学生进行调查,所得资料如下:

考试成绩	60 以下	60~70	70~80	80~90	90~100
学生人数	10	20	22	40	8

试以 95.45% 的可靠性估计该校学生英语考试的平均成绩的范围及该校学生成绩在 80 分以上的学生所占的比重的范围。

7. 生产工序的方差是共需质量的一个重要度量。当方差较大时,需要对共需进行改进以减小方差。下面是两部机器生产的袋茶重量(克)的数据:

机器 1			机器 2		
3.45	3.22	3.90	3.22	3.28	3.35
3.20	2.98	3.70	3.38	3.19	3.30
3.22	3.75	3.28	3.30	3.20	3.05
3.50	3.38	3.35	3.30	3.29	3.33
2.95	3.45	3.20	3.34	3.35	3.27
3.16	3.48	3.12	3.28	3.16	3.28
3.20	3.18	3.25	3.30	3.34	3.25

构造两个总体方差比 95% 的置信区间。

第五章 假设检验

【导入案例】

当问起健康的成年人体温是多少时,多数人的回答是 37℃,这似乎已经成了一种共识。下面是一个研究人员测量的 50 个健康成年人的体温数据:37.1 36.9 36.9 37.1 36.4 36.9 36.6 36.2 36.7 36.9 37.6 36.7 37.3 36.9 36.4 36.1 37.1 36.6 36.5 36.7 37.1 36.2 36.3 37.5 36.9 37.0 36.7 36.9 37.0 37.1 36.6 37.2 36.4 36.6 37.1 37.0 36.6 36.9 36.7 37.2 36.3 37.1 36.7 36.8 37.0 37.0 36.1 37.0。这些样本数据能说明健康的成年人体温是多少吗?用什么方法解决这个问题?

在后续研究中,还有更复杂的问题(如:顾客的性别与顾客的购物金额之间是否存在相关关系?顾客的年龄与顾客的购物金额之间是否存在相关关系?等等)。现实生活中有大量此类问题需要解答,回答的思路应是:(1)搜集证据(数据);(2)用证据说话;(3)如何让人信服。这三个问题的完整思路就是统计学的假设检验方法。

【内容要点】

抽样推断的主要应用有参数估计和假设检验。参数估计是一定的置信水平下利用样本信息推断总体参数。假设检验是先对总体参数(分布特征)做出某种假设,然后利用样本数据去检验这个假设是否成立。只有在假设检验的基础上,才能对许多应用问题做进一步深入研究。

(1)理解假设检验的逻辑推理套路(逻辑思维);
(2)理解假设检验方法的数理推导过程,掌握假设检验结论公式的应用;
(3)了解 R 软件假设检验相关函数的应用;
(4)最重要的一点:学会根据研究需要提出相应的假设。

第一节 假设检验概述

一、统计假设

1. 统计假设的定义

某药厂研发了一种新药,想知道这种新药的疗效是否好于旧药。该问题使用自然语言可表述为:这种新药的疗效比原有的药物更有效。该问题使用统计语言可表述为:新药治愈比例高于旧药治愈比例。上述问题的统计语言表述就非常接近统计假设,要使用统计方法(规则)解决问题,首先要将欲研究的问题使用总体参数进行量化表述。因此,统计假设是对总体参数的陈述。总体参数包括均值、比率、方差等，统计假设就是关于总体均值、比率及方差等的陈述。

2. 原假设与备择假设

从严谨的逻辑思维考虑，对于任何需要研究的问题，规范的统计假设一般要提出两个假设。为什么要提出两个假设呢？因为从逻辑学来看，如果我们能够证明某个假设不成立，那么其对立假设肯定为真。也就是说，如果其中一个假设为真，则另一个假设为假；如果我们推翻了其中一个假设，那就必须承认另一个假设。

因此，在统计研究中统计假设的规范表述通常包括一正一反两个假设，分别被称为原假设和备择假设。原假设与备择假设相互矛盾，他们中必然有一个是合理真实的。那么如何针对具体问题提出原假设和备择假设呢？

（1）原假设。原假设通常意味着什么都没有发生或什么都没有改变（如：参数不变、情况正常、变量是独立的等），其基本形式为：总体参数＝陈述值。也可以视实际问题需要使用其他形式，如：总体参数≥陈述值，或总体参数≤陈述值，表示现状没有改变等。数学符号使用 H_0 表示。例如，对总体均值的原假设可包括三种形式：$H_0: \mu = \mu_0$ 或 $H_0: \mu \leq \mu_0$ 或 $H_0: \mu \geq \mu_0$。

原假设的意义在于为后续的假设检验提供了基于该假设的概率分布。例如，对总体均值的原假设，事实上假定了样本均值服从了以 μ_0 为中心的正态分布，即 $\bar{x} \sim N(\mu_0, \sigma^2/n)$。

（2）备择假设。备择假设通常意味着某个事件发生或总体发生改变（如：参数有改变、情况不正常、变量不独立等），总体参数为完全不同于原假设陈述的数值。数学符号使用 H_1 表示。与原假设的不变对应，它表达的变化可能有三种情况（朝两个方向发生改变、朝小的方向改变、朝大的方向改变）。因此，备择假设具体有以下三种形式：$H_1: \mu \neq \mu_0$ 或 $H_1: \mu > \mu_0$ 或 $H_1: \mu < \mu_0$。

在后续的假设检验中，可按备择假设将假设检验分为三种类型：

双侧检验：总体参数≠陈述值（把风险平分在右侧和左侧）。

左侧检验：总体参数＜陈述值（只关注偏低的风险，风险分在左侧）。

右侧检验：总体参数＞陈述值（只关注偏高的风险，把风险分在右侧）。

【例 5-1】 一种零件的生产标准是直径等于 10 cm，如果零件的平均直径大于或小于 10 cm，则表明生产过程不正常，必须进行调整。质量监测人员想确定这台机床生产的零件是否符合标准要求。依据问题，质量监测人员可以在原假设中认为生产过程正常，在备择假设中认为生产过程不正常。因此，统计假设的具体表达为：$H_0: \mu = 10$ cm，$H_1: \mu \neq 10$ cm。

【例 5-2】 某品牌洗涤剂在它的产品说明书中声称其平均净含量不少于 500 克。从消费者的利益出发，有关研究人员要通过抽检其中的一批产品来验证该产品制造商的说明是否属实。原假设认为其符合说明书属于正常情况。备择假设则认为其不符合说明书，属于不正常的情况。因此，统计假设的具体表达为：$H_0: \mu \geq 500$ 克，$H_1: \mu < 500$ 克。

3. 争议

实际研究中，根据研究者的目的统计假设往往不可避免地带有主观色彩。对于同一个实际问题，不同的研究者提出相反的统计假设也是完全有可能的。这些争议是允许的，重点在于根据样本数据（证据）对假设结论的解读。从一般的数学方法看，因为假设检验是根据概率意义下的反证法来否定原假设，所以原假设必须包含等号。

假设检验可用于对总体特征假设的检验和对于总体间关系问题的检验，本章重点研究关于总体特征的假设检验。

二、假设检验

假设检验是推断统计主要内容,是依据一定的假定条件由样本推断总体的一种方法。它是利用从总体抽样得到的信息(样本),来检验对总体某种假设的正确性,从而做出接受或拒绝假设的决定。

假设检验也称为显著性检验,是事先对总体(随机变量)的参数或总体分布形式做出一个假设,然后利用样本信息来判断这个假设(备择假设)是否合理,即判断总体的真实情况与原假设是否有显著性差异。或者说,显著性检验要判断样本与我们对总体所做的假设之间的差异是纯属机会变异,还是由我们所做的假设与总体真实情况之间不一致引起的。如果差异不显著,则认为这个假设不合理,从而做出拒绝该假设(备择假设)的决定。如果差异显著,则认为这个假设合理,从而做出接受该假设(备择假设)的决定。

1. 基本思想

假设检验的方法只有具备科学性,其结论才能让人信服,否则就会发生利益相关方因不满意对自己不利的检验结论而不断要求重新检验的行为。假设检验方法的科学性首先应该体现在基本思想上。

20世纪20年代后期,在英国剑桥一个夏日的午后,一群大学的绅士和他们的夫人们,以及来访者,正围坐在户外的桌旁,享用着下午茶。在品茶过程中,一位女士坚称:把茶加进奶里,或把奶加进茶里,不同的做法,会使茶的味道品起来不同。费歇尔兴奋地说道:"让我们来检验这个命题吧!"并开始策划一个实验。在实验中,坚持茶有不同味道的那位女士被奉上一连串的已经调制好的茶,其中,有的是先加茶后加奶制成的,有的则是先加奶后加茶制成的。

正常情况下我们去猜先倒茶还是先倒牛奶的话,概率应该是 $1/2$,总共检验两杯,全部猜对的概率是 $0.5 \times 0.5 = 0.25$,虽然概率很低,但是也算正常;总共检验四杯,全部猜对的概率是 0.0625,有点不正常了,但是会不会还是运气呢?总共检验十杯,全部猜对的概率是 0.0009765625,这个概率也太小了,如果连续猜对 10 杯,那么就会认为这位女士确实有特殊的能力。费歇尔进行基于此研究提出了假设检验的思想。

从逻辑学角度,假设检验的基本思想是反证法+小概率。先假定原假设正确,通过观察样本(证据),判断比样本统计量更为极端情况(沿备择假设方向)是否是小概率事件。若是,则拒绝该原假设,若否,则不拒绝原假设。

企图肯定一个事物很难,而否定却要相对容易得多。如果一个人说他从来没有骂过人。他能够证明吗?要证明他没有骂过人,他必须出示他从小到大每一时刻的录音、录像及所有书写的东西等等,还要证明这些物证是完全的、真实的和没有间断的,这简直是不可能的。即使他找到一些证人,比如他的同学、家人和同事,那也只能够证明在那些证人在场的某些片刻,他没有被听到骂人。反过来,如果要证明这个人骂过人很容易,只要有一次被抓住就足够了。企图肯定什么事物很难,而否定却要相对容易得多。

小概率思想认为小概率事件在一次试验中基本上不可能发生。我们首先对总体做出一个假设(原假设),这个假设大概率会成立,如果在一次试验中,试验结果和原假设相背离,也就是小概率事件发生了,那我们就有理由怀疑假设(原假设)的真实性,从而拒绝这一假设

（原假设）。

判断不可能发生的标准是什么？多人的概率算大概率,多小的概率算小概率？按照经验,通常认为 0.05 以下为小概率。实际工作中也可以认为 0.01 以下为小概率,还可以认为 0.001 以下为小概率。小概率没有一个绝对的标准,要根据具体研究需要而定。在假设检验中,小概率用显著性水平 α 来表示。关于显著性水平 α 的大小确定,还可以从检验的两类错误进一步阐述和理解。

综上所述,为了检验一个原假设是否成立,先假定它是成立的,然后看接受这个假设之后在一次观察中是否出现小概率事件。小概率事件在一次试验中基本上不会发生。若出现小概率事件,则认为应该拒绝该假设。

2. P 值

为了完成假设检验的具体过程,我们需要先定义一个概念：P 值。在原假设下,沿着备选假设的方向比检验统计量值更加极端情况的概率称为 P 值,反映实际观测到的信息与原假设不一致的程度。P 值又称为观测的显著性水平。

总之,P 值是一个基于原假设正确时概率分布计算得到的,比样本信息更极端情况的可计算的概率。也可以理解为一次实验结果的实际统计概率。如果计算得到的 P 值远小于事先规定的小概率（显著性水平 α）,那么我们的选择是相信证据（数据）,拒绝零假设。如果计算得到 P 值大于事先规定的小概率（显著性水平 α）,那么我们的选择是证据不足,不拒绝零假设。

P 值的具体计算依赖于检验统计量的概率分布,在后续的假设检验过程中再做详细说明。

3. 假设检验的两类错误

按照上述规则决策就一定正确吗？会不会出错形成冤假错案？假设检验是根据样本数据对总体参数或概率分布进行统计推断,也就是由部分来推断整体,它不可能绝对准确。因此,在假设检验中由于样本信息的局限性,势必会产生错误。错误无非有两种情况：一是原假设实际上是正确的,但我们做出的决定是拒绝原假设,此类错误称为第一类错误；二是原假设实际上是不正确的,但是我们却做出了接受原假设的决定,此类错误称为第二类错误,参见表 5-1。

表 5-1　研究结论和实际情况的关系矩阵

研究结论	H_0 的实际状态	
（对假设 H_0 采取的态度）	H_0	$\bar{H_0}$
H_0 成立	决策正确	犯第二类错误
H_0 不成立	犯第一类错误	决策正确

第一类错误也称弃真错误。原假设本来是真的,却因为检验统计量的 P 值过小把它给否定了。小概率并不能说明一定不会发生,仅仅是发生的概率很小罢了。产生的原因可能是样本中极端数值或采用决策标准较宽松。第一类错误的代价大,比如：某嫌疑犯无罪,法院判决其死刑立即执行。因此实务中应尽量控制第一类错误的发生。由于犯第一类错误的概率是可以由研究者控制的,因此在假设检验中,人们往往先控制第一类错误的发生概率,发生第一类错误的概率通常用 α 表示。

第二类错误也称取伪错误。原假设本来是非真的,却根据检验统计量的 P 值大于事先规定的显著性水平而没有拒绝。如果事件概率不是小概率据此不拒绝原假设也可能犯错误。可能产生的原因有:实验设计不灵敏、样本数据变异性过大及处理效应本身比较小等。第二类错误发生的概率通常用 β 表示。在假设检验问题中,由于备选假设不是一个点,所以无法算出犯第二类错误的概率。

需要注意的是犯两类错误的概率之和不一定等于 1,在样本容量确定的情况下,犯两类错误的概率不能同时增加或减少。如果想使两类错误的概率同时都很小,只有增加样本容量。犯第一类错误的危害较大,由于报告了本来不存在的现象,因此衍生出的危害将是不可估量的。相对而言,第二类错误的危害则相对较小,因为研究者如果对自己的假设很有信心,可能会重新设计实验,直到得到自己满意的结果。但是如果对本就错误的观点坚持的话,可能会演变成第一类错误。

在实际应用中,一般先控制犯第一类错误的概率 α,给它规定一个上限,而不考虑犯第二类错误的概率。我们把犯第一类错误的最大概率 α 称为检验的显著性水平,相应的检验称为水平 α 的显著性检验。无论统计学家用多大的 α 作为显著性水平都不能脱离实际问题的背景。统计显著不一定等价于实际显著。反过来也一样。

三、假设检验的一般步骤

1. 根据所研究问题提出原假设和备择假设

根据具体问题,提出对总体参数陈述的原假设和备择假设,然后按照备择假设可以把假设检验区分为双侧检验、左侧检验和右侧检验三种类型。一般来说,双侧检验的目的是检验抽样的样本统计量与假设参数的差异是否过大,把风险平分在左右两侧,右侧检验只注意估计值是否偏高的风险,左侧检验只注意估计值是否偏低的风险。以总体均值假设检验为例,具体形式见表 5-2。

表 5-2 三种类型的假设检验

假设	双侧检验	单侧检验	
		左侧检验	右侧检验
原假设	$H_0: \mu = \mu_0$	$H_0: \mu \geq \mu_0$	$H_0: \mu \leq \mu_0$
备择假设	$H_1: \mu \neq \mu_0$	$H_1: \mu < \mu_0$	$H_1: \mu > \mu_0$

2. 规定测验的显著水平 α

显著性水平也就是规定小概率的标准,或者说是规定所容忍犯第一类错误概率的最大上限。通常 α 选 0.10、0.05 或 0.01 等。

3. 根据原假设构造检验统计量

统计检验是在假定原假设正确的前提下(基于原假设正确时概率分布)进行 P 值计算的。所以必须根据原假设的概率分布构造能用于 P 值的检验统计量。检验统计量的一般形式为:

$$检验统计量 = \frac{点估计量 - 假设值}{点估计量的标准差} \tag{5-1}$$

检验统计量的选择要根据检验的具体参数、抽样方式、样本大小以及总体方差是否已知等多种因素来确定。根据第三章样本统计量的抽样分布,常用的检验统计量有 z 统计量、t 统计量、χ^2 统计量及 F 统计量等。

最后,根据样本信息(样本统计量)计算检验统计量的数值,结合检验的不同类型(双侧检验、左侧检验及右侧检验)计算 P 值。

4. 做出决策结论

决策结论通常由以下两种方法确定:

一是基于 P 值确定决策规则。P 值 $<\alpha$,拒绝 H_0;反之不拒绝 H_0。这种规则符合假设检验的基本思想,但存在计算难度的问题,仅仅借助于概率分布查对表,大部分 P 值无法精确计算。使用统计软件不存在此问题。在统计软件的输出中,通常只输出 P 值,由用户去决定 P 值是多少时拒绝原假设。

二是基于拒绝域确定决策规则。首先基于原假设成立时的检验统计量查概率分布查表得给定显著性水平 α 的临界值,然后结合假设检验类型构造拒绝域。决策规则为:检验统计量值位于拒绝域内时,拒绝 H_0,反之不拒绝 H_0。

需要注意的是,通常在做决策时,统计学家建议我们采用"不拒绝 H_0"的说法,而不采用"接受 H_0"的说法。确切的说法是:在显著性水平为 α 时,根据这次试验得到的样本数据,不足以否定 H_0。因为此时我们并未证实原假设是真的。正如一个法庭宣告某一判决为"无罪(not guilty)"而不为"清白(innocent)",统计检验的结论也应为"不拒绝"而不是"接受"。假设检验只提供不利于原假设的证据。因此,当拒绝原假设时,表明样本提供的证据证明它是错误的,当没有拒绝原假设时,我们也没法证明它是正确的,因为假设检验的程序没有提供它正确的证据。没有足够的证据拒绝原假设并不等于已经"证明"了原假设是真的,它仅仅意味着目前还没有足够的证据拒绝原假设,只表示手头上这个样本提供的证据还不足以拒绝原假设。

假设检验及结论只能说明所研究的问题在统计上显著(或不显著),并不代表实际显著(或不显著)。

第二节 一个总体参数的假设检验

在实际工作中,对一个总体的均值、比例及方差提出假设,然后根据样本统计量检验该假设是否成立。在假设检验的基本思想和一般步骤基础上,本节具体介绍重点步骤、细节及应用。

一、一个总体参数假设检验的步骤

结合第三章样本统计量抽样分布的基本理论,下面给出一个总体参数假设检验的重点步骤及细节。

(一)提出原假设与备择假设,确定假设检验的类型

一个总体的参数主要包括均值、比例和方差等。因此,大多数问题的研究就是关于总体均值、比例或方差等的假设检验。按照假设检验的一般步骤,第一步应该结合具体应用问题,提出原假设和备择假设。按照备择假设的类别,一个总体参数假设检验的主要类型如表 5-3 所示。

表 5-3 一个总体参数假设检验的类型

检验参数	假设	双侧检验	单侧检验	
			左侧检验	右侧检验
总体均值	原假设	$H_0: \mu = \mu_0$	$H_0: \mu \geq \mu_0$	$H_0: \mu \leq \mu_0$
	备择假设	$H_1: \mu \neq \mu_0$	$H_1: \mu < \mu_0$	$H_1: \mu > \mu_0$
总体比例	原假设	$H_0: \pi = \pi_0$	$H_0: \pi \geq \pi_0$	$H_0: \pi \leq \pi_0$
	备择假设	$H_1: \pi \neq \pi_0$	$H_1: \pi < \pi_0$	$H_1: \pi > \pi_0$
总体方差	原假设	$H_0: \sigma^2 = \sigma_0^2$	$H_0: \sigma^2 \geq \sigma_0^2$	$H_0: \sigma^2 \leq \sigma_0^2$
	备择假设	$H_1: \sigma^2 \neq \sigma_0^2$	$H_1: \sigma^2 < \sigma_0^2$	$H_1: \sigma^2 > \sigma_0^2$

(二)根据原假设构造检验统计量

原假设提供了假设检验所用的样本统计量概率分布信息,在总体方差是否已知和样本的大小等实际情况明确时,需要为后续计算概率(P 值)构造具体检验统计量,并结合样本信息计算检验统计量的具体数值。

1. 总体均值假设检验的检验统计量

根据第三章样本均值的抽样分布及原假设提供的检验值 μ_0,检验统计量为:$\dfrac{\bar{x} - \mu_0}{\sqrt{\sigma^2/n}}$。具体如下:

(1)总体方差已知时,检验统计量为:$z = \dfrac{\bar{x} - \mu_0}{\sqrt{\sigma^2/n}}$

(2)总体方差未知可使用样本方差代替。大样本时,检验统计量为:$z = \dfrac{\bar{x} - \mu_0}{\sqrt{s^2/n}}$。小样本时,其检验统计量为:$t = \dfrac{\bar{x} - \mu_0}{\sqrt{s^2/n}}$。

2. 总体比例假设检验的检验统计量

同理,根据第三章样本比例的抽样分布及原假设提供的检验值 π_0,样本比例假设检验的检验统计量为:$z = \dfrac{p - \pi_0}{\sqrt{\pi_0(1-\pi_0)/n}}$。

3. 总体方差假设检验的检验统计量

同理,根据第三章样本方差的抽样分布及原假设提供的检验值 σ_0^2,样本方差假设检验的检验统计量为:$\chi^2 = \dfrac{(n-1)s^2}{\sigma_0^2}$。

综上所述,对于一个总体参数的假设检验可分别构造表 5-4 所示的检验统计量,代入已知样本均值、样本比例或样本方差值后即可计算得到其具体的检验统计量值。

表 5-4 假设检验的检验统计量

检验参数	总体方差已知	总体方差未知	
		大样本	小样本
总体均值	$z = \dfrac{\bar{x} - \mu_0}{\sigma/\sqrt{n}}$	$z = \dfrac{\bar{x} - \mu_0}{s/\sqrt{n}}$	$t = \dfrac{\bar{x} - \mu_0}{s/\sqrt{n}}$
总体比例	只考虑大样本条件：$z = \dfrac{p - \pi_0}{\sqrt{\pi_0(1-\pi_0)/n}}$		
总体方差	只考虑大样本条件：$\chi^2 = \dfrac{(n-1)s^2}{\sigma_0^2}$		

(三)根据检验统计量计算 P 值

对三种不同的假设检验类型，P 值计算有些差别。

(1)双侧检验中比检验统计量值更极端的情况包括左右两种情况，如图 5-1 所示。因此 P 值为左右两个方向概率之和。以 z 检验统计量为例，因其左右两部分概率相等，因此 P 值 $= 2 \times P(z > |z_i|)$。同理可知总体比例、总体方差双侧检验的 P 值公式，详见表 5-5。

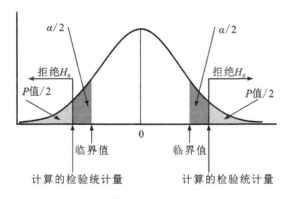

图 5-1 双侧检验的临界值与 P 值概念图

表 5-5 不同检验统计量的 P 值计算公式

检验统计量	双侧	左侧	右侧
z	$2 \times P(z > \|z_i\|)$	$P(z < z_i)$	$P(z > z_i)$
t	$2 \times P(t > \|t_i\|)$	$P(t < t_i)$	$P(t > t_i)$
χ^2	$2 \times P(\chi^2 > \chi_i^2)$	$P(\chi^2 < \chi_i^2)$	$P(\chi^2 > \chi_i^2)$

(2)左侧检验中比更检验统计量值更极端的情况包括向左一种极端情况，如图 5-2 所示，因此 P 值为极端值向左方向的概率，即小于检验统计量值的概率，以 z 检验统计量为例，因其左右两部分概率相等，P 值 $= P(z < z_i)$。同理可知总体比例、总体方差左侧检验的 P 值公式，详见表 5-5。

(3)右侧检验中比检验统计量值更极端的情况包括向右一种极端情况，如图 5-3 所示，

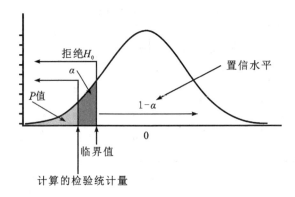

图 5-2 左侧检验的临界值与 P 值概念图

因此 P 值为极端值向右方向的概率,即大于检验统计量值的概率。以 z 检验统计量为例,P 值 $= P(z > z_i)$。同理可知总体比例、总体方差右侧检验的 P 值公式,详见表 5-5。

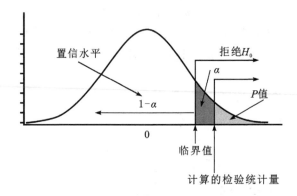

图 5-3 右侧检验的临界值与 P 值概念图

根据第二步计算的检验统计量值,应用 R 软件结合表 5-5 总结的各种情况下的 P 值计算公式即可计算出 P 值。在各类应用中,P 值计算结果在软件中都会自动给定。由于概率查对表的局限性,特别小的 P 值并不能通过查表获知。因此,在手工计算时通常不选择计算 P 值,而是使用拒绝域。

(四)根据显著性水平 α 确定拒绝域

对三种不同的假设检验类型,在给定显著性水平 α 确定拒绝域时有些差别。

(1)双侧检验拒绝域的确定。双侧检验中给定显著性水平 α 的样本统计量概率分布图(见图 5-1)分为左右两部分,手工查表通常只能查阅其中一侧的临界值。

标准正态分布概率查对表(附表 1)只给出了左侧概率大于 0.5 的 z 值。只能反向查找左侧概率为 $1-\alpha/2$ 对应的临界值 $z_{1-\alpha/2}$ 作为其右侧临界值,左侧临界值为负值与右侧临界值大小相等。因此,双侧检验中给定显著性水平 α 的拒绝域为 $z < -z_{1-\alpha/2}$ 或 $z > z_{1-\alpha/2}$。

t 分布临界值查对表(附表 2)只给了出右侧概率为 α 的对应临界值,只能按 $\alpha/2$ 查得其右侧临界值 $t_{\alpha/2}(n-1)$。左侧临界值为负值与右侧临界值大小相等,即:$-t_{\alpha/2}(n-1)$。因此,双侧检验中给定显著性水平 α 的拒绝域为 $t < -t_{\alpha/2}(n-1)$ 或 $t > t_{\alpha/2}(n-1)$。

χ^2 分布表为非负性概率分布,χ^2 分布临界值查对表(附表 3)只给出了右侧概率为 α 的

对应临界值 $\chi_\alpha^2(n-1)$，右侧临界值按 $\chi_{\alpha/2}^2(n-1)$ 查找，左侧临界值能按 $\chi_{1-\alpha/2}^2(n-1)$ 查找。因此双侧检验中给定显著性水平 α 的拒绝域为 $\chi^2 < \chi_{1-\alpha/2}^2(n-1)$ 或 $\chi^2 > \chi_{\alpha/2}^2(n-1)$。

(2) 单侧检验拒绝域的确定。单侧检验中给定显著性水平 α 的样本统计量概率分布图（见图 5-2 和图 5-3）拒绝域只有左侧或右侧部分，各类概率查对表通常只提供了其中一侧的概率（或临界值）查对。

标准正态分布概率查对表（附表1）只给出了左侧概率大于 0.5 的 z 值，只能反向查找左侧概率为 $1-\alpha$ 对应的临界值 $z_{1-\alpha}$，以此作为其右侧临界值，左侧临界值为负值与右侧临界值大小相等，即 $-z_{1-\alpha}$。因此，左侧检验拒绝域为 $z < -z_{1-\alpha}$。右侧检验拒绝域为 $z > z_{1-\alpha}$。

t 分布临界值查对表（附表2）只给出了右侧概率为 α 的对应临界值，只能按 α 查得其右侧临界值 $t_\alpha(n-1)$。左侧临界值与右侧临界值大小相等为负值，即 $-t_\alpha(n-1)$。因此，左侧检验拒绝域为 $t < -t_\alpha(n-1)$，右侧检验拒绝域为 $t > t_\alpha(n-1)$。

χ^2 分布表为非负性概率分布，χ^2 分布临界值查对表（附表3）只给出了右侧概率为 α 的对应临界值 $\chi_\alpha^2(n-1)$，右侧临界值按 $\chi_\alpha^2(n-1)$ 查找，左侧临界值按 $\chi_{1-\alpha}^2(n-1)$ 查找。因此，左侧拒绝域为 $\chi^2 < \chi_{1-\alpha}^2(n-1)$ 右侧检验拒绝域为 $\chi^2 > \chi_\alpha^2(n-1)$。

综上所述，为了方便读者理解和使用，将不同检验统计量的拒绝域整理为表 5-6。

表 5-6 不同检验统计量的拒绝域

检验统计量	双侧	左侧	右侧
z	$z < -z_{1-\alpha/2}$ 或 $z > z_{1-\alpha/2}$	$z < -z_{1-\alpha}$	$z > z_{1-\alpha}$
t	$t < -t_{\alpha/2}(n-1)$ 或 $t > t_{\alpha/2}(n-1)$	$t < -t_\alpha(n-1)$	$t > t_\alpha(n-1)$
χ^2	$\chi^2 < \chi_{1-\alpha/2}^2(n-1)$ 或 $\chi^2 > \chi_{\alpha/2}^2(n-1)$	$\chi^2 < \chi_{1-\alpha}^2(n-1)$	$\chi^2 > \chi_\alpha^2(n-1)$

为方便手工计算，下面将最常用几个显著性水平 α（0.01、0.05 和 0.10）对应的 z 检验统计量临界值，整理为表 5-7。对应的 t 检验统计量临界值，整理为表 5-8。对应的 χ^2 检验统计量临界值，整理为表 5-9。配合表 5-6 应用可很方便确定其拒绝域。

表 5-7 z 检验统计量常用临界值

显著性水平	左侧临界值	右侧临界值	双侧临界值
0.01	−2.33	2.33	±2.58
0.05	−1.64	1.64	±1.96
0.10	−1.28	1.28	±1.64

表 5-8 t 检验统计量常用临界值

自由度	显著性水平	左侧临界值	右侧临界值	双侧临界值
5	0.01	−3.36	3.36	±4.03
	0.05	−2.02	2.02	±2.57
	0.10	−1.48	1.48	±2.02

续表

自由度	显著性水平	左侧临界值	右侧临界值	双侧临界值
10	0.01	−2.76	2.76	±3.17
	0.05	−1.81	1.81	±2.23
	0.10	−1.37	1.37	±1.81
15	0.01	−2.60	2.60	±2.95
	0.05	−1.75	1.75	±2.13
	0.10	−1.34	1.34	±1.75
20	0.01	−2.53	2.53	±2.85
	0.05	−1.72	1.72	±2.09
	0.10	−1.33	1.33	±1.72
25	0.01	−2.49	2.49	±2.79
	0.05	−1.71	1.71	±2.06
	0.10	−1.32	1.32	±1.71

表 5-9 χ^2 检验统计量常用临界值

自由度	显著性水平	左侧临界值	右侧临界值	双侧临界值左	双侧临界值右
5	0.01	0.5543	15.0863	0.4117	16.7496
	0.05	1.1455	11.0705	0.8312	12.8325
	0.10	1.6103	9.2364	1.1455	11.0705
10	0.01	2.5582	23.2093	2.1559	25.1882
	0.05	3.9403	18.3070	3.2470	20.4832
	0.10	4.8652	15.9872	3.9403	18.3070
15	0.01	5.2293	30.5779	4.6009	32.8013
	0.05	7.2609	24.9958	6.2621	27.4884
	0.10	8.5468	22.3071	7.2609	24.9958
20	0.01	8.2604	37.5662	7.4338	39.9968
	0.05	10.8508	31.4104	9.5908	34.1696
	0.10	12.4426	28.4120	10.8508	31.4104
25	0.01	11.5240	44.3141	10.5197	46.9279
	0.05	14.6114	37.6525	13.1197	40.6465
	0.10	16.4734	34.3816	14.6114	37.6525

因 t 分布和 χ^2 分布都是不同自由度的多族分布，分布临界值表只能查阅少数自由度和少数显著性水平的临界值。因此，实际工作中一般不用临界值拒绝域决策，而是直接应用软件，使用 P 值决策。根据 P 值由研究者自己选定显著性水平做出决策，完全不需要根据不同显著性水平做不同计算确定拒绝域。

(五)做出统计决策

参考假设检验的基本思想和步骤,可以使用两种决策规则,一是应用拒绝域,二是应用 P 值。二者的决策结论是相同的。总结如下:

使用拒绝域,检验统计量落在拒绝域内,拒绝原假设,否则不拒绝原假设。

使用 P 值,P 值小于显著性水平,拒绝原假设,否则不拒绝原假设。

二、一个总体均值假设检验的应用

为了配合理解一个总体参数检验和通过手工计算得到假设检验结论,下面给出各例题的手工求解步骤和结果,在第四节中补充给出下列例题对应 R 软件求解方法和步骤。

【例 5-3】 一种罐装饮料采用自动生产线生产,每罐的容量是 255 mL,标准差为 5 ml。为检验每罐容量是否符合要求,质检人员随机抽取了 40 罐进行检验,测得每罐平均容量为 255.8 mL。取显著性水平 $\alpha=0.05$,试问:该天生产的饮料容量是否符合标准要求。

解 根据题意,提出假设:$H_0: \mu=255, H_1: \mu \neq 255$

已知:$\sigma=5, n=40$,样本均值 $=255.8$

分析:总体方差已知,选择 z 统计量为检验统计量。

$$z = \frac{\bar{x}-\mu_0}{\sigma/\sqrt{n}} = \frac{255.8-255}{5/\sqrt{40}} = 1.01$$

根据 $\alpha=0.05$ 及双侧检验,查标准正态分布表得:临界值 $z_{1-\alpha/2} = z_{0.975} = 1.96$

拒绝域为:$z<-1.96$ 或 $z>1.96$

由于检验统计量 $z=1.01$ 在拒绝域以外。因此,应不拒绝原假设 H_0。表明在 $\alpha=0.05$ 下,样本提供的证据表明该天生产的饮料符合标准要求。

【例 5-4】 某种型号电缆的平均拉力强度应不低于 1200 N,标准差为 230 N。一批产品在出厂时随机抽取 100 个样本,经检测平均拉力强度为 1150 N。假设电缆的拉力强度服从正态分布,在显著性水平 $\alpha=0.01$ 下,试问:这批电缆的平均拉力强度是否低于 1200 N。

解 根据题意,提出假设:$H_0: \mu \geq 1200, H_1: \mu < 1200$

已知:$\sigma=230, n=100$,样本均值 $=1150, \alpha=0.01$

分析:总体方差已知,选择 z 统计量为检验统计量。

$$z = \frac{\bar{x}-\mu_0}{\sigma/\sqrt{n}} = \frac{1150-1200}{230/\sqrt{100}} = -2.1739$$

根据 $\alpha=0.01$ 及左侧检验,查标准正态分布表得:临界值 $z = z_{1-\alpha/2} = z_{0.99} = 2.3263$

拒绝域为:$z<-2.3263$

因为检验统计量 $z=-2.17$,在拒绝域以外,所以不拒绝 H_0。表明在 $\alpha=0.05$ 下,样本数据尚不能认为这批电缆的平均拉力强度显著低于 1200 N。

【例 5-5】 有一家餐馆准备转让,该餐馆的经理声称,每天的平均营业额至少为 850 元。现有一购买者,查看了过去 150 天的账目发现,每天的平均营业额仅为 800 元,标准差为 275 元。在显著性水平 $\alpha=0.05$ 下,试问:这家餐馆的经理是否高估了每天的平均营业额。

解 根据题意,提出假设:$H_0: \mu \geq 850, H_1: \mu < 850$

已知:$s=275, n=150$,样本均值 $=800, \alpha=0.05$

分析:总体方差未知,大样本,选择 z 统计量为检验统计量。

$$z = \frac{\bar{x} - \mu_0}{s/\sqrt{n}} = \frac{800 - 850}{275/\sqrt{150}} = -2.2268$$

根据 $\alpha=0.05$ 及左侧检验,查标准正态分布表得:临界值 $z = z_{1-\alpha} = z_{0.95} = 1.6449$

拒绝域为: $z < -1.6449$

因为检验统计量 $z=-2.2268$ 在拒绝域以内,所以拒绝 H_0。表明在 $\alpha=0.05$ 下,该餐馆经理高估了每天的平均营业额。

【例 5 - 6】 某汽车轮胎厂声称,该厂生产的轮胎在正常行驶条件下平均寿命大于 40000 km。现从一批准备出厂的产品中随机抽取 25 条轮胎,经检测平均寿命为 41000 km,标准差为 5000 km。假设轮胎寿命服从正态分布,在显著性水平 $\alpha=0.05$ 下,试问:这批准备出厂的轮胎与厂商所说的质量标准是否相符合。

解 根据题意,提出假设: $H_0: \mu \leq 400000, H_1: \mu > 40000$

已知: $s=5000, n=25$,样本均值 $=41000, \alpha=0.05$

分析:总体方差未知,小样本,选择 t 统计量为检验统计量。

$$t = \frac{\bar{x} - \mu_0}{s/\sqrt{n}} = \frac{41000 - 40000}{5000/\sqrt{25}} = 1$$

根据 $\alpha=0.05$ 及右侧检验,查 t 分布表得:临界值 $t = t_\alpha(n-1) = t_{0.05}(24) = 1.7109$

拒绝域为: $t > 1.7109$

因为检验统计量 $t=1$ 在拒绝域以外,所以不拒绝 H_0,表明在 $\alpha=0.05$ 下,样本数据尚不能认为这批汽车轮胎的平均寿命大于 40000 km。

三、一个总体比例假设检验的应用

【例 5 - 7】 一种以休闲和娱乐为主题的杂志,声称其读者群中有 80% 为女性。为验证这一说法是否属实,某研究部门抽取了由 200 人组成的一个随机样本,发现有 146 个女性经常阅读该杂志。取显著性水平 $\alpha=0.05$,检验该杂志读者群中女性的比率是否为 80%。

解 根据题意,提出假设: $H_0: \pi_0 = 0.8, H_1: \pi_0 \neq 0.8$

已知: $n=200, p=146/200=0.73$

分析:大样本,选择 z 统计量为检验统计量:

$$z = \frac{p - \pi_0}{\sqrt{\frac{\pi_0 \times (1-\pi_0)}{n}}} = \frac{0.73 - 0.80}{\sqrt{\frac{0.80 \times (1-0.80)}{200}}} = -2.475$$

根据 $\alpha=0.05$ 及双侧检验,查标准正态分布表得:临界值 $z_{1-\alpha/2} = z_{0.975} = 1.96$

拒绝域为: $z < -1.96$ 或 $z > 1.96$

由于检验统计量 $z=-2.475$ 在拒绝域内,因此,应拒绝原假设 H_0,表明在 $\alpha=0.05$ 下,该杂志的说法并不属实。

【例 5 - 8】 某高校为改革激励机制准备实施一项奖励方案,校领导认为至少有 60% 的教师会赞成这项方案,但教代会认为赞成的比例不会这么高。现随机抽取 400 名教师征求意见,其中有 220 名教师表示赞成这项方案,在显著性水平下 $\alpha=0.05$,试问:校领导是否高估了赞成该改革方案教师的比例。

解 根据题意,提出假设:$H_0:\pi_0 \geq 0.6, H_1:\pi_0 < 0.6$

已知:$n=400, p=220/400=0.55$

分析:大样本,选择 z 统计量为检验统计量:

$$z = \frac{p-\pi_0}{\sqrt{\frac{\pi_0 \times (1-\pi_0)}{n}}} = \frac{0.55-0.60}{\sqrt{\frac{0.60 \times (1-0.60)}{400}}} = -2.0412$$

根据 $\alpha=0.05$ 及双侧检验,查标准正态分布表得:临界值 $z_{1-\alpha} = z_{0.95} = 1.6449$

拒绝域为:$z < -1.6449$

由于检验统计量 $z=-2.0412$ 在拒绝域内,因此,应拒绝原假设 H_0。表明在 $\alpha=0.05$ 下,该校领导过高地估计了赞成改革方案教师的比例。

四、一个总体方差假设检验的应用

【例 5-9】 啤酒生产企业采用自动生产线灌装啤酒,每瓶的装填量为 640 mL,但由于受某些不可控因素的影响,每瓶的装填量会有差异。假定生产标准规定每瓶装填量的标准差不应超过和不应低于 4 mL。企业质检部门抽取了 10 瓶啤酒进行检验,得到的样本标准差为 $s=3.8$ mL。试问:0.10 的显著性水平检验装填量的标准差是否符合要求。

解 根据题意,提出假设:$H_0:\sigma^2 = 4^2, H_1:\sigma^2 \neq 4^2$

已知:$n=10, s=3.8, \alpha=0.1$

分析:选择 χ^2 检验统计量,$\chi^2 = \frac{(n-1)s^2}{\sigma_0^2} = \frac{(10-1) \times 3.8^2}{4^2} = 8.1225$

根据 $\alpha=0.1$ 及双侧检验,查 χ^2 分布表得:

右侧临界值 $\chi^2_{1-\alpha/2}(n-1) = \chi^2_{0.95}(9) = 16.9190$

左侧临界值 $\chi^2_{\alpha/2}(n-1) = \chi^2_{0.05}(9) = 3.3251$

因此,拒绝域为:$\chi^2 < 3.3251$ 或 $\chi^2 > 16.919$

由于检验统计量 $\chi^2=8.1225$ 在拒绝域外,因此,应不拒绝原假设 H_0,表明在 $\alpha=0.1$ 下,装填量的标准差符合要求。

【例 5-10】 在正常生产条件下,某种零部件的长度服从正态分布,标准差不得超过 0.13 cm。现从一批准备出厂的零部件中随机抽取 20 件,测得标准差为 0.16 cm。试问:在 $\alpha=0.05$ 的显著性水平下,能否得出这批零部件不合格的结论。

解 根据题意,提出假设:$H_0:\sigma^2 \leq 0.13^2, H_1:\sigma^2 > 0.13^2$

已知:$n=20, s=0.16, \alpha=0.05$

分析:选择 χ^2 检验统计量,$\chi^2 = \frac{(n-1)s^2}{\sigma_0^2} = \frac{(20-1) \times 0.16^2}{0.13^2} = 28.7811$

根据 $\alpha=0.05$ 及右侧检验,查 χ^2 分布表得右侧临界值 $\chi^2_{1-\alpha}(n-1) = \chi^2_{0.95}(19) = 30.1435$

因此,拒绝域为:$\chi^2 > 30.1435$

由于检验统计量 $\chi^2=28.7811$ 在拒绝域外,因此,不拒绝原假设 H_0,表明在 $\alpha=0.05$ 下,样本数据尚不能得出这批零部件不合格的结论。

第三节 两个总体参数的假设检验

在实际工作中,有时也需要对两个总体的均值差、比例差及方差比等提出假设,然后根据样本统计量检验该假设是否成立。在假设检验的基本思想和一般步骤基础上,本节只讲述其重点步骤、细节及应用。

一、两个总体均值差的假设检验

两个总体均值差的假设检验步骤如下:

1. 提出原假设与备择假设

实际应用中,通常需要研究两个总体均值之差是否等于(大于或小于)某一假设的固定差异值,这时假设的三种形式如表 5-10 所示。

表 5-10 两个总体均值差假设检验的三种形式

假设	双侧检验	单侧检验	
		左侧检验	右侧检验
原假设	$H_0: \mu_1 - \mu_2 = \delta$	$H_0: \mu_1 - \mu_2 \geq \delta$	$H_0: \mu_1 - \mu_2 \leq \delta$
备择假设	$H_1: \mu_1 - \mu_2 \neq \delta$	$H_1: \mu_1 - \mu_2 < \delta$	$H_1: \mu_1 - \mu_2 > \delta$

在实际应用中,如果只要求知道两个总体均值是否相等(大于或小于),这时假设同上表,$\delta=0$。

2. 确定检验统计量

根据两个总体方差是否已知、两个总体中抽取的样本大小和两个样本是独立样本还是匹配样本等,可基于第三章抽样分布的基本理论构造不同的检验统计量,具体见表 5-11。

表 5-11 不同情形下的检验统计量

样本大小	两个总体方差	检验统计量
大样本	已知	$z = \dfrac{(\bar{x_1} - \bar{x_2}) - \delta}{\sqrt{\sigma_1^2/n_1 + \sigma_2^2/n_2}}$
	未知	$z = \dfrac{(\bar{x_1} - \bar{x_2}) - \delta}{\sqrt{s_1^2/n_1 + s_2^2/n_2}}$
小样本	已知	$z = \dfrac{(\bar{x_1} - \bar{x_2}) - \delta}{\sqrt{\sigma_1^2/n_1 + \sigma_2^2/n_2}}$
	未知但相等	$t = \dfrac{(\bar{x_1} - \bar{x_2}) - \delta}{s_p \sqrt{1/n_1 + 1/n_2}}$ 其中:$s_p^2 = \dfrac{(n_1-1)s_1^2 + (n_2-1)s_2^2}{n_1+n_2-2}$ $df = n_1 + n_2 - 2$
	未知不相等	$t = \dfrac{(\bar{x_1} - \bar{x_2}) - \delta}{\sqrt{s_1^2/n_1 + s_2^2/n_2}}$,自由度 $\nu = \dfrac{(s_1^2/n_1 + s_2^2/n_2)^2}{\dfrac{s_1^2/n_1}{n_1-1} + \dfrac{s_2^2/n_2}{n_2-1}}$
匹配样本		$t = \dfrac{\bar{d} - d_0}{s_d/\sqrt{n_d}} \sim (n_d - 1)$

根据两个总体及两个样本的具体已知数据,代入确定好的检验统计量公式即可计算出检验统计量的具体数值,P 值的方法和过程和一个总体均值假设检验相同,可参考表 5-5。

3. 确定拒绝域

根据给定的显著性水平 α 并结合假设检验类型(双侧检验、左侧检验和右侧检验)确定拒绝域的方法和一个总体均值假设检验相同,可参考表 5-6。

4. 做出统计决策

两个样本均值差的假设检验决策方法与第二节相同。重复一下:

使用拒绝域时,检验统计量落在拒绝域内,拒绝原假设,否则不拒绝原假设。

使用 P 值时,P 值小于显著性水平,拒绝原假设,否则不拒绝原假设。

【例 5-11】 某地区历年高考成绩的统计资料显示,城市考生的标准差为 50 分,农村考生的标准差为 55 分。现从城市考生中随机抽取 32 人组成一个样本,测得平均成绩为 515 分;从农村考生中随机抽取 40 人成一个样本,测得平均成绩为 545 分。假设高考成绩服从正态分布,在显著性水平 $\alpha=0.05$ 下,试问:城市考生与农村考生的高考成绩是否有显著差别。

解 设 x_1,x_2 分别表示城市考生与农村考生的高考成绩,根据题意有:
$\bar{x}_1 \sim N(\mu_1, 50^2)$,$n_1=32$,$\bar{x}_1=515$,$\bar{x}_2 \sim N(\mu_2, 55^2)$,$n_2=40$,$\bar{x}_2=545$

提出假设:$H_0: \mu_1 - \mu_2 = 0$,$H_1: \mu_1 - \mu_2 \neq 0$

分析:这是一个双侧检验问题。两个总体方差已知,选择检验统计量:

$$z = \frac{(\bar{x}_1 - \bar{x}_2)}{\sqrt{\sigma_1^2/n_1 + \sigma_2^2/n_2}}$$

代入已知数据有:$z = \frac{\bar{x}_1 - \bar{x}_2}{\sqrt{\sigma_1^2/n_1 + \sigma_2^2/n_2}} = \frac{515 - 545}{\sqrt{50^2/32 + 55^2/40}} = -2.42$

规定的显著性水平为 $\alpha=0.05$,查标准正态分布表表得临界值 $z_{1-\alpha/2} = z_{0.975} = 1.96$

因此拒绝域为:$z < -1.96$ 或 $z \geqslant 1.96$

因为检验统计量 $z = -2.42$,落在拒绝域内,所以拒绝 H_0,表明城市考生与农村考生的高考成绩有显著差别。

【例 5-12】 为评价两个社会办学机构的教学质量,对这两个机构培训中心的学员进行一次标准化考试。从 A 培训中心的学员中随机抽取 40 人,平均成绩为 78.2 分,标准差为 8 分;从 B 培训中心的学员中随机抽取 50 人,平均成绩为 82.5 分,标准差为 10 分。在显著性水平 $\alpha=0.05$ 下,能否认为 A 培训中心学员的考试成绩比 B 培训中心学员的考试成绩低。

解 设 x_1,x_2 分别表示 A、B 培训中心学员的考试成绩,根据题意有:
$n_1 = 40$,$\bar{x}_1 = 78.2$,$s_1 = 8$,$n_2 = 50$,$\bar{x}_2 = 82.5$,$s_2 = 10$

提出假设:$H_0: \mu_1 - \mu_2 \geqslant 0$,$H_1: \mu_1 - \mu_2 < 0$

分析:两个总体方差未知,两个样本均为大样本,检验的统计量为 $z = \frac{\bar{x}_1 - \bar{x}_2}{\sqrt{s_1^2/n_1 + s_2^2/n_2}}$

代入已知数据有:$z = \frac{\bar{x}_1 - \bar{x}_2}{\sqrt{s_1^2/n_1 + s_2^2/n_2}} = \frac{78.2 - 82.5}{\sqrt{8^2/40 + 10^2/50}} = -2.27$

这是一个左侧检验问题。规定的显著性水平为 $\alpha=0.05$,查表得临界值 $z_{1-\alpha} = z_{0.95} = 1.645$

因此原假设 H_0 的拒绝域为：$z < -z_{1-\alpha}$，即：$z < -1.645$。

因为检验统计量 $z = -2.27$，落在拒绝域内，所以拒绝 H_0，表明在 $\alpha = 0.05$ 下，A 培训中心学员的考试成绩显著低于 B 培训中心学员的考试成绩。

【例 5 - 13】 为测试两种型号载重汽车百公里的油耗，分别随机抽取 10 辆车进行检测，记录其数据如下（单位：公升/百公里）：

A 型：11.9　12.3　11.7　12.0　12.8　11.6　12.5　11.9　12.8　12.4
B 型：11.6　12.0　12.4　11.8　12.4　12.8　11.6　12.6　11.9　11.7

假设汽车每百公里的油耗服从正态分布且方差大致相等，在显著性水平 $\alpha = 0.05$ 下，试检验两种型号载重汽车的油耗是否存在显著差别。

解 设 x_1, x_2 分别表示 A 型、B 型载重汽车百公里的油耗

根据已知数据，计算得：$\bar{x}_1 = 12.19, s_1^2 = 0.1877, \bar{x}_2 = 12.08, s_2^2 = 0.1907, n_1 = 10, n_2 = 10$

提出假设：$H_0: \mu_1 - \mu_2 = 0, H_1: \mu_1 - \mu_2 \neq 0$

分析：这是一个双侧检验问题。因为方差未知但相等，选择检验的统计量为

$$t = \frac{\bar{x}_1 - \bar{x}_2}{s_p \sqrt{1/n_1 + 1/n_2}}$$

代入已知数据得：

$$s_p^2 = \frac{(n_1 - 1)s_1^2 + (n_2 - 1)s_2^2}{n_1 + n_2 - 2} = \frac{(10 - 1) \times 0.1877 + (10 - 1) \times 0.1907}{10 + 10 - 2} = 0.1892$$

$$t = \frac{\bar{x}_1 - \bar{x}_2}{s_p \sqrt{1/n_1 + 1/n_2}} = \frac{12.19 - 12.08}{0.1892 \times \sqrt{\frac{1}{10} + \frac{1}{10}}} = 0.5655$$

规定的显著性水平为 $\alpha = 0.05$，查表得临界值 $t_{\alpha/2}(n_1 + n_2 - 2) = t_{0.025}(18) = 2.10$，因此原假设 H_0 的拒绝域为：$t < -2.10$ 或 $t > 2.10$

因为检验统计量 $t = 0.5655$，没有落在拒绝域内，所以不拒绝 H_0，表明两种型号载重汽车百公里的油耗没有显著差别。

【例 5 - 14】 生产某种产品有两种不同的工艺，随机抽取采用第一种生产工艺的工人 10 名，他们每生产一件产品，平均所需时间为 26 分钟，标准差为 12 分钟；随机抽取采用第二种生产工艺的工人 8 名，他们每生产一件产品，平均所需时间为 18 分钟，标准差为 10 分钟。假设两种工艺生产一件产品所需时间服从正态分布且方差大致相等，在显著性水平 $\alpha = 0.05$ 下，试问：采用第一种生产工艺所需时间是否比采用第一种生产工艺所需时间多。

解 设 x_1, x_2 分别表示两种不同的工艺生产一件产品所需的时间。

根据已知数据得：$\bar{x}_1 = 26, s_1 = 12, n_1 = 10, \bar{x}_2 = 18, s_2 = 10, n_2 = 8$

提出假设：$H_0: \mu_1 - \mu_2 \leqslant 0, H_1: \mu_1 - \mu_2 > 0$

分析：因为方差未知但相等，选择检验统计量 $t = \dfrac{\bar{x}_1 - \bar{x}_2}{s_p \sqrt{1/n_1 + 1/n_2}}$

代入已知数据得：

$$s_p^2 = \frac{(n_1 - 1)s_1^2 + (n_2 - 1)s_2^2}{n_1 + n_2 - 2} = \frac{(10 - 1) \times 12^2 + (8 - 1) \times 10^2}{10 + 8 - 2} = 124.75$$

$$t = \frac{\bar{x}_1 - \bar{x}_2}{s_p \sqrt{1/n_1 + 1/n_2}} = \frac{26 - 18}{\sqrt{124.75/10 + 124.75/8}} = 1.51$$

这是一个右侧检验问题。显著性水平为 $\alpha=0.05$，查表得临界值
$$t_\alpha(n_1+n_2-2)=t_\alpha(16)=1.746$$
因此拒绝域为：$t>1.746$

因为检验统计量 $t=1.51$，没有落在拒绝域内，所以不拒绝 H_0，表明根据样本数据尚不能认为采用第一种生产工艺所需时间比采用第二种生产工艺多。

【例 5-15】 从会计师中随机抽取 12 人，其平均年薪为 30520 元，标准差为 3350 元；从统计师中随机抽取 14 人，其平均年薪为 27000 元，标准差为 2640 元。假设会计师和统计师的年薪都服从正态分布，在显著性水平 $\alpha=0.05$ 下，试问能否认为会计师的年薪比统计师的年薪高。

解 设 x_1，x_2 分别表示会计师、统计师的年薪。

根据已知数据得：$\bar{x}_1=30520$，$s_1=3350$，$n_1=12$，$\bar{x}_2=27000$，$s_2=2640$，$n_2=14$

提出假设：$H_0:\mu_1-\mu_2\leqslant 0$　　$H_1:\mu_1-\mu_2>0$

分析：因为两个方差未知不相等，且两个样本均为小样本，选择检验统计量
$$t=\frac{(\bar{x}_1-\bar{x}_2)-(\mu_1-\mu_2)}{\sqrt{s_1^2/n_1+s_2^2/n_2}}$$

代入已知数据得：自由度为 $\nu=\dfrac{(s_1^2/n_1+s_2^2/n_2)^2}{\dfrac{s_1^2/n_1}{n_1}+\dfrac{s_2^2/n_2}{n_2}}=\dfrac{(3350^2/12+2640^2/14)^2}{\dfrac{3350^2/12}{12}+\dfrac{2640^2/14}{14}}=23$

$$t=\frac{(\bar{x}_1-\bar{x}_2)-(\mu_1-\mu_2)}{\sqrt{s_1^2/n_1+s_2^2/n_2}}=\frac{(30520-27000)}{\sqrt{3350^2/12+2640^2/14}}=2.94$$

这是一个右侧检验问题。规定的显著性水平为 $\alpha=0.05$，查表得临界值 $t_\alpha(\nu)=t_{0.05}(23)=1.714$。因此，拒绝域为：$t>1.714$

检验统计量 $t=2.94$，落在拒绝域内，所以拒绝 H_0。表明在 $\alpha=0.05$ 下，会计师的年薪显著高于统计师的年薪。

二、两个总体比例差的假设检验

两个总体比例差的假设检验具体步骤如下。

1. 提出原假设和备择假设

实际应用中，通常情形是两个总体比例之差是否等于（大于或小于）某一假设的固定差异值，这时假设的三种形式如表 5-12 所示。

表 5-12　两个总体比例之差为常数的原假设与备择假设

假设	双侧检验	单侧检验	
		左侧检验	右侧检验
原假设	$H_0:\pi_1-\pi_2=\delta$	$H_0:\pi_1-\pi_2\geqslant\delta$	$H_0:\pi_1-\pi_2\leqslant\delta$
备择假设	$H_1:\pi_1-\pi_2\neq\delta$	$H_1:\pi_1-\pi_2<\delta$	$H_1:\pi_1-\pi_2>\delta$

在实际应用中，如果只要求知道两个总体均值是否相等（大于或小于），这时假设同表 5-12，$\delta=0$。

2. 确定检验统计量

从两个总体中抽取的两个样本均为大样本,按假设中两个总体比例之差是否等于(大于或小于)某一假设的固定差异值的情况分为:总体比例差等于不为 0 的常数 δ 和等于 0 两种情况。按照第三章两个样本比例差的抽样分布可知两种情况的检验统计量如表 5-13 所示。

表 5-13 不同情形下的检验统计量

检验类型	检验统计量
总体比例差等于 δ	$z = \dfrac{(p_1 - p_2) - \delta}{\sqrt{\dfrac{p_1(1-p_1)}{n_1} + \dfrac{p_2(1-p_2)}{n_2}}}$
总体比例差等于 0	$z = \dfrac{p_1 - p_2}{\sqrt{p(1-p)\left(\dfrac{1}{n_1} + \dfrac{1}{n_2}\right)}}$,其中: $p = \dfrac{x_1 + x_2}{n_1 + n_2}$

根据两个样本的已知数据,计算得两个样本的比例值,代入检验统计量公式,即可计算出检验统计量的具体数值。计算 P 值的方法与过程和一个样本比例相同,可参考表 5-5。

3. 确定拒绝域

根据给定的显著性水平 α 并结合假设检验类型(双侧检验、左侧检验和右侧检验)确定拒绝域的方法和一个样本比例假设检验相同,可参考表 5-6。

4. 做出统计决策

两个样本比例差的假设检验决策方法与第二节相同。重复一下:使用拒绝域时,检验统计量落在拒绝域内,拒绝原假设,否则不拒绝原假设;使用 P 值时,P 值小于显著性水平,拒绝原假设,否则不拒绝原假设。

【例 5-16】 用两种不同的工艺生产某种零部件,如果第一种工艺比第二种工艺的次品率低 8% 以上,则采用第一种工艺,否则将采用第二种工艺。现对两种工艺的次品率作比较,从采用第一种工艺的产品中随机抽取 300 件,发现有 33 件次品,从采用第二种工艺的产品中随机抽取 400 件,发现有 84 件次品。在显著性水平 $\alpha = 0.05$ 下,试决定采用哪一种工艺生产零部件。

解 设 p_1, p_2 分别表示两种工艺的次品率,根据题意有:

$x_1 = 33, n_1 = 300, p_1 = 33/300 = 0.11, x_2 = 84, n_2 = 400, p_2 = 84/400 = 0.21$

提出假设: $H_0: \pi_1 - \pi_2 \geqslant 0.08, H_1: \pi_1 - \pi_2 < 0.08$

两个样本均为大样本,选择检验统计量为: $z = \dfrac{p_1 - p_2 - (\pi_1 - \pi_2)}{\sqrt{\dfrac{p_1(1-p_1)}{n_1} + \dfrac{p_2(1-p_2)}{n_2}}}$

代入已知数据有:

$$z = \dfrac{p_1 - p_2 - (\pi_1 - \pi_2)}{\sqrt{\dfrac{p_1(1-p_1)}{n_1} + \dfrac{p_2(1-p_2)}{n_2}}} = \dfrac{0.11 - 0.21 - 0.08}{\sqrt{\dfrac{0.11 \times (1-0.11)}{300} + \dfrac{0.21 \times (1-0.21)}{400}}} = -6.612$$

这是一个左侧检验问题。规定的显著性水平为 $\alpha = 0.05$,查表得临界值

$$z_{1-\alpha} = z_{0.95} = 1.645$$

拒绝域为：$z < -z_{1-\alpha}$，即：$z < -1.645$

因为检验统计量 $z = -6.612$，落在拒绝域内，所以拒绝 H_0，表明在 $\alpha = 0.05$ 下，采用第一种工艺生产零部件的次品率不比第二种工艺的次品率显著低 8% 以上，所以应采用第二种工艺。

【例 5 - 17】 一所大学准备采取一项在学生宿舍收取网费的措施，为了解男女学生对这一措施的看法是否存在差异，分别抽取了 200 名男学生和 200 名女学生进行调查，其中男学生表示赞成的比率为 27%，女学生表示赞成的比率为 35%。调查者认为，男学生中表示赞成的比率显著低于女学生。取显著性水平 $\alpha = 0.05$，样本提供的证据是否支持调查者的看法？

解 设 p_1, p_2 分别表示男女学生的赞成比例，根据题意有：

$n_1 = 200, p_1 = 0.27, n_2 = 200, p_2 = 0.35$

提出假设：$H_0: \pi_1 - \pi_2 \geq 0, H_1: \pi_1 - \pi_2 < 0$

两个样本均为大样本，总体比例差等于 0 类型，检验统计量为：

$$z = \frac{p_1 - p_2}{\sqrt{p(1-p)\left(\frac{1}{n_1} + \frac{1}{n_2}\right)}}$$

代入已知数据有：

$$p = \frac{x_1 + x_2}{n_1 + n_2} = \frac{54 + 70}{200 + 200} = 0.31 \quad z = \frac{0.27 - 0.35}{\sqrt{0.31 \times (1 - 0.31) \times \left(\frac{1}{200} + \frac{1}{200}\right)}} = -1.72976$$

这是一个左侧检验问题。规定的显著性水平为 $\alpha = 0.05$，查表得临界值

$$z_{1-\alpha} = z_{0.95} = 1.645$$

拒绝域为：$z < -z_{1-\alpha}$，即：$z < -1.645$

因为检验统计量 $z = -1.72976$，落在拒绝域内，所以拒绝 H_0，表明在 $\alpha = 0.05$ 下，样本提供的证据支持调查者的看法。

三、两个总体方差比的假设检验

实际工作中，经常需要比较两个总体的稳定性，也就是要比较两个总体的方差大小。因为方差具有非负性，因此方差的比较通常用比值方式来比较。在检验统计量设计上，两个样本的方差比服从 F 分布，因此，可用 F 检验来完成两个总体比的假设检验问题。两个总体比例差的假设检验具体步骤如下。

1. 提出原假设和备择假设

实际应用中，两个总体方差比较通常使用比值方式。因此，按照实际研究问题需要，假设通常有以下的三种形式，如表 5 - 13 所示。

表 5 - 14 两个总体方差比较的原假设与备择假设

假设	双侧检验	单侧检验	
		左侧检验	右侧检验
原假设	$H_0: \sigma_1^2/\sigma_2^2 = 1$	$H_0: \sigma_1^2/\sigma_2^2 \geq 1$	$H_0: \sigma_1^2/\sigma_2^2 \leq 1$
备择假设	$H_1: \sigma_1^2/\sigma_2^2 \neq 1$	$H_1: \sigma_1^2/\sigma_2^2 < 1$	$H_1: \sigma_1^2/\sigma_2^2 > 1$

实际工作中,最常使用的右侧检验形式,即判断总体 1 方差是否显著大于总体 2 方差。

2. 确定检验统计量

两个总体均为正态分布总体时,两个样本方差比的抽样分布为:$F = \dfrac{s_1^2/\sigma_1^2}{s_2^2/\sigma_2^2} \sim F(n_1-1, n_2-1)$。结合上表的原假设,可构造检验统计量为:$F = s_1^2/s_2^2$,根据两个样本的已知数据,计算得两个样本方差比值,代入检验统计量公式,即可计算出检验统计量的具体数值。计算 P 值的方法与过程和一个样本方差相同,可参考表 5-5。

3. 确定拒绝域

根据给定的显著性水平 α 并结合假设检验类型(双侧检验、左侧检验和右侧检验)确定拒绝域的方法和前面相同,具体见表 5-15。

表 5-15 两个正态总体方差假设检验的要素

检验类型	拒绝域
双侧检验	$F < F_{\alpha/2}(n_1-1, n_2-1)$ 或 $F > F_{1-\alpha/2}(n_1-1, n_2-1)$
左侧检验	$F < F_\alpha(n_1-1, n_2-1)$
右侧检验	$F > F_\alpha(n_1-1, n_2-1)$

4. 做出统计决策

两个总体方差比较的假设检验决策方法与前面相同。重复一下:使用拒绝域时,检验统计量落在拒绝域内,拒绝原假设,否则不拒绝原假设;使用 P 值时,P 值小于显著性水平,拒绝原假设,否则不拒绝原假设。

【**例 5-18**】 教育考试中心进行了一项学生的性别对学生能力测试分数的方差是否存在显著差异的研究。研究人员随机抽取了 72 名学生的数据,其中 41 名女生测试分数的标准差为 15.3 分,31 名男生测试分数的标准差为 9.6 分。假设学生能力测试成绩服从正态分布,在显著性水平 $\alpha=0.05$ 下,试问:这些样本数据是否表明女生测试分数的标准差比男生大。

解 设 σ_1^2, σ_2^2 分别表示男女学生的测试分数的方差,根据题意有:
$n_1 = 41 \quad s_1 = 15.3 \quad n_2 = 31 \quad s_2 = 9.6$
提出假设:$H_0: \sigma_1^2/\sigma_2^2 \leq 1 \quad H_1: \sigma_1^2/\sigma_2^2 > 1$

两个总体均为正态总体,检验统计量为:$F = \dfrac{s_1^2}{s_2^2}$,代入已知数据有:$F = \dfrac{s_1^2}{s_2^2} = \dfrac{15.3^2}{9.6^2} = 2.54$

右侧检验,显著性水平为 $\alpha = 0.05$,查 F 分布表可得临界值
$$F_\alpha(n_1-1, n_2-1) = F_{0.05}(40, 30) = 1.79$$

拒绝域为:$F > F_\alpha(n_1-1, n_2-1)$,即:$F > 1.79$

因为检验统计量 $F = 2.54$,落在拒绝域内,所以拒绝 H_0。表明在 $\alpha = 0.05$ 下,女生能力测试分数的标准差要显著大于男生。

第四节 R 软件在假设检验中的应用

一、R 假设检验方案

R 软件提供了大量和假设检验有关的系统函数,可以解决许多假设检验的应用实现。为方便学生理解假设检验的原理,本教材编写了一些自定义函数作为辅助。

(一)假设检验的系统函数

1. 总体均值假设检验系统函数

(1)在理论上应该使用 z 统计量进行总体均值假设检验时使用系统函数:z.test( )

严格说 z.test( )是一个弥补 t.test( )函数的自定义函数,具体形式如下:

z.test(x,y,alternative,mu,sigma.x,sigma.y,conf.level)

其中:x 为样本数据;y 为样本数据(可缺省);alternative 为备择假设的方向("two.side" 双侧,"less" 左侧,"greater" 右侧);sigma.x 为 x 总体已知标准差;sigma.y 为 y 总体已知标准差;conf.level 为置信度 $1-\alpha$。

(2)在理论上应该使用 t 统计量进行总体均值假设检验时使用系统函数:t.test( )。函数参数如下:

t.test(x,y = NULL,alternative = c("two.sided","less","greater"),mu = 0, paired = FALSE,var.equal = FALSE, conf.level = 0.95,...)

其中:x,y 为样本数据向量;alternative 为备择假设的方向("two.side" 双侧,"less" 左侧,"greater" 右侧);mu 为原假设的参数值;var.equal=T 两个总体同方差,var.equal=F 两个总体异方差;paired=T 配对样本,paired=F 独立样本;conf.level=0.95 置信度。

2. 总体比率假设检验系统函数

总体比率检验函数有两个,分别为:binom.test( )函数和 prop.test( )函数。binom.test( )适合一个总体,prop.test( )既适合一个总体也适合两个总体的假设检验。函数形式如下:

binom.test(x, n, p = 0.5,alternative = c("two.sided", "less", "greater"), conf.level = 0.95)

prop.test(x,n,p = NULL,alternative = c("two.sided", "less", "greater"), conf.level = 0.95, correct = F)

其中:x 为符合条件的样本单位数,n 为样本单位数;p 为原假设的参数值;alternative="two.sided"双侧检验,alternative=" less " 左侧检验,alternative=" greater " 右侧检验;conf.level =0.95 置信度。

两个总体比例差的假设检验函数 prop.test(),具体形式为:prop.test(c(x1,x2),c(n1,n2),conf=0.95,correct=F)。可以简单理解为参数 x 和 n 为两值向量。

3. 总体方差假设检验系统函数

总体方差检验函数有两个,对于一个总体方差假设检验使用函数:sigma.test( );对于两个总体方差比假设检验使用函数:var.test( )。函数形式如下:

sigma.test(x,sigma = 1,sigmasq = sigma^2,alternative = c("two.sided","less", "greater"),conf.level = 0.95)

其中:x,y 为样本数据向量;sigma 为总体标准差假设值;sigmasq 为总体方差假设值（可缺省）;alternative＝"two.sided" 双侧检验,alternative＝" less " 左侧检验,alternative＝" greater " 右侧检验;conf.level ＝0.95 置信度。

函数 var.test(x, y, ratio = 1, alternative = c("two.sided", "less", "greater"), conf.level = 0.95)

其中:x,y 为样本数据向量;ratio 为原假设的参数值;alternative＝"two.sided" 双侧检验,alternative＝" less " 左侧检验,alternative＝" greater " 右侧检验;conf.level ＝0.95置信度。

上述函数在应用时,如果案例提供了样本数据,可使用 c() 先建立 R 函数所需的样本数据向量,然后再使用这两个函数。如果案例没有提供样本数据,只提供了样本统计量,可先使用 myrnorm() 函数建立 R 模拟样本数据向量,然后再使用这些函数。

(二)假设检验的自定义函数

为方便学生理解假设检验的原理,本教材编写了下列自定义函数作为辅助。

1. P 值计算的实现

因为概率查对表的局限,各种检验统计量的 P 值计算在手工方式下基本不可行。因此,各类教材在讲述假设检验的原理及基本方法都使用拒绝域法,而很少应用 P 值。借助简单的 R 概率计算函数,基于 P 值计算原理可轻松实现各种检验统计量下 P 值的计算问题。P 值计算 R 表达式如表 5-16 所示。

表 5-16 不同检验统计量 P 值计算的 R 表达式

检验统计量	双侧	左侧	右侧
z	$2 \times (1 - \text{pnorm}(\text{abs}(z_i)))$	$\text{pnorm}(z_i)$	$1 - \text{pnorm}(z_i)$
t	$2 \times (1 - \text{pt}(\text{abs}(z_i), df))$	$\text{pt}(t_i, df)$	$1 - \text{pt}(t_i, df)$
χ^2	$2 \times \min(1 - \text{pchisq}(\chi_i^2, df), \text{pchisq}(\chi_i^2, df))$	$\text{pchisq}(\chi_i^2, df)$	$1 - \text{pchisq}(\chi_i^2, df)$
F	$2 \times \min(1 - \text{pf}(F_i, df_1, df_2), \text{pf}(F_i, df_1, df_2))$	$\text{pf}(F_i, df_1, df_2)$	$1 - \text{pf}(F_i, df_1, df_2)$

注:z_i, t_i, χ_i^2, F_i 分别为各种检验统计量的实际值;上表使用的 R 函数默认均为左侧概率。

【例 5-3】中,P 值计算与检验结论代码:(其余例题略)

zi＝(255.8－255)/sqrt(5^2/40)
P＝2＊(1－pnorm(abs(zi)))
[1] 0.3115721

上述计算过程可简化为自定义函数:pvalue(tjl＝"z",q＝1,df＝10,df2＝10,alter＝0,mean＝0,sd＝1,n＝1)

其中:tjl 为检验统计量的种类,默认为正态分布,可在 c("z","t","c","f") 中任意选;"z"代表标准正态分布,"t"代表 t 分布,"c"代表卡方分布,"f"代表 f 分布;q 为根据样表计算的检验统计量值(mean:样本均值,sd:样本标准差,n:样本容量非默认值时可自动计算);alter 为备择假设的方向(0 双侧,－1 左侧,1 右侧);df 为自由度(第一自由度);df2 为第二自由度。

【例 5-3】中，P 值计算代码：
> pvalue(q = 255.8,mean = 255,sd = 5,n = 40,alter = 0)   #自定义函数
[1] 0.3115721

2. 拒绝域图形函数

在本章教学过程中，需要大量基于各种分布的拒绝域图形示范，下列这些自定义函数可方便读者使用 R 绘制拒绝域图形。具体自定义函数为：
> z.plot(alpha = 0.05,di = "≠")   #生成正态分布双侧拒绝域(见图 5-4)
> t.plot(alpha = 0.05,di = "<",df = 30)   #生成 t 分布左侧拒绝域(见图 5-5)

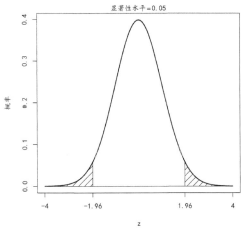

图 5-4　正态分布双侧拒绝域图　　　　图 5-5　t 分布左侧拒绝域图

> c.plot(alpha = 0.05,di = ">",df = 30)   #生成卡方分布右侧拒绝域(见图 5-6)
> f.plot(alpha = 0.05,di = ">",df1 = 30,df2 = 30,k = 3)   #生成 F 分布右侧拒绝域(见图 5-7)

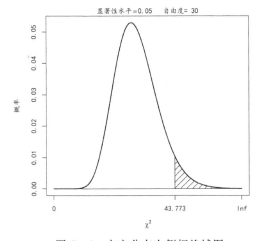 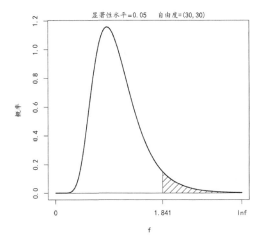

图 5-6　卡方分布右侧拒绝域图　　　　图 5-7　F 分布右侧拒绝域图

3. 假设检验的自定义函数

R 系统假设检验结果可读性不是很好，本章编写了自定义函数。这些自定义函数能够

同时满足有样本详细数据和无样本数据只有样本统计量两种情况,可视为假设检验的通用函数。具体说明如下:

均值检验的自定义函数:meantest( )主要输出总体均值假设检验信息;meantestzy( )可输出手工(计算)过程及结果,方便学生理解总体均值假设检验的原理。

比率检验的自定义函数:ratetest( )主要输出类似系统函数的信息;ratetestzy( )可输出手工(计算)过程及结果,方便学生理解总体比率假设检验的原理。

方差检验的自定义函数:vartest( )主要输出类似系统函数的信息;vartestzy( )可输出手工(计算)过程及结果,方便学生理解方差假设检验的原理。

上述函数的详细参数说明及使用方法见自定义函数帮助文件及例题代码。

二、R 假设检验中例题代码

(一)一个总体均值的假设检验

【例 5-3】中,假设检验 R 应用代码:

(1)使用系统函数 z.test( )

```
> x = myrnorm(n = 40, mean = 255.8, sd = 5)        #生成模拟样本数据
> z.test(x, sigma.x = 5, mu = 255, alter = "two.side")        #完整输出结果
        One-sample z-Test
data: x
z = 1.0119, p-value = 0.3116
alternative hypothesis: true mean is not equal to 255
95 percent confidence interval:
254.2505 257.3495
sample estimates:
mean of x
    255.8
```

(2)使用自定义函数 meantest( )

```
> meantest(mu = 255, sigma = 5, n = 40, meanx = 255.8, alpha = 0.05)
                                        #生成的拒绝区间图见图 5-8
$统计假设
[1] "H0:μ = 255   H1:μ≠255"
$已知
[1] "样本容量 = 40 样本均值 = 255.8 总体标准差 = 5"
$检验统计量
[1] 1.011929
$显著性水平
[1] 0.05
$拒绝域
[1] " - ∞ ~ -1.96   或者   1.96 ~ + ∞"
```

$p值
[1] 0.3115721
$结论
[1]"不拒绝原假设"

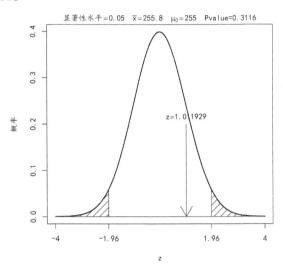

图 5-8 正态分布拒绝区间图

(3)使用自定义函数的手工计算实现：
>meantestzy(mu = 255,sigma = 5,n = 40,meanx = 255.8,alpha = 0.05)
　　　　　　　　　　　　　　　　#输出结果为图片或PDF,如图 5-9 所示

```
假设：  H₀: μ =255      H₁: μ ≠255
已知：  n=40  ; x̄=255.8  ; σ=5 ;  α=0.05
分析：总体方差已知，选择检验统计量：  z_i = (x̄-μ₀)/(σ/√n)
代入数据计算得： z_i = (255.8-255)/(5/√40) = 1.011929
临界值：总体方差已知，由 α=0.05，查表得：z_{0.025}=-1.96
拒绝域： -∞~ -1.96  或者 1.96 ~+∞
结论：不拒绝原假设
```

图 5-9 输出结果

【例 5-4】中，假设检验 R 应用代码：
(1)使用系统函数 z.test( )
>x = myrnorm(n = 100,mean = 1150,sd = 230)　　　#生成模拟样本数据
> z.test(x,sigma.x = 230,mu = 1200,alter = "less")
　　　One-sample z-Test
data： x
z = -2.1739, p-value = 0.01486
alternative hypothesis：true mean is less than 1200

...

(2) 使用自定义函数 meantest( )

> meantest(mu = 1200, sigma = 230, n = 100, meanx = 1150, alpha = 0.05, alter = -1)

$ 统计假设

[1] "H0: $\mu>1200$ H1: $\mu<1200$"

$ 结论

[1] "拒绝原假设"

【例 5-5】中,假设检验 R 应用代码:

(1) 使用系统函数 z.test( )

> x = myrnorm(n = 150, mean = 800, sd = 275)   # 生成模拟样本数据

> z.test(x, mu = 850, alter = "less")

　　　　One-sample z-Test

data: x

z = -2.2268, p-value = 0.01298

alternative hypothesis: true mean is less than 850

...

(2) 使用自定义函数 meantest( )

> meantest(mu = 850, s = 275, n = 150, meanx = 800, alpha = 0.05, alter = -1)

$ 统计假设

[1] "H0: $\mu>850$ H1: $\mu<850$"

$ 结论

[1] "拒绝原假设"

【例 5-6】中,假设检验 R 应用代码:

(1) 使用系统函数 t.test( )

> x = myrnorm(n = 25, mean = 41000, sd = 5000)   # 生成模拟样本数据

> t.test(x, mu = 40000, alter = "greater")

　　　　One Sample t-test

data: x

t = 1, df = 24, p-value = 0.1636

alternative hypothesis: true mean is greater than 40000

...

(2) 使用自定义函数 meantest( )

> meantest(mu = 40000, s = 5000, n = 25, meanx = 41000, alpha = 0.05, alter = 1)

$ 统计假设

[1] "H0: $\mu<40000$ H1: $\mu>40000$"

$ 结论

[1] "不拒绝原假设"

(二)一个总体比例的假设检验

【例 5 - 7】中,假设检验 R 应用代码:

(1)使用系统函数 prop.test( )

> prop.test(146,200,0.8,alternative = "two.side",conf = 0.95,corr = F)

   1 - sample proportions test without continuity correction

data: 146 out of 200, null probability 0.8

X-squared = 6.125, df = 1, p-value = 0.01333

alternative hypothesis: true p is not equal to 0.8

…

(2)使用自定义函数 ratetest( )

> ratetest(pi0 = 0.8,n1 = 146,n = 200,alpha = 0.05,alter = 0)

$ 统计假设

[1] "H0: π = 0.8   H1: $\pi \neq$ 0.8"

$ 结论

[1] "拒绝原假设"

【例 5 - 8】中,假设检验 R 应用代码:

(1)使用系统函数 z.test( )

> prop.test(220,400,0.6,alternative = "greater",conf = 0.95,corr = F)

   1 - sample proportions test with continuity correction

data: 220 out of 400, null probability 0.6

X-squared = 4.1667, df = 1, p-value = 0.9794

alternative hypothesis: true p is greater than 0.6

…

(2)使用自定义函数 meantest( )

> ratetest(n1 = 220,n = 400,pi0 = 0.6,alter = 1,alpha = 0.05)

$ 统计假设

[1] "H0: $\pi <$ 0.6   H1: $\pi >$ 0.6"

$ 结论

[1] "不拒绝原假设"

(三)一个总体方差的假设检验

【例 5 - 9】中,假设检验 R 应用代码:

(1)使用系统函数 sigma.test( )

> x = myrnorm(n = 10,mean = 640,sd = 3.8)   # 生成模拟样本数据

> sigma.test(x,sigma = 4,alternative = "two.sided")

   One sample Chi-squared test for variance

data: x

X-squared = 8.1225, df = 9, p-value = 0.9563

alternative hypothesis: true variance is not equal to 16

......

(2) 使用自定义函数 vartest( )

> vartest(sigma0 = 4, n = 10, s = 3.8, alpha = 0.10, alter = 0)

$ 统计假设

[1] "H0：σ = 4   H1：σ≠4"

$ 结论

[1] "不拒绝原假设"

【例 5-10】中，假设检验 R 应用代码：

(1) 使用系统函数 sigma.test( )

> x = myrnorm(n = 20, mean = 64, sd = 0.16)   #生成模拟样本数据

> sigma.test(x, sigma = 0.13, alternative = "greater")

　　　　One sample Chi-squared test for variance

data： x

X-squared = 28.781, df = 19, p-value = 0.06951

alternative hypothesis：true variance is greater than 0.0169

......

(2) 使用自定义函数 vartest( )

> vartest(sigma0 = 0.13, n = 20, s = 0.16, alpha = 0.05, alter = 1)

$ 统计假设

[1] "H0：σ<0.13   H1：σ>0.13"

$ 结论

[1] "不拒绝原假设"

(四) 两个总体均值的假设检验

【例 5-11】中，假设检验 R 应用代码：

(1) 使用系统函数：z.test( )

> x = myrnorm(n = 32, mean = 515, sd = 50)   #生成模拟样本数据

> y = myrnorm(n = 40, mean = 545, sd = 55)   #生成模拟样本数据

> z.test(x, y, sigma.x = 50, sigma.y = 55, alter = "two.side")

　　　　Two-sample z-Test

data： x and y

z = -2.4194, p-value = 0.01554

alternative hypothesis：true difference in means is not equal to 0

......

(2) 使用自定义函数：meantest( )

> meantest(sigma = c(50, 55), meanx = c(515, 545), n = c(32, 40), alter = 0, mu0 = 0, alpha = 0.05, var = T)

$ 统计假设

[1] "H0：$\mu_1 - \mu_2 = 0$ H1：$\mu_1 - \mu_2 \neq 0$"

$已知

[1] "样本容量1=32 样本容量2=40 样本均值1=515 样本均值2=545 总体标准差1=50 总体标准差2=55"

$检验统计量

[1] -2.419434

$显著性水平

[1] 0.05

$拒绝域

[1] "-∞ ~ -1.96 或者 1.96 ~ +∞"

$p值

[1] 0.0155447

$结论

[1] "拒绝原假设"

【例5-12】中,假设检验R应用代码:

(1)使用系统函数:z.test( )

> x = myrnorm(n = 40, mean = 78.2, sd = 8)   #生成模拟样本数据
> y = myrnorm(n = 50, mean = 82.5, sd = 10)   #生成模拟样本数据
> z.test(x, y, alter = "less")

        Two-sample z-Test

data: x and y
z = -2.2663, p-value = 0.01172
alternative hypothesis: true difference in means is less than 0
…

(2)使用自定义函数:meantest( )

> meantest(s = c(8,10), meanx = c(78.2,82.5), n = c(40,50), alter = -1, alpha = 0.05)

$统计假设

[1] "H0: μ1 - μ2 > 0   H1: μ1 - μ2 < 0"

$结论

[1] "拒绝原假设"

【例5-13】中,假设检验R应用代码:

> x = c(11.9,12.3,11.7,12,12.8,11.6,12.5,11.9,12.8,12.4)
> y = c(11.6,12.0,12.4,11.8,12.4,12.8,11.6,12.6,11.9,11.7)
> var.test(x,y)   #两个总体方差是否相同检验

       F test to compare two variances

data: x and y
F = 0.98427, num df = 9, denom df = 9, p-value = 0.9815
alternative hypothesis: true ratio of variances is not equal to 1
…

```
> t.test(x,y,alternative = "two.side")    #基于两个总体方差相同的t检验
        Welch Two Sample t-test
data: x and y
t = 0.56553, df = 17.999, p-value = 0.5787
alternative hypothesis: true difference in means is not equal to 0
...
> meantest(x = list(x,y),alter = 0,alpha = 0.05,var = T)
$统计假设

[1] "H0: μ1 - μ2 = 0    H1: μ1 - μ2 ≠ 0"

$结论
[1] "不拒绝原假设"
```

【例5-14】中,假设检验R应用代码:

(1) 使用系统函数:t.test( )

```
> x = myrnorm(n = 10,mean = 26,sd = 12)      #生成模拟样本数据
> y = myrnorm(n = 8,mean = 18,sd = 10)       #生成模拟样本数据
> t.test(x,y,alter = "greater",var = T)
        Two-sample z-Test
data: x and y
t = 1.51, df = 16, p-value = 0.07527
alternative hypothesis: true difference in means is greater than 0
...
```

(2) 使用自定义函数:meantest( )

```
> meantest(s = c(12,10),meanx = c(26,18),n = c(10,8),alter = 1,alpha = 0.05,var = T)
$统计假设

[1] "H0: μ1 - μ2 < 0    H1: μ1 - μ2 > 0"

$结论
[1] "不拒绝原假设"
```

【例5-15】中,假设检验R应用代码:

(1) 使用系统函数:t.test( )

```
> x = myrnorm(n = 12,mean = 30520,sd = 3350)    #生成模拟样本数据
> y = myrnorm(n = 14,mean = 27000,sd = 2640)    #生成模拟样本数据
> t.test(x,y,alter = "greater",var = F)
data: x and y
t = 2.9405, df = 20.833, p-value = 0.003929
alternative hypothesis: true difference in means is greater than 0
...
```

(2) 使用自定义函数:meantest( )

```
> meantest(s = c(3350,2640),meanx = c(30520,27000),n = c(12,14),alter = 1,al-
```

pha = 0.05, var = F)
    $统计假设
    [1] "H0：$\mu_1 - \mu_2 < 0$ H1：$\mu_1 - \mu_2 > 0$"
    $结论
    [1] "拒绝原假设"

(五)两个总体比例的假设检验

【例 5-16】中，假设检验 R 应用代码：
(1)使用系统函数 prop.test( )
> n1 = c(33,84)
> n = c(300,400)
> prop.test(n1,n,alter = "less",corr = F)
data：n1 out of n
X-squared = 12.315, df = 1, p-value = 0.0002247
alternative hypothesis：less
…

(2)使用自定义函数 ratetest( )
> ratetest(n = n,rate = c(0.11,0.21),alpha = 0.05,pi0 = 0.08,alter = -1)
$统计假设
[1] "H0：$\pi_1 - \pi_2 > 0.08$ H1：$\pi_1 - \pi_2 < 0.08$"
$已知
[1] "n1 = 33 n2 = 84 n = 300 p = 0.11" "n1 = 33 n2 = 84 n = 400 p = 0.21"
$检验统计量
[1] -6.612093
$显著性水平
[1] 0.05
$拒绝域
[1] " $-\infty \sim -1.6449$ "
$p值
[1] 1.894613e-11
$结论
[1] "拒绝原假设"

【例 5-17】中，假设检验 R 应用代码：
(1)使用系统函数 prop.test( )
> n1 = c(54,70);n = c(200,200)
> prop.test(n1,n,alter = "less",corr = F)
    2-sample test for equality of proportions without continuity correction
data：n1 out of n
X-squared = 2.9921, df = 1, p-value = 0.04184

alternative hypothesis：less
…

（2）使用自定义函数 ratetest( )

ratetest(n = n,rate = c(0.27,0.35),alpha = 0.05,pi0 = 0,alter = -1)

$统计假设

[1] "H0：$\pi_1 - \pi_2 > 0$ H1：$\pi_1 - \pi_2 < 0$"

$结论

[1] "拒绝原假设"

(六)两个总体方差比的假设检验

【例 5-18】中，假设检验 R 应用代码：

（1）使用系统函数 var.test( )

>x = myrnorm(n = 41,mean = 170,sd = 15.3)   #生成模拟样本数据
>y = myrnorm(n = 31,mean = 170,sd = 9.6)   #生成模拟样本数据
>var.test(x,y,alternative = "greater")

　　　F test to compare two variances

data： x and y

F = 2.54, num df = 40, denom df = 30, p-value = 0.004763

alternative hypothesis：true ratio of variances is greater than 1

…

（2）使用自定义函数 vartest( )

> vartest(n = c(41,31),s = c(15.3,9.6),alpha = 0.05,alter = 1)

$统计假设

[1] "H0：$\sigma_1 < \sigma_2$ H1：$\sigma_1 > \sigma_2$"

$已知

[1] "自由度 1 = 40 样本方差 1 = 234.09" "自由度 2 = 30 样本方差 2 = 92.16"

$检验统计量

[1] 2.54

$显著性水平

[1] 0.05

$拒绝域

[1] "1.7918 ～ +∞"

$p值

[1] 0.004762775

$结论

[1] "拒绝原假设"

习 题

一、单项选择题

1. 假设检验时,若增大样本容量,则犯两类错误的可能性( )。
   A. 都增大
   B. 都缩小
   C. 都不变
   D. 一个增大,一个缩小

2. 如果检验的假设为:$H_0:\mu \geq \mu_0$,$H_1:\mu < \mu_0$,则拒绝域为:( )。
   A. $z > z_\alpha$
   B. $z < -z_\alpha$
   C. A 或 B
   D. $z < -z_{\alpha/2}$

3. 假设检验中,显著性水平 α 表示( )。
   A. 原假设为真时接受原假设的概率
   B. 原假设为真时拒绝原假设的概率
   C. 原假设不真时接受原假设的概率
   D. 原假设不真时拒绝原假设的概率

4. 某厂生产的化纤纤度服从正态分布,纤维的纤度的标准均值为 1.40。某天测得 25 根纤维的纤度的均值为 1.39,检验与原来设计的标准均值相比是否有所变化,则下列正确的假设形式是( )。
   A. $H_0:\mu = 1.40, H_1:\mu \neq 1.40$
   B. $H_0:\mu \leq 1.40, H_1:\mu > 1.40$
   C. $H_0:\mu < 1.40, H_1:\mu \geq 1.40$
   D. $H_0:\mu \geq 1.40, H_1:\mu < 1.40$

5. 某单位体检,亚健康人数占比高达 20%,有人认为实际的比例还要高,要检验该说法是否正确,则假设形式为( )。
   A. $H_0:\pi \leq 0.2, H_1:\pi > 0.2$
   B. $H_0:\pi = 0.2, H_1:\pi \neq 0.2$
   C. $H_0:\pi \geq 0.2, H_1:\pi < 0.2$
   D. $H_0:\pi \geq 0.3, H_1:\pi < 0.3$

6. 在假设检验中,不拒绝原假设意味着( )。
   A. 原假设肯定是正确的
   B. 原假设肯定是错误的
   C. 没有证据证明原假设是正确的
   D. 没有证据证明原假设是错误的

7. 在假设检验中,第一类错误是指( )。
   A. 当原假设正确时拒绝原假设
   B. 当原假设错误时拒绝原假设
   C. 当备择假设正确时拒绝备择假设
   D. 当备择假设不正确时未拒绝备择假设

8. 在假设检验中,第二类错误是指( )。
   A. 当原假设正确时拒绝原假设
   B. 当原假设错误时未拒绝原假设
   C. 当备择假设正确时未拒绝备择假设
   D. 当备择假设不正确时拒绝备择假设

9. 如果原假设为真,所得到的样本结果会像实际观测结果那么极端或更极端的概率称为( )。
   A. 临界值
   B. 统计量
   C. P 值
   D. 事先给定的显著性水平

10. P 值越小( )。
    A. 拒绝原假设的可能性越小
    B. 拒绝原假设的可能性越大
    C. 拒绝备择假设的可能性越大
    D. 不拒绝备择假设的可能性越小

11. 对于给定的显著性水平 α，根据 P 值拒绝原假设的准则是（　　）。
A. P 值＜α　　　　　　　　　　　　B. P 值＝α
C. P 值＞α　　　　　　　　　　　　D. P 值＝0

二、计算题

1. 假设某批矿砂 10 个样品中的镍含量，经测定为 3.28, 3.27, 3.25, 3.25, 3.27, 3.24, 3.26, 3.24, 3.24, 3.25（单位：％）。设总体服从正态分布，且方差为 $\sigma^2 = 0.01^2$，

试问：在 $\alpha = 0.01$ 下能否认为这批矿砂的平均镍含量为 3.25％。

2. 某 F1 赛车的平均速度每小时高于 250 km。现对其的 20 辆赛车进行速度测试，得到平均行驶速度（单位：km/h）如下：

250　236　245　261　256　258　242　262　249　251　254　250　247　245　256　256　258　254　262　263

试问：样本数据在 $\alpha = 0.05$ 时是否支持该赛车商的说法。

3. 假设原材料抗拉强度的方差不超过 5 时为合格品。取出 25 件原材料组成随机样本，测得样本方差为 7，假设原材料的抗拉强度近似服从正态分布（$\alpha = 0.05$），试问该批原材料是否合格。

4. 用两种方法生产出来的某种材料的抗拉强度都服从正态分布，其标准差 $\sigma_1 = 6$ kg，$\sigma_2 = 8$ kg。现从用两种方法生产出来的材料中分别随机抽取 $n_1 = 12$，$n_2 = 16$ 种材料，其抗拉强度的均值分别为 40 kg 和 34 kg。问这两种方法生产的材料的平均抗拉强度是否不同（$\alpha = 0.05$）。

5. 装配一个部件可以采用不同的方法，我们关心的问题是哪一种方法的效率更高。劳动效率可以用平均装配时间反映。现从采用不同的方法装配的部件中各随机抽取 12 件产品，记录各自的装配时间（单位：分钟）如下：

甲方法：31　34　29　32　35　38　34　30　29　32　31　26
乙方法：26　24　28　29　30　29　32　26　31　29　32　28

假设两总体为正态总体，且方差相同。问两种方法的装配时间有无显著不同（$\alpha = 0.05$）。

6. 设用某类型的秒级光学经纬仪由观测大量角度而得的测角中误差为 1.5。今用试制的同类型的新仪器观测某角度 9 个测回，算得每测回的测角中误差 S 为 2.5。问新仪器的测角精度是否与老仪器的精度相当（$\alpha = 0.05$）。

7. 某种大量生产的袋装食品，按规定每袋不得少于 250 g。今从一批该食品中任意抽取 50 袋，发现有 6 袋低于 250 g。若规定不符合标准的比例超过 3％就不得出厂，问该批食品能否出厂（$\alpha = 0.05$）。

8. 某种感冒冲剂的生产线规定每包重量为 12 g，超重或过轻都是严重的问题。从过去的资料知 σ 是 0.6 g，质检员每 2 小时抽取 25 包冲剂称重检验，并做出是否停工的决策。假设产品重量服从正态分布。

(1) 建立适当的原假设和备择假设。
(2) 在 $\alpha = 0.05$ 时，该检验的决策准则是什么？
(3) 如果 $x = 12.25$ g，你将采取什么行动？
(4) 如果 $x = 11.95$ g，你将采取什么行动？

第六章 方差分析

【导入案例】

今有某种型号的电池三批,它们分别为一厂、二厂和三厂所生产。为评比其质量,各随机抽取5只电池为样品,经试验测得其寿命(小时)如下:

一厂　40,46,38,42,44
二厂　26,34,30,28,32
三厂　41,40,44,50,50

试问在显著性水平 $\alpha=0.05$ 下检验三个工厂生产的电池平均寿命有无显著差异。

看起来很眼熟啊!这不就是第五章刚刚学过的假设检验吗?建立三个工厂电池平均寿命两两比较的3个假设检验不就解决了吗?如果这样想就错了,为什么呢?

其一:工作量太大。如果上例中有20个工厂呢?需要建立多少个两两之间的假设检验?

其二:推断的可靠性降低,犯第一类错误的概率大大增加。对两个样本平均数比较采用 t 检验,$\alpha=0.05$ 时犯第一类错误的概率为 0.05,推断的可靠性为 $1-\alpha=0.95$。若对5个工厂的电池采用 t 检验进行比较,$\alpha=0.05$,需进行 10 次两两比较,10 次推断的可靠性由 0.95 降到 0.5987,犯第一类错误的概率则由 0.05 上升 0.4013。试问一下,这个结果还能放心地使用吗?如果上例中有20个工厂呢?至少犯一次错误的概率又是多少呢?

其三:误差估计的精确性和检验的灵敏性降低。采用 t 测验法,每次只能利用两组观察值估计试验误差,与利用全部观察值估计的试验误差相比,精确性低,误差的自由度也低,从而使检验的灵敏度也降低,容易掩盖差异的显著性,增大犯第二类错误的可能。

在实际应用中,经常会遇到这类需要判断多组数据是否存在显著差异。比如,不同家电品牌的销售量有显著差异吗?不同位置超市的销售额有显著差异吗?不同时段的行车时间有显著差异吗?等等。这些问题该如何解决?

R. A. Fisher!不错,又是费舍尔!"一位几乎独自建立现代统计科学的天才",他提出了著名的方差分析的思想和方法,可以完美解决此类问题。

【内容要点】

(1)理解方差分析与假设检验的区别;

(2)理解和掌握方差分析中的两类误差;

(3)从方差分析进阶到相关分析;

(4)在掌握单因素方差分析原理的基础上,熟练掌握基于软件的两因素(多因素)方差分析方法。

第一节　方差分析概述

一、方差分析的定义

方差分析由英国统计学家 R. A. Fisher 首创，为纪念 Fisher，方差分析又称 F 检验。

方差分析又称"变异数分析"，是用来判断两个及两个以上样本均值差异是否显著的方法。

方差分析是变异原因的数量分析，是将观察（试验）数据的总变异分解为不同来源的变异，从而评定不同变异来源相对重要性的一种统计方法。换句话说，方差分析就是对总变异进行分析，看总变异是由哪些部分组成的，这些部分间的关系如何。

【例 6-1】 研究员想挑选出能使小麦亩产量最大的化肥，选了三个品牌的化肥：A、B 和 C。样本数据见表 6-1。

表 6-1　三种品牌的亩产量抽样数据

观测值	品牌		
	A/kg	B/kg	C/kg
1	570	660	540
2	560	760	580
3	610	670	530
4	580	710	550
5	590	630	520
6	580	730	560
7	630	640	510
8	600	680	530

从 A、B 和 C 三个化肥品牌亩产量的点带图（见图 6-1）中可以直观地看出 24 个地块的亩产量存在着差异，这些不同地块的亩产量为什么存在着差异呢？或者说这些不同地块亩产量存在差异的原因是什么呢？如果按第二章的基本理论，我们会认为这些差异的原因是随机因素。仔细再观察这张图，好像这个说法并不完全正确，因为使用三种化肥品牌的地块亩产量之间又有明显差异，整体上可以直观看出 B 品牌亩产量最高，A 品牌次之，C 品牌最低。因此，我们可以这样说，24 个地块亩产量存在差异，差异原因有两个：一是使用不同品牌化肥引起的；二是随机因素引起的（使用相同品牌化肥地块的亩产量同样存在着差异）。

进一步，我们需要明确哪一个原因是主要原因，是因为使用了不同品牌化肥吗？散点图并不能告诉我们精确的信息，为了进一步研究这个问题（此类问题），我们需要对方差分析的方法做进一步解释。

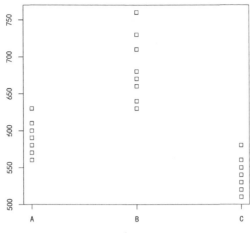

图 6-1 三个化肥品牌亩产量的点带图

二、方差分析的术语

在方差分析中为了描述需要,特规定以下术语。

(1)因素。因素也就是方差分析所要检验的对象,也称为因子。如例 6-1 中,我们要分析使用不同化肥品牌地块的亩产量是否有显著差异,换句话说,我们想知道化肥品牌对亩产量是否有影响,"化肥品牌"是我们所要检验的对象,它就是一个因素(因子)。为研究问题需要,我们先建立两个变量:一是化肥品牌,二是亩产量。为了数据分析需要,我们再将表 6-1 (宽结构数据)转换为长结构数据,如表 6-2 所示。从表 6-2 中我们很清楚看出:品牌就是因素或因子,我们要分析品牌对亩产量是否有影响。

表 6-2 方差分析的长结构数据

编号	品牌	亩产量/kg
1	A	570
2	A	560
3	A	610
4	A	580
5	A	590
6	A	580
7	A	630
8	A	600
9	B	660
10	B	760
11	B	670
12	B	710
13	B	630

编号	品牌	亩产量/kg
14	B	730
15	B	640
16	B	680
17	C	540
18	C	580
19	C	530
20	C	550
21	C	520
22	C	560
23	C	510
24	C	530

(2)水平。因素中的内容称为水平,它是因素的具体表现。如:例6-1中"化肥品牌"这一因素中的水平有三个,即化肥的三种不同品牌:A、B、C,它们是"化肥品牌"这一因素的三种具体表现。A、B、C就是化肥品牌因子的三个水平(值)。因素的每一个水平可以看作是一个总体,A、B、C品牌化肥对应的亩产量可以看作是三个总体。

(3)控制变量。在方差分析中,能够人为控制的影响因素称为控制因素,或控制变量;如例6-1中,"化肥品牌"对于亩产量而言,是能够人为控制的影响因素,称为控制变量。

(4)随机变量。在方差分析中,人为很难控制的影响因素称为随机因素,或随机变量。如例6-1中,影响亩产量的因素除了化肥品牌这个因素外还有很多。这些因素人为很难控制,也称为随机变量。

(5)观察变量与观察值。在方差分析中,受控制因素和随机因素影响的事物,称为观察变量。在每个水平下得到的样本数据称为观察值。如例6-1中,亩产量是观察变量,在每个化肥品牌下得到的样本数据(即表6-2中的数据,共24个)就是观察值。

三、方差分析的基本思想

方差分析是从误差角度分析和解决问题的一种方法,其基本思想如下:

(一)总差异及来源分析

1. 总差异

由于各种因素的影响,观察值数据呈现波动。例6-1中,在各种已知和未知的因素影响下,所有样本地块的亩产量之间都存在着差异,呈现出围绕均值上下波动的特征。结合第二章的描述统计方法,首先计算全部观察值的总均值,然后计算全部观察值与总均值的离差平方和,该离差平方和能反应总差异的大小。离差平方和使用SST表示,计算公式如下:

总离差平方和:$SST = \sum_{i=1}^{n}(X_i - \bar{\bar{X}})^2$。如表6-4所示,24个地块的总均值为605 kg,24

个地块亩产量与总均值的离差平方和:$\text{SST} = \sum_{i=1}^{n}(X_i - \overline{\overline{X}})^2 = 108200$

方差分析基本原理认为总差异的基本来源有两个:一是因子的不同水平(不同总体)下,各观察值之间的差异,这种误差是由系统性因素造成的,称为系统误差。二是因子的同一水平(总体)下,样本各观察值之间的差异,这种差异可以看成是随机因素的影响,称为随机误差。

2. 系统误差(组间差异)

系统误差是由于实验条件不同或试验方案不同形成的差异,或者是研究中施加可控因素造成的差异。从变量值看,是不同因子对应观察值一般水平与所有观察值总均值之间的差异,反应各组间数值的差异,称为组间差异。使用变量各组均值与总均值的离差平方和表示,记作 SSA,也称组间平方和。

计算公式为:$\text{SSA} = \sum_{i=1}^{n}(\overline{x_k} - \overline{\overline{x}})^2$

其中:k 为不同水平个数或组数,$\overline{x_k} = \dfrac{\sum_{i=1}^{n_{ki}} x_{ki}}{n_k}$ 是不同水平下观察值的均值,也称组均值。

组间差异的计算需要首先计算因素各水平对应观察值的均值,例 6-1 中因子有三个不同水平,各水平对应的亩产量数据均值计算如表 6-3 所示。

表 6-3　三种品牌的亩产量均值计算

观测值	品牌		
	A/kg	B/kg	C/kg
1	570	660	540
2	560	760	580
3	610	670	530
4	580	710	550
5	590	630	520
6	580	730	560
7	630	640	510
8	600	680	530
均值	590	685	540

然后计算各因素各水平下的观察值样本平均值与数据总均值差异的平方和 SSA。如表 6-4 所示,组间平方和:$\text{SSA} = \sum_{i=1}^{n}(\overline{x_k} - \overline{\overline{x}})^2 = 86800$

计算结果说明,品牌因素对亩产量影响的系统误差是 86800。即总误差 108200 中的 86800 是由于品牌因素不同水平造成的。

3. 随机误差(组内差异)

除化肥品牌因素外,其他不可控因素造成的各组(水平)内部数值的差异称为组内差异,也称为随机误差,用各变量值与所在组的均值离差平方和表示,记作 SSE。

具体公式为:$SSE = \sum_{i=1}^{n}(x_i - \bar{x}_{ki})^2$

如表 6-4 所示,三个组的随机误差总和:$SSE = \sum_{i=1}^{n}(x_i - \bar{x}_{ki})^2 = 21400$

表 6-4 三种离差平方和的计算表

编号	品牌	亩产量 x_i	组均值 $\bar{x}_k$	总均值 $\bar{\bar{x}}$	$(x_i - \bar{\bar{x}})^2$	$(\bar{x}_k - \bar{\bar{x}})^2$	$(x_i - \bar{x}_{ki})^2$
1	A	570	590	605	1225	225	400
2	A	560	590	605	2025	225	900
3	A	610	590	605	25	225	400
4	A	580	590	605	625	225	100
5	A	590	590	605	225	225	0
6	A	580	590	605	625	225	100
7	A	630	590	605	625	225	1600
8	A	600	590	605	25	225	100
9	B	660	685	605	3025	6400	625
10	B	760	685	605	24025	6400	5625
11	B	670	685	605	4225	6400	225
12	B	710	685	605	11025	6400	625
13	B	630	685	605	625	6400	3025
14	B	730	685	605	15625	6400	2025
15	B	640	685	605	1225	6400	2025
16	B	680	685	605	5625	6400	25
17	C	540	540	605	4225	4225	0
18	C	580	540	605	625	4225	1600
19	C	530	540	605	5625	4225	100
20	C	550	540	605	3025	4225	100
21	C	520	540	605	7225	4225	400
22	C	560	540	605	2025	4225	400
23	C	510	540	605	9025	4225	900
24	C	530	540	605	5625	4225	100
合计	—	—	—	—	108200	86800	21400

综上所述,总误差平方和 SST 反映全部数据总误差大小,组间平方和 SSA 反映系统误差大小,组内平方和记为 SSE 反映随机误差大小。总误差平方和=组间平方和+组内平方和,即:SST=SSA+SSE。

(二)方差分析的基本思想

方差分析的基本思想是通过分析研究不同来源变异对总变异的贡献大小,从而确定可控因素对研究结果影响力的大小。例 6-1 计算结果说明,所有地块亩产量之间的总差异为 108200,其中组内差异(品牌不同的影响)为 86800,组间差异(除品牌以外的各种随机因素造成的影响)为 21400。总差异以组间差异为主要,组内差异为次要。换句话说,所有地块亩产量之间的差异主要是由化肥品牌不同引起的。这个结论可靠吗?或者说品牌因素造成的差异是否显著大于其他随机因素造成的差异?从统计方法角度,还需要进行假设检验。只有系统差异足够大才能说明类别间的差异显著,才能说明因素效应显著。

1. 用方差代替离差平方和

如果用方差(离差平方和除以自由度)代替离差平方和以消除各组样本数不同的影响,方差分析就是组间方差(系统方差)与组内方差(随机方差)的比较问题,就是看系统方差是否显著大于随机方差。将上述两个不同来源的差异使用方差具体表示如下:

总离差的离差平方和为 SST,自由度为样本容量 $n-1$,总方差为:$\text{MST}=\dfrac{\text{SST}}{n-1}$

组间离差的离差平方和为 SSA,自由度为因子水平数 -1,$df_A=k-1$,组间方差为:$\text{MSA}=\dfrac{\text{SSA}}{k-1}$

组内离差的离差平方和为 SSE,自由度为各组样本容量 n_k-1 之和,即样本总容量减去因子水平数 k,组间方差的自由度:$df_E=n-k$,组间方差为:$\text{MSE}=\dfrac{\text{SSE}}{n-k}$

例 6-1 中的两个不同误差来源的方差经计算分别为:

$$\text{MSA}=\dfrac{\text{SSA}}{k-1}=\dfrac{86800}{3-1}=43400 \quad \text{MSE}=\dfrac{\text{SSE}}{n-k}=\dfrac{21400}{24-3}=1019$$

2. 两个不同来源的方差比较

两个方差比较就是用组间方差除以组内方差的商(即 F 值)与 1 相比较,若 F 值接近 1,则说明各组均值间的差异没有那么显著,若 F 值远大于 1,则说明各组均值间的差异显著。

按照第五章两个总体方差比较的假设检验方法,先提出原假设和备择假设:

原假设:两个不同来源的方差相等,即:H_0:MSA$\leqslant$MSE

备择假设:两个不同来源的方差不相等,即:H_1:MSA$>$MSE

按照第五章两个总体方差比的假设检验方法,检验统计量:$F=\dfrac{\text{MSA}}{\text{MSE}}\sim F(k-1,n-k)$

该检验为右侧检验,在给定的显著性水平 α 下,拒绝域为:$F>F_\alpha(k-1,n-k)$。

判断原假设是否成立,就是判断组间方差是否显著大于组内方差。即 F 值大到某种程度时,就可以说不同水平之间存在着显著差异。根据假设检验的决策规则,检验统计量 F 值落在拒绝域,则拒绝原假设,反之不拒绝原假设。该检验拒绝原假设则意味着组间方差 MSA 显著大于组内方差 MSE,也就是说从统计意义上,总误差的主要来源确实是组间误差。

例 6-1 中,根据样本计算的检验统计量:$F=\dfrac{\text{MSA}}{\text{MSE}}=\dfrac{43400}{1019}=42.6$

$\alpha=0.05$ 时,拒绝域为 $F>F_\alpha(k-1,n-k)$,代入数值 $F>F_{0.05}(3-1,24-3)$,查表得:

$F > 3.4668$

该检验统计量位于拒绝域,说明来自与品牌因素的方差确实显著大于随机因素的方差,各品牌亩产量均值之间差异显著。

四、方差分析的分类

按因子(或因素)的多少将方差分析分为:单因素方差分析和双因素方差分析。如果在一项试验中只有一个因素在改变,则称为单因素试验;如果两个因素在改变,则称为两因素试验。单因素方差分析就是对单因素实验结果进行分析,检验因素对实验结果有无显著性影响的方法。双因素方差分析就是对两个因素实验结果进行分析,检验两个因素对实验结果分别有无显著性影响的方法。

单因子方差分析和双因子方差分析相同之处在于:①都是利用方差比较的方法分析,通过假设检验来判断多个因素是否对因变量产生显著性影响;②分析的基本步骤相同,都是通过建立检验假设→计算检验统计量 F 值→确定 P 值并做出推断结果。

单因子方差分析和双因子方差分析的区别在于:单因素方差分析是用来研究一个控制变量是否对观测变量产生了显著影响,如分析地区差异是否影响妇女的生育率;多因素方差分析用来研究两个及两个以上控制变量是否对观测变量产生了显著影响,如分析不同品种、不同施肥量是否影响农作物产量。

五、方差分析主要用途

在科学实验中常常要探讨不同实验条件或处理方法对实验结果的影响。通常是比较不同实验条件下样本均值间的差异。例如医学界研究几种药物对某种疾病的疗效;农业研究土壤、肥料、日照时间等因素对某种农作物产量的影响;不同化学药剂对作物害虫的杀虫效果等,都可以使用方差分析方法去解决。基于方差分析的基本概念理解及例 6-1 的案例分析可知,方差分析可应用于以下方面:

(1)多个总体均数差别的显著性检验。

(2)分离各有关因素,并估计其对总变异的作用。一个复杂的事物,其中往往有许多因素互相制约又互相依存。方差分析的目的是通过数据分析找出对该事物有显著影响的因素,判断各因素之间的交互作用,以及显著影响因素的最佳水平等。

(3)在解决多个处理的比较问题中能充分利用资料的全部信息,提高分析的精确度。在单因素试验中,可以分辨出最优的水平。在多因素试验中,可以分辨出最优的水平组合。

(4)方差齐性检验。在两个总体均值检验时,当两个总体方差未知,且两个样本仅为小样本时,两个总体的方差是否相等,就可以使用方差分析得到答案。

(5)分类数据与数值数据相关关系的判断。在方差分析中,观察变量为数值变量,因素变量为分类变量(具体数值包含有多个水平),方差分析也可以理解为判断分类变量与数值变量是否相关的方法。方差分析拒绝了原假设也可以说明分类变量与数值变量相关。单因子方差分析可以理解为一个分类型自变量与一个数值型变量是否相关。双因子方差分析可以理解为两个分类型自变量与一个数值型变量是否相关。

六、方差分析的基本假定

经典统计学中很多模型都有严密的数学推导和前提假设,方差分析也一样,方差分析方法有以下假定:

(1)各处理条件下的样本是随机的。
(2)各处理条件下的样本是相互独立的,否则可能出现无法解析的输出结果。
(3)各处理条件下的样本分别来自正态分布总体,否则使用非参数分析。
(4)各处理条件下的样本方差相同,即具有齐效性。

假设有 K 个样本,如果原假设 H_0 样本均值都相同,K 个样本有共同的方差,则 K 个样本来自具有共同方差和相同均值的总体。如果经过计算,组间方差远远大于组内方差,则推翻原假设,说明样本来自不同的正态总体,说明处理造成均值的差异有统计意义。否则承认原假设,样本来自相同总体,处理间无差异。样本均值越不同,推断不同总体均值不同的证据就越充分。

综上所述,(1)方差分析是一种特殊的假设检验。方差分析把所有数据放在一起,一次检验就对所有各组间是否有差异做出判断,且出错的概率依然被控制在 α 以内。如果发现有差异,再进一步比较是哪组数据与其他数据不同。

(2)方差分析的基本思想是认为不同处理组的均数间的差别基本来源有两个:一是实验条件,即不同的处理造成的差异,称为组间差异。二是随机误差,如测量误差造成的差异或个体间的差异,称为组内差异。方差分析通过分析研究不同来源的变异对总变异的贡献大小,从而确定可控因素对研究结果影响的大小。

(3)方差分析的目的是要检验各个水平的均值 μ_1、μ_2、$\cdots$、μ_k 是否相等(k 为水平个数)。方差分析通过比较不同来源的变异方差,借助 F 分布做出统计推断,从而判断检验均值是否相等。如果系统(处理)误差明显地不同于随机误差(系统误差远远大于随机误差),则均值就是不相等的。反之,均值就是相等的。

第二节 单因素方差分析

一、单因素方差分析的定义

在方差分析中,我们将要考察对象的某种特征称为研究变量,通常为数值变量。影响研究变量的条件称为因素。因素可分为两类,一类是人们可以控制的(如原材料、设备、学历、专业等因素),每个可控因素有多个水平;另一类人们无法控制的(如员工素质与机遇等因素)。如果在一项研究中只有一个可控因素,则称为单因素方差分析。因素常用大写字母 A 来表示,因素 A 的水平用 $A_i(i=1,2,\cdots,k)$ 来表示,本节主要对单因素方差分析进行讨论。

二、单因素方差分析的基本假定

设可控因素 A 具有 k 个水平,分别记为:$A_1,A_2,\cdots,A_k$。在每个水平 $A_i(i=1,2,\cdots,k)$ 下,要考察的观察值可以看成一个总体,故有 k 个总体,并假定:

(1)每个总体均服从正态分布,即:$X_i \sim N(\mu_i,\sigma^2), i=1,2,\cdots,k$

(2) 每个总体的方差相同;
(3) 从每个总体中抽取的样本相互独立。

三、单因素分析的基本内容

(一) 方差分析的原假设与备择假设

比较各个总体的均值是否一致就是要检验各个总体的均值是否相等,设第 i 个总体的均值为 μ_i,则原假设 $H_0: \mu_1 = \mu_2 = \cdots = \mu_k$,认为多个总体的均值全相等,或可理解为所有观察值来自同一总体,还可以理解为可控因素(分类变量)对研究对象(数值变量)不存在显著关系,还可以理解为系统误差与随机误差差异不大,与基于 F 统计量的原假设(H_0: MSA≤MSE)意义一致。

备择假设 $H_1: \mu_1 \neq \mu_2 \neq \cdots \neq \mu_k$,认为多个总体的均值不全相等,至少有一个总体的均值是不同的。或可理解为所有观察值来自不同总体,还可以理解为可控因素(分类变量)对研究对象(数值变量)存在显著关系,还可以理解为系统误差远远大于随机误差,与基于 F 统计量的备择假设(H_1: MSA>MSE)意义一致。

(二) 根据样本数据建立方差分析表

基于方差分析的基本思想,方差分析的关键内容是构建方差分析表,具体步骤如下:

第一步:基于宽结构数据表计算各水平对应的观察值均值,可参见表 6-3。

第二步:使用长结构数据分别计算所有数据的总误差 SST、来自可控因素的离差平方和(系统误差)SSA 和来自随机因素的离差平方和(随机误差)SSE,可参见表 6-4。

第三步:分解总误差的自由度。总误差的自由度为 $n-1$,系统误差的自由度为 $k-1$,随机误差的自由度为 $n-k$。

第四步:分别计算系统误差对应的方差 MSA 和随机误差对应的方差 MSE。

第五步:计算检验统计量 $F = \dfrac{\text{MSA}}{\text{MSE}}$

将上述步骤的计算结果整理成方差分析表,具体见表 6-5。

表 6-5 单因素方差分析表

误差来源	自由度	平方和	方差	F 值
可控因素(组间)	$k-1$	SSA	MSA	MSA/MSE
随机因素(组内)	$n-k$	SSE	MSE	
合计	$n-1$	SST		

(三) 假设检验的决策

1. 拒绝域法

在给定的显著性水平 α 下,F 检验统计量的拒绝域为:$F > F_\alpha(k-1, n-k)$,查 F 分布表可得具体临界值 $F_\alpha(k-1, n-k)$,进一步可得具体拒绝域:$F > F_\alpha(k-1, n-k)$。根据表 6-5 中的 F 值与拒绝域比较,F 值位于拒绝域内,说明来自可控因素的方差确实显著大于其他因素(随机)的方差,说明可控因素与研究对象之间存在着显著性相关关系。

2. P 值法

基于方差分析表(表 6-5),P 值计算公式为:$P 值 = P\left(F > \dfrac{\text{MSA}}{\text{MSE}}\right)$

P 值小于显著性水平,即 P 值小于 α,拒绝原假设,说明来自可控因素的方差确实显著大于其他因素(随机)的方差,说明可控因素与研究对象之间存在着显著性相关关系。

(四)单因素方差分析示例

【例 6-2】 今有某种型号的电池三批,它们分别为一厂、二厂和三厂所生产。为评比其质量,各随机抽取 5 只电池为样品,经试验测得其寿命(单位:小时)如下:

一厂:40,46,38,42,44 二厂:26,34,30,28,32 三厂:41,40,44,50,50

试在显著性水平 $\alpha=0.05$ 下检验三个工厂生产的电池平均寿命有无显著差异。

解 设 μ_1、μ_2、μ_3 分别代表三个工厂电池寿命的均值。

(1)提出假设:$H_0:\mu_1 = \mu_2 = \mu_3$ $H_1:\mu_1 \neq \mu_2 \neq \mu_3$

(2)计算各因子水平对应的观察值均值,如表 6-6 所示。

表 6-6 电池寿命均值计算

观测值	品牌		
	一厂	二厂	三厂
1	40	26	41
2	46	34	40
3	38	30	44
4	42	28	50
5	44	32	50
均值	40	30	44

(3)计算 SST、SSA、SSE,计算表见表 6-7。

表 6-7 三种离差平方和的计算表

编号	分厂	电池寿命 x_i	组均值 $\bar{x}_k$	总均值 $\bar{\bar{x}}$	$(x_i - \bar{\bar{x}})^2$	$(\bar{x}_k - \bar{\bar{x}})^2$	$(x_i - \bar{x}_{ki})^2$
1	一厂	30	40	38	64	4	100
2	一厂	46	40	38	64	4	36
3	一厂	38	40	38	0	4	4
4	一厂	42	40	38	16	4	4
5	一厂	44	40	38	36	4	16
6	二厂	26	30	38	144	64	16
7	二厂	34	30	38	16	64	16
8	二厂	30	30	38	64	64	0
9	二厂	28	30	38	100	64	4

续表

编号	分厂	电池寿命 x_i	组均值 $\bar{x}_k$	总均值 $\bar{\bar{x}}$	$(x_i - \bar{\bar{x}})^2$	$(\bar{x}_k - \bar{\bar{x}})^2$	$(x_i - \bar{x}_{ki})^2$
10	二厂	32	30	38	36	64	4
11	三厂	41	44	38	9	36	9
12	三厂	40	44	38	4	36	16
13	三厂	42	44	38	16	36	4
14	三厂	48	44	38	100	36	16
15	三厂	49	44	38	121	36	25
合计	—	—	—	—	790	520	270

从表 6-7 可知：$n=15$，$k=3$，SST=790，SSA=520，SSE=270。

(4) 将上表信息整理为方差分析表，见表 6-8。

表 6-8 三个品牌电池寿命差异的方差分析表

误差来源	自由度	平方和	方差	F 值
可控因素（组间）	2	520	260	11.556
随机因素（组内）	12	270	22.5	
合计	14	790		

(5) 假设检验的决策。在显著性水平 $\alpha=0.05$ 和右侧检验条件下，查 F 分布表（附表 4）可得临界值：$F_{0.05}(2,12)=3.8853$，即拒绝域为 $F>3.8853$。从计算结果可以看出，检验统计量 $F=11.556$ 位于拒绝域，说明来自工厂因素的电池寿命方差确实显著大于随机因素的电池寿命方差，各工厂电池寿命均值之间差异是显著性的，工厂变量与电池寿命变量有显著性相关关系。

四、变量间关系强度的测量

拒绝原假设表明因子变量与观测值变量之间有显著关系可能还不能满足研究的需求，所以需要进一步测度关系的强度，也就是一个分类变量与数值变量之间的关系强度，也称为因子变量对观测值变量的影响效应。

单因素方差分析中的关系强度用组间平方和 SSA 占总离差平方和 SST 的比例大小来反映。变量间关系的强度用 R^2 表示：$R^2 = \dfrac{\text{SSA}}{\text{SST}}$。$0 \leqslant R^2 \leqslant 1$，数值越大说明变量之间的关系就越强，数值越小说明变量之间的关系就越弱。

【例 6-1】中，$R^2=\text{SSA}/\text{SSE}=86800/108200=0.8022181$，说明亩产量差异的 80% 多可由化肥品牌差异做出解释，随机因素差异只能解释亩产量的差异不足 20%。

【例 6-2】中，$R^2=\text{SSA}/\text{SSE}=520/790=0.6582$，说明电池寿命差异的 65% 可由各厂差异做出解释，随机因素差异只能解释电池寿命的差异不足 35%。

五、多重比较

方差分析中 F 检验的结果说明因素的 k 个水平间是否有显著差异,如果检验结论为差异显著也并不意味所有水平之间都存在显著差异,因此,还需要对因子水平对应的均值作一一的比较和检验,才能说明哪些因子间总体均值差异显著,哪些因子间总体均值差异不显著。

多重比较(multiple comparison procedures)是通过对总体均值之间的配对比较来进一步检验到底哪些均值之间存在差异。不是说必须对 k 个水平一一比较进行假设检验才能得出结论,基于方差分析的基本思想,此处可采用 Fisher 提出的最小显著差异方法进行多重比较。最小显著差异方法简写为 LSD(least significant difference)。LSD 方法是对检验两个总体均值是否相等的 t 检验方法的总体方差估计加以修正(用 MSE 来代替)而得到的。具体步骤如下:

(1)提出假设

$H_0: \mu_i = \mu_j$(第 i 个总体的均值等于第 j 个总体的均值)

$H_1: \mu_i \neq \mu_j$(第 i 个总体的均值不等于第 j 个总体的均值)

(2)计算检验统计量:$\bar{x}_i - \bar{x}_j$

(3)计算检验 LSD,$\text{LSD} = t_{\alpha/2}(df_e)\sqrt{\text{MSE}\left(\frac{1}{n_i} + \frac{1}{n_j}\right)}$

(4)统计决策

若:$|\bar{x}_i - \bar{x}_j| > \text{LSD}$,拒绝原假设,$\mu_i$ 与 μ_j 有显著差异。

若:$|\bar{x}_i - \bar{x}_j| \leqslant \text{LSD}$,不拒绝原假设,$\mu_i$ 与 μ_j 没有显著差异。

【例 6-1】中不同品牌化肥之间的亩产量均值存在显著差异,现进一步进行多重比较,在显著性水平 $\alpha = 0.05$ 下,到底哪两种品牌间差异显著?

(1)计算检验统计量

检验统计量 1(品牌 A 与品牌 B 比较):$|\bar{x}_1 - \bar{x}_2| = |590 - 685| = 95$

检验统计量 2(品牌 A 与品牌 C 比较):$|\bar{x}_1 - \bar{x}_3| = |590 - 540| = 50$

检验统计量 3(品牌 B 与品牌 C 比较):$|\bar{x}_2 - \bar{x}_3| = |685 - 540| = 145$

(2)计算 LSD,$\text{LSD} = t_{\alpha/2}(df_e)\sqrt{\text{MSE}\left(\frac{1}{n_i} + \frac{1}{n_j}\right)}$

显著性水平 $\alpha = 0.05$,自由度 $df_e = 21$,查表得 t 临界值 $t_{\alpha/2}(df_e) = t_{0.025}(21) = 2.08$

品牌 A 与品牌 B 比较的 $\text{LSD1} = 2.08 \times \sqrt{1019 \times \left(\frac{1}{8} + \frac{1}{8}\right)} = 33.198$

品牌 A 与品牌 C 比较的 $\text{LSD2} = 2.08 \times \sqrt{1019 \times \left(\frac{1}{8} + \frac{1}{8}\right)} = 33.198$

品牌 B 与品牌 C 比较的 $\text{LSD3} = 2.08 \times \sqrt{1019 \times \left(\frac{1}{8} + \frac{1}{8}\right)} = 33.198$

本例中因为三个因子水平的样本量大小相同,因此,LSD 均相同。

(3)统计决策

$|\bar{x}_1 - \bar{x}_2| = 95 > 33.198$,品牌 A 与品牌 B 之间有显著差异

$|\bar{x}_1 - \bar{x}_3| = 50 > 33.198$，品牌 A 与品牌 C 之间有显著差异

$|\bar{x}_2 - \bar{x}_3| = 145 > 33.198$，品牌 B 与品牌 C 之间有显著差异

【例 6-2】中不同工厂之间的电池寿命均值存在显著差异，现进一步进行多重比较，在显著性水平 $\alpha = 0.05$ 下，到底哪两家工厂生产的电池寿命均值差异显著。

(1)计算检验统计量

检验统计量 1(一厂与二厂比较)：$|\bar{x}_1 - \bar{x}_2| = |40 - 30| = 10$

检验统计量 2(一厂与三厂比较)：$|\bar{x}_1 - \bar{x}_3| = |40 - 44| = 4$

检验统计量 3(二厂与三厂比较)：$|\bar{x}_2 - \bar{x}_3| = |30 - 44| = 14$

(2)计算 LSD，$\text{LSD} = t_{\alpha/2}(df_e)\sqrt{\text{MSE}\left(\dfrac{1}{n_i} + \dfrac{1}{n_j}\right)}$

显著性水平 $\alpha = 0.05$，自由度 $df_e = 21$，查表得 t 临界值 $t_{\alpha/2}(df_e) = t_{0.025}(12) = 2.178$

一厂与二厂比较的 $\text{LSD1} = 2.178 \times \sqrt{22.5 \times \left(\dfrac{1}{5} + \dfrac{1}{5}\right)} = 4.62$

一厂与三厂比较的 $\text{LSD2} = 2.178 \times \sqrt{22.5 \times \left(\dfrac{1}{5} + \dfrac{1}{5}\right)} = 4.62$

二厂与三厂比较的 $\text{LSD3} = 2.178 \times \sqrt{22.5 \times \left(\dfrac{1}{5} + \dfrac{1}{5}\right)} = 4.62$

本例中因为三个因子水平的样本量大小相同，因此，LSD 均相同。

(3)统计决策

$|\bar{x}_1 - \bar{x}_2| = 10 > 4.62$，一厂与二厂之间的电池寿命有显著差异。

$|\bar{x}_1 - \bar{x}_3| = 4 < 4.62$，一厂与三厂之间的电池寿命没有显著差异。

$|\bar{x}_2 - \bar{x}_3| = 14 > 4.62$，二厂与三厂之间的电池寿命有显著差异。

综上所述，一厂与三厂生产的电池寿命差异不大，均显著高于二厂生产的电池寿命。

第三节 双因素方差分析

一、双因素方差分析的定义

单因素方差分析只是考虑一个分类型自变量对数值型因变量的影响。在对实际问题的研究中，有时需要考虑多个分类型自变量对数值型因变量的影响。例如，分析影响彩电销售量因素时需要考虑品牌、销售地区、价格、质量等多个因素的影响。当方差分析中涉及两个分类型自变量(可控因素)时，称为双因素方差分析。当方差分析中涉及多个分类型自变量(可控因素)时，称为多因素方差分析。本节只考虑双因素方差分析问题，或者说只考虑两个可控因素对研究变量影响的方差分析问题。

需要说明的是，双因素分析不是做两次单因素分析。在明知道有两个可控因素的前提下，而用两个单因素方差分析来解决这个问题是没有意义的。正确的做法应该是基于有两个可控因素的前提去分析两个因子分别对研究变量是否有显著性影响，以及两个因子的所有组合来对研究变量是否有显著影响。换句话说，我们想知道的是第一个可控因子对研究变量有无显著性影响、第二个可控因子对研究变量有无显著性影响、因子组合(可视为第三

个因子)对研究变量有无显著性影响。可以理解为,研究对象变量的总误差＝来自第一个可控因素的系统方差＋来自第二个可控因素的系统误差＋来自因子组合的系统误差＋来自随机因素的随机误差。

如果两个可控因素相互独立,判断两因素分别对试验数据的影响,称为无交互作用的双因素方差分析。研究对象变量的总误差＝来自第一个可控因素的系统方差＋来自第二个可控因素的系统误差＋来自随机因素的随机误差。

如果两个可控因素不独立,除了分析两因素分别对试验数据的单独影响外还要分析两个因素搭配对实验结果新的影响,称为有交互作用的双因素方差分析。研究对象变量的总误差＝来自第一个可控因素的系统方差＋来自第二个可控因素的系统误差＋来自因子组合的系统误差＋来自随机因素的随机误差。

【例 6 - 3】 播种粮食时,不加任何肥料每亩产量 300 kg,只加氮肥每亩产量 360 kg,只加磷肥每亩产量 340 kg,两种肥料都加每亩产量 450 kg。只加氮肥每亩增产:360－300＝60 kg,只加磷肥每亩增产:340－300＝40 kg,两种都加每亩增产:450－300＝150 kg。加氮肥每亩会增产 60 kg,加磷肥每亩会增产 40 kg,那么两种都加应该是每亩增产 100 kg 才对,为何结果是 150 kg,多出来的 50 kg 是哪里来的? 这就是交互作用。

二、双因素方差分析的基本假定

(1)每个总体都服从正态分布。对于因素的每一个水平,其观察值是来自正态分布总体的随机样本。

(2)各个总体的方差必须相同。各组观察数据是从具有相同方差的总体中抽取的。

(3)所有样本之间是独立的。

三、无交互作用的双因素方差分析

如果在一项试验中有两个可控因子,若两个因素之间相互独立,称为无交互作用的双因素方差分析。因素 R(也称为行因素)有 k 个水平;因素 C(也称为列因素)有 r 个水平。

【例 6 - 4】 某地区的交通管理局正准备扩大从郊区到商业中心的公交服务,欲研究:1 号线、2 号线、3 号线、4 号线四条路线的平均行驶时间是否存在差异。另外考虑到四条路线的平均行驶时间与司机可能也有关系,因此在检验时让每一名司机都分别行驶四条路线。实验获得数据见表 6 - 9。在显著性水平 $\alpha＝0.05$ 下,路线因素和司机因素对行驶时间均值有无显著影响?

表 6 - 9　不同司机四条路线的行驶时间

司机	1 号线	2 号线	3 号线	4 号线
小张	33	35	35	37
小李	36	37	39	39
小王	35	38	40	38
小刘	40	36	43	40
小杨	41	39	43	40

结合方差分析的基本思想及分析步骤,下面详细介绍无交互作用双因素分析的具体步骤:

1. 不考虑交互作用方差分析的假设

行因素假设:$H_0:\mu_1=\mu_2=\cdots=\mu_k$　$H_1:\mu_1,\mu_2,\cdots,\mu_k$ 不全相等。

列因素假设:$H_0:\mu_1=\mu_2=\cdots=\mu_r$　$H_1:\mu_1,\mu_2,\cdots,\mu_r$ 不全相等。

例6-4中,行因素为司机因素,列因素为路线因素。

2. 根据样本数据,建立方差分析表

(1)各因素水平均值计算。根据样本数据(见表6-9)分别计算行因素和列因素的均值及总均值,为了直观,计算表采用宽数据结构,如表6-10所示。

表6-10　行因素、列因素及总均值计算表

司机	1号线	2号线	3号线	4号线	行均值
小张	33	35	35	37	35.00
小李	36	37	39	39	37.75
小王	35	38	40	38	37.75
小刘	40	36	43	40	39.75
小杨	41	39	43	40	40.75
列均值	37	37	40	38.8	38.20

从表6-10中可以看出:总均值为38.20,行因素(司机)各水平的观察值均值分别为:35.00,37.75,37.75,39.75,40.75。列因素(路线)各水平的观察值均值分别为:37,37,40,38.8。

(2)总离差平方和的分解。计算表采用长数据结构。基于长数据结构的各种离差平方和计算公式如下:

总离差平方和:$SST=\sum_{i=1}^{n}(观察值-总均值)^2$

行因素的离差平方和:$SSR=\sum_{i=1}^{n}(行因素均值-总均值)^2$

列因素的离差平方和:$SSC=\sum_{i=1}^{n}(列因素均值-总均值)^2$

误差平方和:$SSE=\sum_{i=1}^{n}(观察值-行因素均值-列因素均值+总均值)^2$

离差平方和之间的关系:$SST=SSR+SSC+SSE$

【例6-4】中,将数据整理为长格式数据结构,并按上述公式计算各项离差平方和,具体过程见表6-11。

表6-11　总离差平方和的分解计算表

编号	司机	线路	行驶时间1	行因素均值2	列因素均值3	总均值4	SSR $(2-4)^2$	SSC $(3-4)^2$	SSE $(1-2-3+4)^2$	SST $(1-4)^2$
1	小张	1号线	33	35.00	37	38.2	10.24	1.44	0.64	27.04
2	小李	1号线	36	37.75	37	38.2	0.2025	1.44	0.3025	4.84

续表

编号	司机	线路	行驶时间1	行因素均值2	列因素均值3	总均值4	SSR $(2-4)^2$	SSC $(3-4)^2$	SSE $(1-2-3+4)^2$	SST $(1-4)^2$
3	小王	1号线	35	37.75	37	38.2	0.2025	1.44	2.4025	10.24
4	小刘	1号线	40	39.75	37	38.2	2.4025	1.44	2.1025	3.24
5	小杨	1号线	41	40.75	37	38.2	6.5025	1.44	2.1025	7.84
6	小张	2号线	35	35.00	37	38.2	10.24	1.44	1.44	10.24
7	小李	2号线	37	37.75	37	38.2	0.2025	1.44	0.2025	1.44
8	小王	2号线	38	37.75	37	38.2	0.2025	1.44	2.1025	0.04
9	小刘	2号线	36	39.75	37	38.2	2.4025	1.44	6.5025	4.84
10	小杨	2号线	39	40.75	37	38.2	6.5025	1.44	0.3025	0.64
11	小张	3号线	35	35.00	40	38.2	10.24	3.24	3.24	10.24
12	小李	3号线	39	37.75	40	38.2	0.2025	3.24	0.3025	0.64
13	小王	3号线	40	37.75	40	38.2	0.2025	3.24	0.2025	3.24
14	小刘	3号线	43	39.75	40	38.2	2.4025	3.24	2.1025	23.04
15	小杨	3号线	43	40.75	40	38.2	6.5025	3.24	0.2025	23.04
16	小张	4号线	37	35.00	38.8	38.2	10.24	0.36	1.96	1.44
17	小李	4号线	39	37.75	38.8	38.2	0.2025	0.36	0.4225	0.64
18	小王	4号线	38	37.75	38.8	38.2	0.2025	0.36	0.1225	0.04
19	小刘	4号线	40	39.75	38.8	38.2	2.4025	0.36	0.1225	3.24
20	小杨	4号线	40	40.75	38.8	38.2	6.5025	0.36	1.8225	3.24
合计							78.2	32.4	28.6	139.2

从上表计算结果可知:SST=139.2,SSR=78.2,SSC=32.4,SSE=28.6,司机因素对总误差的解释效应最大。

(3)自由度的分解。各因素离差平方和的自由度为水平数减1。

总离差平方和的自由度为试验总次数减1:$n-1$

行因素的自由度:$k-1$

列因素的自由度:$r-1$

残差的自由度为总离差平方和自由度减去各因素自由度:$n-k-r+1$

(4)方差的计算公式。方差的计算公式为离差平方和除以自由度,具体如下

行因素方差:$\text{MSR}=\dfrac{\text{SSR}}{k-1}$

列因素方差:$\text{MSC}=\dfrac{\text{SSC}}{r-1}$

随机因素方差:$\text{MSE}=\dfrac{\text{SSE}}{n-k-r+1}$

(5)F检验统计量

行因素 F 检验统计量：$F_R = \dfrac{\text{MSR}}{\text{MSE}} \sim F(k-1, n-k-r+1)$

列因素 F 检验统计量：$F_C = \dfrac{\text{MSC}}{\text{MSE}} \sim F(r-1, n-k-r+1)$

(6) F 临界值

行因素 F 临界值：$F_\alpha(k-1, n-k-r+1)$

列因素 F 临界值：$F_\alpha(r-1, n-k-r+1)$

整个计算过程及公式可整理为方差分析表，如表 6-12 所示。

表 6-12 方差分析表

误差来源	自由度	平方和	方差	F 值	临界值
行因素	$k-1$	SSR	MSR	MSR/MSE	$F_\alpha(k-1, n-k-r+1)$
列因素	$r-1$	SSC	SSC	MSC/MSE	$F_\alpha(r-1, n-k-r+1)$
随机	$n-k-r+1$	SSE	MSE		
合计	$n-1$	SST			

【例 6-4】中，根据表 6-10 及上述公式的计算结果整理后可知：$n=20, k=5, r=4$, SST=139.2, SSR=78.2, SSC=32.4, SSE=28.6。

在显著性水平 $\alpha=0.05$ 下，结合右侧检验查阅 F 分布临界值表（附表 4）可依次查得两个因素的临界值，分别如下。

行因素检验统计量的临界值为：$F_\alpha(k-1, n-k-r+1) = F_{0.05}(4,12) = 3.259$

列因素检验统计量的临界值为：$F_\alpha(r-1, n-k-r+1) = F_{0.05}(3,12) = 3.49$

将上述结果整理成方差分析表 6-13 所示。

表 6-13 例 6-4 方差分析表

误差来源	自由度	平方和	方差	F 值	临界值
行因素（司机）	4	78.2	19.55	8.203	3.259
列因素（路线）	3	32.4	10.8	4.531	3.49
随机因素	12	28.6	2.383		
合计	19	139.2			

3. 检验判断

若 F 值>临界值，拒绝原假设 H_0，表明该因素均值之间的差异是显著的，即该因素对观察值有显著影响。将表 6-12 计算得到的因素统计量 F 值与显著性水平 α 下的临界值进行比较，可做出对该因素原假设 H_0 的决策。因此，例 6-4 方差分析的决策结论为：行因素（司机）显著，列因素（路线）显著。可以看出，各司机行驶时间差异显著，说明行驶时间与司机因素存在显著的相关关系，各路线的行驶时间差异也显著，说明行驶时间与路线因素也存在显著的相关关系。

4. 关系强度的测量

SSR 度量了行因素对观察变量的影响，SSC 度量了列因素对观察变量的影响。两个因素都显著时,可考虑他们的影响效应。这两个平方和加在一起则度量了两个因素对观察变量的联合效应,联合效应与总平方和的比值定义为 R^2,也称为关系强度,计算公式为:

$$R^2 = \frac{SSR + SSC}{SST}$$

【例 6-4】中,关系强度度量:$R^2 = \frac{SSR + SSC}{SST} = \frac{32.40 + 78.2}{139.2} = 78.45\%$

$R^2 = 0.7845$,表明线路因素和司机因素合起来总共解释了行车时间差异的 78.45%;其他因素(残差变量)只解释了行车时间差异的 21.55%。线路和司机两个因素都与行驶时间之间有较强的关系。

四、有交互作用的双因素方差分析

除了行因素和列因素对试验数据的单独影响外,两个因素的搭配还会对结果产生一种新的影响,这时的双因素方差分析称为有交互作用的双因素方差分析。如果 R、C 两因素存在交互影响,这种交互作用也可能对各观察值组水平的差异产生影响,这就需要对每种水平的组合 (R_i, C_j) 进行若干次独立观察。故这种方差分析也称为重复观察的两因素方差分析。

【例 6-5】 某地区的交通管理局正准备扩大从郊区到商业中心的公交服务,欲研究:1 号线、2 号线、3 号线、4 号线四条路线的平均行驶时间(单位:min)是否存在差异。另外考虑到四条路线的平均行驶时间与司机可能也有关系,因此在检验时让每一名司机都分别两次行驶四条路线。实验获得数据如表 6-14。在显著性水平 $\alpha = 0.05$ 下,路线因素和司机因素对行驶时间均值有无显著影响?

表 6-14 四条路线的行驶时间

司机	1 号线		2 号线		3 号线		4 号线	
小张	33	35	35	37	35	37	37	39
小李	36	38	37	39	39	41	39	41
小王	35	37	38	40	40	42	38	40
小刘	40	42	36	38	43	45	40	42
小杨	41	43	39	41	43	45	40	42

1. 有交互作用双因素方差分析的假设

行因素假设:$H_0: \mu_1 = \mu_2 = \cdots = \mu_k$,$H_1: \mu_1, \mu_2, \cdots, \mu_k$ 不全相等

列因素假设:$H_0: \mu_1 = \mu_2 = \cdots = \mu_r$,$H_1: \mu_1, \mu_2, \cdots, \mu_r$ 不全相等

交互因素假设:H_0:不存在交互作用,H_1:存在交互作用

例 6-5 中行因素为司机因素,列因素为路线因素,交互因素为司机与路线的组合因素。

2. 根据样本数据建立方差分析表

(1)各因素水平均值计算。根据样本数据分别计算行因素和列因素的均值及总均值,为了直观,计算表依然采用宽数据结构。以例 6-4 为例,均值计算表如表 6-15 所示。

表 6-15　行因素均值、列因素均值及总均值计算表

司机	1号线		2号线		3号线		4号线		均值
小张	33	35	35	37	35	37	37	39	36
小李	36	38	37	39	39	41	39	41	38.75
小王	35	37	38	40	40	42	38	40	38.75
小刘	40	42	36	38	43	45	40	42	40.75
小杨	41	43	39	41	43	45	40	42	41.75
均值	38		38		41		39.8		39.2

从表 6-15 可以看出：总均值为 39.20，行因素（司机）各水平的观察值均值分别为：36.00，38.75，38.75，40.75，41.75。列因素（线路）各水平的观察值均值分别为：38，38，41，39.8。

交互因素反映为行因素和列因素多次实验的样本组合，以其均值作为交互因素的均值，行因素有 k 个水平，列因素有 r 个水平，行因素和列因素的组合将有 $k \times r$ 个，因此，计算需要得到 $k \times r$ 个样本的均值。计算过程如表 6-16 所示，为了直观，计算表采用长数据结构。以例 6-5 为例，交互因素不同水平的均值共有 20 个。

表 6-16　交互因素不同水平均值计算表

编号	交互	司机	线路	行驶时间	交互均值	司机均值	线路均值	总均值
1	1	小张	1号线	33	34	36.00	38.0	39.2
2	1	小张	1号线	35	34	36.00	38.0	39.2
3	2	小张	2号线	35	36	36.00	38.0	39.2
4	2	小张	2号线	37	36	36.00	38.0	39.2
5	3	小张	3号线	35	36	36.00	41.0	39.2
6	3	小张	3号线	37	36	36.00	41.0	39.2
7	4	小张	4号线	37	38	36.00	39.8	39.2
8	4	小张	4号线	39	38	36.00	39.8	39.2
9	5	小李	1号线	36	37	38.75	38.0	39.2
10	5	小李	1号线	38	37	38.75	38.0	39.2
11	6	小李	2号线	37	38	38.75	38.0	39.2
12	6	小李	2号线	39	38	38.75	38.0	39.2
13	7	小李	3号线	39	40	38.75	38.0	39.2
14	7	小李	3号线	41	40	38.75	38.0	39.2
15	8	小李	4号线	39	40	38.75	41.0	39.2
16	8	小李	4号线	41	40	38.75	41.0	39.2
17	9	小王	1号线	35	36	38.75	39.8	39.2
18	9	小王	1号线	37	36	38.75	39.8	39.2

续表

编号	交互	司机	线路	行驶时间	交互均值	司机均值	线路均值	总均值
19	10	小王	2号线	38	39	38.75	38.0	39.2
20	10	小王	2号线	40	39	38.75	38.0	39.2
21	11	小王	3号线	40	41	38.75	38.0	39.2
22	11	小王	3号线	42	41	38.75	38.0	39.2
23	12	小王	4号线	38	39	38.75	38.0	39.2
24	12	小王	4号线	40	39	38.75	38.0	39.2
25	13	小刘	1号线	40	41	40.75	41.0	39.2
26	13	小刘	1号线	42	41	40.75	41.0	39.2
27	14	小刘	2号线	36	37	40.75	39.8	39.2
28	14	小刘	2号线	38	37	40.75	39.8	39.2
29	15	小刘	3号线	43	44	40.75	38.0	39.2
30	15	小刘	3号线	45	44	40.75	38.0	39.2
31	16	小刘	4号线	40	41	40.75	38.0	39.2
32	16	小刘	4号线	42	41	40.75	38.0	39.2
33	17	小杨	1号线	41	42	41.75	38.0	39.2
34	17	小杨	1号线	43	42	41.75	38.0	39.2
35	18	小杨	2号线	39	40	41.75	41.0	39.2
36	18	小杨	2号线	41	40	41.75	41.0	39.2
37	19	小杨	3号线	43	44	41.75	39.8	39.2
38	19	小杨	3号线	45	44	41.75	39.8	39.2
39	20	小杨	4号线	40	41	41.75	38.0	39.2
40	20	小杨	4号线	42	41	41.75	38.0	39.2

(2) 总离差平方和的分解。为了计算方便,方差分析计算表(见表6-16)采用长数据结构。基于长数据结构的各种离差平方和计算公式如下:

总离差平方和: $SST = \sum_{i=1}^{n} (观察值 - 总均值)^2$

行因素的离差平方和: $SSR = \sum_{i=1}^{n} (行因素均值 - 总均值)^2$

列因素的离差平方和: $SSC = \sum_{i=1}^{n} (列因素均值 - 总均值)^2$

交互因素的离差平方和:

$SSRC = \sum_{i=1}^{n} (交互均值 - 行因素均值 - 列因素均值 + 总均值)^2$

误差平方和: $SSE = \sum_{i=1}^{n} (观察值 - 行因素均值 - 列因素均值 + 总均值)^2$

离差平方和之间的关系：SST＝SSR＋SSC＋SSRC＋SSE

【例 6-5】 按上述公式计算各项离差平方和，具体过程见表 6-17。

表 6-17 总离差平方和的分解计算表

编号	行驶时间	交互均值	司机均值	线路均值	总均值	SSR	SSC	SSRC	SSE	SST
1	33	34	36.00	38.0	39.2	10.24	1.44	0.64	1	38.44
2	35	34	36.00	38.0	39.2	10.24	1.44	0.64	1	17.64
3	35	36	36.00	38.0	39.2	10.24	1.44	1.44	1	17.64
4	37	36	36.00	38.0	39.2	10.24	1.44	1.44	1	4.84
5	35	36	36.00	41.0	39.2	10.24	3.24	3.24	1	17.64
6	37	36	36.00	41.0	39.2	10.24	3.24	3.24	1	4.84
7	37	38	36.00	39.8	39.2	10.24	0.36	1.96	1	4.84
8	39	38	36.00	39.8	39.2	10.24	0.36	1.96	1	0.04
9	36	37	38.75	38.0	39.2	0.2025	1.44	0.3025	1	10.24
10	38	37	38.75	38.0	39.2	0.2025	1.44	0.3025	1	1.44
11	37	38	38.75	38.0	39.2	0.2025	1.44	0.2025	1	4.84
12	39	38	38.75	38.0	39.2	0.2025	1.44	0.2025	1	0.04
13	39	40	38.75	38.0	39.2	0.2025	1.44	6.0025	1	0.04
14	41	40	38.75	38.0	39.2	0.2025	1.44	6.0025	1	3.24
15	39	40	38.75	41.0	39.2	0.2025	3.24	0.3025	1	0.04
16	41	40	38.75	41.0	39.2	0.2025	3.24	0.3025	1	3.24
17	35	36	38.75	39.8	39.2	0.2025	0.36	11.2225	1	17.64
18	37	36	38.75	39.8	39.2	0.2025	0.36	11.2225	1	4.84
19	38	39	38.75	38.0	39.2	0.2025	1.44	2.1025	1	1.44
20	40	39	38.75	38.0	39.2	0.2025	1.44	2.1025	1	0.64
21	40	41	38.75	38.0	39.2	0.2025	1.44	11.9025	1	0.64
22	42	41	38.75	38.0	39.2	0.2025	1.44	11.9025	1	7.84
23	38	39	38.75	38.0	39.2	0.2025	1.44	2.1025	1	1.44
24	40	39	38.75	38.0	39.2	0.2025	1.44	2.1025	1	0.64
25	40	41	40.75	41.0	39.2	2.4025	3.24	2.4025	1	0.64
26	42	41	40.75	41.0	39.2	2.4025	3.24	2.4025	1	7.84
27	36	37	40.75	39.8	39.2	2.4025	0.36	18.9225	1	10.24
28	38	37	40.75	39.8	39.2	2.4025	0.36	18.9225	1	1.44
29	43	44	40.75	38.0	39.2	2.4025	1.44	19.8025	1	14.44
30	45	44	40.75	38.0	39.2	2.4025	1.44	19.8025	1	33.64
31	40	41	40.75	38.0	39.2	2.4025	1.44	2.1025	1	0.64
32	42	41	40.75	38.0	39.2	2.4025	1.44	2.1025	1	7.84
33	41	42	41.75	38.0	39.2	6.5025	1.44	2.1025	1	3.24

续表

编号	行驶时间	交互均值	司机均值	线路均值	总均值	SSR	SSC	SSRC	SSE	SST
34	43	42	41.75	38.0	39.2	6.5025	1.44	2.1025	1	14.44
35	39	40	41.75	41.0	39.2	6.5025	3.24	12.6025	1	0.04
36	41	40	41.75	41.0	39.2	6.5025	3.24	12.6025	1	3.24
37	43	44	41.75	39.8	39.2	6.5025	0.36	2.7225	1	14.44
38	45	44	41.75	39.8	39.2	6.5025	0.36	2.7225	1	33.64
39	40	41	41.75	38.0	39.2	6.5025	1.44	0.2025	1	0.64
40	42	41	41.75	38.0	39.2	6.5025	1.44	0.2025	1	7.84
合计						156.4	63.36	204.56	40	318.4

(3) 自由度的分解。各因素离差平方和的自由度为水平数减1。

总平方和的自由度为所有数据个数-1，即：$df=n-1$

行因素的自由度为行因素的水平数-1，即：$df_R=k-1$

列因素的自由度为列因素的水平数-1，即：$df_C=r-1$

交互因素的自由度为行因素与列因素自由度的乘积，即：

$df_{RC}=df_R \times df_C=(k-1)\times(r-1)$

误差的自由度为总自由度减去各因素自由度，即：$df_E=df-df_R-df_C-df_{RC}=n-k\times r$

(4) 方差的计算。方差的计算公式为离差平方和除以自由度，具体如下：

行因素方差：$MSR=\dfrac{SSR}{k-1}$

列因素方差：$MSC=\dfrac{SSC}{r-1}$

交互因素方差：$MSRC=\dfrac{SSRC}{(k-1)\times(r-1)}$

随机因素方差：$MSE=\dfrac{SSE}{n-k\times r}$

(5) F检验统计量

行因素检验统计量：$F_R=\dfrac{MSR}{MSE}\sim F(k-1,n-k\times r)$

列因素检验统计量：$F_C=\dfrac{MSC}{MSE}\sim F(r-1,n-k\times r)$

交互因素检验统计量：$F_{RC}=\dfrac{MSRC}{MSE}\sim F((k-1)\times(r-1),n-k\times r)$

(6) F临界值

行因素临界值：$F_a(k-1,n-k\times r)$

列因素临界值：$F_a(r-1,n-k\times r)$

交互因素临界值：$F_a((k-1)\times(r-1),n-k\times r)$

整个计算过程及公式可整理为有交互作用的方差分析表，如表6-18所示。

表 6-18 有交互作用的方差分析表

误差来源	自由度	平方和	方差	F 值	临界值
行因素	$k-1$	SSR	MSR	MSR/MSE	$F_\alpha(k-1, n-k\times r)$
列因素	$r-1$	SSC	SSC	MSC/MSE	$F_\alpha(r-1, n-k\times r)$
交互因素	$(k-1)\times(r-1)$	SSRC	MSRC	MSRC/MSE	$F_\alpha((k-1)\times(r-1), n-k\times r)$
随机	$n-k\times r$	SSE	MSE		
合计	$n-1$	SST			

【例 6-5】中,根据表 6-17 及上述公式的计算结果整理后可知:$n=20, k=5, r=4$,SST=318.4,SSR=156.4,SSC=64.8,SSRC=57.2,SSE=40。

在显著性水平 $\alpha=0.05$ 下,结合右侧检验查阅 F 分布临界值表(附表 4)可依次查得三个因素的临界值。

行因素检验统计量的临界值为:$F_\alpha(k-1, n-k\times r) = F_{0.05}(4,20) = 2.866$

列因素检验统计量的临界值为:$F_\alpha(r-1, n-k\times r) = F_{0.05}(3,20) = 3.098$

交互因素检验统计量的临界值为:$F_\alpha((k-1)\times(r-1), n-k\times r) = F_{0.05}(12,20) = 2.278$

将上述结果整理成方差分析表,如表 6-19 所示。

表 6-19 例 6-5 方差分析表

误差来源	自由度	平方和	方差	F 值	临界值
行因素	4	156.4	39.1	19.55	2.866
列因素	3	64.8	21.6	10.80	3.098
交互因素	12	57.2	4.77	2.383	2.278
随机	20	40	2		
合计	39	318.4			

3. 考虑交互作用方差分析的决策

若 F 值大于临界值,拒绝原假设 H_0,表明该因素均值之间的差异是显著的,即该因素对观察值有显著影响。将表 6-19 计算得到的因素统计量 F 值与显著性水平 α 下的临界值 F_α 进行比较,可做出对该因素原假设 H_0 的决策。因此,例 6-5 方差分析的决策结论为:行因素(司机)显著,列因素(路线)显著,交互因素也显著。

可以看出,各司机行驶时间差异显著,行驶时间与司机因素存在显著的相关关系;各线路行驶时间差异也显著,行驶时间与路线因素也存在显著的相关关系;司机与线路交互水平行驶时间差异显著,交互因素与行驶时间也存在显著的相关关系。表明司机因素和路线因素联合产生的交互作用对行驶时间有显著影响。换句话说,也就是不同路线的行驶时间差异会因为所使用的司机的不同而不同,或者说不同司机的行驶时间差异会因为所经过的路线不同而不同。

4. 关系强度的测量

行因素离差平方和 SSR 度量了司机这个自变量对因变量(行驶时间)的影响效应,列因素离差平方和 SSC 度量了路线这个自变量对因变量(行驶时间)的影响效应,交互因素离差平方和 SSRC 度量了司机与路线交互这个自变量对因变量(行驶时间)的影响效应。这三个离差平方和加在一起则度量了两个自变量对因变量的联合效应,联合效应与总平方和的比值定义为 R^2,也称为关系强度。

计算公式为:$R^2 = \dfrac{SSR + SSC + SSRC}{SST}$

【例 6-5】中,关系强度度量:$R^2 = \dfrac{SSR + SSC + SSRC}{SST} = \dfrac{156.4 + 64.8 + 57.2}{318.4} = 87.44\%$

$R^2 = 87.44\%$,表明线路因素和司机因素以及交叉因素合起来总共解释了行车时间差异的 87.44%;其他因素(残差变量)只解释了行车时间差异的 12.56%。线路因素、司机因素以及交互因素合起来与行驶时间之间有较强的关系。

第四节 R 软件在方差分析中的应用

一、R 软件在方差分析的数据结构

使用 R 软件进行方差分析需要先建立适合 R 函数所需的数据。方差分析实际案例所提供的数据结构通常为宽结构,因此很多教材的基本理论、思想及方法步骤也依此给出各种离差平方和的公式(SST、SSA 和 SSE),公式嵌套过多不好理解,不够直观。使用软件进行方差分析,要求有其相对应的数据结构。

1. 长结构数据(数据框)

在 R 软件中比较好的方案是使用长数据结构,长数据结构是一个数据框,它由分类变量和数值变量组成。在后续例题方差分析 R 软件应用中,统一采用这种长数据结构。

【例 6-1】中的数据,利用 R 软件建立数据代码:

```
>观察值=c(570, 560, 610, 580, 590, 580, 630, 600, 660, 760, 670, 710, 630, 730, 640, 680, 540, 580, 530, 550, 520, 560, 510, 530)
                                            #观察值向量,数值变量,按照列顺序输入
> 因子=rep(c("A","B","C"),each=8)           #因素向量,分类变量,按照列顺序建立
>x6.1.1=data.frame(观察值,因子)              #合并成数据框,方便方差分析
> head(x6.1.1)
    观察值   因子
1    570    A
2    560    A
3    610    A
4    580    A
5    590    A
6    580    A
```

【例 6-2】中的数据,利用 R 软件建立数据代码:

```
>观察值=c(30, 46, 38, 42, 44, 26, 34, 30, 28, 32, 41, 40, 42, 48, 49)
                                            #观察值向量,按照列顺序输入
> 因子=rep(c("一厂","二厂","三厂"),each=5)    #因素向量,分类变量,按照列顺序建立
```

```
> x6.2 = data.frame(观察值,因子)      #合并成数据框,方便方差分析
> head(x6.2)
   观察值  因子
1    30    一厂
2    46    一厂
3    38    一厂
4    42    一厂
5    44    一厂
6    26    二厂
```

【例 6-4】中的数据,利用 R 软件建立数据代码:

```
> 行驶时间 = c(33, 36, 35, 40, 41, 35, 37, 38, 36, 39, 35, 39, 40, 43, 43, 37, 39, 38, 40, 40)
  线路 = rep(c("1号线","2号线","3号线","4号线"),each = 5)
  司机 = rep(c("小张","小李","小王","小刘","小杨"),time = 4)
> x6.4 = data.frame(行驶时间,线路,司机)
> head(x6.4)
   行驶时间   线路    司机
1     33     1号线   小张
2     36     1号线   小李
3     35     1号线   小王
4     40     1号线   小刘
5     41     1号线   小杨
6     35     2号线   小张
```

【例 6-5】中的数据,利用 R 软件建立数据代码:

```
> 行驶时间 = c(33, 35, 35, 37, 35, 37, 37, 39, 36, 38, 37, 39, 39, 41, 39, 41, 35,
  37, 38, 40, 40, 42, 38, 40, 40, 42, 36, 38, 43, 45, 40, 42, 41, 43, 39, 41, 43, 45, 40,
  42)                                               #按行顺序输入的数据
> 司机 = rep(c("小张","小李","小王","小刘","小杨"),each = 8)    #每个值重复8次
> 线路 = rep(c("1号线","2号线","3号线","4号线"),each = 2,times = 5)
                                          #每个值重复2次,整体循环5次
> x6.5 = data.frame(行驶时间,线路,司机)
> head(x6.5)
   行驶时间   司机    线路
1     33     小张    1号线
2     35     小张    1号线
3     35     小张    2号线
4     37     小张    2号线
5     35     小张    3号线
6     37     小张    3号线
```

2. 宽数据结构(列表)

这是传统数据结构，k 个水平，就使用 k 个数值变量，并组成列表。

【例 6-1】中的数据，利用 R 软件建立数据代码：

```
>y = c(570, 560, 610, 580, 590, 580, 630, 600, 660, 760, 670, 710, 630, 730,
640, 680, 540, 580, 530, 550, 520, 560, 510, 530)
>x6.1.2 = list(A = y[1:8],B = y[9:16],C = y[17:24])
>x6.1.2
$A
[1] 570 560 610 580 590 580 630 600
$B
[1] 660 760 670 710 630 730 640 680
$C
[1] 540 580 530 550 520 560 510 530
```

3. 宽结构向长结构转换

实际应用中，为了使用 R 软件内置的系统函数，在方差分析中必须进行数据结构的转换。表 6-1 的宽结构数据转换为长结构数据代码如下：

```
>stack(x6.1.2)->data
>names(data) = c("观察值","因子")
>head(data)
    观察值  因子
1    570    A
2    560    A
3    610    A
4    580    A
5    590    A
...
```

二、R 软件方差分析相关函数

1. 图表描述函数

可以使用 R 语言的系统函数对方差分析数据进行简单的图表描述，观察数值变量按类别变量分类的比较图，图形描述主要使用箱线图或点带图。

【例 6-1】中，利用 R 软件图形描述代码：

```
> stripchart(x6.1.2,vertical = T)    #宽结构数据的点带图，如图 6-1 所示
> boxplot(x6.1.2)                     #宽结构数据的箱线图，如图 6-2 所示
> boxplot(观察值~因子,x6.1.2)         #长结构数据的箱线图，如图 6-2 所示
```

从图 6-1 和图 6-2 中可以直观看出，使用不同品牌化肥 A、B 和 C 的亩产量有显著性的差异，品牌 B 的亩产量最高，品牌 A 的亩产量次之，品牌 C 的亩产量最低。

2. 因子水平对应观察值均值描述函数

方差分析就是多总体的均值比较问题，在 R 语言中可使用函数：aggregate(y~x,data,

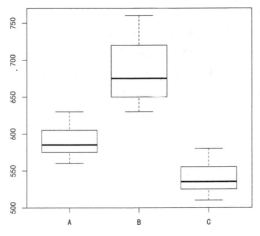

图 6-2 不同品牌化肥亩产量箱线图

FUN=mean)，FUN 参数可指定均值(mean)、方差(sd)，等等。

对于【例 6-1】R 软件不同因子对应的均值代码：

> aggregate（观察值～因子,x6.1.1,FUN=mean)　＃长结构数据的均值描述
　　　因子　观察值
1　　A　　590
2　　B　　685
3　　C　　540

3. 方差分析函数

在 R 语言中，与方差分析相关的函数比较多，这些函数均是基于长结构数据。其使用说明如下：

使用系统函数 aov(观察值～因子,data)建立方差分析模型，使用函数 summary(aov(观察值～因子,data))输出方差分析表，使用函数 aov(观察值～因子,data)$coef 输出方差分析模型的回归系数。

对于【例 6-1】R 软件单因素方差分析代码：

> summary(aov(观察值～因子,x6.1.1))
　　　　　Df　Sum Sq　Mean Sq　F value　Pr(>F)
因子　　　 2　 86800　 43400　 42.59　4.07e-08 ***
Residuals　21　 21400　 1019
Signif. codes: 0 '***' 0.001 '**' 0.01 '*' 0.05 '.' 0.1 ' ' 1
> aov(观察值～因子,x6.1.1)$coef　　＃方差分析模型系数输出
(Intercept)　因子B　因子C
　　590　　　 95　　-50

对于【例 6-2】R 软件单因素方差分析代码：

> summary(aov(观察值～因子,x6.2))
　　　　　Df　Sum Sq　Mean Sq　F value　Pr(>F)
因子　　　 2　 520　 260.0　 11.56　0.00159 **
Residuals　12　 270　 22.5

Signif. codes: 0 '***' 0.001 '**' 0.01 '*' 0.05 '.' 0.1 ' ' 1

对于【例6-4】R软件双因素方差分析代码：

```
> summary(aov(行驶时间~司机+线路,x6.4))
          Df  Sum Sq  Mean Sq  F value  Pr(>F)
司机       4   78.2    19.550   8.203    0.00199  **
线路       3   32.4    10.800   4.531    0.02406  *
Residuals 12   28.6    2.383
Signif. codes: 0 '***' 0.001 '**' 0.01 '*' 0.05 '.' 0.1 ' ' 1
```

对于【例6-5】R软件方差分析表代码：

```
> summary(aov(行驶时间~司机*线路,x6.5))
           Df  Sum Sq  Mean Sq  F value  Pr(>F)
司机        4   156.4   39.10    19.550   1.1e-06  ***
线路        3   64.8    21.60    10.800   0.000196 ***
司机:线路   12   57.2    4.77     2.383    0.041483 *
Residuals  20   40.0    2.00
Signif. codes: 0 '***' 0.001 '**' 0.01 '*' 0.05 '.' 0.1 ' ' 1
```

4. 多重比较函数

单因素方差分析多重比较的R系统函数有两个，分别是pairwise.t.test()函数和TukeyHSD()函数。两者都可以得到单因素方差分析的多重比较P值。函数使用形式如下：

pairwise.t.test(x,g,p.adjust.method = p.adjust.methods,pool.sd = TRUE,...)，该函数基于单独向量数据，参数中x为观察值向量，g为类别向量，还可设置具体的比较方法及显著性水平等。输出单因素方差分析的多重比较P值。

```
> pairwise.t.test(x6.1.1$观察值,x6.1.1$因子)
        Pairwise comparisons using t tests with pooled SD
data: x6.1.1$观察值 and x6.1.1$因子
        A         B
B    1.3e-05     -
C    0.005     3.0e-08
```

TukeyHSD(aov(观察值~因子,data))，该函数使用长结构数据做多重比较。输出单因素方差分析的多重比较P值和临界值区间。

```
> TukeyHSD(aov(观察值~因子,x6.1.1))
   Tukey multiple comparisons of means
     95% family-wise confidence level
Fit: aov(formula = 观察值 ~ 因子, data = x6.1.1)
$因子
```

	diff	lwr	upr	p adj
B-A	95	54.76852	135.231484	0.0000190
C-A	-50	-90.23148	-9.768516	0.0133659
C-B	-145	-185.23148	-104.768516	0.0000000

5. 正态分布检验函数

方差分析的基本假定要求各总体同方差。R 满足正态分布的检验函数为：shapiro.test()，参考该函数返回的 P 值信息，当 P 值大于 $\alpha(\alpha>0.05)$ 就可认为该总体满足正态分布假设要求。数据不满足正态分布时有时可采用取 log(x)、sqrt(x)、1/x 等方式进行转换处理后进行方差分析。

对于【例 6-1】三个总体数据正态分布检验代码如下：

```
> shapiro.test(x6.1.2[[1]])      #A 品牌数据
W = 0.96935, p-value = 0.8929
> shapiro.test(x6.1.2[[2]])      #B 品牌数据
W = 0.9549, p-value = 0.7603
> shapiro.test(x6.1.2[[3]])      #C 品牌数据
W = 0.96935, p-value = 0.8929
```

三组数据的 P 值均大于 0.05，三个水平（总体）满足正态分布要求。

多个总体方差齐性的检验函数：bartlett.test()，当 P 值大于 $\alpha(\alpha>0.05)$ 就可认为该总体满足方差齐性假设要求。

```
> bartlett.test(观察值~因子,x6.1.1)
        Bartlett test of homogeneity of variances
data:观察值 by 因子
Bartlett's K-squared = 4.4707, df = 2, p-value = 0.107
```

P 值 = 0.107 > 0.05，三个水平（总体）满足方差齐性假设要求。

三、方差分析自定义函数及应用

使用 R 自定义函数进行方差分析的目的有两个：一是满足不同结构的数据要求，实现 R 系统函数不能处理的方差分析数据；二是实现手工计算过程便于使学生明白原理，其输出结果完全与手工计算步骤相同，可提供比系统函数更详细的计算步骤，可以作为教师课堂使用来提高教学效率。为了配合本章教学特编写了以下几个自定义函数，这些自定义函数可兼容各种数据结构。现做说明如下：

（一）单因素方差分析函数：varfenxi(观察值~因子, data, list)

【例 6-1】中，R 自定义函数 varfenxi(观察值~因子, data, list) 应用：

```
> varfenxi(list = x6.1.2)         #宽结构数据的方差分析
$均值
  A    B    C   总均值
 590  685  540   605
$数据结构
$方差分析表
```

	来源	平方和	自由度	均方差	F值	P值
1	因子	86800	2	43400.00	42.58869	0
2	残差	21400	21	1019.05	NA	NA
3	总计	108200	23	4704.35	NA	NA

$效应
[1] "80.22%"
$多重比较

	A	B
B	0.000	NA
C	0.005	0

> varfenxi(观察值~因子,data = x6.1.1)   #长结构数据的方差分析,结果同上

【例6-2】中,R自定义函数varfenxi(观察值~因子,data,list)应用：
> varfenxi(观察值~因子,data = x6.2)
$均值

二厂	三厂	一厂	总均值
30	44	40	38

$数据结构
$方差分析表

	来源	平方和	自由度	均方差	F值	P值
1	因子	520	2	260.00	11.55556	0.0016
2	残差	270	12	22.50	NA	NA
3	总计	790	14	56.43	NA	NA

$效应
[1] "65.82%"
$多重比较

	二厂	三厂
三厂	5e-04	NA
一厂	6e-03	0.2072

$模型及预测值

二厂	三厂	一厂
30	14	10

(二)双因素方差分析表函数：varfenxi2(观察值~因子1+因子2,data)

对于【例6-4】R语言双因素方差分析代码：
> varfenxi2(行驶时间~司机+线路,x6.4)
$司机

	小李	小刘	小王	小杨	小张
均值	37.75	39.75	37.75	40.75	35

$线路

```
              1号线    2号线    3号线    4号线
均值           37       37       40       38.8
$总均值
[1] 38.2
$数据结构
$方差分析表
   自由度    平方和    均方差      F值         P值
线路   4        78.2      19.550000   8.202797
司机   3        32.4      10.800000   4.531469
残差   12       28.6      2.383333    NA
总计   19       139.2     7.326316    NA
$总效应
[1] "79.45%"
```

对于【例6-5】R语言双因素方差分析代码：
> varfenxi2(行驶时间~司机*线路,x6.5)

```
$司机
         小李     小刘     小王     小杨     小张
均值    38.75    40.75    38.75    41.75    36
$线路
         1号线    2号线    3号线    4号线
均值     38       38       41       39.8
$交互均值
         1号线    2号线    3号线    4号线
小李     37       38       40       40
小刘     41       37       44       41
小王     36       39       41       39
小杨     42       40       44       41
小张     34       36       36       38
$总均值
[1] 39.2
$数据结构
$方差分析表
         自由度    平方和    均方差      F值         P值
司机     4         156.4     39.1000    19.550000   1.100664e-06
线路     3         64.8      21.6000    10.800000   1.961301e-04
交互     12        57.2      4.766667   2.383333    4.148288e-02
残差     20        40.0      2.000000   NA          NA
总计     39        318.4     8.164103   NA          NA
$总效应
```

[1] "87.44%"

$ 双因素分析的轮廓图,如图6-3所示。

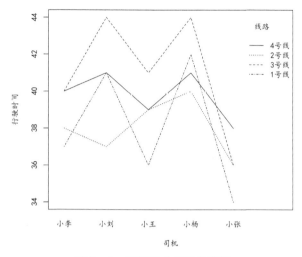

图6-3 双因素分析的轮廓图

(三)单因素方差分析手工过程函数

单因素方差分析手工过程函数:varfenxizy(观察值~因子,data,xs,pdf="",alpha)

【例6-1】中,R自定义函数varfenxizy(观察值~因子,data,list)应用:

> varfenxizy(观察值~因子,x6.1.1)   ♯输出结果为单因素方差分析计算过程图
片(见图6-4)或PDF

方差分析计算表

编号	x	y	$\bar{x}$	$\bar{x}_i$	$(x-\bar{x})^2$	$(\bar{x}_i-\bar{x})^2$	$(x-\bar{x}_i)^2$
1	A	570.00	605.00	590.00	1225.00	225.00	400.00
2	A	560.00	605.00	590.00	2025.00	225.00	900.00
3	A	610.00	605.00	590.00	25.00	225.00	400.00
4	A	580.00	605.00	590.00	625.00	225.00	100.00
5	A	590.00	605.00	590.00	225.00	225.00	0.00
6	A	580.00	605.00	590.00	625.00	225.00	100.00
7	A	630.00	605.00	590.00	625.00	225.00	1600.00
8	A	600.00	605.00	590.00	25.00	225.00	100.00
9	B	660.00	605.00	685.00	3025.00	6400.00	625.00
10	B	760.00	605.00	685.00	24025.00	6400.00	5625.00
11	B	670.00	605.00	685.00	4225.00	6400.00	225.00
12	B	710.00	605.00	685.00	11025.00	6400.00	625.00
13	B	630.00	605.00	685.00	625.00	6400.00	3025.00
14	B	730.00	605.00	685.00	15625.00	6400.00	2025.00
15	B	640.00	605.00	685.00	1225.00	6400.00	2025.00
16	B	680.00	605.00	685.00	5625.00	6400.00	25.00
17	C	540.00	605.00	540.00	4225.00	4225.00	0.00
18	C	580.00	605.00	540.00	625.00	4225.00	1600.00
19	C	530.00	605.00	540.00	5625.00	4225.00	100.00
20	C	550.00	605.00	540.00	3025.00	4225.00	100.00
21	C	520.00	605.00	540.00	7225.00	4225.00	400.00
22	C	560.00	605.00	540.00	2025.00	4225.00	400.00
23	C	510.00	605.00	540.00	9025.00	4225.00	900.00
24	C	530.00	605.00	540.00	5625.00	4225.00	100.00
合计	—	14520.00	14520.00	14520.00	108200.00	86800.00	21400.00

方差分析表

误差	平方和	自由度	方差	F值	P-value
因子	86800.00	2.00	43400.00	42.59	0.00
残差	21400.00	21.00	1019.05		
合计	108200.00	23.00	44419.05	42.59	0.00

P值小于给定的显著性水平($\alpha=0.05$),因此拒绝原假设。

可认为:因子对应均值差异显著;因子与观察值显著相关。

关系强度计算公式: $R^2 = \dfrac{SSA}{SST}$

$$R^2 = \dfrac{86800}{108200} = 0.8022181$$

结论:说明观察值差异的80.22%可由因子差异作出解释。

图6-4 输出结果

习 题

一、选择题

1.方差分析所要研究的问题是( )。
A. 各总体的方差是否相等
B. 各样本数据之间是否有显著差异
C. 分类型自变量对数值型因变量的影响是否显著
D. 分类型因变量对数值型自变量是否显著

2.组间误差是衡量因素的不同水平(不同总体)下各样本之间的误差,它( )。
A. 只包含随机误差
B. 只包含系统误差
C. 既包含随机误差也包含系统误差
D. 有时包含随机误差,有时包含系统误差

3.组内误差( )。
A. 只包含随机误差
B. 只包含系统误差
C. 既包含随机误差也包含系统误差
D. 有时包含随机误差,有时包含系统误差

4.在单因素方差分析中,各次实验观察值应( )。
A. 相互关联
B. 相互独立
C. 计量逐步精确
D. 方法逐步改进

5.在单因素方差分析中,若因子的水平个数为k,全部观察值的个数为n,那么( )。
A. SST 的自由度为 n
B. SSA 的自由度为 k
C. SSE 的自由度为 $n-k-1$
D. SST 的自由度等于 SSE 的自由度与 SSA 的自由度之和

6.在方差分析中,如果拒绝原假设,则说明( )。

A. 自变量对因变量有显著影响　　　　　B. 所检验的各总体均值之间全部相等
C. 不能认为自变量对因变量有显著影响　D. 所检验的各样本均值之间全不相等

7. 在单因素分析中,用于检验的统计量 F 的计算公式为(　　)。
   A. SSA/SSE　　　　　　　　　　　B. SSA/SST
   C. MSA/MSE　　　　　　　　　　　D. MSE/MSA

8. 在单因素分析中,如果不能拒绝原假设,那么说明组间平方和 SSA(　　)。
   A. 等于 0　　　　　　　　　　　　B. 等于总平方和
   C. 完全由抽样的随机误差所决定　　D. 以上都对

9. SSA 自由度为(　　)。
   A. $r-1$　　　　　　　　　　　　B. $n-1$
   C. $n-r$　　　　　　　　　　　　D. $r-n$

10. 一所大学为了解男女学生对某一措施的看法(赞成还是反对),分别抽取 270 学生进行调查,如果要检验男女学生对上网收费的看法是否相同,该检验统计量的自由度是(　　)。
    A. 1　　　　　　　　　　　　　　B. 2
    C. 3　　　　　　　　　　　　　　D. 4

11. 单因素方差分析是指只涉及(　　)。
    A. 一个分类型自变量　　　　　　　B. 一个数值型自变量
    C. 两个分类型自变量　　　　　　　D. 两个数值型因变量

12. 双因素方差分析涉及(　　)。
    A. 两个分类型自变量　　　　　　　B. 两个数值型自变量
    C. 两个分类型因变量　　　　　　　D. 两个数值型因变量

13. 有交互作用的双因素方差分析是指用于检验的两个因素(　　)。
    A. 对因变量的影响是独立的　　　　B. 对因变量的影响是有交互作用的
    C. 对自变量的影响是独立的　　　　D. 对自变量的影响是有交互作用的

14. 在方差分析中,多重比较的目的是通过配对比较来进一步检验(　　)。
    A. 哪两个总体均值之间有差异　　　B. 哪两个总体方差之间有差异
    C. 哪两个样本均值之间有差异　　　D. 哪两个样本方差之间有差异

15. 从三个总体中各选取了 4 个观察值,得到组间平方和 SSA=536,组内平方和 SSE=828,组间均方与组内均方分别为(　　)。
    A. 268　92　　　　　　　　　　　B. 134　103.5
    C. 179　92　　　　　　　　　　　D. 238　92

二、计算题

1. 某公司采用四种颜色包装产品,为了检验不同包装颜色的效果,抽样得到了一些数据并进行单因素方差分析实验。实验依据四种包装颜色将数据分为 4 组,每组有 5 个观察值,在 0.05 的显著水平下得到方差分析表:

方差来源	离差平方和	自由度	均方	F值	P值	F临界值
组间	(1)	(2)	50	(3)	0.0002	3.24
组内	80	(4)	(5)			
总计	(6)	(7)				

(1) 请计算表中序号标出的七处缺失值,并直接填在表上。

(2) 请问这四种包装颜色的效果是否有显著差异?并说明理由。

2. 为研究煤矿粉尘作业环境对尘肺的影响,将18只大鼠随机分到甲、乙、丙3个组,每组6只,分别在地面办公楼、煤炭仓库和矿井下染尘,12周后测量大鼠全肺湿重(g),数据见表,请用方差分析法计算($\alpha=0.05$)说明不同环境下大鼠全肺湿重有无差别。

甲组	乙组	丙组
4.2	4.5	5.6
3.3	4.4	3.6
3.7	3.5	4.5
4.3	4.2	5.1
4.1	4.6	4.9
3.3	4.2	4.7

3. 有两个实验室分别对三种材料的技术性能进行测试,数据如表所示,试检验实验材料以及他们的相互作用对实验数据是否具有显著影响($\alpha=0.05$)。

实验室	材料		
	B1	B2	B3
A1	41	31	35
	39	28	32
	43	33	36
A2	27	19	27
	31	22	23
	26	23	25

第七章 相关与回归分析

【导入案例】

使用科学方法是正确判断的基础。考虑一下,下面的说法正确吗?

(1)很多禁忌、风俗都体现了"事物普遍联系"的观点,如"4"与"死","8"与"发",以及从众心理等。

(2)考英语经验:"三短一长选最长,三长一短选最短,如果长短平均分,AC两项任你选。"

【内容要点】

相关分析与回归分析是现代统计学中非常重要的内容,它在自然科学、管理科学和社会经济领域有着十分广泛的应用。本章从介绍相关分析与回归分析的基本概念与分类入手,以一元线性回归模型为基础,引出包括多元线性回归分析及非线性回归分析中的模型识别、参数估计、模型检验与预测等内容。

(1)理解相关分析的基本思路与方法:变量之间是否存在关系?如果存在,它们之间是什么样的关系?变量之间的关系强度如何?样本所反映的变量之间的关系能否代表总体变量之间的关系?

(2)在理解回归分析的模型建立、回归系数估计、回归模型检验及预测基本方法基础上,重点掌握一元线性回归模型的应用。

(3)掌握使用R软件进行回归分析的基本方法和应用过程,能看懂各类软件回归分析的结果。

(4)了解各类科技论文中回归分析的应用技巧和注意问题。

第一节 相关分析

一、相关关系的概念及分类

(一)现象之间的关系

无论是在自然界还是社会经济领域,现象之间往往存在着依存关系。如某种商品销售价格与销售量之间的关系,商品销售额与广告费支出之间的关系,以及粮食亩产量与施肥量、降雨量、温度等众多因素变量之间的关系等。我们可以用数据反映和研究这些关系。独立性检验研究了类别变量之间是否存在显著性关系,方差分析研究了类别变量与数值变量之间是否存在显著性关系,相关分析则主要研究数值变量之间是否存在显著性关系。

数值变量之间的依存关系可以分为函数关系和相关关系。函数关系是指变量之间保持严格和确定的一一对应关系。如圆的面积(S)与半径(R)之间的关系可表示为：$S=\pi R^2$，当圆半径R的值取定后，其面积S也随之确定。应该注意的是，理论学科中的很多函数都是建立在一定假设（假定）基础上。

（二）相关关系的概念

相关关系是指变量之间理论上可能存在着严格的函数关系，但在数量上体现为并不严格的依存关系，变量之间的数量关系不能用函数关系精确表达，一个变量的取值不能由另一个变量唯一确定，当一个变量取某个值时，另一个变量的取值可能有几个。例如：人的身高与体重这两个变量之间的关系就是相关关系，它们并不表现为确定的函数的关系，以至于同一身高的人可以有不同的体重，同一体重的人又表现出不同身高。相关关系存在的原因是研究工作不可能包含所有影响因素变量。影响体重变量的因素除了身高以外还有许多其他因素（如：遗传因素、营养状况和运动水平等）。变量之间的这种相关关系已经成为了相关分析的对象，相关分析就是从大量随机数据（现象）中寻找确定关系的一种统计方法。

相关关系和函数关系既有区别又有联系。有些函数关系往往因为有观察或测量误差以及各种随机因素干扰等原因，而在数值上也表现为相关关系。在研究相关关系时，当对其现象之间的规律了解得越深刻，相关关系就越接近于函数关系。

（三）相关关系的分类

相关关系的种类不同，就需要使用不同的思想和方法进行相关分析。下面给出不同角度的几种常见分类：

1. 按相关方向可分为正相关和负相关

现实生活中有相生相克之说，相生可理解为正相关，相克则可理解为负相关。从数值表现（散点图）看，当两个数值变量变动方向相同时，两者之间的相关关系称为正相关。例如：家庭收入与家庭支出之间的关系，一般随着家庭收入的增加家庭支出也会随之增加。当两个数值变量变动方向相反时，两者之间的相关关系称为负相关。例如：产品产量与单位成本之间的关系，单位成本会随着产量的增加而减少。在后续分析中应注意从数值量化分析的相关方向与理论分析的相关方向是否一致。正相关与负相关的散点图如图7-1所示。

2. 按相关形式可分为线性相关和非线性相关

当变量之间的依存关系大致呈现为线性形式，即当一个变量变动一个单位时，另一个变量也按固定的增（减）量变动，就称为线性相关。当变量间的关系不按固定比例变化时，就称之为非线性相关。这种划分及结果可为我们提供现象之间关系的规律差异和相关分析方法的区分依据。线性相关与非线性相关的散点图如图7-1所示。

3. 按研究变量的多少可分为单相关、复相关和偏相关

两个变量之间的相关关系称为单相关。例如收入变量与任职年限变量的相关关系就是单相关。一个变量与两个或两个以上变量综合以后的相关关系称为复相关。例如职业声望同时受到一系列因素（收入、文化、权力……）的影响，那么这一系列因素的综合和与职业声望之间的关系就是复相关。而在复相关的研究中，假定其他变量不变专门研究其中两个变量之间的相关关系就是偏相关。例如偏相关系数$r13.2$表示控制第二个变量的影响之后，第一个变量和第三个变量之间的直线相关。偏相关系数较单相关系数更能真实反映两变量

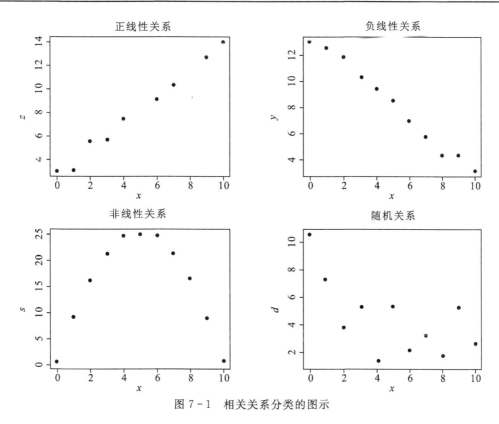

图 7-1 相关关系分类的图示

间的联系。

二、相关分析的研究方法

相关分析是从定量角度(根据数值变量)研究现象之间是否存在某种依存关系,并对其相关方向、相关形式以及相关程度进行具体研究的一种统计方法。它是在现象关系定性分析基础上的定量研究方法及过程。相关分析的具体方法主要是借助于散点图和统计量(如相关系数)对变量之间依存关系的密切程度进行测定。

(一)散点图

识别变量间相关关系最简单直观的方法是作图。通过散点图将所研究变量的观察值以散点的形式绘制在相应的坐标系中,通过它们呈现出的特征来判断变量之间是否存在相关关系、相关形式、相关方向和相关程度等。

【例 7-1】 研究者试图通过工资总额与销售收入的关系研究企业是否隐瞒销售收入进行偷税漏税。现将搜集到的同一行业 10 家企业工资总额与销售收入数据列表,如表 7-1 所示。试绘制散点图描述销售收入与工资总额之间的关系。

表 7-1　10 家企业销售收入与工资总额数据　　　　单位:万元

企业	销售收入	工资总额
1	27	8
2	16	5

续表

企业	销售收入	工资总额
3	32	9
4	92	25
5	20	6
6	44	13
7	133	37
8	65	19
9	55	16
10	34	10

根据上表数据,绘制的散点图(见图7-2)。为了直观观察现象间相关关系的类型,在散点图的基础上特意添加了一条趋势线。

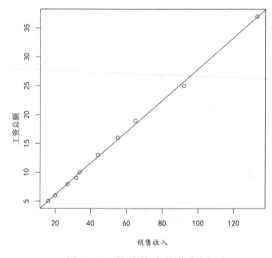

图7-2 带趋势线的散点图

从图7-2中我们看到样本数据(x_i, y_i)大致分别落在一条直线附近,这说明变量销售收入与工资总额之间具有明显的线性相关关系。另外,散点图呈现出从左至右的上升趋势,它表明销售收入与工资总额之间存在着正相关关系,即随着销售收入的上升,工资总额也会增加。

散点图虽然有助于识别变量间的相关关系,但它无法对这种关系进行精确的计量。因此在初步判定变量间存在相关关系的基础上,通常还需要计算相关关系的统计量。反应变量间相关关系的统计量有很多,应用最广泛的是相关系数。

(二)相关系数

相关系数是度量两个变量线性关系强度的统计量。我们先从直观上了解两个变量之间的相关系数的基本思想,然后给出相关系数的定义,接下来是根据样本数据计算和估计总体相关系数,最后给出相关系数的统计学检验方法。

1. 总体相关系数的基本思想

为了从直观上了解相关系数的基本思想,我们先做出两个变量的散点图,然后分别计算两个变量的均值 μ_X 和 μ_Y,通过点 (μ_X,μ_Y) 画两条平行于 X 轴和 Y 轴的直线,将散点图分成四个部分,如图 7-3 所示。

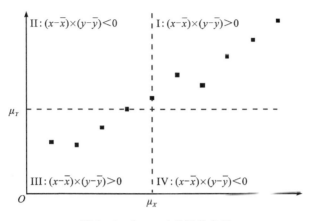

图 7-3 (μ_X,μ_Y) 分割散点图

分布在 Ⅰ、Ⅲ 象限部分的点 $(x_i-\mu_X)(y_i-\mu_Y)>0$,分布在 Ⅱ、Ⅳ 部分的点 $(x_i-\mu_X)(y_i-\mu_Y)<0$。直观上看:分布在 Ⅰ、Ⅲ 象限部分的点越多就说明 X 和 Y 正相关程度越高,从数值上就是 $\sum_{i=1}^{N}(x_i-\mu_X)(y_i-\mu_Y)\big/N$ 越大(为正数);分布在 Ⅱ、Ⅳ 象限部分的点越多就说明 X 和 Y 负相关程度越高,从数值上就是 $\sum_{i=1}^{N}(x_i-\mu_X)(y_i-\mu_Y)\big/N$ 越小(为负数),这两种情况都说明线性相关程度高。这些点不规则地(有时是均匀地)散布在四个象限,则从数值上就是 $\sum_{i=1}^{N}(x_i-\mu_X)(y_i-\mu_Y)\big/N$ 接近于 0,也就是说 X 和 Y 不相关,严格地说线性相关程度不高。

因此可用 $\sum_{i=1}^{N}(x_i-\mu_X)(y_i-\mu_Y)\big/N$ 来衡量 X 与 Y 的相关方向与程度,值大表示变量间关系密切,值小表示变量间关系不密切。但 $\sum_{i=1}^{N}(x_i-\mu_X)(y_i-\mu_Y)$ 的值与 X、Y 的计量单位及 X、Y 自身的变异程度都有关,为了使不同总体的相关系数可以互相对比,将 $\sum_{i=1}^{N}(x_i-\mu_X)(y_i-\mu_Y)\big/N$ 除以 X 与 Y 的标准差 σ_X,σ_Y 以消除变量值大小和离差值大小不等的影响。具体公式如下:

$$\rho = \frac{\sum_{i=1}^{N}(x_i-\mu_X)(y_i-\mu_Y)\big/N}{\sigma_X \cdot \sigma_Y} \qquad (7-1)$$

其中:$\sum_{i=1}^{N}(x_i-\mu_X)(y_i-\mu_Y)\big/N$ 也被称为 X 和 Y 的协方差 $\mathrm{Cov}(X,Y)$。

式(7-1)称为变量 X 和 Y 的相关系数或总体相关系数,常常简记为 ρ。它具有以下数

学性质:

(1)相关系数 ρ 的取值范围是 $-1 \sim 1$;$|\rho|$ 的大小揭示了变量 X 和 Y 间线性相关关系的强弱,变量间的线性相关关系程度随着 $|\rho|$ 的减小而减弱,$\rho = \pm 1$ 时,变量 X 和 Y 之间具有完全线性关系;$\rho = 0$ 说明变量 X 和 Y 之间没有线性相关关系,称为不线性相关或线性无关。

(2)ρ 的符号说明变量间的线性相关关系的方向,ρ 大于 0,X 和 Y 正线性相关,ρ 小于 0,X 和 Y 负线性相关。

(3)需要注意的是相关系数 $|\rho|$ 接近于 0 可能存在非线性关系。变量 X 和 Y 不线性相关与 X 和 Y 独立是两个不同的概念。如果 X 和 Y 独立,则必有 X 和 Y 不线性相关;但是若 X 和 Y 不线性相关,却不一定有 X 和 Y 独立,它们之间可能存在着非线性相关关系。

2. 样本相关系数

如果总体 (X,Y) 的概率分布完全知道,则变量 X 和 Y 的相关系数 ρ 可以由式(7-1)计算出来。如果分布参数不清楚,将无法利用式(7-1)计算出相关系数 ρ。此时要得到变量 X 和 Y 的相关系数 ρ,可以从总体 (X,Y) 中随机地抽取容量为 n 的样本 $(x_1, y_1), \cdots, (x_n, y_n)$,假定它们和总体 (X,Y) 的分布相同,可以通过样本相关系数对总体相关系数公式进行估计。可由式(7-1)可推导出样本相关系数公式:

$$r = \frac{\sum_{i=1}^{n}(x_i - \bar{x})(y_i - \bar{y})}{\sqrt{\sum_{i=1}^{n}(x_i - \bar{x})^2 \times \sum_{i=1}^{n}(y_i - \bar{y})^2}} \tag{7-2}$$

式(7-2)中的统计量 r 是随机变量,它是 ρ 的一致估计量和渐进无偏估计量,称为样本相关系数。由于式(7-2)是由英国统计学家皮尔逊(Pearson)提出的,所以也常称为 Pearson 相关系数。具体应用时,式(7-2)可以简化为式(7-3):

$$r = \frac{n\sum_{i=1}^{n}x_i y_i - \sum_{i=1}^{n}x_i \sum_{i=1}^{n}y_i}{\sqrt{n\sum_{i=1}^{n}x_i^2 - (\sum_{i=1}^{n}x_i)^2} \sqrt{n\sum_{i=1}^{n}y_i^2 - (\sum_{i=1}^{n}y_i)^2}} \tag{7-3}$$

式(7-3)在计算时较为简单,经常用于实际计算。该公式看上去复杂,但由于没有了"积差",计算要简便得多。

【例 7-1】中,销售收入与工资总额的线性相关系数 r 的计算。

解 (1)按照式 7-3 需要编制计算表,如表 7-2 所示。

表 7-2 相关分析计算表

n	y	x	y^2	x^2	$x \times y$
1	8	27	64	729	216
2	5	16	25	256	80
3	9	32	81	1024	288
4	25	92	625	8464	2300
5	6	20	36	400	120

续表

n	y	x	y^2	x^2	$x \times y$
6	13	44	169	1936	572
7	37	133	1369	17689	4921
8	19	65	361	4225	1235
9	16	55	256	3025	880
10	10	34	100	1156	340
合计	148	518	3086	38904	10952

(2)将计算表中的参数代入式(7-3)中。结果如下：

$$r = \frac{n\sum_{i=1}^{n}x_iy_i - \sum_{i=1}^{n}x_i\sum_{i=1}^{n}y_i}{\sqrt{n\sum_{i=1}^{n}x_i^2 - (\sum_{i=1}^{n}x_i)^2}\sqrt{n\sum_{i=1}^{n}y_i^2 - (\sum_{i=1}^{n}y_i)^2}}$$

$$= \frac{10 \times 10952 - 518 \times 148}{\sqrt{10 \times 38904 - 518^2}\sqrt{10 \times 3086 - 148^2}} = 0.9993$$

学生：哦，相关系数好大，这说明销售收入与工资总额高度相关吧。

教师：现在可不能这样说！至于原因嘛，且看下面分解。

3. 相关系数的描述

相关系数的取值范围为$-1 \sim 1$，$r > 0$表明变量之间正线性相关，$r < 0$表明变量负线性相关；如果$|r| = 1$，则表明两个变量是完全线性相关；如果$r \approx 0$则表明两个变量线性相关程度不高，有可能存在非线性相关，应结合散点图做出合理的解释。

根据经验，将相关程度划分为以下几种情况：

当$|r| \geq 0.8$时，视为高度相关；当$0.5 \leq |r| < 0.8$时，视为显著相关；当$0.3 \leq |r| < 0.5$时，视为低度相关；当$|r| \leq 0.3$时，说明两个变量之间线性相关程度极弱。

需要注意的是，以上结论必须建立在相关系数通过显著性检验的基础之上。

4. 相关系数的显著性检验

【例7-1】的Pearson相关系数$r = 0.9993$，是否说明销售收入与工资总额之间高度线性相关呢？这个数值仅仅是基于样本容量为10的小样本计算出来的，仅仅看这个数值是不能确定二者之间高度线性相关的。样本相关系数需要经过假设检验，才能得出对总体相关系数比较可靠的判断和结论。

在实际应用中，一般都是根据样本数据计算Pearson相关系数对总体相关系数进行检验。相关系数的检验包括两类：一是对总体相关系数是否等于0进行检验；二是对总体相关系数是否等于某一给定不为0的数值进行检验（略）。对总体相关系数是否等于0的检验，检验统计量使用t统计量。其步骤如下：

第一步，提出原假设和备择假设。假设样本相关系数r是抽自具有零相关的总体，即
$H_0: \rho = 0 \quad H_1: \rho \neq 0$

第二步，计算检验的统计量：$t = \dfrac{r\sqrt{n-2}}{\sqrt{1-r^2}} \sim t(n-2)$

第三步,规定显著性水平,并依据自由度$(n-2)$确定临界值$t_{\alpha/2}(n-2)$和拒绝域$|t| \geq t_{\alpha/2}(n-2)$;

第四步,做出判断。将计算得到的检验统计量与拒绝域对比,若检验统计量位于拒绝域,表明变量间线性相关在统计上是显著的,若检验统计量不位于拒绝域,则说明相关关系在统计上并不显著。也可以计算P值,如果P值小于显著性水平α,则拒绝原假设,表明变量间线性相关在统计上是显著的。

【例7-1】总体相关系数的假设检验。检验在$\alpha=0.05$的显著性水平下,销售收入与工资总额是否具有线性相关关系。

解 取显著性水平$\alpha=0.05$,查表得到临界值得:$t_{\alpha/2}(n-2)=t_{0.05/2}(10-2)=2.306$,

检验统计量的值为:$t = \dfrac{0.9993 \times \sqrt{10-2}}{\sqrt{1-0.9993^2}} = 70.66$

由于$|t|>t_{\alpha/2}(n-2)$,所以拒绝原假设,表明总体相关系数不为零,即销售收入与工资总额确实存在着线性相关关系。

三、相关分析应用中需要注意的问题

相关分析应用中需要注意以下两个问题:一是"虚假相关",二是不要过分高估P值的作用。

(1)"虚假相关"。把逻辑上不存在联系的两个变量放在一起做相关分析没有意义,在统计上称之为"虚假相关"。需要注意以相关系数衡量的相关关系与因果关系是不同的。相关系数很大未必表示变量间存在因果关系,也可能两个变量同时受第三个变量的影响而使它们有很强的相关。比如,人的肺活量与人的身高会呈现高度相关,其实肺活量和身高都受体重的影响,因此如果固定体重来研究肺活量与身高的关系,则会发现相关性很低。这就需要涉及偏相关系数的计算。又如,我们计算1980—2004年某地猪肉销售量与感冒片销售量的相关系数,得到的结果可能很大,但这并不说明猪肉销售量与感冒片销售量之间有线性相关关系,因为它们都受这个时期人口增长因素的影响。

(2)不要过分高估P值的作用。通常我们认为P值越小(如:P值<0.05)就说明两变量显著相关,这种观点存在误解,主要原因有两点:①这只能说明两变量的相关系数显著不为0,并不能说明两变量显著相关,此时的相关系数未必在0.5以上,也就是说统计上的显著不为0和实际显著相关不是一回事;②P值计算公式中样本数据的容量n对P值影响非常大,在$n>300$以上时,几乎任何两变量的相关系数都显著不为0。因此,在实际工作中先要保证P值显著,然后再关注相关系数是否达到显著相关水平。

第二节 回归分析概述

相关分析是研究两个或两个以上随机变量间相关关系的统计方法。如果这些变量间存在相关关系,接下来有两个问题需要回答:一是它们之间为什么存在相关关系;二是它们之间的关系是一种什么关系。简单说就是要回答"为什么"和"是什么"这两个问题。这两个问题的回答就需要进一步学习回归分析这种统计方法。

一、回归分析的定义

回归分析指利用数据统计原理,对大量统计数据进行数学处理,并确定因变量与自变量的相关关系,建立一个相关性较好的回归方程(函数表达式),并加以外推,用于预测因变量变化的分析方法。具体说,回归分析主要解决两个方面的问题:一是确定变量之间是否存在相关关系,若存在,则找出数学表达式;二是根据自变量的值,预测或控制因变量的值,且估计这种控制或预测可达到的精确度。

回归分析就是研究 XY 相关性的分析,下面从三个方面对回归分析的定义做出解释:

(1)通过回归分析研究相关关系。因果关系在相关分析中极其重要,能基于定性分析给出现象间因果关系的机理,然后再从定量分析给出具体的因果关系是最好的方案。

(2)因变量 Y 刻画的是业务的核心诉求,是科学研究的关键问题。

(3)自变量 X 是用来解释因变量的相关变量。解释变量可以是一个也可以是很多个。回归分析的任务就是,通过研究解释变量和因变量的相关关系,尝试去解释因变量的形成机制,进而达到通过解释变量去预测因变量的目的。

实际工作中,我们碰到的绝大多数数据分析问题都可以被规范成一个回归分析的问题。而规范是否成功的具体表现就是:第一,因变量 Y 是否定义清晰;第二,解释性变量 X 是否精准有力。

二、回归分析与相关分析的关系

回归分析和相关分析都是研究变量间关系的统计方法。有一定联系的两个变量之间是否存在关系以及这种关系具体是一种什么关系,需要先后进行相关分析和回归分析。例如,从相关分析中我们能够得知"质量"和"用户惬意度"变量密切相关,可是这两个变量之间究竟是哪个变量受哪个变量的影响,影响程度怎样,则须要通过回归分析方法来确定。

回归分析和相关分析的主要区别有以下几点:

(1)在回归分析中,Y 被称为因变量,处在被解释的特殊地位;而在相关分析中,X 与 Y 处于平等的地位,即研究 X 与 Y 的密切程度和研究 Y 与 X 的密切程度是一致的;

(2)相关分析中 X 与 Y 都是随机变量;而在回归分析中 Y 是随机变量,X 可以是随机变量也可以是非随机的,通常在回归模型中,总是假定 X 是非随机的;

(3)相关分析的研究主要是两个变量之间的密切程度,而回归分析不仅可以揭示 X 对 Y 的影响大小,还需要由回归方程进行数量上的预测和控制。

三、回归模型

回归分析是确定两个或两个以上变量间定量关系的一种统计方法,在变量之间存在有相关关系的基础上,把这种关系用适当的数学模型表达出来,这种数学模型也被称为回归模型。回归模型一般可以表示为:

$$Y = f(X, \varepsilon)$$

其中 Y 为因变量,X 为自变量,ε 为未知参数。如线性模型可表示如下:

$$y_i = \beta_0 + \beta_1 x_{1i} + \beta_2 x_{2i} + \cdots + \beta_k x_{ki} + \varepsilon_i$$

在回归模型中,被预测或被解释的变量称为因变量,用 y 表示。用来预测或解释因变量的一个或多个变量称为自变量,用 x 表示。1 个以上的自变量,分别使用 $x_1,x_2,\cdots,x_k$ 表示。

总体回归模型或理论模型实际上永远不可能求解出来,实际分析中常使用样本回归模型去估计、检验和预测。样本回归模型也称为经验回归模型,它是基于样本数据(经验数据)研究因变量与解释变量之间相关关系的一种模型。可以理解为:被解释变量的样本条件均值也是随解释变量的变化而有规律的变化的,被解释变量 Y 的样本条件均值表示为解释变量 x 的某种函数。样本回归模型的函数形式应与总体回归模型的函数形式一致。如线性模型的样本回归模型为:

$$\hat{y}_i = \hat{\beta}_0 + \hat{\beta}_1 x_{1i} + \hat{\beta}_2 x_{2i} + \cdots + \hat{\beta}_k x_{ki}$$

式中,$\hat{\beta}_i$ 为根据样本数据估计出来的值,$\hat{y}_i$ 也是通过估计所得的方程预测出来的值。

样本回归模型的常用概念。

实际值:实际观测到的研究对象特征数据值。在模型中用 y_i、x_i 表示。

理论值:根据实际值我们可以得到一条趋势线,用数学方法拟合这条趋势线,可以得到数学模型,根据这个数学模型计算出来的与实际值相对应的值,称为理论值,在模型中用 $\hat{y}_i$ 表示。

预测值:在预测时,将可以控制的自变量用 x_0 表示,对应 y_0 则为预测值。

回归模型中因变量的值分为两部分:一部分由自变量影响,即表示为它的函数,函数形式已知且含有未知参数;另一部分由其他的未考虑因素随机影响,即随机误差。

四、回归分析的主要步骤

一般来说,回归分析的主要步骤包括:(定性)分析因变量和自变量之间的因果关系,确定回归模型的数学函数形式,依据实测数据来求解回归模型的各个系数,然后评价回归模型能否非常好地拟合实测数据,最后依据自变量作进一步预测。具体步骤如下:

(1)根据自变量与因变量的理论关系并结合散点图初步设定回归方程的数学形式。

(2)根据一组数据,使用最小二乘法(OLS)估计回归模型中的未知系数。

(3)对估计得到的样本回归方程进行可信度检验。

(4)对回归方程的各自变量的回归系数进行分析和检验,判断自变量 X 对因变量 Y 有无影响;在许多自变量共同影响着一个因变量的关系中,判断哪个(或哪些)自变量的影响是显著的,哪些自变量的影响是不显著的,将影响显著的自变量加入模型中,剔除影响不显著的变量。

(5)在符合相关检验要求后,即可根据已知的可控自变量数值基于样本回归方程来测值因变量。

综上所述,回归分析要完成三个使命:第一是识别重要变量;第二是判断相关性的方向;第三是要估计回归系数。

五、回归分析的类型

回归分析是统计学中应用最为广泛的统计方法,其理论及方法体系非常庞杂。下面大致介绍一下其框架脉络。

如果 Y(因变量)为数值变量且只有 1 个,则为线性回归。对线性回归再细分:如果回归模型中 X 仅有 1 个,此时就称为简单线性回归或者一元线性回归;如果 X 有多个,此时称为多元线性回归。

如果 Y(因变量)为分类变量且只有 1 个(比如是否愿意购买笔记本电脑),此时叫 Logistic 回归。Logistic 回归再细分:如果 Y 有两类数值(比如 1 为愿意和 0 为不愿意,1 为购买和 0 为不购买),此时就叫二元 Logistic 回归;如果 Y 有多类值(比如 1 为 DELL,2 为 Thinkpad,3 为 Mac),此时就叫多分类 Logistic 回归;如果 Y 为多类且有序分类值(比如 1 为不愿意,2 为中立,3 为愿意),此时可以使用有序 Logistic 回归。如果 Y 为两类时,有时候也会使用二元 Probit 回归模型。

如果 Y(因变量)为数值变量且有多个,此时应该使用 PLS 回归(即偏最小二乘回归)。很多时候会将 Y 合并概括成 1 个(比如使用平均值),然后使用线性回归,反之可考虑使用 PLS 回归(但此种情况使用其实较少,PLS 回归模型非常复杂)。

在常见的回归分析中,线性回归和 Logistic 回归最为常见,也是当前研究最多,应用最为普遍,最容易理解的研究方法。线性回归的前提是 X 和 Y 之间有着线性相关,但有的时候 X 和 Y 并不是线性相关,此时就可以使用曲线回归,曲线回归实质上是将曲线模型表达式转换成线性关系表达式进行研究。

线性回归分析是最为简单的一种分析方法,对其原理及方法的掌握是理解其他回归方法的基础。本教材就以数值变量线性回归分析为主要内容。

第三节 一元线性回归分析

一元线性回归分析是涉及一个自变量的回归分析,且因变量 y 与自变量 x 之间为线性关系。具体就是根据统计资料,寻求一个变量对另一个变量的恰当数学表达式,来近似地表示变量间的平均变化关系的一种统计方法。一元线性回归是描述两个变量之间相关关系最简单的回归模型。掌握了一元线性回归模型的建模思路与方法,就容易掌握和理解其他较复杂的回归模型。

一、一元线性回归模型及其数学假定

一元线性回归模型的总体模型为 $y_i = \beta_0 + \beta_1 x_i + \varepsilon_i$。公式中 y 为被解释变量(因变量),x 为解释变量(自变量),β_0 和 β_1 是未知参数,称为回归系数,ε_i 是不可观测的随机变量,表示 x 和 y 关系中的不确定因素的影响,也称为随机误差。

通常假定随机误差项 ε_i 满足:正态性、方差齐性和独立性。正态性是指误差服从期望值为 0 的正态分布,即 $\varepsilon_i \sim N(0, \sigma^2)$。方差齐性是指对于所有的 x 值,误差的方差都相同。独立性是指对于一个特定的 x 值对应的所有 y 值的误差与其他 x 值对应的所有 y 值的误差相互独立。

回归分析的主要任务就是通过组样本观测值对 β_0 和 β_1 进行估计。设 $\hat{\beta}_0$ 和 $\hat{\beta}_1$ 分别为 β_0 和 β_1 的估计值,则称 $\hat{y} = \hat{\beta}_0 + \hat{\beta}_1 x$ 为样本回归方程。

二、回归参数的估计

回归参数估计的基本思想是指在散点图中找到一条合适的直线,使各散点到这条直线

的纵向距离平方和最小(见图 7-4)。这条直线就是回归直线,这条直线的方程叫做一元线性回归模型。

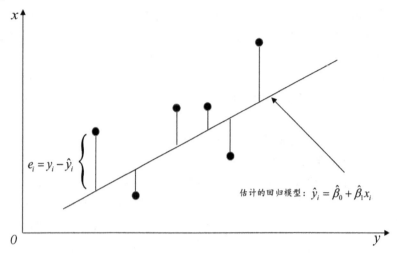

图 7-4 最小平方法的示意图

在统计研究中,我们用最小二乘法求参数 β_0 和 β_1 的估计值 $\hat{\beta}_0$ 和 $\hat{\beta}_1$,即能使因变量的观察值与估计值之间的误差平方和达到最小的方法,此时的 $\hat{\beta}_0$ 和 $\hat{\beta}_1$ 就是最优的回归系数估计值。具体过程如下:

$$\text{Min} \sum_{i=1}^{n} (y_i - \hat{y})^2 = \text{Min} \sum_{i=1}^{n} (y_i - \hat{\beta}_0 - \hat{\beta}_1 x_i)^2$$

为此应使残差平方和取最小值。利用微积分中求极值的方法,得到正规方程组:

$$\begin{cases} \frac{\partial Q}{\partial \beta_0}\Big|_{\beta_0=\hat{\beta}_0} = -2\sum_{i=1}^{n}(y_i - \hat{\beta}_0 - \hat{\beta}_1 x_i)^2 = 0 \\ \frac{\partial Q}{\partial \beta_1}\Big|_{\beta_1=\hat{\beta}_1} = -2\sum_{i=1}^{n} x_i(y_i - \hat{\beta}_0 - \hat{\beta}_1 x_i)^2 = 0 \end{cases}$$

正规方程组的解为:

$$\begin{cases} \hat{\beta}_1 = \dfrac{n\sum\limits_{i=1}^{n} x_i y_i - \left(\sum\limits_{i=1}^{n} x_i\right)\left(\sum\limits_{i=1}^{n} y_i\right)}{n\sum\limits_{i=1}^{n} x_i^2 - \left(\sum\limits_{i=1}^{n} x_i\right)^2} \\ \hat{\beta}_0 = \bar{y} - \hat{\beta}_1 \bar{x} \end{cases} \tag{7-4}$$

具体计算中,可根据样本数据列表计算得到式(7-4)中所需的参数,然后代入即可得回归系数。

【例 7-1】 中 10 家企业的工资总额与销售收入数据(见表 7-1),试建立工资总额对销售收入的线性回归方程。

解 (1)编制回归系数计算表,如表 7-2 所示。
(2)将计算表相关参数代入式(7-4)计算回归系数。
将表 7-2 计算结果代入公式得:

$$\hat{\beta}_1 = \frac{n\sum xy - \sum x \sum y}{n\sum x^2 - (\sum x)^2} = \frac{10 \times 10952 - 518 \times 148}{10 \times 38904 - 518^2} = 0.272$$

$$\hat{\beta}_0 = \bar{y} - \beta_1 \bar{x} = 148/10 - 0.272 \times 518/10 = 0.701$$

因此工资总额与销售收入的线性回归方程为一元线性回归方程：$\hat{y} = 0.701 + 0.272x$

$\hat{\beta}_0$ 的解释：自变量为 0 时，因变量 y 的均值。本例中销售收入为 0 时，平均工资总额为 0.701 万元。

$\hat{\beta}_1$ 的解释：自变量增加 1 个单位时，因变量平均增加 $\hat{\beta}_1$ 个单位。同时需要对 $\hat{\beta}_1$ 的正负性从理论上解释是否合理。本例中回归系数 $\hat{\beta}_1 = 0.2775$，说明企业销售收入每增加 10000 元，消费支出平均增加 0.272 万元，符合一般理论与企业实际情况。

三、回归模型的检验

理论上，该回归方程是总误差最小的一元线性回归模型，是最优的一元线性回归模型。但是，该模型只是当前样本数据的写照。这个模型能够推广吗？能够用它进行预测和控制吗？统计学告诉我们，该模型只要通过以下检验就可以推广应用。

(1) 拟合优度检验（自变量能解释多少？误差有多大？）
(2) 回归模型的显著性检验（是否线性的检验？）
(3) 回归系数的显著性检验（是否是该条直线？）

1. 拟合优度检验

参考方差分析的思路，数据的变动情况可以用离差平方和表示。因变量总变动称为总离差平方和，记为 SST，它由两部分构成：

(1) 能被回归方程解释的部分，称为回归平方和，记为 SSR，反映自变量 x 的变化对因变量 y 取值变化的影响。或者说，是由于 x 与 y 之间的线性关系引起 y 的取值变化，也称为可解释的平方和。

(2) 未被回归方程解释的部分，称为残差平方和，记为 SSE。反映除 x 以外的其他因素对 y 取值的影响，也称为不可解释平方和或剩余平方和。

它们的计算公式分别为：

$$\text{SST} = \sum_{i=1}^{n}(y_i - \bar{y})^2 \quad \text{SSR} = \sum_{i=1}^{n}(\hat{y}_i - \bar{y})^2 \quad \text{SSE} = \sum_{i=1}^{n}(y_i - \hat{y}_i)^2$$

它们的相互关系为：$\sum_{i=1}^{n}(y_i - \bar{y})^2 = \sum_{i=1}^{n}(\hat{y}_i - \bar{y})^2 + \sum_{i=1}^{n}(y_i - \hat{y})^2$

$$\text{SST} = \text{SSR} + \text{SSE}$$

SST、SSR 和 SSE 三者的自由度分别为：$n-1, 1, n-2$。

由方差分析可以知道，在总离差平方和中，回归平方和所占比重越大，则线性回归效果就越好；残差平方和所占比重越大，则线性回归效果越差。我们把回归平方和与总的离差平方和之比定义为拟合优度，用 R^2 表示，即：

$$R^2 = \frac{\text{SSR}}{\text{SST}} = 1 - \frac{\text{SSE}}{\text{SST}} \tag{7-5}$$

拟合优度可以做回归值与实际观测值拟合程度的度量。R^2 越接近 1，说明二者的拟合程度越好。R^2 越接近 0，说明二者的拟合程度越差。另外，若 R^2 解释度不够 40%，可能遗漏了重要的自变量,建议增加自变量,尝试建立多元线性回归模型。对于一元线性回归模型,拟合优度等于样本相关系数的平方,即 $R^2 = r^2$。

【例 7-1】 一元线性回归模型的拟合优度检验。

解 (1)将 x_i 代入模型 $\hat{y} = 0.701 + 0.272x$ 可分别计算得到 $\hat{y}_i$,然后根据式(7-4)分别计算 SST、SSR 和 SSE,过程及结果如表 7-3 所示。

表 7-3 线性回归模型方差分析计算表

n	y_i	x_i	$\hat{y}_i$	$(\hat{y}_i - \bar{y})^2$	$(y_i - \hat{y}_i)^2$	$(y_i - \bar{y})^2$
1	8	27	8.0500	0.0025	45.5625	46.24
2	5	16	5.0561	0.0031	94.9436	96.04
3	9	32	9.4109	0.1688	29.0424	33.64
4	25	92	25.7415	0.5498	119.7164	104.04
5	6	20	6.1448	0.0210	74.9125	77.44
6	13	44	12.6770	0.1043	4.5071	3.24
7	37	133	36.9007	0.0099	488.4409	492.84
8	19	65	18.3927	0.3688	12.9075	17.64
9	16	55	15.6710	0.1082	0.7586	1.44
10	10	34	9.9553	0.0020	23.4711	23.04
合计	148	518	148.0000	1.3384	894.2626	895.60

根据上述计算结果可知:SST=895.6,SSR=894.2626,SSE=1.3384。

(2)将上述计算结果代入式(7-6)计算拟合优度:

$$R^2 = \frac{SSR}{SST} = 1 - \frac{SSE}{SST} = \frac{894.2626}{895.6} = 0.9985$$

从上述计算结果可知,该回归模型的 R^2 接近于1,说明线性拟合程度非常高。

2. 回归模型的显著性检验

根据样本回归模型计算的回归模型拟合优度能否代表总体模型呢?一般来说,还需要做显著性检验。基于方差分析表,使用 F 检验来评价回归效果。

在一元线性回归模型中,自变量对因变量变动的解释离差平方和为 SSR,自由度为 1;其他随机变量对被因变量变动的解释离差平方和为 SSE(残差部分),自由度为 $n-k-1$,即 $n-2$;因变量的总离差平方和为 SST,自由度为 $n-1$。将其整理为方差分析表如表 7-4 所示。

表 7-4 回归模型的方差分析表

误差来源	离差平方和	自由度	方差	F 值
回归	SSR	1	MSR=SSR/1	$\dfrac{SSR/1}{SSE/(n-2)}$
残差	SSE	$n-2$	MSE=SSE/$(n-2)$	
合计	SST	$n-1$		

检验使用的统计量为：$F=\dfrac{\text{SSR}}{\text{SSE}/n-2}\sim F_\alpha(1,n-2)$。

对于给定的显著性水平 α，若 $F>F_\alpha(1,n-2)$，则认为回归效果显著，可以认为解释变量与被解释变量之间的相关形式是线性方程，解释变量与被解释变量的回归模型是一元线性回归模型；否则认为回归模型的效果不显著，解释变量与被解释变量之间的相关形式不是线性，解释变量与被解释变量的回归模型不是一元线性回归模型。

【例 7-1】回归模型的显著性。将表 7-4 的计算结果及相关自由度信息整理为表 7-5，结果如下：

表 7-5 回归模型的方差分析表

误差来源	离差平方和	自由度	方差	F 值
回归	894.2626	1	894.2626	5345.2636
残差	1.3384	8	0.1673	
合计	895.6010	9	894.4299	

从表中计算结果可知：F 值 $=5345.2636$ 远远大于根据显著性水平 $\alpha=0.05$ 计算得到的拒绝域 $F>F_\alpha(1,n-2)$，即 $F>F_{0.05}(1,8)=5.318$。因此，在显著性水平 $\alpha=0.05$ 下，可以认为样本回归方程在整体上是显著的，可以用于代表总体回归方程。可以说明工资总额与销售收入之间的回归模型是线性方程。

3. 回归系数的显著性检验

回归系数的检验一般包括理论检验和假设检验两项内容。理论检验是从理论角度分析 $\hat{\beta}_0$ 和 $\hat{\beta}_1$ 的正负性是否合理。样本回归方程中的回归系数是对总体回归方程中参数的最小二乘估计值，样本回归系数能否作为总体回归系数的估计值，还需要进行显著性检验。在一元线性回归中，回归系数 β_i 的抽样分布服从于自由度为 $n-2$ 的 t 分布，因此采用 t 检验，过程如下。

提出假设：$H_0:\beta_i=0\quad H_1:\beta_i\neq 0$

计算检验的统计量：$t=\dfrac{\hat{\beta}_i}{s_{\hat{\beta}_i}}\sim t(n-2)$，其中

$$s_{\hat{\beta}_0}=\text{MSE}\times\sqrt{\dfrac{1}{n}+\dfrac{\overline{x}^2}{\sum\limits_{i=1}^n(x_i-\overline{x})^2}},\ s_{\hat{\beta}_i}=\dfrac{\text{MSE}}{\sum\limits_{i=1}^n(x_i-\overline{x})^2}$$

此部分内容在计算上比较复杂，需要借助软件计算。因此，实际工作中经常使用 P 值（P 值 $=P(F>F_\alpha(1,n-2))$）决策。P 值 $<\alpha$，拒绝 H_0，表明自变量是影响因变量的一个显著因素。对于一元线性回归模型回归系数的显著性检验而言，回归系数 β_0 的检验无实际意义，β_1 的检验结论与线性模型显著性检验结论相同。

【例 7-1】回归模型的回归系数显著性检验。

(1) β_0 的显著性检验。因为数据关系，β_0 的显著性检验没有什么意义，仅作为方法介绍。

第一步，提出假设：$H_0:\beta_0=0\quad H_1:\beta_0\neq 0$

第二步,计算检验统计量 t,$s_{\hat{\beta}_0} = \text{MSE} \times \sqrt{\dfrac{1}{n} + \dfrac{\bar{x}^2}{\sum\limits_{i=1}^{n}(x_i - \bar{x})^2}}$ 在计算上比较复杂,需要借助软件计算。$t = \dfrac{\hat{\beta}_0}{s_{\hat{\beta}_0}} = \dfrac{0.701}{0.2322} = 3.02$。

第三步,确定显著性水平以及临界值。确定显著性水平(通常 $\alpha = 0.05$),依据 α 和自由度 $n - 2 = 8$ 查 t 分布表可得相应的临界值 $t_{\alpha/2}(n-2) = t_{0.025}(8) = 2.31$。

第四步,做出判断:$t = 3.02 > 2.31$,可以拒绝原假设 H_0,表明回归系数 β_0 效果显著。

(2)β_1 的显著性检验。在一元线性回归中,等价于线性关系的显著性检验,基于回归系数的抽样分布,采用 t 检验。

第一步,提出假设:$H_0: \beta_1 = 0, H_1: \beta_1 \neq 0$

第二步,计算检验统计量 t,$s_{\hat{\beta}_1} = \dfrac{\text{MSE}}{\sum\limits_{i=1}^{n}(x_i - \bar{x})^2}$ 在计算上比较复杂,通常需要借助于软件计算。$t = \dfrac{\hat{\beta}_1}{s_{\hat{\beta}_1}} = \dfrac{0.272}{0.0037} = 73.11$

第三步,确定显著性水平(通常 $\alpha = 0.05$),依据 α 和自由度 $n - 2 = 8$ 查 t 分布表可得相应的临界值 $t_{\alpha/2}(n-2) = t_{0.025}(8) = 2.31$。

第四步,做出判断:$t = 73.11 > 2.31$,可以拒绝原假设 H_0,表明回归系数 β_1 效果显著。

综上所述,对于一元线性回归模型,需要全部通过拟合优度检验、线性模型显著性检验和回归系数显著性检验方可使用。

四、回归方程的诊断

回归方程的诊断是对回归模型数学假定的检验与分析。通常包含两方面的内容。

(1)在一元线性回归模型中,通常假设随机误差满足:正态性、方差齐性和独立性。如果不满足这些假设,做怎样的修正才能使模型满足这些假设。

(2)对异常数据的诊断。异常数据的存在对于回归模型影响非常大,可能使得没有线性关系的回归模型能够轻松通过上述的各种检验。因此,需要检验观测值中是否有异常数据,在有异常数据时如何处置。

回归方程的诊断最直观的方法是观察残差图。残差图是回归诊断的一个重要工具。它通过简单的图示直观地显示出残差的各种趋势,以方便诊断出模型不符合哪些假设。残差图是指以残差为纵坐标,以其他适宜的量为横坐标的散点图。当描绘的点围绕残差等于 0 的直线上下随机散布,说明回归直线对原观测值的拟合情况良好。否则,说明回归直线对原观测值的拟合不理想。

对于图 7-5(a)的情况,不论自变量的大小,残差都具有相同的分布,并满足模型的假定;对于图 7-5(b),大部分点都落在中间部分,只有少数几个点落在外边,可能有异常值存在;对于图 7-5(c)的情况,表示残差的波动与自变量的大小有关系,即方差齐性的假定有问题;对于图 7-5(d),表示残差不符合随机分布,x 与 y 不是线性关系。

五、回归方程的预测

一元线性回归模型各种检验显著,就可以利用该模型进行预测。所谓预测,就是当自变量

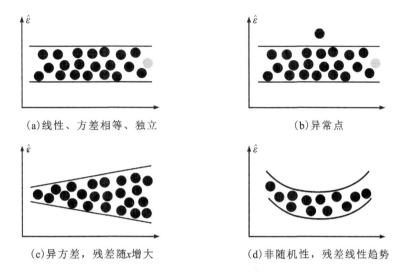

图 7-5　回归模型残差图的类型

取一个新值时,使用一元线性回归模型估计因变量的取值,一般有点预测和区间预测两种。

1. 点预测

点预测是指对于给定的自变量 x 的值 x_0,代入一元线性回归模型 $\hat{y}_0 = \hat{\beta}_0 + \hat{\beta}_1 x_0$ 得到变量 y 的点预测值。点预测可靠性很低,但可以作为区间预测样本统计量的点估计值。

【例 7-1】假定某企业的销售收入为 100 万元,试预测其工资总额为多少。

将 $x_0 = 100$ 代入经过检验的回归模型:$\hat{y} = 0.701 + 0.272x$,得:$\hat{y}_0 = 0.701 + 0.272 \times 100 = 27.901$。因此可以说当销售收入为 100 万元时,工资总额大致为 27.901 万元。

2. 回归模型的平均误差

对于不同的数据,回归模型的误差有正有负、有大有小,是随机的。一般用估计标准误差 s_e 反映用估计的回归方程预测因变量 y 时预测误差的平均大小。估计标准误差的计算原理为实际观察值与回归估计值方差的平方根。公式如下:

$$s_e = \sqrt{\frac{\sum_{i=1}^{n}(y_i - \hat{y}_i)^2}{n-2}} = \sqrt{\frac{\text{SSE}}{n-2}} \quad (7-6)$$

估计标准误差的数值越小说明应用模型的预测误差越小,估计标准误差可作为预测误差的均值使用。

【例 7-1】 $s_e = \sqrt{\dfrac{\sum_{i=1}^{n}(y_i - \hat{y}_i)^2}{n-2}} = \sqrt{\dfrac{\text{SSE}}{n-2}} = \sqrt{\dfrac{1.3384}{10-2}} = 0.409$,说明工资总额预测结果的平均误差为 0.409 万元,该平均误差水平非常低。

3. 区间预测

点预测可靠性很低,因此主要用区间预测来估计因变量值的可能范围。在小样本情况下($n < 30$),通常用 t 分布进行预测。当给定置信水平 α 时,对于给定的变量 x_i 的值 x_0,因变量预测值 y_0 置信度为 $1 - \alpha$ 的预测区间为:

$$\hat{y}_0 \pm t_{\alpha/2}(n-2)s_y \sqrt{1 + \frac{1}{n} + \frac{(x_0 - \bar{x})^2}{\sum\limits_{i=1}^{n}(x_i - \bar{x})^2}} \qquad (7-7)$$

【例 7-1】中,若销售收入为 100 万元,试计算工资总额在 95%的预测区间。

$$\hat{y}_0 \pm t_{\alpha/2}(n-2)s_y \sqrt{1 + \frac{1}{n} + \frac{(x_0 - \bar{x})^2}{\sum\limits_{i=1}^{n}(x_i - \bar{x})^2}}$$

预测区间为:

$$27.901 \pm 2.31 \times 0.409 \times \sqrt{1 + 1/10 + \frac{(100 - 51.8)^2}{12071.6}} = 27.901 \pm 1.074$$

即,若销售收入为 100 万元,工资总额的预测值为:26.872~28.975 万元。

第四节 多元线性回归分析

一、多元线性回归模型

多元线性回归分析是研究一个因变量(被解释变量)y 与两个或两个以上自变量(解释变量)$X_1, X_2, \cdots, X_k$ 之间相关关系的统计方法。假设被解释变量 Y 与解释变量 $X_1, X_2, \cdots, X_k$ 之间有如下线性关系的方程,称为线性多元回归模型。

$$y = \beta_0 + \beta_1 x_1 + \beta_2 x_2 + \cdots + \beta_k x_k + \varepsilon$$

其中,$\beta_0, \beta_1, \beta_2, \cdots, \beta_k$ 是未知参数,称为回归系数;ε 是随机误差项,是包含在 y 中但不能被 k 个解释变量 $X_1, X_2, \cdots, X_k$ 的线性组合解释的变异性。

1. 样本多元线性回归方程

由于参数 $\beta_0, \beta_1, \beta_2, \cdots, \beta_k$ 都是未知的,我们必须利用样本数据对它们进行估计。设 $\hat{\beta}_0, \hat{\beta}_1, \hat{\beta}_2, \cdots, \hat{\beta}_k$ 是使用一个简单随机样本使用最小二乘法(OLS)计算得到的样本统计量,把它们作为相应未知参数 $\beta_0, \beta_1, \beta_2, \cdots, \beta_k$ 的估计值,于是得到估计的样本回归方程:

$$\hat{y} = \hat{\beta}_0 + \hat{\beta}_1 x_1 + \hat{\beta}_2 x_2 + \cdots + \hat{\beta}_k x_k$$

其中 $\hat{y}$ 称为因变量 y 的样本估计值、样本拟合值或样本回归值。

2. 多元线性回归模型的矩阵形式

设 $(X_{1i}, X_{2i}, \cdots, X_{ki}, Y_i), (i=1,2,\cdots,n)$ 是对被解释变量 y 与解释变量 $X_1, X_2, \cdots, X_k$ 的 n 次独立样本观测值。将它们代入多元线性回归模型,得到由 n 个方程、$k+1$ 个未知参数 $\beta_0, \beta_1, \beta_2, \cdots, \beta_k$ 组成的一个线性方程组。

$$\begin{cases} Y_1 = \beta_0 + \beta_1 X_{11} + \beta_2 X_{21} + \cdots + \beta_k X_{k1} + \varepsilon_1 \\ Y_2 = \beta_0 + \beta_1 X_{12} + \beta_2 X_{22} + \cdots + \beta_k X_{k2} + \varepsilon_1 \\ \qquad\qquad\qquad\qquad \vdots \\ Y_n = \beta_0 + \beta_1 X_{1n} + \beta_2 X_{2n} + \cdots + \beta_k X_{kn} + \varepsilon_1 \end{cases}$$

表示成矩阵形式为:$Y = X\beta + \varepsilon$

其中：$Y = \begin{pmatrix} y_1 \\ y_2 \\ \vdots \\ y_n \end{pmatrix}, X = \begin{pmatrix} 1 & X_{11} & X_{12} & \cdots & X_{1k} \\ 1 & X_{21} & X_{22} & \cdots & X_{2k} \\ \vdots & \vdots & \vdots & & \vdots \\ 1 & X_{n1} & X_{n2} & \cdots & X_{nk} \end{pmatrix}, \beta = \begin{pmatrix} \beta_1 \\ \beta_2 \\ \vdots \\ \beta_k \end{pmatrix}$

多元线性回归方程的矩阵形式为：$Y = X\hat{\beta}$

3. 多元线性回归模型的基本假定

多元线性回归模型：$y = \beta_0 + \beta_1 x_1 + \beta_2 x_2 + \cdots + \beta_k x_k + \varepsilon$，有以下基本假定：

线性：因变量和每个自变量都是线性关系。

正态性：误差项是一个服从正态分布的随机变量，即 $\varepsilon \sim N(0, \sigma^2)$。

方差齐性：对于自变量 $X_1, X_2, \cdots, X_k$ 的所有值，误差的方差 σ^2 都相同。

独立性：对于所有的观测值，它们的误差项相互之间是独立的。

多重共线性：各个自变量相互独立。

二、多元线性回归系数的最小二乘估计

最小二乘法是利用样本数据估计回归方程的一种方法。使因变量的观察值与估计值之间的离差平方和达到最小来求得 $\hat{\beta}_0, \hat{\beta}_1, \hat{\beta}_2, \cdots, \hat{\beta}_k$。由 $Q(\hat{\beta}_0, \hat{\beta}_1, \hat{\beta}_2, \cdots, \hat{\beta}_k) = \sum_{i=1}^{n}(y_i - \hat{y}_i)^2 = \sum_{i=1}^{n} e_i^2 =$ 最小，再和一元线性回归模型一样对 $k+1$ 个回归系数求偏导，得到方程组求解各回归系数的估计值。该方法在手工方式下无法完成。基于多元线性回归方程的矩阵形式为 $Y = X\hat{\beta}$，根据矩阵运算可得：

$\hat{\beta}$ 矩阵的最小二乘估计量计算公式　　$\hat{\beta} = (X'X)^{-1}X'Y$ 　　　　　　(7-8)

【例 7-2】 某地块 7 个年份的产量、降雨量和平均温度数据如表 7-6 所示，经分析认为：降雨量和温度为解释变量，收获量为被解释变量。

表 7-6　某地块收获量调查数据

产量 y/kg	降雨量 x_1/mm	温度 x_2/℃
2250	25	6
3450	33	8
4500	45	10
6750	105	13
7200	110	14
7500	115	16
8250	120	17

(1) 为了观察变量之间是否存在着相关关系，绘制了三个变量两两之间的散点图（见图 7-6）。从图中可以看出产量与降雨量及温度之间均有较强的线性相关关系。因此可建立它们之间的多元线性回归模型：

$$\hat{y} = \hat{\beta}_0 + \hat{\beta}_1 x_1 + \hat{\beta}_2 x_2$$

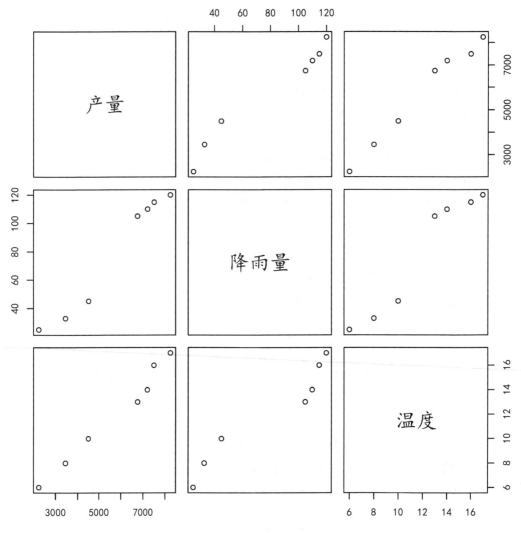

图 7-6 散点图矩阵

(2) β 矩阵的最小二乘估计量手工计算极其复杂,下面给出 R 软件矩阵运算的代码:

```
#建立多元回归分析数据
>x1 = c(25, 33, 45, 105, 110, 115, 120)
>x2 = c(6, 8, 10, 13, 14, 16, 17)
>Y = c(2250, 3450, 4500, 6750, 7200, 7500, 8250)
>X = matrix(1:21, nrow = 7, ncol = 3)
>X[,1] = 1 ; X[,2] = x1 ; X[,3] = x2
>X    #建立完成的 X 矩阵
```

```
        [,1]  [,2]  [,3]
[1,]     1    25    6
[2,]     1    33    8
[3,]     1    45    10
[4,]     1    105   13
[5,]     1    110   14
[6,]     1    115   16
[7,]     1    120   17
```
>t(X)   #X 矩阵的转置矩阵
```
        [,1]  [,2]  [,3]  [,4]  [,5]  [,6]  [,7]
[1,]     1    1     1     1     1     1     1
[2,]     25   33    45    105   110   115   120
[3,]     6    8     10    13    14    16    17
```
>t(X)%*%X   # X 矩阵的转置矩阵乘以 X 矩阵
```
        [,1]    [,2]     [,3]
[1,]     7      553      84
[2,]     553    54489    7649
[3,]     84     7649     1110
```
>solve(t(X)%*%X)   ## X 矩阵的转置矩阵乘以 X 矩阵的逆矩阵
```
             [,1]            [,2]            [,3]
[1,]     3.73143386      0.054181265     -0.65574139
[2,]     0.05418127      0.001348582     -0.01339327
[3,]     -0.65574139     -0.013393270    0.14281748
```
>solve(t(X)%*%X)%*%t(X)%*%Y   #X 矩阵的转置矩阵乘以 X 矩阵的逆矩阵再乘以 Y 矩阵
```
             [,1]
[1,]     -0.5909962
[2,]     22.3864613
[3,]     327.6717128
```

此项输出即为 β 矩阵的估计值,据此可得多元线性回归模型为:
$$\hat{y} = -0.5909 + 22.39x_1 + 327.67x_2$$

在得到具体回归系数后,可逐一先对回归系数做经济含义的解释与分析,重点检查回归系数的方向是否与理论分析一致。若存在不一致现象,一般原因是回归模型存在多重共线性。

四、多元线性回归模型的显著性检验

多元线性回归模型的相关检验和一元线性回归模型基本相同。主要包括:拟合优度检验、线性关系检验、回归系数的显著性检验,以及多重共线性检验。

1. 拟合优度检验

参考方差分析的思路,数据的变动情况可以用离差平方和表示。因变量数据总的变动称为总离差平方和,记为 SST,它由两部分构成:①被回归方程解释的部分,称为回归平方和,记为 SSR,反映自变量 $x1$ 和 $x2$ 综合变化对因变量 y 取值变化的影响,称为可解释的平方和;②未被回归方程解释的部分,称为残差平方和,记为 SSE,反映除两个自变量 x 以外的其他因素对 y 取值的影响。

判定系数 R^2 是回归平方和占总离差平方和的比例,因变量取值的变差中,能被估计的多元回归方程所解释的比例,公式与一元线性回归模型相同,见式(7-5)。随着自变量个数的增加,R^2 必然随之增加,因此自变量的个数越多,R^2 的数值越大。为了避免增加自变量个数而高估 R^2 的影响,用样本量 n 和自变量的个数 k 去调整 R^2,得到的结果称为调整后的判度系数,记为 R_a^2。公式如下:

$$R_a^2 = 1 - (1-R^2) \times \frac{n-1}{n-k-1} \qquad (7-9)$$

2. 线性关系检验

检验因变量与所有自变量之间的线性关系是否显著,称为模型的显著性检验。如果显著,因变量与自变量之间存在线性关系,如果不显著,因变量与自变量之间不存在线性关系。检验方法同一元线性回归模型,在回归模型方差分析表的基础上将回归均方(MSR)同残差均方(MSE)加以比较,应用 F 检验来分析二者之间差别是否显著。

提出假设

$H_0: \beta_0 = \beta_1 = \beta_2 \cdots = \beta_k$ 线性关系不显著。

$H_1: \beta_0, \beta_1, \beta_2 \cdots, \beta_k$ 至少有一个不等于 0,线性关系不显著。

计算检验统计量 F:$F = \dfrac{\text{SSR}/k}{\text{SSE}/(n-k-1)} \sim F(k, n-k-1)$

确定显著性水平 α 和分子自由度 k、分母自由度 $n-k-1$ 查找临界值 $F_\alpha(k, n-k-1)$ 得到拒绝域:

$F > F_\alpha(k, n-k-1)$,最后做出决策:若 $F > F_\alpha(k, n-k-1)$,拒绝 H_0。

3. 回归系数的显著性检验

线性关系检验通过后,还需要对每一个自变量回归系数进行假设检验。对自变量回归系数的检验统计量应用 t 检验统计量:$t = \dfrac{\hat{\beta}_i}{S_{\hat{\beta}_i}} \sim t(n-k-1)$

其中:$s_{\hat{\beta}_i} = \dfrac{s_e}{\sqrt{\sum (x_i - \bar{x})^2}}$,估计标准误差 $S_e = \sqrt{\dfrac{\sum_{i=1}^n (y_i - \hat{y}_i)^2}{n-k-1}} = \sqrt{\dfrac{\text{SSE}}{n-k-1}}$

能通过检验,说明该变量影响显著,否则不显著。具体步骤同一元线性回归模型。

提出假设

$H_0: \beta_i = 0$(自变量 x_i 与因变量 y 没有线性关系)

$H_1: \beta_i \neq 0$(自变量 x_i 与因变量 y 有线性关系)

计算检验的统计量:$t = \dfrac{\hat{\beta}_i}{S_{\hat{\beta}_i}}$,确定显著性水平 α 和拒绝域 $|t| > t_{\alpha/2}(n-k-1)$,并根据检验统计量 t 值与拒绝域比较进行决策,$|t| > t_{\alpha/2}(n-k-1)$,拒绝 H_0,该回归系数线性关系显著;反之,不拒绝 H_0,该回归系数线性关系不显著。

在多个相关系数的显著性检验中,如果有多个回归系数不能通过显著性检验的,一般说明该多元线性回归模型存在多重共线性,可通过逐步回归方法排除剔除并不显著的自变量,直至通过全部的检验。

【例 7-3】 R 软件多元线性回归模型实现及检验结果代码：

> mx = lm(Y~x1 + x2,data)
> summary(mx)
Coefficients：

	Estimate	Std. Error	t value	Pr(>|t|)
(Intercept)	-0.591	505.004	-0.001	0.9991
x1	22.387	9.601	2.332	0.0801 .
x2	327.672	98.798	3.317	0.0295 *

Signif. codes：0 '＊＊＊' 0.001 '＊＊' 0.01 '＊' 0.05 '.' 0.1 ' ' 1
Residual standard error：261.4 on 4 degrees of freedom
Multiple R-squared：0.9913, Adjusted R-squared：0.987
F-statistic：228.4 on 2 and 4 DF, p-value：7.532e-05

可以看出回归模型为：$\hat{y} = -0.591 + 22.387x_1 + 327.672x_2$

回归系数中 $x1$（降雨量）在显著性水平 $\alpha = 0.05$ 下不显著，$x2$（温度）在显著性水平 $\alpha = 0.05$ 下显著。

判定系数 $R^2 = 0.987$，降雨量和温度两个自变量解释了产量变动的离差平方和的 98.7%，多元线性回归模型整体上拟合效果非常显著，从 P 值等于 7.532×10^{-5} 远远小于 0.05 也可以看出。

五、多元回归模型的预测

多元线性回归分析的一个重要应用是利用样本回归方程进行预测。预测分为点预测和区间预测两种情形。

1. 点预测

点预测就是对于给定的解释变量 $X_1, X_2, \cdots, X_k$ 的一组特定值 $X_0 = (1, X_{10}, X_{20}, \cdots, X_{k0})$ 估计对应的被解释变量 Y_0 的值。利用最小二乘法建立的样本回归方程为：$\hat{y} = \hat{\beta}_0 + \hat{\beta}_1 x_1 + \hat{\beta}_2 x_2 + \cdots + \hat{\beta}_k x_k$

将 $X_0 = (1, X_{10}, X_{20}, \cdots, X_{k0})$ 代入样本回归方程中，得

$$\hat{y}_0 = \hat{\beta}_0 + \hat{\beta}_1 x_{10} + \hat{\beta}_2 x_{20} + \cdots + \hat{\beta}_k x_{k0}$$

$\hat{y}_0$ 就是被解释变量 y_0 的点预测值。

2. 区间预测

在实际应用中，人们不仅关心被解释变量 y_0 的估计值，而且希望得到一个以相当大的概率包含 y_0 真值的区间。这个区间就是数理统计中的置信区间，我们称为预测区间或估计区间。

y_0 的置信度为 $1-\alpha$ 预测区间为：$\hat{y}_0 \pm t_{\alpha/2}(n-k-1) s_y \sqrt{1 + X_0 (X'X)^{-1} X'_0}$

(7-10)

【例 7-2】 中，当降雨量为 80 mm，温度为 28 ℃时，产量为多少？

解 （1）点预测值：将降雨量为 80 mm，温度为 28 ℃代入回归模型 $\hat{y} = -0.5909 + 22.39x_1 + 327.67x_2$ 中可得：$\hat{y}_0 = 10965.13$。

（2）多元线性回归模型的区间预测使用式(7-11)手工计算工作量太大。可参考 R 软件回归模型预测代码及结果：

```
> new = data.frame(x1 = 80, x2 = 28)
> lm.pred = predict(mx, new, interval = "prediction", level = 0.95); lm.pred
       fit      lwr      upr
1  10965.13  6533.477  15396.79
```

从输出结果可以看出：当降雨量＝80 mm，温度＝28 ℃时，产量的点预测值为 10965.13。在置信度为 95％时，预测值区间为 6533.477～15396.79。

第五节　R 软件在相关与回归分析中的应用

一、R 相关与回归分析的数据结构

R 相关与回归分析大部分函数所需的数据结构是数据框。建议将数据整理为数据框结构，数据框中因变量在前，自变量在后。

【例 7-1】　建立 R 回归分析数据结构的代码如下：
```
>销售收入 = c(27, 16, 32, 92, 20, 44, 133, 65, 55, 34)
>工资总额 = c(8, 5, 9, 25, 6, 13, 37, 19, 16, 10)
>x7.1 = data.frame(工资总额,销售收入)
```

【例 7-2】　建立 R 回归分析数据结构的代码如下：
```
>产量 = c(2250, 3450, 4500, 6750, 7200, 7500, 8250)
>降雨量 = c(25, 33, 45, 105, 110, 115, 120)
>温度 = c(6, 8, 10, 13, 14, 16, 17)
>x7.2 = data.frame(产量,降雨量,温度)
```

二、R 相关与回归分析函数

（1）图形描述函数。在相关与回归之前，一般是做散点图。基于上述数据结构，在 R 语言中可采用 plot 函数完成。具体使用格式为：plot(因变量~自变量,data)。R 软件能自动处理成自变量为横坐标、因变量为纵坐标的散点图，且自动加上变量标签。

【例 7-1】　散点图代码：plot(工资总额~销售收入,x7.1)　＃图形见图 7-2

【例 7-2】　多元散点图代码：plot(x7.2)　　＃此处无需指定模型，图形见图 7-6

（2）相关系数函数。在 R 语言中相关程度描述函数主要使用 cor( )函数，可生成基于数据框的两两变量之间的相关系数矩阵。该函数的使用形式为：cor(data, method = c("pearson", "kendall", "spearman"))，参数 method 可指定相关系数的计算方法，从左到右依次为皮尔逊相关系数、肯特相关系数和斯皮尔曼相关系数。

【例 7-1】　皮尔逊相关系数矩阵代码及结果：
```
> cor(x7.1)　　＃默认为皮尔逊相关系数，计算结果同前面例 7-1 计算结果
```

```
            工资总额      销售收入
工资总额    1.0000000    0.9992525
销售收入    0.9992525    1.0000000
```

【例 7-2】 皮尔逊相关系数矩阵代码及结果：
> cor(x7.2)

```
            产量        降雨量       温度
产量       1.0000000   0.9835928   0.9897090
降雨量     0.9835928   1.0000000   0.9650666
温度       0.9897090   0.9650666   1.0000000
```

【例 7-3】 皮尔逊相关系数矩阵代码及结果：
> cor(x7.3)

```
            总成本      产量
总成本     1.0000000   0.9794489
产量       0.9794489   1.0000000
```

(3)协方差矩阵函数：cov(data,method=c("pearson","kendall","spearman"))

(4)相关系数的 P 值检验函数。相关系数是否显著检验的 R 函数为 cor.test( )。当自变量和因变量各自为单独的数值向量时，使用 cor.test(x,y,alternative =c("two.sided","less","greater"),method = c("pearson","kendall","spearman"),conf.level = 0.95)。简单形式为：cor.test(x,y)。

如果数据为数据框结构，可使用 cor.test(~变量1+变量2,data,alternative = c("two.sided","less","greater"),method = c("pearson","kendall","spearman"),conf.level = 0.95)进行变量间的一一对应检验。

可根据 cor.test( )函数输出中的 P 值给出检验结论，P 值小于 α 可认为变量间关系显著，否则不显著。

【例 7-1】 相关系数显著性检验代码：
> cor.test(~工资总额+销售收入,x7.1)

        Pearson's product-moment correlation
data：工资总额 and 销售收入
t = 73.109, df = 8, p-value = 1.365e-12
alternative hypothesis: true correlation is not equal to 0
95 percent confidence interval:
 0.9967151 0.9998301
sample estimates:
      cor
0.9992525

(5)回归函数。在 R 软件中建立线性回归模型使用函数：lm(formula,data)，因为回归方程的复杂性，formula 参数在构造时可使用以下符号，详见表 7-7。

表 7-7　lm 函数模型参数设计表

符号	说明
~	分隔符号,左边为响应变量,右边为解释变量。例如,要通过 x、z 和 w 预测 y,代码为 y~x+z+w
+	分隔预测变量
:	表示预测变量的交互项。例如,要通过 x,z 及 x 与 z 的交互项预测 y,代码为 y ~ x+ z + x:z
*	表示所有可能交互项的简洁方式。代码 y~x*z*w 可展开为 y~x+z+w+x:z+x:w+z:w+x:z:w
^	表示交互项达到某个次数。代码 y~(x+z+w)^2 可展开为 y~x+z+w+x:z+x:w+z:w
.	表示包含除因变量外的所有变量。例如,若一个数据框包含变量 x,y,z 和 w,代码 y~。可展开为 y~x+z+w
-	减号,表示从等式中移除某个变量。例如,y~(x+z+w)^2-x:w 可展开为 y~x+z+w+x:z+z:w
-1	删除截距项。例如,表达式 y~x-1 拟合 y 在 x 上的回归,并强制直线通过原点
I( )	从算术的角度来解释括号中的元素。例如,y~x+(z+w)^2 将展开为 y~x+z+w+ z:w。相反,代码 y~x+I((z+w)^2) 将展开为 y~x+h,h 是一个由 z 和 w 的平方和创建的新变量
function	可以在表达式中用的数学函数。例如,log(y)~x+z+w 表示通过 x,z 和 w 来预测 log(y)

【例 7-1】　一元线性回归模型使用代码:lm(工资总额~销售收入,data)

【例 7-2】　多元线性回归模型使用代码:lm(产量~降雨量+温度,data)

(6)回归模型信息描述函数。R 软件使用 summary(lm(formula,data))输出回归模型的基本信息,该函数提供了大量模型信息,基本可以实现模型及各项检验信息的分析。

【例 7-1】　模型信息代码:

>summary(lm(工资总额~销售收入,x7.1))

Call：lm(formula = 工资总额 ~ 销售收入, data = x7.1)

Residuals：

Min	1Q	Median	3Q	Max
-0.74148	-0.12263	-0.00265	0.26706	0.60728

Coefficients：

	Estimate	Std. Error	t value	Pr(>|t|)	
(Intercept)	0.701282	0.232207	3.02	0.0166	*
销售收入	0.272176	0.003723	73.11	1.36e-12	***

Signif. codes： 0 '***' 0.001 '**' 0.01 '*' 0.05 '.' 0.1 ' ' 1

Residual standard error：0.409 on 8 degrees of freedom

Multiple R-squared：0.9985,　　Adjusted R-squared：0.9983

F-statistic： 5345 on 1 and 8 DF,　p-value：1.365e-12

从上述内容中可以看出以下几个重要信息:

①残差信息:包括最小值、下四分位数、中位数、上四分位数和最大值。
②回归模型:$\hat{y} = 0.701282 + 0.272176x$。
③各回归系数的 t 值和 P 值:$\hat{\beta}_0 = 0.701282, t = 3.02, p-\text{value} = 0.0166$,能通过显著性检验。
$\hat{\beta}_1 = 0.272176, t = 73.11, p-\text{value} = 1.36e-12$,能通过显著性检验。
④估计标准误差:$s_e = 0.409$。
⑤判断系数:$R^2 = 0.9985, R_a^2 = 0.9983$,模型解释度非常高。
⑥线性回归模型显著性:$F = 5345, P-\text{value} = 1.36e-12$,模型的线性关系非常显著。

【例7-2】 模型信息代码:
```
> summary(lm(产量~降雨量+温度,x7.2))
Call: lm(formula = 产量 ~ 降雨量 + 温度, data = x7.2)
Residuals:
      1        2        3        4        5        6        7
-275.101   90.464  216.483  140.280  150.676 -316.599   -6.203
Coefficients:
            Estimate Std.  Error  t value  Pr(>|t|)
(Intercept)    -0.591      505.004  -0.001   0.9991
降雨量          22.387        9.601   2.332   0.0801 .
温度          327.672       98.798   3.317   0.0295 *
Signif. codes: 0 '***' 0.001 '**' 0.01 '*' 0.05 '.' 0.1 ' ' 1
Residual standard error: 261.4 on 4 degrees of freedom
Multiple R-squared: 0.9913,   Adjusted R-squared: 0.987
F-statistic: 228.4 on 2 and 4 DF,  p-value: 7.532e-05
```
从上述内容中可以看出以下几个重要信息:
①残差信息:七个样本自变量估计值的残差。
②回归模型:$\hat{y} = -0.591 + 22.387 \times 降雨量 + 327.672 \times 温度$。
③各回归系数的 t 值和 P 值:
$\hat{\beta}_0 = -0.591, t = -0.001, p-\text{value} = 0.9991$,不能通过显著性检验。
$\hat{\beta}_1 = 22.387, t = 2.332, p-\text{value} = 0.0801$,不能通过显著性检验。
$\hat{\beta}_2 = 327.672, t = 3.317, p-\text{value} = 0.0295$,能通过显著性检验。可尝试去掉 $\hat{\beta}_0$ 重新建模型。

```
> summary(lm(产量~降雨量+温度-1,x7.2))
lm(formula = 产量 ~ 降雨量 + 温度 - 1, data = data)
Residuals:
      1        2        3        4        5        6        7
-275.283   90.421  216.545  140.138  150.595 -316.516   -6.059
Coefficients:
```

	Estimate Std.	Error t	value	Pr(>|t|)
降雨量	22.395	5.543	4.041	0.009918 **
温度	327.568	38.834	8.435	0.000384 ***

Signif. codes：0 '***' 0.001 '**' 0.01 '*' 0.05 '.' 0.1 ' ' 1

Residual standard error：233.8 on 5 degrees of freedom

Multiple R-squared：0.9989,　　Adjusted R-squared：0.9985

F-statistic：2365 on 2 and 5 DF,　p-value：3.622e-08

重新阅读模型信息：

①回归模型：$\hat{y} = 22.395 \times$ 降雨量 $+ 327.568 \times$ 温度。

②各回归系数的 t 值和 P 值：

$\hat{\beta}_1 = 22.395, t = 4.401, p-\text{value} = 0.0099$，能通过显著性检验。

$\hat{\beta}_2 = 327.568, t = 8.435, p-\text{value} = 0.000384$，能通过显著性检验。

③估计标准误差：$s_e = 233.8$。

④判断系数：$R^2 = 0.9989, R_a^2 = 0.9985$，模型解释度非常高。

⑤线性回归模型显著性：$F = 2365, P-\text{value} = 3.622e-08$，模型的线性关系非常显著。

(7) 回归模型的方差分析表函数。在 R 中可使用 anova(lm(因变量~自变量,data))输出更加详细的回归模型方差分析表信息。

【例 7-2】 多元线性回归模型的方差分析表

>anova(lm(产量~降雨量+温度,data)

Analysis of Variance Table

Response：产量

	Df	Sum Sq	Mean Sq	F value	Pr(>F)
降雨量	1	30474825	30474825	445.89	2.973e-05 ***
温度	1	751790	751790	11.00	0.02947 *
Residuals	4	273385	68346		

Signif. codes：0 '***' 0.001 '**' 0.01 '*' 0.05 '.' 0.1 ' ' 1

(8) 预测函数。R 回归预测使用 predict(formula,new,interval="prediction",level=0.95)函数。参数 new 为预测时的自变量值，使用数据框作为参数调用；level 为置信水平，默认值为 95%。该函数可输出置信水平为 95% 的点预测值和区间预测值。

【例 7-1】 若销售收入为 100 万元，试计算工资总额在 95% 的预测区间。下面给出 R 软件回归模型预测代码及结果：

> new = data.frame(销售收入 = 100)

> predict(lm(工资总额~销售收入,x7.1),new,interval = "prediction")

　　fit　　　lwr　　　upr

27.91888　26.84655　28.99121

结果说明：当销售收入为 100 万元时，点预测值为 27.91888，置信程度为 95% 的置信区间为 26.84655～28.99121，结果与第三章预测结果相同。

【例 7-2】 当降雨量=80 mm，温度=28 ℃时，产量为多少？下面给出 R 软件回归模型预测代码及结果：

```
> new = data.frame(降雨量 = 80,温度 = 28)
> lm.pred = predict(lm(产量~.,x7.2),new,interval = "prediction",level = 0.
95);lm.pred
      fit      lwr       upr
1  10965.13  6533.477  15396.79
```

从输出结果可以看出:当降雨量＝80 mm,温度＝28 ℃时,产量的点预测值为10965.13。在置信度为95%时,预测值区间为6533.477～15396.79。

三、自定义函数

1. 相关系数自定义函数

为了提高 R 相关分析系统函数的效率,本章设计了相关系数计算及检验的自定义函数 mycor(data),该函数可集成相关系数的计算和检验双重功能,对于多个变量间相关系数的检验可一次完成。

【例 7-1】 相关系数及检验自定义函数应用:

```
> mycor(x7.1)
  变量1     变量2    简单相关系数  偏相关系数  简单相关P值  偏相关P值
  工资总额  销售收入    0.9993       0.9993        0            0
```

【例 7-2】 相关系数及检验自定义函数应用:

```
> mycor(x7.2)
    变量1   变量2   简单相关系数  偏相关系数  简单相关P值  偏相关P值
1   产量    降雨量     0.9836       0.7590      1e-04        0.0801
2   产量    温度       0.9897       0.8563      0e+00        0.0295
3   降雨量  温度       0.9651      -0.3256      4e-04        0.5289
```

2. 一元线性回归模型自定义函数

使用 R 软件系统函数进行回归模型建立及分析时,函数很多,步骤繁琐,使用自定义函数 huigui(formula,data),可实现高效集成的众多信息的一次性输出。

【例 7-1】 回归分析的自定义函数应用代码及结果:

```
> huigui(工资总额~销售收入,x7.1,x0 = 100)    #输出的散点图见图 7-7
$相关系数
           工资总额   销售收入
工资总额   1.0000     0.9993
销售收入   0.9993     1.0000
$回归系数检验
              Estimate   Std. Error   t value   Pr(>|t|)
(Intercept)   0.7013     0.2322       3.0201    0.0166
销售收入      0.2722     0.0037       73.1091   0.0000
$方差分析表
Analysis of Variance Table
Response:工资总额
```

```
                  Df    Sum Sq   Mean Sq   F value         Pr(>F)
销售收入           1    894.26   894.26    5344.9    1.365e-12 ***
Residuals          8      1.34     0.17
Signif. codes：0 '***' 0.001 '**' 0.01 '*' 0.05 '.' 0.1 ' ' 1
$F值
    F值       回归自由度    残差自由度    显著性
5344.936      1.000         8.000        0.000
$判定系数
  判定系数    调整判定系数
 0.9985055    0.9983187
$预测值 $自变量
  销售  收入
1       100
$预测值 $预测值
  fit       lwr       upr
1 27.91888  26.84655  28.99121
```

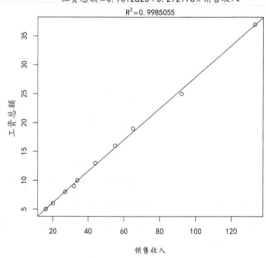

图 7 - 7　手工作业自定义函数散点图

(3)一元线性回归模型手工计算自定义函数。为了教学需要,本章设计了自定义函数 huiguizy(formula,data)用于实现一元线性回归模型的手工计算过程输出,便于教学中高效向学生展示回归模型的实现和分析原理。

【例 7 - 1】中,一元线性回归模型手工作业的自定义函数应用代码:

＞huiguizy(工资总额～销售收入,x7.1)　　　＃输出结果为图片或 PDF,输出结果见图 7 - 8

相关与回归计算表

编号	y	x	y^2	x^2	xy
1	8.00	27.00	64.00	729.00	216.00
2	5.00	16.00	25.00	256.00	80.00
3	9.00	32.00	81.00	1024.00	288.00
4	25.00	92.00	625.00	8464.00	2300.00
5	6.00	20.00	36.00	400.00	120.00
6	13.00	44.00	169.00	1936.00	572.00
7	37.00	133.00	1369.00	17689.00	4921.00
8	19.00	65.00	361.00	4225.00	1235.00
9	16.00	55.00	256.00	3025.00	880.00
10	10.00	34.00	100.00	1156.00	340.00
合计	148.00	518.00	3086.00	38904.00	10952.00

相关系数计算公式: $r = \dfrac{n\sum xy - \sum x \sum y}{\sqrt{n\sum x^2 - (\sum x)^2}\sqrt{n\sum y^2 - (\sum y)^2}}$

$$r = \dfrac{10 \times 10952 - 518 \times 148}{\sqrt{10 \times 38904 - 518^2} \times \sqrt{10 \times 3086 - 148^2}} = 0.9992525$$

回归系数计算: $\beta_1 = \dfrac{n\sum xy - \sum x \sum y}{n\sum x^2 - (\sum x)^2} = \dfrac{10 \times 10952 - 518 \times 148}{10 \times 38904 - 518^2} = 0.272176$

回归系数计算: $\beta_0 = \sum y / n - \beta_1 \sum x / n = 148/10 + 0.272176 \times 518/10 = 0.7012823$

回归模型为: $\hat{y} = 0.7012823 + 0.272176x$

方差分析计算表

编号	x_i	y_i	$\hat{y}_i$	$(\hat{y}_i - \bar{y})^2$	$(y_i - \hat{y}_i)^2$	$(y_i - \bar{y})^2$
1	27.0000	8.0000	8.0500	0.0025	45.5625	46.2400
2	16.0000	5.0000	5.0561	0.0031	94.9436	96.0400
3	32.0000	9.0000	9.4109	0.1688	29.0424	33.6400
4	92.0000	25.0000	25.7415	0.5498	119.7164	104.0400
5	20.0000	6.0000	6.1448	0.0210	74.9125	77.4400
6	44.0000	13.0000	12.6770	0.1043	4.5071	3.2400
7	133.0000	37.0000	36.9007	0.0099	488.4409	492.8400
8	65.0000	19.0000	18.3927	0.3688	12.9075	17.6400
9	55.0000	16.0000	15.6710	0.1082	0.7586	1.4400
10	34.0000	10.0000	9.9553	0.0020	23.4711	23.0400
合计	518.0000	148.0000	148.0000	1.3384	894.2626	895.6000

方差分析表

误差	平方和	自由度	方差	F值	pF
回归	894.2626	1.0000	894.2626	5345.2636	0.0000
残差	1.3384	8.0000	0.1673	0.0000	0.0000
合计	895.6010	9.0000	894.4299	5345.2636	0.0000

回归系数检验表

编号	Estimate	Std. Error	t value	Pr(>|t|)
(Intercept)	0.7013	0.2322	3.0201	0.0166
销售收入	0.2722	0.0037	73.1091	0.0000

图7-8 输出结果

习　题

一、单项选择题

1. 某校经济管理类的学生学习统计学的时间 x 与考试成绩 y 之间建立线性回归方程 $\hat{y}=\hat{\beta}_0+\hat{\beta}_1 x$。经计算，方程为 $\hat{y}=200-0.8x$，该方程参数的计算（　　）。
    A. $\hat{\beta}_0$ 值是明显不对的　　　　　　　　B. $\hat{\beta}_1$ 值是明显不对的
    C. $\hat{\beta}_0$ 值和 $\hat{\beta}_1$ 值都是不对的　　　D. $\hat{\beta}_0$ 值和 $\hat{\beta}_1$ 值都是正确的

2. 进行相关分析，要求相关的两个变量（　　）。
    A. 都是随机的　　　　　　　　　　　　B. 都不是随机的
    C. 一个是随机的，一个不是随机的　　　D. 随机或不随机都可以

3. 下列关系中，属于正相关关系的有（　　）。
    A. 合理限度内，施肥量和平均单位产量之间的关系
    B. 产品产量与单位成本之间的关系
    C. 商品流通费用与销售利润之间的关系
    D. 流通费用率与商品销售量之间的关系

4. 在回归直线 $\hat{y}=\hat{\beta}_0+\hat{\beta}_1 x$ 中，$\hat{\beta}_1<0$，则 x 与 y 之间的相关系数（　　）。
    A. $r=0$　　　　　　　　　　　　　　B. $r=1$
    C. $0<r<1$　　　　　　　　　　　　D. $-1<r<0$

5. 在回归直线 $\hat{y}=\hat{\beta}_0+\hat{\beta}_1 x$ 中，$\hat{\beta}_1$ 表示（　　）。
    A. 当 x 增加一个单位时，y 增加 $\hat{\beta}_0$ 的数量　　B. 当 y 增加一个单位时，x 增加 $\hat{\beta}_1$ 的数量
    C. 当 x 增加一个单位时，y 的平均增加量　　　　D. 当 y 增加一个单位时，x 的平均增加量

6. 当相关系数 $r=0$ 时，表明（　　）。
    A. 现象之间完全无关　　　　　　B. 相关程度较小
    C. 现象之间完全相关　　　　　　D. 无直线相关关系

7. 下列现象的相关密切程度最高的是（　　）。
    A. 某商店的职工人数与商品销售额之间的相关系数为 0.87
    B. 流通费用水平与利润率之间的相关关系为 -0.94
    C. 商品销售额与利润率之间的相关系数为 0.51
    D. 商品销售额与流通费用水平的相关系数为 -0.81

8. 估计标准误说明回归直线的代表性，因此（　　）。
    A. 估计标准误数值越大，说明回归直线的代表性越大
    B. 估计标准误数值越大，说明回归直线的代表性越小
    C. 估计标准误数值越小，说明回归直线的代表性越小
    D. 估计标准误数值越小，说明回归直线的实用价值越小

9. 回归估计的估计标准误差的计算单位与（　　）。
    A. 自变量相同　　　　　　　　　　B. 因变量相同
    C. 自变量及因变量相同　　　　　　D. 相关系数相同

10. 设自变量的个数为5,样本容量为20。在多元回归分析中,估计标准误差的自由度为( )。
   A. 20   B. 15
   C. 14   D. 18

11. 在多元回归分析中,通常需要计算调整的多重判定系数,这样可以避允判定系数的值( )。
   A. 由于模型中自变量个数的增加而越来越接近1
   B. 由于模型中自变量个数的增加而越来越接近0
   C. 由于模型中样本容量的增加而越来越接近1
   D. 由于模型中样本容量的增加而越来越接近0

12. 在多元线性回归分析中,如果 F 检验表明线性关系显著则意味着( )。
   A. 在多个自变量中至少有一个自变量与因变量之间的线性关系显著
   B. 所有的自变量与因变量之间的线性关系都显著
   C. 在多个自变量中至少有一个自变量与因变量之间的线性关系不显著
   D. 所有的自变量与因变量之间的线性关系都不显著

13. 在多元回归分析中,多重共线性是指模型中( )。
   A. 两个或两个以上的自变量彼此相关
   B. 两个或两个以上的自变量彼此无关
   C. 因变量与一个自变量相关
   D. 因变量与两个或两个以上的自变量相关

14. 测定变量之间相关程度的代表性指标是( )。
   A. 估计标准误   B. 两个变量的协方差
   C. 相关系数   D. 两个变量的标准差

二、计算题

1. 为探讨某产品的耗电量 x(单位:kw•h)与日产量 y(单位:件)的相关关系,随机抽选了10个企业,经计算得到:
$$\sum x = 17070, \sum y = 1717, \sum xy = 2931810, \sum x^2 = 29149500, \sum y^2 = 294899$$
要求:(1)计算相关系数;(2)建立直线回归方程,解释回归系数的经济意义。

2. 某种产品的产量与单位成本的资料如下表所示。

产量/千件	单位成本/(元/件)
2	73
3	72
4	71
3	73
4	69
5	68

要求：

(1)计算相关系数 r，并判断其相关程度。

(2)建立直线回归方程。

(3)指出产量每增加 1000 件时，单位成本平均下降了多少元？

3. 某企业希望确定其广告费与销售收入之间的关系，以制定营销计划。使用回归分析计算得到结果如下表所示。

回归统计	
相关系数	0.98283344
判定系数	0.96596157
修正判定系数	0.9602885
标准误差	1.92157756
观测值	8

方差分析				
	df	SS	MS	F
回归分析	1	628.7202	628.7202	170.271359
残差	6	22.15476	3.69246	
总计	7	650.875		

	系数	标准误差	t 统计量值	P 值
截距	5.71428571	1.497281	3.816441	0.00879716
变量 X	3.86904762	0.296506	13.04881	1.2485×10^{-5}

要求：(1)写出广告费与销售收入的回归方程。

(2)指出广告费与销售收入的判定系数。

(3)指出回归标准误差。

4. 完成下面的一元回归方程方差分析表（$\alpha = 0.05$）。

变差来源	df	SS	MS	F	F 统计量的临界值
回归	( )	( )	7000	( )	( )
残差	( )	( )	( )	—	—
总计	9	8100	—	—	—

第八章 时间序列分析与预测

【导入案例】

读者或许看过《火影忍者》,你是否对蛤蟆丸口中的预言之子感到很好奇,这个老蛤蟆预言了很多事情,他在梦里可以预见未来。如果我们在现实生活中也能预测未来该有多好!其实通过科学的方法有些事情是可以预测的,只是现有的技术还做不到百分百正确。那么哪些事情是可以预测的呢?比如预测天气、预测股票、预测事故、预测公司产品销量、预测未来的房价走向,等等。其实预测可以用于各个行业,通过预测可以对一些决策提供客观参考。

【内容要点】

相关与回归分析是现代统计学中非常重要的内容,它在自然科学、管理科学和社会经济领域都有着十分广泛的应用。但在现实生活中,我们所研究的现象往往受很多因素影响,有已知的、未知的。应用回归预测要求自变量是可控的,且在预测时是已知的,这在很多时候不能满足。因此,也就大大制约了回归预测方法的应用。时间序列模型及其预测可以帮助我们解决这些障碍,因为时间序列预测只需要一个自变量,它就是时间! 而时间是可控的!

(1)时间序列预测具有连贯性,它把过去、现在和未来的发展联系起来,通过过去和现在的数据推导出将来的变化。

(2)从回归分析的角度讲,时间序列分析法是一种特殊的回归分析法,时间序列不考虑事物之间的因果关系或其他相关关系,只研究对象与时间之间的相关关系。

(3)时间序列预测方法比较复杂,计算量大,手工很难完成,我们借助软件来完成。本章主要对各种预测方法的原理做介绍,其实现全部使用 R 软件实现。

第一节 时间序列分析概述

一、时间序列

7000多年前,古埃及人把尼罗河涨落的情况逐日记录下来,从中发现了尼罗河泛滥的规律,并照此安排农业生产。这就使得古埃及的农业迅速发展,创造了古埃及文明。这是有史以来人类最早使用时间序列的记载。时间序列也称动态序列,是指将某种现象的观察值按照时间顺序排列而成的数值序列。时间序列中的时间可以是年份、季度、月份、日,甚至可以是时(秒)。因此,时间序列是某个变量长期变动的数值表现。

一般来说,时间序列由两个要素构成:第一个要素是时间要素;第二个要素是数值要素。

若仅从字面上理解,读者会误认为时间序列必须是以时间顺序排列,然而事实并非如此。时间序列中的次序既可以是时间顺序,也可以是含有一定意义的变量,如温度、速度或其他可单调递增取值的变量。举个简单的例子,温度随着高度的增加而降低,高度便可视为"时间"。时间序列是现实的、真实的一组数据。时间序列背后是现象的变化规律,时间序列数据本质上反映的是现象随时间不断变化的趋势。

二、时间序列分析的特点

时间序列分析就是发现数据的变动规律并用于预测的统计技术,是利用数据之间的相关性进行预测的统计技术,该技术有以下三个基本特点。

(1)假设事物发展趋势会延伸到未来。时间序列分析法是根据过去的变化趋势预测未来的发展,它的前提是假定事物的过去延续到未来。时间序列分析,正是根据客观事物发展的连续规律性,运用过去的历史数据,通过统计分析,进一步推测未来的发展趋势。事物的过去会延续到未来,这个假设前提包含两层含义:一是不会发生突然的跳跃变化,是以相对小的步伐前进;二是过去和当前的现象可能表明当前和将来活动的发展变化趋向。这就决定了在一般情况下,时间序列分析法对于短、近期预测比较显著,但如延伸到更远的将来,就会出现很大的局限性,导致预测值偏离实际较大而使决策失误。

(2)时间序列数据变动存在着规律性与不规律性。时间序列中的每个观察值大小,都是影响变化的各种不同因素在同一时刻发生作用的综合结果。任何事物发展都可能受偶然因素影响,为此要利用时间序列模型方法对历史数据进行研究。

(3)它不研究变量之间的因果关系。回归分析是基于确定两种或两种以上变量间相互依赖的因果关系建立模型的预测方法。时间序列分析的主要目的是根据已有的历史数据对未来进行预测,它不需要其他变量的信息,也不依赖与其他变量的因果关系。

三、时间序列分析方法

时间序列分析的方法发展经历了两个阶段:第一阶段是传统的因素分解法,第二阶段是时间序列的模型解析方法。

传统时间序列分析方法一般采用因素分析法。所谓因素分解法,就是逐一分解和测定时间序列中各项因素的变化程度和规律,然后再将其综合起来,形成一个完整的时序分析模型。传统的时间序列分析方法属于因素分析的思想,力求将时间序列分解成不同的变动成分,分析每种变动成分的规律,然后再综合各种成分的规律用于预测。

1. 时间序列的成分

时间序列是某个现象长期变化的数值表现,所以时间序列数值变化背后必然蕴含着数值变换的规律性,这些规律性就是时间序列分析的切入点。一般情况下,时间序列数值变化规律有以下四种:长期变动趋势、季节变动规律、周期变动规律和不规则变动。不同的数值变化规律是由不同影响因素决定的。这些影响因素有长期起作用的因素,也有短期因素;有可以预知和控制的因素,也有未知和不可控制的因素;这些因素相互作用和影响,从而使时间序列的变化趋势呈现不同的特点。根据影响因素对时间序列数值变化趋势的不同影响情况,可以分为四种影响因素:长期趋势影响因素、季节变动影响因素、循环变动影响因素和不规则变动影响因素。

(1) 长期趋势(T)。长期趋势指的是现象在相当长的一段时间内,受到长期趋势因素的影响,表现出持续上升或持续下降的趋势,这种趋势可以是线性的也可以是非线性的,通常用字母 T 表示。例如,随着国家经济的发展,人均收入将逐渐提升;随着科学技术的发生,劳动生产率也不断提高。

(2) 季节变动(S)。季节变动是指由于季节的转变使得观察值发生的周期性变动。观察值的季节变动一般是以年为周期,以季、月、周、日等为时间单位,通常用 S 表示。引起季节变动的因素有自然因素,也有人为因素。例如,蔬菜食品价格、棉衣销售量都会随着季节气温的变化而周期变化;每年的长假(五一、十一、春节)都会引起出行人数的大量增加。

(3) 循环变动(C)。循环变动通常以若干年为周期,且周期长短不固定。变动特征为增加和减少交替出现,呈现波浪式的变动特征。不是朝着单一方向的持续运动,而是涨落相间的交替波动。通常用 C 表示。最典型的周期案例就是市场经济的商业周期。

(4) 不规则变动(I)。不规则变动是由某些随机因素导致的数值变化没有规律性。这些随机因素没有规律性且不可预知和,因此对数值变化影响结果为不规则变动,通常用 I 表示。包括严格的随机变动和不规则的突发性影响很大的变动两种类型。

图 8-1 依次给出了四种变动的基本特征。有时这些变动会同时出现在一个时间序列里面,有时也可能只出现一种变动特征或几种特征,这是由引起各种变动的影响因素决定的。最终变动特征包含了各种变动特征的叠加关系或者乘积关系。从图 8-1 可以看出:第一张图包含了长期趋势和不规则变动;第二张图包含了长期趋势和季节变动;第三张图主要是循环波动;第四张图以不规则变动为主。

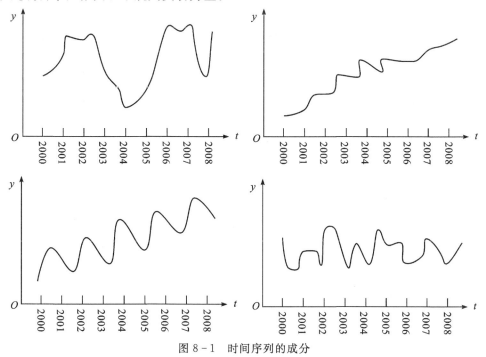

图 8-1 时间序列的成分

2. 时间序列按照变动特征的分类

根据序列是否平稳,时间序列可以分为:平稳序列和非平稳序列。

(1)平稳序列(stationary series):基本上不存在趋势、周期特征,各观察值基本上在某个固定的水平上随机波动。

(2)非平稳序列(non-stationary series):包含有多种特征。主要有以下三种类型。

趋势序列:时间序列主要由线性或非线性趋势构成,伴随着少许随机特征。

季节序列:时间序列主要由季节性的周期特征构成,伴随着少许随机特征。

复合序列:时间序列是趋势、季节性和随机性的复合特征构成。

从图 8-1 可以看出:第四张图是平稳序列,以不规则变动为主。第一张图到第三张图都是非平稳序列。其中:第二张图是趋势序列,以线性变动为主;第三张图是复合序列,包含了长期趋势和季节变动;第一张图主要是循环波动。

3. 时间序列模型

时间序列的成分可分为 4 种:趋势(T)、季节性或季节变动(S)、周期性或循环波动(C)、随机性或不规则波动(I)。传统时间序列分析的第一项主要内容就是把这些成分从时间序列中分离出来,并将它们之间的关系用一定的数学关系式予以表达,而后分别进行分析。传统时间序列分析的第二项主要内容就是四种变动成分综合起来形成时间序列的发展水平。依照四种成分综合方式的不同,主要有:加法模型、乘法模型以及两类模型的混合。

(1)加法模型(additive model)。加法模型的基本前提是各个影响因素对时间序列的影响是相互独立的。时间序列是由四种因素直接叠加形成,加法模型可表示为:

$$Y_t = T_t + S_t + C_t + I_t \tag{8-1}$$

其中:Y_t,T_t 用绝对数表示,S_t,C_t,I_t 用对原数列指标增加或减少的绝对数表示。

(2)乘法模型(multiplicative model)。乘法模型的前提是各影响因素对时间序列的影响是有相互作用。时间序列是由综合四种因素以乘数效应方式形成,乘法模型可表示为:

$$Y_t = T_t \times S_t \times C_t \times I_t \tag{8-2}$$

其中:Y_t,T_t 用绝对数表示,S_t,C_t,I_t 用对原数列指标增加或减少的系数表示。

(3)模型的简单判断。对于具体的时间序列,可以通过时间要素和时间序列图来确定具体包含有哪些成分,适合于哪种模型。

从时间要素看:①时间单位为年度,则时间序列中不包含季节趋势。②时间为月份(季度)且长达 3 年以上,则时间序列通常包含季节变动或同时包含季节变动和长期趋势。③时间长度 10 年以上的时间序列则可能包含循环波动。④时间要素为较短期限的日期数据,时间序列主要包含随机波动。

观察时间序列图,随着时间的推移,如果序列的季节波动变得越来越大,建议使用乘积模型;如果时间序列的季节波动保持恒定,建议使用加法模型。通常遇到的时间序列都是乘法模型。

四、时间序列预测的程序

时间序列分析的主要目的之一是根据已有的历史数据对未来进行预测。预测步骤如下。

第一步:模型识别。时间序列分析是通过观察时间序列数据图来进行模型识别。

第二步:模型拟合。时间序列模型中的参数主要是通过观察数据估计得到,通过采用最小二乘法则和极大似然法则,给予选取的模型参数最优的估计。

第三步:模型诊断。拟合好时间序列模型之后,便需要对该模型进行质量评估。评估包括是否满足模型的假设前提。若不满足,需重新开始以上步骤,经过反复尝试使得模型通过检验。

第四步:找出适合此类时间序列的预测方法。根据时间序列图及特征统计量选择适当的预测方法。预测方法主要有简单平均法、移动平均法、指数平滑法等。在选择某种特定的方法进行预测时,需要评价该方法的预测效果或准确性。评价方法是找出预测值与实际值的差距,即预测误差。最优的预测方法就是预测误差 RMSE(平均误差平方和的平方根)达到最小的方法。

第五步:利用最佳预测方案进行预测。与回归预测类似,利用选定的模型和方法可以预测未来时间的点预测值和一定置信水平下的区间值。

第二节 平稳序列模型及预测

一、平稳序列及案例

平稳序列是指不含有趋势的序列,其波动主要是随机成分所致,序列的平均值不随着时间的推移而变化,只存在随机波动特征。先绘制时间序列图,观察该序列是否平稳。预测方法可采用移动平均法和指数平滑法等。

【例 8-1】 2013 年 1—12 月份的 CPI(单位:%)数据为:102.0 103.2 102.1 102.4 102.1 102.7 102.7 102.6 103.1 103.2 103.0 102.5

使用 R 软件建立数据结构及绘制时间序列图形代码如下:

(1)建立时间序列数据结构

```
> x = c(102, 103.2, 102.1, 102.4, 102.1, 102.7, 102.7, 102.6, 103.1, 103.2, 103, 102.5)
> y = ts(x, start = c(2013,1), freq = 12)
> y
```

	Jan	Feb	Mar	Apr	May	Jun	Jul	Aug	Sep	Oct	Nov	Dec
2013	102.0	103.2	102.1	102.4	102.1	102.7	102.7	102.6	103.1	103.2	103.0	102.5

(2)通过绘制时间序列图

```
>plot.ts(y,ylab = "CPI")    #时间序列图,如图 8-2 所示
```

从数据看,该时间序列只有一个年度,因此不存在长期趋势。从图 8-2 也可以看出该时间序列序列基本符合平稳序列的特征。

二、移动平均法建模及预测

移动平均法(moving average)是将最近 k 期数据都给予相同的权数,将最近 k 期数据平均作为下一期的预测值。设移动平均间隔为 $k(1<k<t)$,则 t 期的移动平均值为 $t+1$ 期的移动平均预测值,公式为:

$$F = \frac{Y_{t-k+1} + Y_{t-k+2} + \cdots + Y_{t-1} + Y_t}{k} \qquad (8-3)$$

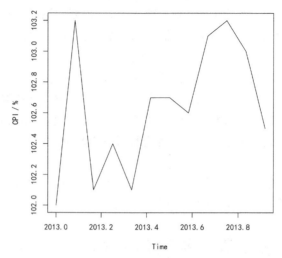

图 8-2　2013 年 CPI 时间序列图

移动平均法只使用最近 k 期的数据，在每次计算移动平均值时，移动的间隔都为 k，适合对较为平稳的时间序列进行预测。应用该方法的关键是确定合理的移动平均间隔 k。对于同一个时间序列，采用不同的移动间隔，预测的准确性是不同的。可通过试验的方法，选择一个使均方误差达到最小的移动间隔。

移动平均法可以消除或减少时间序列数据受偶然性因素干扰而产生的随机变动影响，适合短期预测。该方法也可以用于剔除复杂时间序列中的不规则变动，以反映长期趋势。

【例 8-1】　2013 年 1—12 月份的 CPI 数据，试应用移动平均法预测 2014 年 1 月份 CPI 指数。根据 2013 数据，分别尝试移动项数 k 为 3、4、5 的移动平均，进行 2014 年 1 月份的 CPI 预测。

R 软件进行移动平均的代码如下：

(1) 计算移动项数 k 为 3、4、5 的移动平均数

```
>mx1 = filter(y/3,rep(1,3),sides = 2)    #3 项移动平均，两边各丢失 1 项数据
 Jan    Feb    Mar    Apr    May    Jun    Jul    Aug    Sep    Oct    Nov    Dec
  NA  102.43 102.57 102.20 102.40 102.50 102.67 102.80 102.97 103.10 102.90  NA
>mx2 = filter(y/4,rep(1,4),sides = 2)    #4 项移动平均，左侧丢失 1 项数据，共
                                          丢失 3 项数据
 Jan    Feb    Mar    Apr    May    Jun    Jul    Aug    Sep    Oct    Nov    Dec
  NA  102.42 102.45 102.33 102.47 102.53 102.77 102.90 102.97 102.95  NA    NA
>mx3 = filter(y/5,rep(1,5),sides = 2)    #5 项移动平均，两边各丢失 2 项数据
 Jan    Feb    Mar    Apr    May    Jun    Jul    Aug    Sep    Oct    Nov    Dec
  NA    NA  102.36 102.50 102.40 102.50 102.64 102.86 102.92 102.88  NA    NA
```

根据上述计算结果整理为计算表（见表 8-1）。

表 8-1 2013 年 1—12 月的移动平均数

月份	CPI	3 项移动	5 项移动	4 项移动
1 月	102.0	NA	NA	NA
2 月	103.2	102.43	NA	102.42
3 月	102.1	102.57	102.36	102.45
4 月	102.4	102.20	102.50	102.33
5 月	102.1	102.40	102.40	102.47
6 月	102.7	102.50	102.50	102.53
7 月	102.7	102.67	102.64	102.77
8 月	102.6	102.80	102.86	102.90
9 月	103.1	102.97	102.92	102.97
10 月	103.2	103.10	102.88	102.95
11 月	103.0	102.90	NA	NA
12 月	102.5	NA	NA	NA

从表 8-1 移动平均数结果可知:2014 年 1 月份的 CPI 按 3 项移动平均预测结果为 102.90,按 4 项移动平均预测结果为 102.95,按 5 项移动平均预测结果为 102.88。

(2)绘制移动平均法预测拟合图

```
> plot.ts(y,ylab = "CPI")
> lines(mx1,lty = 2)
> lines(mx2,lty = 3)
> lines(mx3,lty = 4)    #移动平均法预测拟合图,如图 8-3 所示
```

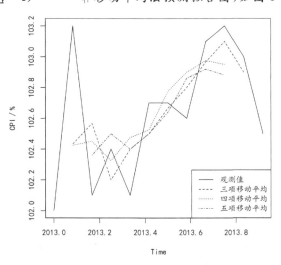

图 8-3 移动平均法预测拟合图

移动平均法在消除随机因素干扰时移动项数越大修匀效果越好,但在预测时无法知道哪个预测效果好。一般来说,最优的预测方法就是预测误差达到最小的方法。本例中的 3

个移动平均预测误差平方和 $k=5$、$k=4$ 和 $k=3$ 时分别为:1.0652、1.07125、1.277778。从误差效果看还是 5 项移动平均预测的效果最好。

三、指数平滑建模及预测

指数平滑法是移动平均法的改进方法,在不舍弃历史数据的前提下,通过对历史数据的远近不同赋予不同的权重进行预测。观测值时间越远,其权数也跟着呈现指数的下降。因此称指数平滑。指数平滑有一次指数平滑法、二次指数平滑法、三次指数平滑法等。指数平滑法可用于对时间序列进行短期预测,也可对时间序列进行平滑以描述序列的趋势(线性趋势和非线性趋势)。

指数平滑法预测的基本思想:是通过对过去的观察值加权平均进行预测,使 $t+1$ 期的预测值等 t 期的实际观察值与 t 期的预测值的加权的平均值。$t+1$ 的预测值是 t 期观测值与 t 期平滑值 F_t 的线性组合,其预测模型为:

$$F_{t+1} = \alpha Y_t + (1-\alpha)F_t \tag{8-4}$$

其中:α 为平滑系数($0 < \alpha < 1$)反映当前期观察值对下一期预测值的重要性;越重要,宜选取较大的 α。Y_t 为 t 期的实际观察值;F_t 为 t 期的预测值。使用指数平滑法时,关键问题是确定一个合适的平滑系数,不同的对预测结果产生不同的影响。越接近 1,模型对时间序列变化的反应就越及时,因为它给当前的实际值赋予了比预测值更大的权数;越接近 0,给当前的预测值赋予了更大的权数,模型对时间序列变化的反应就越慢。当时间序列有较大随机波动时,选较大,以便能很快跟上近期的变化;当时间序列比较平稳时,选较小。

【例 8-1】 2013 年 1—12 月份的 CPI 数据,试应用指数平滑法预测 2014 年 1 月份 CPI 指数。分别尝试平滑系数 $1-\alpha$ 为 0.3、0.4、0.5 的一次指数平滑,进行 2014 年 1 月份的 CPI 预测。

(1)根据 2013 年 1—12 月份的 CPI 数据,第二期预测值一般取第一期实际值,真正的预测值从第 3 期开始,依次计算后面各期的预测值,计算结果如表 8-2 所示。

表 8-2 CPI 指数平滑序列

月份	CPI	$\alpha=0.3$	$\alpha=0.4$	$\alpha=0.5$
1月	102.0	NA	NA	NA
2月	103.2	102.000	102.000	102.000
3月	102.1	102.840	102.720	102.600
4月	102.4	102.322	102.348	102.350
5月	102.1	102.377	102.379	102.375
6月	102.7	102.183	102.212	102.238
7月	102.7	102.545	102.505	102.469
8月	102.6	102.653	102.622	102.584
9月	103.1	102.616	102.609	102.592
10月	103.2	102.955	102.903	102.846
11月	103.0	103.126	103.081	103.023
12月	102.5	103.038	103.033	103.012

(2)使用 R 软件系统函数进行指数平滑法预测。
> mx4 = HoltWinters(y,beta = F,gamma = F)   #建立模型
> mx4   #查看指数平滑模型信息
Smoothing parameters:
alpha: 0.3776091
beta : FALSE
gamma: FALSE
Coefficients:
a 102.7828

结果分析:R 自动选择的平滑系数:a=0.3776091,下一期预测值:102.7828。
> predict(mx4,1)   #模型预测
          Jan
2014 102.7828
> x = c(as.vector(time(y)),2014.000)
> y1 = c(as.vector(y),rep(NA,1))
> y2 = c(rep(NA,1),as.vector(fitted(mx4)[,1]),as.vector(predict(mx4,1)))
> plot(x,y1,type = "l",ylim = c(101,104),ylab = "观测值/预测值",xlab = "年度")
> lines(x,y2,col = "blue")   #观察值与预测值拟合图,如图 8 - 4 所示
> plot(mx4)

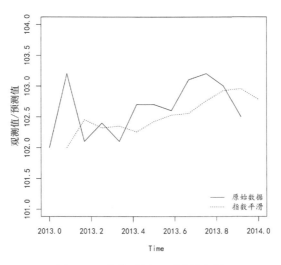

图 8 - 4 指数平滑法预测拟合图

在实际应用中,指数平滑法的预测值通常会滞后于实际值,尤其是所预测的时间序列存在长期趋势时,这种滞后的情况更加明显。

第三节 趋势序列模型及预测

趋势序列中存在趋势成分和随机波动特征,时间序列有常数增减的线性趋势和不同形态的非线性趋势特征。若这种趋势能够延续到未来,就可利用趋势进行外推预测。预测方法有线性趋势预测和非线性趋势预测。

一、线性趋势序列案例数据

【例8-2】 某城市1986—2000年的人口自然增长率(单位:‰)数据为:15.67 16.61 15.73 15.04 14.39 12.98 11.60 11.45 11.21 10.55 10.42 10.06 9.53 8.77 8.24。

使用R软件建立数据结构及绘制时间序列图形代码如下:

(1)建立时间序列数据结构

```
> x = c(15.67, 16.61, 15.73, 15.04, 14.39, 12.98, 11.6, 11.45, 11.21, 10.55, 10.42, 10.06, 9.53, 8.77, 8.24)
> y = ts(x, start = 1986, freq = 1)
> y
Time Series:
Start = 1986
End = 2000
Frequency = 1
 [1] 15.67 16.61 15.73 15.04 14.39 12.98 11.60 11.45 11.21 10.55 10.42 10.06 9.53 8.77 8.24
```

(2)绘制时间序列图

```
> plot(y, ylab = "人口自然增长率")    #时间序列图,如图8-5所示
```

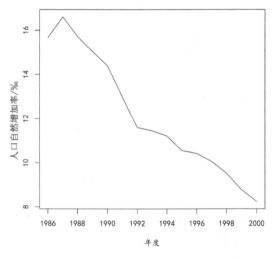

图8-5 1986—2000年人口自然增长率

从时间序列图中可以看出,该时间序列大概是线性趋势,随年度依次递减的趋势。因为

给时间序列是年度数据,因此可认为该时间序列不包含季节变动。

二、线性趋势模型及预测

(1)线性趋势模型形式等同于回归模型,自变量使用时间变量 t。

总体线性回归模型:$y = \alpha + \beta \times t + \varepsilon$ (8-5)

样本线性回归模型:$\hat{y}_t = \beta_0 + \beta_1 t$ (8-6)

其中:t 为时间变量;β_0 为趋势线在 Y 轴上的截距;β_1 为斜率,表示时间 t 变动一个单位时观测值的平均变动量。

线性趋势模型的建模及预测方法与第七章回归分析中的方法基本相同,此处不再讲解原理及算法。

(2)R 软件线性趋势回归模型及预测

```
> mx = lm(y~time(y))
> summary(mx)
Coefficients:
            Estimate Std. Error t value Pr(>|t|)
(Intercept) 1201.75746  70.63579   17.01 2.89e-10 ***
time(y)       -0.59689   0.03544  -16.84 3.28e-10 ***
Signif. codes: 0 '***' 0.001 '**' 0.01 '*' 0.05 '.' 0.1 ' ' 1
Residual standard error: 0.5931 on 13 degrees of freedom
Multiple R-squared: 0.9562,    Adjusted R-squared: 0.9528
F-statistic: 283.6 on 1 and 13 DF,  p-value: 3.283e-10
```

从结果可以看,线性模型为:$\hat{y}_t = 1201.75746 - 0.59689 \times t$,且通过统计检验。

```
> predict(mx,data.frame(t = 16),interval = "prediction",level = 0.95)
                                                          #点预测和区间预测
       fit       lwr      upr
1  7.374857  5.916721  8.832994
> plot.ts(y,ylab = "人口自然增长率")
> abline(mx)        #观察值与预测值拟合图,如图 8-6 所示
```

从预测结果看,2001 年该市人口自然增长率的点预测值为 7.37‰,区间预测为 5.92‰ 到 8.83‰。

(3)R 软件线性趋势 Holt 指数平滑及预测

Holt 指数平滑法是以一段时期的预测值与观察值的线性组合作为 $t+1$ 的预测值,Holt 指数平滑法的 R 语言函数:HoltWinters(y, gamma=F)。

```
> mx1 = HoltWinters(y,gamma = F)
> mx1
Smoothing parameters:
alpha: 1
beta : 0.7989852
gamma: FALSE
```

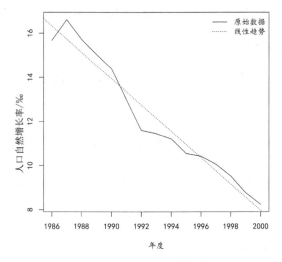

图 8-6 线性模型预测拟合图

```
Coefficients：
a 8.2400000
b -0.5653317
> predict(mx1,2,prediction.interval = TRUE)    #后推2期预测
Time Series：
Start = 2001
End = 2002
Frequency = 1
          fit      upr      lwr
2001  7.674668  9.020199  6.329137
2002  7.109337  9.878761  4.339912
> x = c(as.vector(time(y)),2001,2002)
> y1 = c(as.vector(y),rep(NA,2))
> y2 = c(rep(NA,2),as.vector(fitted(mx1))[1:13],as.vector(predict(mx1,2)))
> plot(x,y1,type = "l",ylim = c(5,20),ylab = "观测值/预测值",xlab = "年度")
> lines(x,y2,col = "blue")     #基于指数平滑法的预测拟合图,如图8-7所示
```

从预测结果看,2001年该市人口自然增长率的点预测值为7.67‰,区间预测为6.32‰～9.02‰。2002年该市人口自然增长率的点预测值为7.11‰,区间预测为4.33‰～9.88‰。

三、非线性趋势序列案例数据

【例8-3】 我国1986—2000年能源生产总量(千克标准煤)数据为：80850,86632, 92997,96934,98703,104844,107256,111059,118729,129034,132616,132410, 124250,109126,100900。

使用R软件建立数据结构及绘制时间序列图形代码如下：

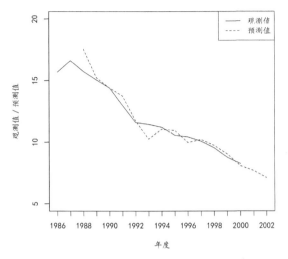

图 8-7　基于 Holt 指数平滑法的预测拟合图

(1)建立时间序列数据结构

>x = c(80850,86632,92997,96934,98703,104844,107256,111059,118729,129034,132616,132410,124250,109126,100900)

>y = ts(x,start = 1986,freq = 1)

>y

Time Series：

Start = 1986

End = 2000

Frequency = 1

[1] 80850 86632 92997 96934 98703 104844 107256 111059 118729 129034 132616 132410 124250 109126 100900

(2)绘制时间序列图

> plot.ts(y,ylab = "能源生产总量")　　　　♯绘制时间序列图,如图 8-8 所示

因为给时间序列是年度数据,因此可认为该时间序列不包含季节变动。从时间序列图中可以看出,该时间序列大概是二次抛物线趋势,随年度先增长后递减的趋势。

四、非线性趋势模型及预测

时间序列中的趋势通常可认为是由于某种固定因素作用同一方向所形成的。若这种因素随时间推移呈现出某种非线性趋势(non-linear trend),则需要拟合适当的趋势曲线。一般有指数曲线、对数曲线、多项式方程和逻辑曲线等。非线性趋势模型的建模及预测方法与第七章回归分析中的方法基本相同,此处不再讲解原理及算法。

【例 8-3】　我国 1986—2000 年能源生产总量数据的时间序列图大致呈现二项式回归模型,因此可建立二阶曲线模型:

总体模型: $y = \alpha + \beta_0 \times t + \beta_1 \times t^2 + \varepsilon$ 　　　　　　　　　　　　(8-7)

样本模型: $\hat{y}_t = \alpha + \beta_0 \times t + \beta_1 \times t^2$ 　　　　　　　　　　　　(8-8)

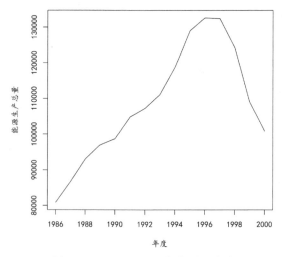

图 8-8　1986—2000 年能源生产总量

(1) R 软件非线性趋势回归模型及预测

> t = time(y)
> mx = lm(y~I(t^2) + I(t))
> summary(mx)
Coefficients:
　　　　　　　Estimate Std. Error t value Pr(>|t|)
(Intercept)　-1.990e+09　4.922e+08　-4.042　0.00163 **
I(t^2)　　　-4.997e+02　1.239e+02　-4.032　0.00166 **
I(t)　　　　 1.994e+06　4.940e+05　 4.037　0.00165 **
Signif. codes: 0 '***' 0.001 '**' 0.01 '*' 0.05 '.' 0.1 ' ' 1
Residual standard error: 7960 on 12 degrees of freedom
Multiple R-squared: 0.7956,　Adjusted R-squared: 0.7616
F-statistic: 23.36 on 2 and 12 DF,　p-value: 7.287e-05
> predict(mx,data.frame(t = 2001),interval = "prediction",level = 0.95)
　　　fit　　　 lwr　　　 upr
1　106773.6　83548.82　129998.3
> plot(y~t,y)
> lines(t,fitted(mx))　　　# 绘制非线性回归模型预测拟合图,如图 8-9 所示

从软件运行结果分析,应用回归方法建立的趋势模型为: $\hat{y}_t = -1990000000 + 1994000t - 4.997t^2$。从预测结果看,2001 年能源生产总量的点预测值为 106773.6,区间预测为 83548.82~129998.3。

(2) R 软件非线性趋势 Holt 指数平滑预测

> mx1 = HoltWinters(y,gamma = F)
> mx1
Smoothing parameters:

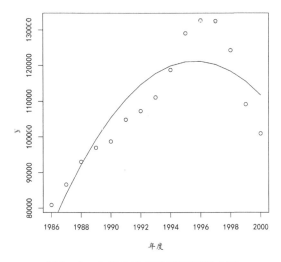

图 8-9 非线性回归模型预测拟合图

alpha：1
beta ：1
gamma：FALSE
Coefficients：
　　［,1］
a　100900
b　－8226
> predict(mx1,2,prediction.interval = TRUE)　　#应用 R 软件进行后推 2 期预测
Time Series：
Start = 2001
End = 2002
Frequency = 1
　　　　fit　　　upr　　　lwr
2001　92674　101998.2　83349.80
2002　84448　105297.5　63598.47
> x = c(as.vector(time(y)),2001,2002)
> y1 = c(as.vector(y),rep(NA,2))
> y2 = c(rep(NA,2),as.vector(fitted(mx1))[1:13],as.vector(predict(mx1,2)))
> plot(x,y1,type = "l",ylim = c(80000,145000),ylab = "观测值/预测值",xlab = "年度")
> lines(x,y2,col = "blue")　　#基于指数平滑法的预测拟合图,如图 8 - 10 所示

从预测结果看,2001 年能源生产总量的点预测值为 92674,区间预测为 83349.80～101998.2。2002 年能源生产总量的点预测值为 84448,区间预测为 63598.47～105297.5。

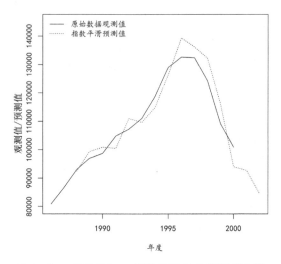

图 8-10 基于 Winter 指数平滑法的预测拟合图

第四节 季节变动序列模型及预测

一、季节变动序列案例数据

大多数月份(或季度)时间序列中通常包含了趋势变动、季节变动和随机变动,本节所研究的季节变动序列是指不含有趋势且呈现固定周期变动的时间序列,其波动主要是季节变动成分和随机变动成分所致。

【例 8-4】 某企业 2008—2013 年共 24 个季度的销售数据为:33 40 45 34 33 41 45 33 29 39 50 35 29 38 50 36 26 39 52 35 27 39 50 37。

使用 R 软件建立数据结构及绘制时间序列图形代码如下:

(1)建立时间序列数据结构

﹥x = c(33,40,45,34,33,41,45,33,29,39,50,35,29,38,50,36,26,39,52,35,27,39,50,37)

﹥y = ts(x,start = c(2008,1),freq = 4)

﹥y

	Qtr1	Qtr2	Qtr3	Qtr4
2008	33	40	45	34
2009	33	41	45	33
2010	29	39	50	35
2011	29	38	50	36
2012	26	39	52	35
2013	27	39	50	37

(2)绘制时间序列图

﹥ plot.ts(y,ylab = "销售量")   ♯时间序列图,如图 8-11 所示

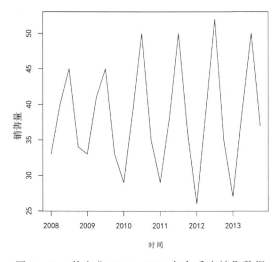

图 8-11 某企业 2008—2013 年各季度销售数据

从图 8-11 可以看出:该时间序列基本无长期趋势,主要成分为季节变动。

二、季节比率计算

对于单纯季节变动的时间序列模型主要方法是计算季节比率(季节指数)。季节比率是反映时间序列季节变动的一种相对数。计算季节比率的简单方法是同期平均法。同期平均法是用时间序列各年同一时期的平均数与各年的总平均数的对比来求季节比率的方法。比率的计算公式为:

$$季节比率 = \frac{同期平均数}{总平均数} \qquad (8-9)$$

这一方法主要适用于没有明显的趋势变动的时间序列。

【例 8-4】 某企业 2008—2013 年各季度销售数据的季节比率测定。

解 计算表及结果,如表 8-3 所示。

表 8-3 同期平均法季节比率计算表

年度	一季度	二季度	三季度	四季度	年平均
2008 年	33	40	45	34	38.00
2009 年	33	41	45	33	38.00
2010 年	29	39	50	35	38.25
2011 年	29	38	50	36	38.25
2012 年	26	39	52	35	38.00
2013 年	27	39	50	37	38.25
同季度平均	29.50	39.33	48.67	35.00	38.125
季节比率/%	77.38	103.17	127.65	91.80	—

计算结果表明,该公司的销售额具有明显的季节性。一季度的季节比率最低,是销售的

低谷,比全年平均低 22.72%;三季度的季节比率最高,是销售的高峰,比全年平均高 27.65%。

三、季节变动模型的预测

下一年各季度的预测值为下一年度季度平均值乘以各季度的季节比率,计算公式如下:

$$\hat{y}_{i,j} = \bar{y} \times s_j \quad (j = 1,2,3,4) \tag{8-10}$$

【例 8-4】 2014 年各季度的销售量预测如下,预计 2014 年的平均季度销售量为 40,则各季度销售量预测值如下:

$$\hat{y}_{2014,1} = \bar{y}_{2014} \times s_1 = 40 \times 77.38\% = 30.95$$
$$\hat{y}_{2014,2} = \bar{y}_{2014} \times s_2 = 40 \times 103.17\% = 41.27$$
$$\hat{y}_{2014,3} = \bar{y}_{2014} \times s_3 = 40 \times 127.65\% = 51.06$$
$$\hat{y}_{2014,4} = \bar{y}_{2014} \times s_4 = 40 \times 91.80\% = 36.72$$

从计算结果可知,2014 年四个季度销售量的点预测值分别为:30.95、41.27、51.06 和 36.72。

第五节　复合时间序列模型及预测

一、复合时间序列案例数据

复合时间序列是指同时包含有趋势、季节和随机特征的时间序列。大多数此类时间序列的其时间要素通常为月份或季度,周期通常为 1 年(12 个月或四个季度)。

【例 8-5】 某企业 2008—2013 年共 24 个季度的销售量数据为:123 132 137 126 130 138 142 132 138 141 150 137 143 147 158 143 147 153 166 151 159 163 174 161。

使用 R 软件建立数据结构及绘制时间序列图形代码如下:

(1) 建立时间序列数据结构

```
>x = c(123, 132, 137, 126, 130, 138, 142, 132, 138, 141, 150, 137, 143, 147,
158, 143, 147, 153, 166, 151, 159, 163, 174, 161)
>y = ts(x, start = c(2008,1), freq = 4)
>y
```

	Qtr1	Qtr2	Qtr3	Qtr4
2008	123	132	137	126
2009	130	138	142	132
2010	138	141	150	137
2011	143	147	158	143
2012	147	153	166	151
2013	159	163	174	161

(2) 绘制时间序列图

```
> plot.ts(y, ylab = "销售量")        #绘制时间序列图,如图 8-12 所示
```

从图 8-12 可以看出,该时间序列含长期趋势、季节变动和不规则变动,为复合序列。

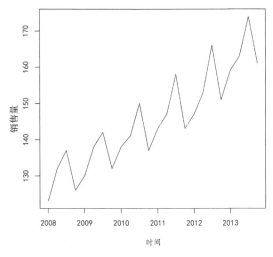

图 8-12 某企业 24 个季度销售量时间序列图

二、因素分解及模型预测

对于复合型时间序列,传统统计方法采用因素分解法从时间序列中依次剥离出长期趋势模型、季节变动模型、循环变动模型和不规则变动模型,然后再将这些模型综合在一起,最后使用综合模型进行预测。大多数情况下,我们实际观察的数据年份较少,因此时间序列中没有循环变动模型,其主要成分是长期趋势模型、季节变动模型和不规则变动模型,可以构建的模型有加法模型和乘法模型。

加法模型:$Y_t = T_t + S_t + I_t$ (8-11)

乘法模型:$Y_t = T_t \times S_t \times I_t$ (8-12)

大多数情况下,复合时间序列模型为乘法模型。下面主要基于乘法模型(式(8-6))介绍复合时间序列因素分解法模型及预测。

1. 使用移动平均法修匀时间序列分解出长期趋势模型

移动平均法是指对动态序列进行逐项移动计算序时平均数,从而由移动平均数形成一个派生动态序列,该派生序列就是该时间序列的长期趋势。通过移动平均法建立长期趋势模型思路简单易于理解。

采用移动平均法对【例 8-5】进行修匀求解长期趋势模型,因为该时间序列的周期长度为 1 年(四个季度),因此,先对时间序列做运动项数 $k=4$ 的移动平均,为了对齐数据,再对齐结果进行移动项数 $k=2$ 的移动平均,该移动平均的结果即为长期趋势,趋势序列数据比原数据少了四项数值,相当于正好少了一年的数据。具体计算结果见表 8-4。从表 8-4 可以看出:二项移动平均(T)列即为长期趋势模型的数值。数据比原时间序列数据少了四个季度。

2. 使用趋势剔除法求解季节变动模型

趋势剔除法的特点是先将时间序列中的长期趋势加以剔除,然后再计算季节比率。因为前面确定时间序列的长期趋势一般采用移动平均法,因此该方法也称为移动平均趋势剔除法。

基于乘法模型,移动平均趋势剔除法计算季节比率的步骤如下。

第一步:根据各年的月份(或季度)数据,计算12个月(或4个季度)的移动平均趋势值T;

第二步:将各月份(或季度)的实际值除以相应的趋势值,得到各月份(或季度)的季节分量;

第三步:将各年同月份(或季度)的季节分量加以平均,即得各月份(或季度)的季节比率。

【例8-5】 用移动平均趋势剔除法计算销售额的季节比率。按照上述步骤,有关的计算过程如表8-4和表8-5所示。

表8-4 趋势剔除法季节比率计算表(一)

年度	季度	销售额(Y)	四项移动平均	二项移动平均(T)	剔除长期趋势 (Y/T)/%
2008	1	123	—	—	—
	2	132	129.50	—	—
	3	137	131.25	130.375	105.08
	4	126	132.75	132.000	95.45
2009	1	130	134.00	133.375	97.47
	2	138	135.50	134.750	102.41
	3	142	137.50	136.500	104.03
	4	132	138.25	137.875	95.74
2010	1	138	140.25	139.250	99.10
	2	141	141.50	140.875	100.09
	3	150	142.75	142.125	105.54
	4	137	144.25	143.500	95.47
2011	1	143	146.25	145.250	98.45
	2	147	147.75	147.000	100.00
	3	158	148.75	148.250	106.58
	4	143	150.25	149.500	95.65
2012	1	147	152.25	151.250	97.19
	2	153	154.25	153.250	99.84
	3	166	157.25	155.750	106.58
	4	151	159.75	158.500	95.27
2013	1	159	161.75	160.750	98.91
	2	163	164.25	163.000	100.00
	3	174	—	—	—
	4	161	—	—	—

表 8-5 趋势剔除法季节比率计算表(二)

时间	一季度	二季度	三季度	四季度
2008	—	—	105.08	95.45
2009	97.47	102.41	104.03	95.74
2010	99.10	100.09	105.54	95.47
2011	98.45	100.00	106.58	95.65
2012	97.19	99.84	106.58	95.27
2013	98.91	100.00	—	—
同季度平均	98.22	100.47	105.56	95.52
季节比率/%	98.28	100.53	105.62	95.57

表 8-5 中最后一行数据即为季节比率(模型)。计算结果表明,该公司的销售额具有不明显的季节性规律。一季度季节比率为 98.28%,淡季特征不明显。二季度季节比率为 100.53%,基本无明显的季节变动特征。三季度季节比率为 105.62%,是全年销售的高峰。四季度的季节比率为 95.57%,为全年最低的季度。

3. 不规则变动

按照乘法模型规则,剩下的就是不规则变动特征,计算方法为:$I=Y/T/S$。计算结果如表 8-6 不规则变动列。

4. 分解出的各模型结果

综上所述,按照趋势剔除法,依次分解出长期趋势模型、季节变动和不规则变动模型。将计算结果整理为表 8-6。

表 8-6 例 8-5 趋势剔除法分解的模型

年度	季度	销售额 Y	长期趋势 T	季节变动 S/%	不规则变动 I
2008	1	123	—	—	—
	2	132	—	—	—
	3	137	130.375	105.62	0.9949015
	4	126	132.000	95.57	0.9987919
2009	1	130	133.375	98.28	0.9917536
	2	138	134.750	100.53	1.0187195
	3	142	136.500	105.62	0.9849394
	4	132	137.875	95.57	1.0017672
2010	1	138	139.250	98.28	1.0083673
	2	141	140.875	100.53	0.9956106
	3	150	142.125	105.62	0.9992511
	4	137	143.500	95.57	0.9989577

续表

年度	季度	销售额 Y	长期趋势 T	季节变动 S/%	不规则变动 I
2011	1	143	145.250	98.28	1.0017394
	2	147	147.000	100.53	0.9947279
	3	158	148.250	105.62	1.0090582
	4	143	149.500	95.57	1.0008598
2012	1	147	151.250	98.28	0.9889101
	2	153	153.250	100.53	0.9931052
	3	166	155.750	105.62	1.0090992
	4	151	158.500	95.57	0.9968415
2013	1	159	160.750	98.28	1.0064240
	2	163	163.000	100.53	0.9947279
	3	174	—	—	—
	4	161	—	—	—

5. 模型预测

综上所述，按照因素分解方法可将原时间序列数据依次拆解为长期趋势序列、季节变动序列和不规则序列。按乘法模型式(8-6)对长期趋势模型、季节变动模型、不规则变动模型进行合并及预测。

2014 第 1 季度的点预测值为长期趋势最后一项数值乘以第 1 季度的季节比率。即：

$$\hat{y}_{2014.1} = 163 \times 98.28\% = 160.1964$$

三、使用 R 软件的复合系列建立模型及预测

1. 复合系列 Winter 指数平滑法加法模型及预测代码

```
> mx2 = HoltWinters(y,seasonal = c("additive"))    #建立加法模型
> mx2                                               #显示模型信息
Smoothing parameters:
alpha: 0.3900487
beta : 0.09609663
gamma: 1
Coefficients:
a   165.6380871
b     1.8531103
s1   -0.9005488
s2    1.2526248
s3   10.8458341
s4   -4.6380871
> predict(mx2,4,prediction.interval = TRUE)         #进行预测
```

```
              fit       upr       lwr
2014 Q1   166.5906  170.5829  162.5984
2014 Q2   170.5969  174.9388  166.2551
2014 Q3   182.0433  186.7653  177.3212
2014 Q4   168.4124  173.5430  163.2819
> x = c(as.vector(time(y)),2014.00,2014.25,2014.50,2014.75)
> y1 = c(as.vector(y),rep(NA,4))
> y2 = c(rep(NA,4),as.vector(fitted(mx3))[1:20],as.vector(predict(mx3,4)))
> plot(x,y1,type = "l",ylim = c(120,185),ylab = "观测值/预测值")
> lines(x,y2,col = "blue")    #加法模型预测拟合图,如图 8-13 所示
```

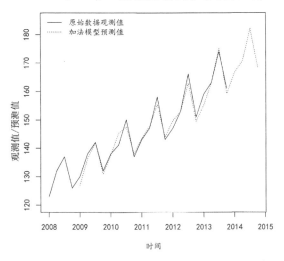

图 8-13 基于 Winter 指数平滑加法模型的预测拟合图

2. 复合系列 Winter 平滑法乘法模型及预测代码

```
> mx3 = HoltWinters(y, seasonal = c("multiplicative"))      #建立乘法模型
> mx3                                                        #显示模型信息
Smoothing parameters:
alpha: 0.3817272
beta : 0.08540597
gamma: 0.9067635
Coefficients:
a   165.5506951
b     1.8259054
s1    0.9932199
s2    1.0083138
s3    1.0692638
s4    0.9716463
> predict(mx3,4, prediction.interval = TRUE)                 #模型预测
```

```
             fit         upr         lwr
2014 Q1  166.2418   170.0604   162.4231
2014 Q2  170.6092   174.7910   166.4274
2014 Q3  182.8745   187.5170   178.2319
2014 Q4  167.9533   171.5749   164.3316
```
\> x = c(as.vector(time(y)),2014.00,2014.25,2014.50,2014.75)
\> y1 = c(as.vector(y),rep(NA,4))
\> y2 = c(rep(NA,4),as.vector(fitted(mx3))[1:20],as.vector(predict(mx3,4)))
\> plot(x,y1,type = "l",ylim = c(120,185),ylab = "观测值/预测值")
\> lines(x,y2,col = "blue")   #乘法模型预测拟合图,如图 8-14 所示

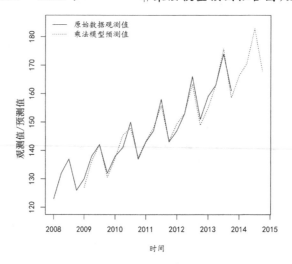

图 8-14　基于 Winter 指数平滑乘法模型的预测拟合图

第六节　R 时间序列模型及预测应用

一、R 时间序列数据的建立

时间序列是一种特殊的数据类型,在 R 软件中基于时间序列数据应用的函数众多。因此,使用 R 进行时间序列数据建立模型和预测时首先应该建立适用于 R 的时间序列数据。R 软件中建立时间序列结构的函数比较多,最为常用的就是 ts( )函数。该函数使用形式如下:

　　ts(data = NA, start = 1, frequency = 1)

函数的参数有三个:

data:数值向量或数据框。该参数为数值向量可建立一元时间序列,为数据框可建立多元时间序列。

start:时间变量的起始值。年份初始值直接使用常数,如 start＝2018。月份和季度初始值使用 c(年份,月份或季度)向量,如 2018 年 1 季度为 start＝c(2018,1)。

frequency:周期长度。时间要素为年度时 frequency＝1;时间要素为季度时 frequency＝4;

时间要素为月份时 frequency=12。

二、R时间序列模型及预测函数

(1)图形函数。R时间序列图形可采用 plot(y)或 plot.ts(x, xlab, ylab)。例:plot.ts(y,ylab="销售量")

(2)计算移动平均数的函数。R软件没有专门计算移动平均数的函数,可用 filter( )函数计算移动平均数序列。使用形式为:filter(y/k, filter=rep(1,k), side = 2)。第一个参数一般为:y/k,表示对数值向量进行 k 项移动平均。第二个参数 filter 表示 k 个数值计算均值的权重,filter=rep(1,k)表示权重各为 $1/k$。第三个参数 side 表示将要丢失的数值位置,side=1 表示从左边丢失,可用于观察该移动平均数对应哪一个时间的预测值,side=2 表示两边对称丢失,可用于观察各移动平均数是哪些数值的平均。

(3)时间序列分解函数。R软件使用 decompose(y, type=c("additive", "multiplicative"))函数进行复合型时间序列的分解,可输出趋势、季节变动和随机波动的特征和图形。参数:x 为时间序列变量;type 可用于指定分解模型按加法模型还是乘法模型。

加法模型分解:mx=decompose(y, type="additive")

乘法模型分解:mx=decompose(y,type=" multiplicative")

该函数的缺点是无法直接得到各分解模型的数学形式和预测。建立模型后可得到各类特征的一揽子信息,也可以单独调用各特征模型信息进行进一步分析。方法如下:

> names(mx)　　♯查看模型变量的构成内容

[1] "x"　　　　"seasonal" "trend"　　"random"　 "figure"　 "type"

可用 mx$seasonal 查看季节特征值(季节比率)

可用 mx$trend 查看趋势特征值(移动平均数序列)

可用 mx$random 查看随机波动特征值(残差序列)

可用 plot(mx)可查看时间序列总的特征图和其余三张分解特征图(趋势、季节变动和不规则变动)。

(4)时间序列模型函数:HoltWinters(x, alpha = NULL, beta = NULL, gamma = NULL, seasonal = c("additive", "multiplicative"))。该函数功能非常强大,可用于加法模型和乘法模型的各类时间序列建立模型和预测。具体用法如下:

只包含不规则变动序列:HoltWinters(x, beta=F, gamma=F)

包含趋势和不规则变动序列:HoltWinters(x, beta=T, gamma=F)

包含三种(趋势、季节变动、不规则变动)特征的复合序列:HoltWinters(x, beta=T, gamma=T, seasonal =c("additive", "multiplicative"))。

加法模型分解:HoltWinters(x, beta=T, gamma=T, seasonal = "additive")

乘法模型分解:HoltWinters(x, beta=T, gamma=T, seasonal ="multiplicative")

建立模型后,可进一步查看模型具体信息和进行预测。方法如下:

> names(mx)　　♯查看模型变量的构成内容

[1] "fitted" "x" "alpha"　 "beta" "gamma" "coefficients" "seasonal" "SSE"

可用 mx$alpha 查看指数平滑法参数(平滑系数 α)

可用 fitted(mx)查看时间序列的估计值。

可用 mx$coefficients 查看时间序列模型的趋势模型参数和季节变动特征值(季节比率 S_i)。

可用 mx$SSE 查看时间序列的预测值的总残差平方和。

可用 plot(mx) 查看时间序列观察值与估计值的拟合效果图。

可用 predict(mx,2,prediction.interval = TRUE) 预测下一期时间序列数值。

习 题

一、选择题

1. 如果时间数列有 20 项数据,若使用五项移动平均法进行修匀,修匀之后的时间数列只有(　　)项。

　　A. 19　　　　　　　　　　　　　　B. 18
　　C. 16　　　　　　　　　　　　　　D. 15

2. 若无季节变动,则季节指数应该是(　　)。

　　A. 等于 0　　　　　　　　　　　　B. 等于 1
　　C. 大于 1　　　　　　　　　　　　D. 小于 0

3. 不存在趋势的序列称为(　　)。

　　A. 平稳序列　　　　　　　　　　　B. 周期性序列
　　C. 季节性序列　　　　　　　　　　D. 非平稳序列

4. 包含趋势性、季节性或随机性的序列称为(　　)。

　　A. 平稳序列　　　　　　　　　　　B. 周期性序列
　　C. 季节性序列　　　　　　　　　　D. 非平稳序列

5. 时间序列在一年内重复出现的周期性波动称为(　　)。

　　A. 趋势　　　　　　　　　　　　　B. 季节性
　　C. 周期性　　　　　　　　　　　　D. 随机性

6. 下面的(　　)方法不适合于对平稳序列的预测。

　　A. 移动平均法　　　　　　　　　　B. 简单平均法
　　C. 指数平滑法　　　D. 线性模型法

7. 指数平滑法适合于预测(　　)。

　　A. 平稳序列　　　　　　　　　　　B. 非平稳序列
　　C. 有趋势成分的序列　　　　　　　D. 有季节成分的序列

8. 移动平均法适合于预测(　　)。

　　A. 平稳序列　　　　　　　　　　　B. 非平稳序列
　　C. 有趋势成分的序列　　　　　　　D. 有季节成分的序列

9. 在使用指数平滑法进行预测时,如果时间序列有较大的随机波动,则平滑系数 α 的取值(　　)。

　　A. 应该小些　　　　　　　　　　　B. 应该大些
　　C. 应该等于 0　　　　　　　　　　D. 应该等于 1

10. 根据各年月份资料计算的季节指数之和应等于( )。

A. 1000%   B. 120%
C. 400%   D. 1200%

11. 根据各季度商品销售额数据计算的季节指数分别为:一季度125%,二季度70%,三季度100%,四季度105%。受季节因素影响最大的是( )。

A. 一季度   B. 二季度
C. 三季度   D. 四季度

12. 如果某月份的商品销售额为84万元,该月的季节指数等于1.2,消除季节因素后该月销售额为( )。

A. 60万元   B. 70万元
C. 90.8万元   D. 100.8万元

13. 某县1995—2000年期间粮食产量配合的直线趋势方程 $y=800+5.5t$,式中时间变量 $t=-5,-3,-1,1,3,5$。为确定1996年的趋势值,代入的 t 值应当是( )。

A. 1   B. -3
C. 2   D. -1

14. 对运用几个模型分别对时间序列进行拟合后,( )最小的模型即为最好的拟合曲线模型。

A. 判定系数   B. 相关系数
C. 标准误差   D. DW值

15. 求解( )趋势参数方法是先做对数变换,将其化为直线模型,然后用最小二乘法求出模型参数。

A. 三次曲线   B. 指数曲线
C. 一次直线   D. 二次曲线

二、计算题

1. 某公司1990—2000年的年度销售数据为:80 83 87 89 95 101 107 115 125 134 146 万元。要求:

(1) 应用3年和5年移动平均法计算趋势值。

(2) 应用最小二乘法配合直线,并预测2001年的趋势值。

2. 某市某产品连续4年各季度的出口额资料如表所示。

年 份	季 度			
	1	2	3	4
2017	16	2	4	51
2018	28	4.3	6.7	77.5
2019	45	7.1	14.2	105
2020	50	5.1	16.8	114

要求:

(1)计算该市该产品出口额的季节比率。
(2)对其季节变动情况做简要分析。
3.某地财政收入 2012—2020 年数值(亿元)如下:30 32 34 41 46 51 55 58 62
要求:(1)绘制时间序列图,判定其趋势模型的种类。
(2)并拟合趋势变动模型。

参考文献

[1] 张应山,茆诗松.统计学的哲学思想以及起源于发展[J].统计研究,2004(12):52-57.
[2] 张伦俊.近二十年来中国统计学证明的观察与思考[J].统计研究,1997(5):31-38.
[3] DOUGLAS A. LIND, WILLIAM G. MARCHAL, SAMUEL A. WATHEN. Basic Statistics for Business&Economic[M]. McGrawHill/Irwin, 2013.
[4] 周复恭.应用数理统计学[M].北京:中国人民大学出版社,1995.
[5] 茆诗松,汤银才.贝叶斯统计[M].北京:统计出版社,2012.
[6] 袁卫,庞皓,曾五一.统计学[M].北京:高等教育出版社,2000.
[7] 吴喜之.统计学:从数据到结论[M].3版.北京:中国统计出版社,2009.
[8] 袁卫,吴喜之,贾俊平.描述统计学[M].北京:中国统计出版社,1996.
[9] 贾俊平.统计学基础[M].北京:中国人民大学出版社,2010.
[10] 袁卫,刘超.统计学:思想、方法与应用[M].北京:中国人民大学统计出版社,2011.
[11] 吴喜之.复杂数据统计方法[M].3版.北京:中国人民大学出版社,2015.
[12] 刘丽萍.大数据背景下统计学教学改革的探讨[J].读与写(教育教学刊),2017(05):37.
[13] 龚凤乾.中美两本统计学教材的对比及其启示[J].统计研究,2008,25(2):101-108.
[14] 贾俊平,何晓群,金勇进.统计学[M].4版.中国人民大学出版社,2019.
[15] 苏格兰学历委员会.Statistics for Business[M].北京:中国时代经济出版社,2009.
[16] 李洁明,祁新娥.统计学原理[M].6版.上海:复旦大学出版社,2016.
[17] 张英辉.统计学[M].上海:上海交通大学出版社,2018.
[18] 李金林.管理统计学[M].2版.北京:清华大学出版社,2011:2.
[19] 卢小光,刘元欣,潘海英.统计学[M].北京:机械工业出版社,2013.
[20] 吴喜之.多元统计分析—R与Python的实现R[M],北京:中国人民大学统计出版社,2019.
[21] 吴喜之.应用回归及分类:基于R[M],北京:中国人民大学出版社,2016.
[22] 何晓群,应用回归分析(R语言版)[M],北京:电子工业出版社,2017.
[23] 卡巴科弗(Robert I. Kabacoff).R语言实战[M].2版.北京:人民邮电出版社,2016.
[24] 王燕.时间序列分析——基于R[M],北京:中国人民大学出版社,2019.
[25] 汤银才.R语言与统计分析[M].北京:高等教育出版社,2008.
[26] 贾俊平.统计学——基于R[M].北京:中国人民大学出版社,2018.
[27] 贾俊平.数据可视化分析——基于R语言[M].北京:中国人民大学出版社,2019.
[28] 张文彤,钟云飞.SPSS数据分析与挖掘实战案例精粹[M].北京:清华大学出版社,2013.
[29] 贾俊平.统计学:基于SPSS[M].北京:中国人民大学出版社,2014.

附表 1　标准正态分布表

临界值 z 的左侧概率: $\varphi(z) = \dfrac{1}{\sqrt{2\pi}} \displaystyle\int_{-\infty}^{z} e^{\frac{z^2}{2}} dz$

z	0.01	0.02	0.03	0.04	0.05	0.06	0.07	0.08	0.09
0.1	0.5438	0.5478	0.5517	0.5557	0.5596	0.5636	0.5675	0.5714	0.5753
0.2	0.5832	0.5871	0.5910	0.5948	0.5987	0.6026	0.6064	0.6103	0.6141
0.3	0.6217	0.6255	0.6293	0.6331	0.6368	0.6406	0.6443	0.6480	0.6517
0.4	0.6591	0.6628	0.6664	0.6700	0.6736	0.6772	0.6808	0.6844	0.6879
0.5	0.6950	0.6985	0.7019	0.7054	0.7088	0.7123	0.7157	0.7190	0.7224
0.6	0.7291	0.7324	0.7357	0.7389	0.7422	0.7454	0.7486	0.7517	0.7549
0.7	0.7611	0.7642	0.7673	0.7704	0.7734	0.7764	0.7794	0.7823	0.7852
0.8	0.7910	0.7939	0.7967	0.7995	0.8023	0.8051	0.8078	0.8106	0.8133
0.9	0.8186	0.8212	0.8238	0.8264	0.8289	0.8315	0.8340	0.8365	0.8389
1.0	0.8438	0.8461	0.8485	0.8508	0.8531	0.8554	0.8577	0.8599	0.8621
1.1	0.8665	0.8686	0.8708	0.8729	0.8749	0.8770	0.8790	0.8810	0.8830
1.2	0.8869	0.8888	0.8907	0.8925	0.8944	0.8962	0.8980	0.8997	0.9015
1.3	0.9049	0.9066	0.9082	0.9099	0.9115	0.9131	0.9147	0.9162	0.9177
1.4	0.9207	0.9222	0.9236	0.9251	0.9265	0.9279	0.9292	0.9306	0.9319
1.5	0.9345	0.9357	0.9370	0.9382	0.9394	0.9406	0.9418	0.9429	0.9441
1.6	0.9463	0.9474	0.9484	0.9495	0.9505	0.9515	0.9525	0.9535	0.9545
1.7	0.9564	0.9573	0.9582	0.9591	0.9599	0.9608	0.9616	0.9625	0.9633
1.8	0.9649	0.9656	0.9664	0.9671	0.9678	0.9686	0.9693	0.9699	0.9706
1.9	0.9719	0.9726	0.9732	0.9738	0.9744	0.9750	0.9756	0.9761	0.9767
2.0	0.9778	0.9783	0.9788	0.9793	0.9798	0.9803	0.9808	0.9812	0.9817
2.1	0.9826	0.9830	0.9834	0.9838	0.9842	0.9846	0.9850	0.9854	0.9857
2.2	0.9864	0.9868	0.9871	0.9875	0.9878	0.9881	0.9884	0.9887	0.9890
2.3	0.9896	0.9898	0.9901	0.9904	0.9906	0.9909	0.9911	0.9913	0.9916
2.4	0.9920	0.9922	0.9925	0.9927	0.9929	0.9931	0.9932	0.9934	0.9936
2.5	0.9940	0.9941	0.9943	0.9945	0.9946	0.9948	0.9949	0.9951	0.9952
2.6	0.9955	0.9956	0.9957	0.9959	0.9960	0.9961	0.9962	0.9963	0.9964
2.7	0.9966	0.9967	0.9968	0.9969	0.9970	0.9971	0.9972	0.9973	0.9974
2.8	0.9975	0.9976	0.9977	0.9977	0.9978	0.9979	0.9979	0.9980	0.9981
2.9	0.9982	0.9982	0.9983	0.9984	0.9984	0.9985	0.9985	0.9986	0.9986
3.0	0.9987	0.9987	0.9988	0.9988	0.9989	0.9989	0.9989	0.9990	0.9990
3.1	0.9991	0.9991	0.9991	0.9992	0.9992	0.9992	0.9992	0.9993	0.9993
3.2	0.9993	0.9994	0.9994	0.9994	0.9994	0.9994	0.9995	0.9995	0.9995
3.3	0.9995	0.9995	0.9996	0.9996	0.9996	0.9996	0.9996	0.9996	0.9997
3.4	0.9997	0.9997	0.9997	0.9997	0.9997	0.9997	0.9997	0.9997	0.9998
3.5	0.9998	0.9998	0.9998	0.9998	0.9998	0.9998	0.9998	0.9998	0.9998
3.6	0.9998	0.9999	0.9999	0.9999	0.9999	0.9999	0.9999	0.9999	0.9999
3.7	0.9999	0.9999	0.9999	0.9999	0.9999	0.9999	0.9999	0.9999	0.9999
3.8	0.9999	0.9999	0.9999	0.9999	0.9999	0.9999	0.9999	0.9999	0.9999

临界值 z 的双侧概率：$\varphi(z) = \dfrac{1}{\sqrt{2\pi}} \displaystyle\int_{-z}^{z} e^{\frac{z^2}{2}} dz$

z	0.01	0.02	0.03	0.04	0.05	0.06	0.07	0.08	0.09
0.1	0.0876	0.0955	0.1034	0.1113	0.1192	0.1271	0.1350	0.1428	0.1507
0.2	0.1663	0.1741	0.1819	0.1897	0.1974	0.2051	0.2128	0.2205	0.2282
0.3	0.2434	0.2510	0.2586	0.2661	0.2737	0.2812	0.2886	0.2961	0.3035
0.4	0.3182	0.3255	0.3328	0.3401	0.3473	0.3545	0.3616	0.3688	0.3759
0.5	0.3899	0.3969	0.4039	0.4108	0.4177	0.4245	0.4313	0.4381	0.4448
0.6	0.4581	0.4647	0.4713	0.4778	0.4843	0.4907	0.4971	0.5035	0.5098
0.7	0.5223	0.5285	0.5346	0.5407	0.5467	0.5527	0.5587	0.5646	0.5705
0.8	0.5821	0.5878	0.5935	0.5991	0.6047	0.6102	0.6157	0.6211	0.6265
0.9	0.6372	0.6424	0.6476	0.6528	0.6579	0.6629	0.6680	0.6729	0.6778
1.0	0.6875	0.6923	0.6970	0.7017	0.7063	0.7109	0.7154	0.7199	0.7243
1.1	0.7330	0.7373	0.7415	0.7457	0.7499	0.7540	0.7580	0.7620	0.7660
1.2	0.7737	0.7775	0.7813	0.7850	0.7887	0.7923	0.7959	0.7995	0.8029
1.3	0.8098	0.8132	0.8165	0.8198	0.8230	0.8262	0.8293	0.8324	0.8355
1.4	0.8415	0.8444	0.8473	0.8501	0.8529	0.8557	0.8584	0.8611	0.8638
1.5	0.8690	0.8715	0.8740	0.8764	0.8789	0.8812	0.8836	0.8859	0.8882
1.6	0.8926	0.8948	0.8969	0.8990	0.9011	0.9031	0.9051	0.9070	0.9090
1.7	0.9127	0.9146	0.9164	0.9181	0.9199	0.9216	0.9233	0.9249	0.9265
1.8	0.9297	0.9312	0.9328	0.9342	0.9357	0.9371	0.9385	0.9399	0.9412
1.9	0.9439	0.9451	0.9464	0.9476	0.9488	0.9500	0.9512	0.9523	0.9534
2.0	0.9556	0.9566	0.9576	0.9586	0.9596	0.9606	0.9615	0.9625	0.9634
2.1	0.9651	0.9660	0.9668	0.9676	0.9684	0.9692	0.9700	0.9707	0.9715
2.2	0.9729	0.9736	0.9743	0.9749	0.9756	0.9762	0.9768	0.9774	0.9780
2.3	0.9791	0.9797	0.9802	0.9807	0.9812	0.9817	0.9822	0.9827	0.9832
2.4	0.9840	0.9845	0.9849	0.9853	0.9857	0.9861	0.9865	0.9869	0.9872
2.5	0.9879	0.9883	0.9886	0.9889	0.9892	0.9895	0.9898	0.9901	0.9904
2.6	0.9909	0.9912	0.9915	0.9917	0.9920	0.9922	0.9924	0.9926	0.9929
2.7	0.9933	0.9935	0.9937	0.9939	0.9940	0.9942	0.9944	0.9946	0.9947
2.8	0.9950	0.9952	0.9953	0.9955	0.9956	0.9958	0.9959	0.9960	0.9961
2.9	0.9964	0.9965	0.9966	0.9967	0.9968	0.9969	0.9970	0.9971	0.9972
3.0	0.9974	0.9975	0.9976	0.9976	0.9977	0.9978	0.9979	0.9979	0.9980
3.1	0.9981	0.9982	0.9983	0.9983	0.9984	0.9984	0.9985	0.9985	0.9986
3.2	0.9987	0.9987	0.9988	0.9988	0.9988	0.9989	0.9989	0.9990	0.9990
3.3	0.9991	0.9991	0.9991	0.9992	0.9992	0.9992	0.9992	0.9993	0.9993
3.4	0.9994	0.9994	0.9994	0.9994	0.9994	0.9995	0.9995	0.9995	0.9995
3.5	0.9996	0.9996	0.9996	0.9996	0.9996	0.9996	0.9996	0.9997	0.9997
3.6	0.9997	0.9997	0.9997	0.9997	0.9997	0.9997	0.9998	0.9998	0.9998
3.7	0.9998	0.9998	0.9998	0.9998	0.9998	0.9998	0.9998	0.9998	0.9998
3.8	0.9999	0.9999	0.9999	0.9999	0.9999	0.9999	0.9999	0.9999	0.9999

附表 2　t 分布临界值表

右侧概率临界值 $P(t \geqslant A) = \alpha$

自由度	0.250	0.100	0.050	0.025	0.010	0.005
1	1.0000	3.0777	6.3138	12.7062	31.8205	63.6567
2	0.8165	1.8856	2.9200	4.3027	6.9646	9.9248
3	0.7649	1.6377	2.3534	3.1824	4.5407	5.8409
4	0.7407	1.5332	2.1318	2.7764	3.7469	4.6041
5	0.7267	1.4759	2.0150	2.5706	3.3649	4.0321
6	0.7176	1.4398	1.9432	2.4469	3.1427	3.7074
7	0.7111	1.4149	1.8946	2.3646	2.9980	3.4995
8	0.7064	1.3968	1.8595	2.3060	2.8965	3.3554
9	0.7027	1.3830	1.8331	2.2622	2.8214	3.2498
10	0.6998	1.3722	1.8125	2.2281	2.7638	3.1693
11	0.6974	1.3634	1.7959	2.2010	2.7181	3.1058
12	0.6955	1.3562	1.7823	2.1788	2.6810	3.0545
13	0.6938	1.3502	1.7709	2.1604	2.6503	3.0123
14	0.6924	1.3450	1.7613	2.1448	2.6245	2.9768
15	0.6912	1.3406	1.7531	2.1314	2.6025	2.9467
16	0.6901	1.3368	1.7459	2.1199	2.5835	2.9208
17	0.6892	1.3334	1.7396	2.1098	2.5669	2.8982
18	0.6884	1.3304	1.7341	2.1009	2.5524	2.8784
19	0.6876	1.3277	1.7291	2.0930	2.5395	2.8609
20	0.6870	1.3253	1.7247	2.0860	2.5280	2.8453
21	0.6864	1.3232	1.7207	2.0796	2.5176	2.8314
22	0.6858	1.3212	1.7171	2.0739	2.5083	2.8188
23	0.6853	1.3195	1.7139	2.0687	2.4999	2.8073
24	0.6848	1.3178	1.7109	2.0639	2.4922	2.7969
25	0.6844	1.3163	1.7081	2.0595	2.4851	2.7874
26	0.6840	1.3150	1.7056	2.0555	2.4786	2.7787
27	0.6837	1.3137	1.7033	2.0518	2.4727	2.7707
28	0.6834	1.3125	1.7011	2.0484	2.4671	2.7633
29	0.6830	1.3114	1.6991	2.0452	2.4620	2.7564
30	0.6828	1.3104	1.6973	2.0423	2.4573	2.7500
31	0.6825	1.3095	1.6955	2.0395	2.4528	2.7440
32	0.6822	1.3086	1.6939	2.0369	2.4487	2.7385
33	0.6820	1.3077	1.6924	2.0345	2.4448	2.7333
34	0.6818	1.3070	1.6909	2.0322	2.4411	2.7284
35	0.6816	1.3062	1.6896	2.0301	2.4377	2.7238
40	0.6807	1.3031	1.6839	2.0211	2.4233	2.7045
60	0.6786	1.2958	1.6706	2.0003	2.3901	2.6603
100	0.6770	1.2901	1.6602	1.9840	2.3642	2.6259
120	0.6765	1.2886	1.6577	1.9799	2.3578	2.6174

附表 2 t 分布临界值表

双侧概率临界值 $P(|t| \geqslant A) = \alpha$

自由度	0.250	0.100	0.050	0.025	0.010	0.005
1	0.0000	1.3764	3.0777	6.3138	15.8945	31.8205
2	0.0000	1.0607	1.8856	2.9200	4.8487	6.9646
3	0.0000	0.9785	1.6377	2.3534	3.4819	4.5407
4	0.0000	0.9410	1.5332	2.1318	2.9985	3.7469
5	0.0000	0.9195	1.4759	2.0150	2.7565	3.3649
6	0.0000	0.9057	1.4398	1.9432	2.6122	3.1427
7	0.0000	0.8960	1.4149	1.8946	2.5168	2.9980
8	0.0000	0.8889	1.3968	1.8595	2.4490	2.8965
9	0.0000	0.8834	1.3830	1.8331	2.3984	2.8214
10	0.0000	0.8791	1.3722	1.8125	2.3593	2.7638
11	0.0000	0.8755	1.3634	1.7959	2.3281	2.7181
12	0.0000	0.8726	1.3562	1.7823	2.3027	2.6810
13	0.0000	0.8702	1.3502	1.7709	2.2816	2.6503
14	0.0000	0.8681	1.3450	1.7613	2.2638	2.6245
15	0.0000	0.8662	1.3406	1.7531	2.2485	2.6025
16	0.0000	0.8647	1.3368	1.7459	2.2354	2.5835
17	0.0000	0.8633	1.3334	1.7396	2.2238	2.5669
18	0.0000	0.8620	1.3304	1.7341	2.2137	2.5524
19	0.0000	0.8610	1.3277	1.7291	2.2047	2.5395
20	0.0000	0.8600	1.3253	1.7247	2.1967	2.5280
21	0.0000	0.8591	1.3232	1.7207	2.1894	2.5176
22	0.0000	0.8583	1.3212	1.7171	2.1829	2.5083
23	0.0000	0.8575	1.3195	1.7139	2.1770	2.4999
24	0.0000	0.8569	1.3178	1.7109	2.1715	2.4922
25	0.0000	0.8562	1.3163	1.7081	2.1666	2.4851
26	0.0000	0.8557	1.3150	1.7056	2.1620	2.4786
27	0.0000	0.8551	1.3137	1.7033	2.1578	2.4727
28	0.0000	0.8546	1.3125	1.7011	2.1539	2.4671
29	0.0000	0.8542	1.3114	1.6991	2.1503	2.4620
30	0.0000	0.8538	1.3104	1.6973	2.1470	2.4573
31	0.0000	0.8534	1.3095	1.6955	2.1438	2.4528
32	0.0000	0.8530	1.3086	1.6939	2.1409	2.4487
33	0.0000	0.8526	1.3077	1.6924	2.1382	2.4448
34	0.0000	0.8523	1.3070	1.6909	2.1356	2.4411
35	0.0000	0.8520	1.3062	1.6896	2.1332	2.4377
40	0.0000	0.8507	1.3031	1.6839	2.1229	2.4233
60	0.0000	0.8477	1.2958	1.6706	2.0994	2.3901
100	0.0000	0.8452	1.2901	1.6602	2.0809	2.3642
120	0.0000	0.8446	1.2886	1.6577	2.0763	2.3578

附表 3 卡方分布临界值表

右侧概率临界值 $P(\chi^2 \geq A) = \alpha$

自由度	0.995	0.99	0.975	0.95	0.9	0.75	0.25	0.1	0.05	0.025	0.01	0.005
1	0.0000	0.0002	0.0010	0.0039	0.0158	0.1015	1.3233	2.7055	3.8415	5.0239	6.6349	7.8794
2	0.0100	0.0201	0.0506	0.1026	0.2107	0.5754	2.7726	4.6052	5.9915	7.3778	9.2103	10.5966
3	0.0717	0.1148	0.2158	0.3518	0.5844	1.2125	4.1083	6.2514	7.8147	9.3484	11.3449	12.8382
4	0.2070	0.2971	0.4844	0.7107	1.0636	1.9226	5.3853	7.7794	9.4877	11.1433	13.2767	14.8603
5	0.4117	0.5543	0.8312	1.1455	1.6103	2.6746	6.6257	9.2364	11.0705	12.8325	15.0863	16.7496
6	0.6757	0.8721	1.2373	1.6354	2.2041	3.4546	7.8408	10.6446	12.5916	14.4494	16.8119	18.5476
7	0.9893	1.2390	1.6899	2.1673	2.8331	4.2549	9.0371	12.0170	14.0671	16.0128	18.4753	20.2777
8	1.3444	1.6465	2.1797	2.7326	3.4895	5.0706	10.2189	13.3616	15.5073	17.5345	20.0902	21.9550
9	1.7349	2.0879	2.7004	3.3251	4.1682	5.8988	11.3888	14.6837	16.9190	19.0228	21.6660	23.5894
10	2.1559	2.5582	3.2470	3.9403	4.8652	6.7372	12.5489	15.9872	18.3070	20.4832	23.2093	25.1882
11	2.6032	3.0535	3.8157	4.5748	5.5778	7.5841	13.7007	17.2750	19.6751	21.9200	24.7250	26.7568
12	3.0738	3.5706	4.4038	5.2260	6.3038	8.4384	14.8454	18.5493	21.0261	23.3367	26.2170	28.2995
13	3.5650	4.1069	5.0088	5.8919	7.0415	9.2991	15.9839	19.8119	22.3620	24.7356	27.6882	29.8195
14	4.0747	4.6604	5.6287	6.5706	7.7895	10.1653	17.1169	21.0641	23.6848	26.1189	29.1412	31.3193
15	4.6009	5.2293	6.2621	7.2609	8.5468	11.0365	18.2451	22.3071	24.9958	27.4884	30.5779	32.8013
16	5.1422	5.8122	6.9077	7.9616	9.3122	11.9122	19.3689	23.5418	26.2962	28.8454	31.9999	34.2672
17	5.6972	6.4078	7.5642	8.6718	10.0852	12.7919	20.4887	24.7690	27.5871	30.1910	33.4087	35.7185
18	6.2648	7.0149	8.2307	9.3905	10.8649	13.6753	21.6049	25.9894	28.8693	31.5264	34.8053	37.1565
19	6.8440	7.6327	8.9065	10.1170	11.6509	14.5620	22.7178	27.2036	30.1435	32.8523	36.1909	38.5823
20	7.4338	8.2604	9.5908	10.8508	12.4426	15.4518	23.8277	28.4120	31.4104	34.1696	37.5662	39.9968
21	8.0337	8.8972	10.2829	11.5913	13.2396	16.3444	24.9348	29.6151	32.6706	35.4789	38.9322	41.4011
22	8.6427	9.5425	10.9823	12.3380	14.0415	17.2396	26.0393	30.8133	33.9244	36.7807	40.2894	42.7957

续表

自由度	0.995	0.99	0.975	0.95	0.9	0.75	0.25	0.1	0.05	0.025	0.01	0.005
23	9.2604	10.1957	11.6886	13.0905	14.8480	18.1373	27.1413	32.0069	35.1725	38.0756	41.6384	44.1813
24	9.8862	10.8564	12.4012	13.8484	15.6587	19.0373	28.2412	33.1962	36.4150	39.3641	42.9798	45.5585
25	10.5197	11.5240	13.1197	14.6114	16.4734	19.9393	29.3389	34.3816	37.6525	40.6465	44.3141	46.9279
26	11.1602	12.1981	13.8439	15.3792	17.2919	20.8434	30.4346	35.5632	38.8851	41.9232	45.6417	48.2899
27	11.8076	12.8785	14.5734	16.1514	18.1139	21.7494	31.5284	36.7412	40.1133	43.1945	46.9629	49.6449
28	12.4613	13.5647	15.3079	16.9279	18.9392	22.6572	32.6205	37.9159	41.3371	44.4608	48.2782	50.9934
29	13.1211	14.2565	16.0471	17.7084	19.7677	23.5666	33.7109	39.0875	42.5570	45.7223	49.5879	52.3356
30	13.7867	14.9535	16.7908	18.4927	20.5992	24.4776	34.7997	40.2560	43.7730	46.9792	50.8922	53.6720
31	14.4578	15.6555	17.5387	19.2806	21.4336	25.3901	35.8871	41.4217	44.9853	48.2319	52.1914	55.0027
32	15.1340	16.3622	18.2908	20.0719	22.2706	26.3041	36.9730	42.5847	46.1943	49.4804	53.4858	56.3281
33	15.8153	17.0735	19.0467	20.8665	23.1102	27.2194	38.0575	43.7452	47.3999	50.7251	54.7755	57.6484
34	16.5013	17.7891	19.8063	21.6643	23.9523	28.1361	39.1408	44.9032	48.6024	51.9660	56.0609	58.9639
35	17.1918	18.5089	20.5694	22.4650	24.7967	29.0540	40.2228	46.0588	49.8018	53.2033	57.3421	60.2748
40	20.7065	22.1643	24.4330	26.5093	29.0505	33.6603	45.6160	51.8051	55.7585	59.3417	63.6907	66.7660
60	35.5345	37.4849	40.4817	43.1880	46.4589	52.2938	66.9815	74.3970	79.0819	83.2977	88.3794	91.9517
100	67.3276	70.0649	74.2219	77.9295	82.3581	90.1332	109.1412	118.4980	124.3421	129.5612	135.8067	140.1695
120	83.8516	85.9233	91.5726	95.7046	100.6236	109.2197	130.0545	140.2326	146.5674	152.2114	158.9502	163.6482

附表 4 F 分布临界值表

右侧概率临界值 $P(F \geq A) = \alpha$

$\alpha = 0.10$

	1	2	3	4	5	6	7	8	9	10	12	15	20	24	30	40	60	120	∞
1	39.86	49.50	53.59	55.83	57.24	58.20	58.91	59.44	59.86	60.19	60.71	61.22	61.74	62.00	62.26	62.53	62.79	63.06	63.33
2	8.53	9.00	9.16	9.24	9.29	9.33	9.35	9.37	9.38	9.39	9.41	9.42	9.44	9.45	9.46	9.47	9.47	9.48	9.49
3	5.54	5.46	5.39	5.34	5.31	5.28	5.27	5.25	5.24	5.23	5.22	5.20	5.18	5.18	5.17	5.16	5.15	5.14	5.13
4	4.54	4.32	4.19	4.11	4.05	4.01	3.98	3.95	3.94	3.92	3.90	3.87	3.84	3.83	3.82	3.80	3.79	3.78	3.76
5	4.06	3.78	3.62	3.52	3.45	3.40	3.37	3.34	3.32	3.30	3.27	3.24	3.21	3.19	3.17	3.16	3.14	3.12	3.10
6	3.78	3.46	3.29	3.18	3.11	3.05	3.01	2.98	2.96	2.94	2.90	2.87	2.84	2.82	2.80	2.78	2.76	2.74	2.72
7	3.59	3.26	3.07	2.96	2.88	2.83	2.78	2.75	2.72	2.70	2.67	2.63	2.59	2.58	2.56	2.54	2.51	2.49	2.47
8	3.46	3.11	2.92	2.81	2.73	2.67	2.62	2.59	2.56	2.54	2.50	2.46	2.42	2.40	2.38	2.36	2.34	2.32	2.29
9	3.36	3.01	2.81	2.69	2.61	2.55	2.51	2.47	2.44	2.42	2.38	2.34	2.30	2.28	2.25	2.23	2.21	2.18	2.16
10	3.29	2.92	2.73	2.61	2.52	2.46	2.41	2.38	2.35	2.32	2.28	2.24	2.20	2.18	2.16	2.13	2.11	2.08	2.06
11	3.23	2.86	2.66	2.54	2.45	2.39	2.34	2.30	2.27	2.25	2.21	2.17	2.12	2.10	2.08	2.05	2.03	2.00	1.97
12	3.18	2.81	2.61	2.48	2.39	2.33	2.28	2.24	2.21	2.19	2.15	2.10	2.06	2.04	2.01	1.99	1.96	1.93	1.90
13	3.14	2.76	2.56	2.43	2.35	2.28	2.23	2.20	2.16	2.14	2.10	2.05	2.01	1.98	1.96	1.93	1.90	1.88	1.85
14	3.10	2.73	2.52	2.39	2.31	2.24	2.19	2.15	2.12	2.10	2.05	2.01	1.96	1.94	1.91	1.89	1.86	1.83	1.80
15	3.07	2.70	2.49	2.36	2.27	2.21	2.16	2.12	2.09	2.06	2.02	1.97	1.92	1.90	1.87	1.85	1.82	1.79	1.76
16	3.05	2.67	2.46	2.33	2.24	2.18	2.13	2.09	2.06	2.03	1.99	1.94	1.89	1.87	1.84	1.81	1.78	1.75	1.72
17	3.03	2.64	2.44	2.31	2.22	2.15	2.10	2.06	2.03	2.00	1.96	1.91	1.86	1.84	1.81	1.78	1.75	1.72	1.69
18	3.01	2.62	2.42	2.29	2.20	2.13	2.08	2.04	2.00	1.98	1.93	1.89	1.84	1.81	1.78	1.75	1.72	1.69	1.66
19	2.99	2.61	2.40	2.27	2.18	2.11	2.06	2.02	1.98	1.96	1.91	1.86	1.81	1.79	1.76	1.73	1.70	1.67	1.63
20	2.97	2.59	2.38	2.25	2.16	2.09	2.04	2.00	1.96	1.94	1.89	1.84	1.79	1.77	1.74	1.71	1.68	1.64	1.61
21	2.96	2.57	2.36	2.23	2.14	2.08	2.02	1.98	1.95	1.92	1.87	1.83	1.78	1.75	1.72	1.69	1.66	1.62	1.59

续表

	1	2	3	4	5	6	7	8	9	10	12	15	20	24	30	40	60	120	∞
22	2.95	2.56	2.35	2.22	2.13	2.06	2.01	1.97	1.93	1.90	1.86	1.81	1.76	1.73	1.70	1.67	1.64	1.60	1.57
23	2.94	2.55	2.34	2.21	2.11	2.05	1.99	1.95	1.92	1.89	1.84	1.80	1.74	1.72	1.69	1.66	1.62	1.59	1.55
24	2.93	2.54	2.33	2.19	2.10	2.04	1.98	1.94	1.91	1.88	1.83	1.78	1.73	1.70	1.67	1.64	1.61	1.57	1.53
25	2.92	2.53	2.32	2.18	2.09	2.02	1.97	1.93	1.89	1.87	1.82	1.77	1.72	1.69	1.66	1.63	1.59	1.56	1.52
26	2.91	2.52	2.31	2.17	2.08	2.01	1.96	1.92	1.88	1.86	1.81	1.76	1.71	1.68	1.65	1.61	1.58	1.54	1.50
27	2.90	2.51	2.30	2.17	2.07	2.00	1.95	1.91	1.87	1.85	1.80	1.75	1.70	1.67	1.64	1.60	1.57	1.53	1.49
28	2.89	2.50	2.29	2.16	2.06	2.00	1.94	1.90	1.87	1.84	1.79	1.74	1.69	1.66	1.63	1.59	1.56	1.52	1.48
29	2.89	2.50	2.28	2.15	2.06	1.99	1.93	1.89	1.86	1.83	1.78	1.73	1.68	1.65	1.62	1.58	1.55	1.51	1.47
30	2.88	2.49	2.28	2.14	2.05	1.98	1.93	1.88	1.85	1.82	1.77	1.72	1.67	1.64	1.61	1.57	1.54	1.50	1.46
40	2.84	2.44	2.23	2.09	2.00	1.93	1.87	1.83	1.79	1.76	1.71	1.66	1.61	1.57	1.54	1.51	1.47	1.42	1.38
60	2.79	2.39	2.18	2.04	1.95	1.87	1.82	1.77	1.74	1.71	1.66	1.60	1.54	1.51	1.48	1.44	1.40	1.35	1.29
120	2.75	2.35	2.13	1.99	1.90	1.82	1.77	1.72	1.68	1.65	1.60	1.55	1.48	1.45	1.41	1.37	1.32	1.26	1.19
∞	2.71	2.30	2.08	1.94	1.85	1.77	1.72	1.67	1.63	1.60	1.55	1.49	1.42	1.38	1.34	1.30	1.24	1.17	1.00

$\alpha = 0.025$

	1	2	3	4	5	6	7	8	9	10	12	15	20	24	30	40	60	120	∞
1	647.8	799.5	864.2	899.6	921.9	937.1	948.2	956.7	963.3	968.6	976.7	984.9	993.1	997.3	1001	1006	1010	1014	1018
2	38.51	39.00	39.17	39.25	39.30	39.33	39.36	39.37	39.39	39.40	39.41	39.43	39.45	39.46	39.46	39.47	39.48	39.49	39.50
3	17.44	16.04	15.44	15.10	14.88	14.73	14.62	14.54	14.47	14.42	14.34	14.25	14.17	14.12	14.08	14.04	13.99	13.95	13.90
4	12.22	10.65	9.98	9.60	9.36	9.20	9.07	8.98	8.90	8.84	8.75	8.66	8.56	8.51	8.46	8.41	8.36	8.31	8.26
5	10.01	8.43	7.76	7.39	7.15	6.98	6.85	6.76	6.68	6.62	6.52	6.43	6.33	6.28	6.23	6.18	6.12	6.07	6.02
6	8.81	7.26	6.60	6.23	5.99	5.82	5.70	5.60	5.52	5.46	5.37	5.27	5.17	5.12	5.07	5.01	4.96	4.90	4.85
7	8.07	6.54	5.89	5.52	5.29	5.12	4.99	4.90	4.82	4.76	4.67	4.57	4.47	4.41	4.36	4.31	4.25	4.20	4.14
8	7.57	6.06	5.42	5.05	4.82	4.65	4.53	4.43	4.36	4.30	4.20	4.10	4.00	3.95	3.89	3.84	3.78	3.73	3.67
9	7.21	5.71	5.08	4.72	4.48	4.32	4.20	4.10	4.03	3.96	3.87	3.77	3.67	3.61	3.56	3.51	3.45	3.39	3.33
10	6.94	5.46	4.83	4.47	4.24	4.07	3.95	3.85	3.78	3.72	3.62	3.52	3.42	3.37	3.31	3.26	3.20	3.14	3.08
11	6.72	5.26	4.63	4.28	4.04	3.88	3.76	3.66	3.59	3.53	3.43	3.33	3.23	3.17	3.12	3.06	3.00	2.94	2.88
12	6.55	5.10	4.47	4.12	3.89	3.73	3.61	3.51	3.44	3.37	3.28	3.18	3.07	3.02	2.96	2.91	2.85	2.79	2.72
13	6.41	4.97	4.35	4.00	3.77	3.60	3.48	3.39	3.31	3.25	3.15	3.05	2.95	2.89	2.84	2.78	2.72	2.66	2.60
14	6.30	4.86	4.24	3.89	3.66	3.50	3.38	3.29	3.21	3.15	3.05	2.95	2.84	2.79	2.73	2.67	2.61	2.55	2.49

续表

	1	2	3	4	5	6	7	8	9	10	12	15	20	24	30	40	60	120	∞
15	6.20	4.77	4.15	3.80	3.58	3.41	3.29	3.20	3.12	3.06	2.96	2.86	2.76	2.70	2.64	2.59	2.52	2.46	2.40
16	6.12	4.69	4.08	3.73	3.50	3.34	3.22	3.12	3.05	2.99	2.89	2.79	2.68	2.63	2.57	2.51	2.45	2.38	2.32
17	6.04	4.62	4.01	3.66	3.44	3.28	3.16	3.06	2.98	2.92	2.82	2.72	2.62	2.56	2.50	2.44	2.38	2.32	2.25
18	5.98	4.56	3.95	3.61	3.38	3.22	3.10	3.01	2.93	2.87	2.77	2.67	2.56	2.50	2.44	2.38	2.32	2.26	2.19
19	5.92	4.51	3.90	3.56	3.33	3.17	3.05	2.96	2.88	2.82	2.72	2.62	2.51	2.45	2.39	2.33	2.27	2.20	2.13
20	5.87	4.46	3.86	3.51	3.29	3.13	3.01	2.91	2.84	2.77	2.68	2.57	2.46	2.41	2.35	2.29	2.22	2.16	2.09
21	5.83	4.42	3.82	3.48	3.25	3.09	2.97	2.87	2.80	2.73	2.64	2.53	2.42	2.37	2.31	2.25	2.18	2.11	2.04
22	5.79	4.38	3.78	3.44	3.22	3.05	2.93	2.84	2.76	2.70	2.60	2.50	2.39	2.33	2.27	2.21	2.14	2.08	2.00
23	5.75	4.35	3.75	3.41	3.18	3.02	2.90	2.81	2.73	2.67	2.57	2.47	2.36	2.30	2.24	2.18	2.11	2.04	1.97
24	5.72	4.32	3.72	3.38	3.15	2.99	2.87	2.78	2.70	2.64	2.54	2.44	2.33	2.27	2.21	2.15	2.08	2.01	1.94
25	5.69	4.29	3.69	3.35	3.13	2.97	2.85	2.75	2.68	2.61	2.51	2.41	2.30	2.24	2.18	2.12	2.05	1.98	1.91
26	5.66	4.27	3.67	3.33	3.10	2.94	2.82	2.73	2.65	2.59	2.49	2.39	2.28	2.22	2.16	2.09	2.03	1.95	1.88
27	5.63	4.24	3.65	3.31	3.08	2.92	2.80	2.71	2.63	2.57	2.47	2.36	2.25	2.19	2.13	2.07	2.00	1.93	1.85
28	5.61	4.22	3.63	3.29	3.06	2.90	2.78	2.69	2.61	2.55	2.45	2.34	2.23	2.17	2.11	2.05	1.98	1.91	1.83
29	5.59	4.20	3.61	3.27	3.04	2.88	2.76	2.67	2.59	2.53	2.43	2.32	2.21	2.15	2.09	2.03	1.96	1.89	1.81
30	5.57	4.18	3.59	3.25	3.03	2.87	2.75	2.65	2.57	2.51	2.41	2.31	2.20	2.14	2.07	2.01	1.94	1.87	1.79
40	5.42	4.05	3.46	3.13	2.90	2.74	2.62	2.53	2.45	2.39	2.29	2.18	2.07	2.01	1.94	1.88	1.80	1.72	1.64
60	5.29	3.93	3.34	3.01	2.79	2.63	2.51	2.41	2.33	2.27	2.17	2.06	1.94	1.88	1.82	1.74	1.67	1.58	1.48
120	5.15	3.80	3.23	2.89	2.67	2.52	2.39	2.30	2.22	2.16	2.05	1.94	1.82	1.76	1.69	1.61	1.53	1.43	1.31
∞	5.02	3.69	3.12	2.79	2.57	2.41	2.29	2.19	2.11	2.05	1.94	1.83	1.71	1.64	1.57	1.48	1.39	1.27	1.00

$\alpha = 0.01$

	1	2	3	4	5	6	7	8	9	10	12	15	20	24	30	40	60	120	∞
1	4052	5000	5403	5625	5764	5859	5928	5981	6022	6056	6106	6157	6209	6235	6261	6287	6313	6339	6366
2	98.50	99.00	99.17	99.25	99.30	99.33	99.36	99.37	99.39	99.40	99.42	99.43	99.45	99.46	99.47	99.47	99.48	99.49	99.50
3	34.12	30.82	29.46	28.71	28.24	27.91	27.67	27.49	27.35	27.23	27.05	26.87	26.69	26.60	26.50	26.41	26.32	26.22	26.13
4	21.20	18.00	16.69	15.98	15.52	15.21	14.98	14.80	14.66	14.55	14.37	14.20	14.02	13.93	13.84	13.75	13.65	13.56	13.46
5	16.26	13.27	12.06	11.39	10.97	10.67	10.46	10.29	10.16	10.05	9.89	9.72	9.55	9.47	9.38	9.29	9.20	9.11	9.02
6	13.75	10.92	9.78	9.15	8.75	8.47	8.26	8.10	7.98	7.87	7.72	7.56	7.40	7.31	7.23	7.14	7.06	6.97	6.88
7	12.25	9.55	8.45	7.85	7.46	7.19	6.99	6.84	6.72	6.62	6.47	6.31	6.16	6.07	5.99	5.91	5.82	5.74	5.65

续表

8	11.26	8.65	7.59	7.01	6.63	6.37	6.18	6.03	5.91	5.81	5.67	5.52	5.36	5.28	5.20	5.12	5.03	4.95	4.86
9	10.56	8.02	6.99	6.42	6.06	5.80	5.61	5.47	5.35	5.26	5.11	4.96	4.81	4.73	4.65	4.57	4.48	4.40	4.31
10	10.04	7.56	6.55	5.99	5.64	5.39	5.20	5.06	4.94	4.85	4.71	4.56	4.41	4.33	4.25	4.17	4.08	4.00	3.91
11	9.65	7.21	6.22	5.67	5.32	5.07	4.89	4.74	4.63	4.54	4.40	4.25	4.10	4.02	3.94	3.86	3.78	3.69	3.60
12	9.33	6.93	5.95	5.41	5.06	4.82	4.64	4.50	4.39	4.30	4.16	4.01	3.86	3.78	3.70	3.62	3.54	3.45	3.36
13	9.07	6.70	5.74	5.21	4.86	4.62	4.44	4.30	4.19	4.10	3.96	3.82	3.66	3.59	3.51	3.43	3.34	3.25	3.17
14	8.86	6.51	5.56	5.04	4.69	4.46	4.28	4.14	4.03	3.94	3.80	3.66	3.51	3.43	3.35	3.27	3.18	3.09	3.00
15	8.68	6.36	5.42	4.89	4.56	4.32	4.14	4.00	3.89	3.80	3.67	3.52	3.37	3.29	3.21	3.13	3.05	2.96	2.87
16	8.53	6.23	5.29	4.77	4.44	4.20	4.03	3.89	3.78	3.69	3.55	3.41	3.26	3.18	3.10	3.02	2.93	2.84	2.75
17	8.40	6.11	5.18	4.67	4.34	4.10	3.93	3.79	3.68	3.59	3.46	3.31	3.16	3.08	3.00	2.92	2.83	2.75	2.65
18	8.29	6.01	5.09	4.58	4.25	4.01	3.84	3.71	3.60	3.51	3.37	3.23	3.08	3.00	2.92	2.84	2.75	2.66	2.57
19	8.18	5.93	5.01	4.50	4.17	3.94	3.77	3.63	3.52	3.43	3.30	3.15	3.00	2.92	2.84	2.76	2.67	2.58	2.49
20	8.10	5.85	4.94	4.43	4.10	3.87	3.70	3.56	3.46	3.37	3.23	3.09	2.94	2.86	2.78	2.69	2.61	2.52	2.42
21	8.02	5.78	4.87	4.37	4.04	3.81	3.64	3.51	3.40	3.31	3.17	3.03	2.88	2.80	2.72	2.64	2.55	2.46	2.36
22	7.95	5.72	4.82	4.31	3.99	3.76	3.59	3.45	3.35	3.26	3.12	2.98	2.83	2.75	2.67	2.58	2.50	2.40	2.31
23	7.88	5.66	4.76	4.26	3.94	3.71	3.54	3.41	3.30	3.21	3.07	2.93	2.78	2.70	2.62	2.54	2.45	2.35	2.26
24	7.82	5.61	4.72	4.22	3.90	3.67	3.50	3.36	3.26	3.17	3.03	2.89	2.74	2.66	2.58	2.49	2.40	2.31	2.21
25	7.77	5.57	4.68	4.18	3.85	3.63	3.46	3.32	3.22	3.13	2.99	2.85	2.70	2.62	2.54	2.45	2.36	2.27	2.17
26	7.72	5.53	4.64	4.14	3.82	3.59	3.42	3.29	3.18	3.09	2.96	2.81	2.66	2.58	2.50	2.42	2.33	2.23	2.13
27	7.68	5.49	4.60	4.11	3.78	3.56	3.39	3.26	3.15	3.06	2.93	2.78	2.63	2.55	2.47	2.38	2.29	2.20	2.10
28	7.64	5.45	4.57	4.07	3.75	3.53	3.36	3.23	3.12	3.03	2.90	2.75	2.60	2.52	2.44	2.35	2.26	2.17	2.06
29	7.60	5.42	4.54	4.04	3.73	3.50	3.33	3.20	3.09	3.00	2.87	2.73	2.57	2.49	2.41	2.33	2.23	2.14	2.03
30	7.56	5.39	4.51	4.02	3.70	3.47	3.30	3.17	3.07	2.98	2.84	2.70	2.55	2.47	2.39	2.30	2.21	2.11	2.01
40	7.31	5.18	4.31	3.83	3.51	3.29	3.12	2.99	2.89	2.80	2.66	2.52	2.37	2.29	2.20	2.11	2.02	1.92	1.80
60	7.08	4.98	4.13	3.65	3.34	3.12	2.95	2.82	2.72	2.63	2.50	2.35	2.20	2.12	2.03	1.94	1.84	1.73	1.60
120	6.85	4.79	3.95	3.48	3.17	2.96	2.79	2.66	2.56	2.47	2.34	2.19	2.03	1.95	1.86	1.76	1.66	1.53	1.38
∞	6.63	4.61	3.78	3.32	3.02	2.80	2.64	2.51	2.41	2.32	2.18	2.04	1.88	1.79	1.70	1.59	1.47	1.32	1.00

注：十表示将所列数乘以100。